Cartas dos Mahatmas Para A.P. Sinnett

Volume II

Cartas dos Mahatmas Para A.P. Sinnett

Escritas pelos Mahatmas M. e K. H.

Transcritas e compiladas por A.T. Barker

Volume II

Em sequência cronológica.

Editadas por Vicente Hao Chin, Jr. conforme a cronologia estabelecida por George E. Linton e Virginia Hanson no livro *Reader's Guide to the Mahatma Letters*. Com notas e comentários de Virginia Hanson, e incluindo Anexos com outras cartas para A.P. Sinnett e A.O. Hume.

Tradução:
Murillo Nunes de Azevedo e
Carlos Cardoso Aveline

Coordenação Editorial:
Carlos Cardoso Aveline

EDITORA TEOSÓFICA
Brasília-DF

Edições em inglês
3ª edição, T.P.H. Índia, 1962
2ª edição em português, 2017

Edição em português
EDITORA TEOSÓFICA, Sociedade Civil
SIG – Quadra 6 – Lote 1235
70.610-420 – Brasília, DF.
Tel.: (0xx61) 3322-7843
Fax: (0xx61) 3226-3703
E-mail: editorateosofica@editorateosofica.com.br
Sites: www.editorateosofica.com.br
www.stb.org.br/livrar.html

Cartas dos Mahatmas Para A.P. Sinnett
Escritas pelos Mahatmas M. e K. H.
A. Trevor Barker (Comp.)

S 615 Edição em dois volumes

Brasília, 2017
Volume II ISBN 85-85961-68-6

1. Ocultismo
2. Teosofia
3. Discipulado

CDD 141

Capa:
Fernando Lopes
Diagramação:
Reginaldo Alves Araújo
Coordenação Editorial e Notas da Edição Brasileira:
Carlos Cardoso Aveline
Equipe de Revisão:
Marcelo Luz, Ricardo Lindemann e Zeneida Cereja da Silva

Sumário do Volume II

As Cartas dos Mahatmas

As cartas estão numeradas de acordo com sua ordem cronológica. Os números entre parênteses, precedidos das letras *ML*, reproduzem a numeração usada nas três primeiras edições.

Prefácio à Edição em Língua Portuguesa

Diversas religiões da humanidade preservam uma tradição segundo a qual uma coletividade de grandes sábios inspira e conduz, silenciosamente, a nossa humanidade no caminho que leva à paz e à sabedoria. O taoísmo menciona estes sábios como Imortais, e o hinduísmo usa o termo Rishis. Para o budismo, eles são Arhats. Outros os chamam de Mahatmas, raja iogues, mestres de sabedoria, Adeptos ou, simplesmente, Iniciados. Segundo a filosofia esotérica, estes seres atingiram o Nirvana e libertaram-se inteiramente do estágio atual do reino humano, mas permanecem ligados à humanidade por laços de compaixão e solidariedade.

A coletividade destes sábios, que tem ramificações em vários continentes, aprovou e promoveu, em 1875, a criação da Sociedade Teosófica. Assim surgiu um núcleo da fraternidade universal sem distinção de classe, nacionalidade, raça, casta, credo, sexo ou cor. Dois destes Mahatmas participaram de modo mais específico e direto do esforço teosófico. A presente edição reúne a correspondência entre estes instrutores e Alfred Sinnett, um dos principais líderes teosóficos dos primeiros tempos.

Do ponto de vista teosófico, as *Cartas dos Mahatmas Para A.P. Sinnett* são textos de importância incomparável na literatura de todos os tempos. Pela primeira vez, sábios que completaram a etapa atual da evolução humana colocaram seus ensinamentos no papel, abrindo, durante alguns anos, uma exceção à regra milenar pela qual grandes Adeptos e instrutores nada escrevem. São, pois, documentos de um valor inestimável. Pouco a pouco, à medida que passa o tempo, passam a ser conhecidos e discutidos mais abertamente entre os estudantes da filosofia esotérica em todo o mundo.

Ao mesmo tempo, o estudo das cartas apresenta dificuldades e desafios significativos. Por um lado, elas foram escritas em situações históricas e humanas muito específicas, em grande parte desconhecidas do cidadão do século 21. Por outro lado, ao escreverem, os Mahatmas não tiveram em vista a publicação das suas cartas. Não se preocuparam com a forma externa, nem com as normas de cortesia mundana, mas, ao contrário, usaram de total franqueza. Além disso, a verdade é que o ensinamento vindo diretamente deles contraria de modo radical muitas opiniões convencionais a que estamos acostumados em diversos assuntos. Outro fator é que a dificuldade natural dos temas abordados torna necessário que o estudante use a intuição e a capacidade de conviver com o desconhecido. Do ponto de vista da redação das Cartas, algumas frases, longas e que abordam temas complexos, não são fáceis de entender. Para muitos estudantes, no entanto, os desafios tornam o estudo mais estimulante.

Duas dificuldades para a compreensão das Cartas dos Mahatmas devem ser analisadas com mais detalhe, do ponto de vista do leitor de língua portuguesa. A primeira delas diz respeito às críticas ao cristianismo.

As cartas dos Mahatmas devem ser vistas como documentos históricos e em seu contexto. As críticas dos Mahatmas se referem ao aspecto dogmático, imperial e autoritário do cristianismo. Não ao seu aspecto místico e de sabedoria. Os teosofistas, com sua perspectiva ecumênica e inter-religiosa e sua proposta de liberdade de pensamento, eram uma ameaça para os dogmas de várias religiões. Assim, missionários cristãos tentaram abafar e mais tarde atacaram frontalmente a Sociedade Teosófica. É neste contexto que surgem as críticas mais francas e duras dos Mahatmas ao cristianismo dogmático.

Para que se tenha uma ideia das mudanças de mentalidade ocorridas desde o século 19, basta lembrar que os movimentos socialistas, na época, eram radicalmente críticos ao cristianismo: afirmavam que "a religião é o ópio do povo". Mas, desde então, a religião iniciou uma nova caminhada. A obra de autores cristãos de vanguarda como Teillard de Chardin, Anthony de Mello, Leonardo Boff e Madre Teresa de Calcutá, para citar apenas quatro nomes, tem aspectos essenciais em comum com a Teosofia. Hoje existe a teologia da libertação. Até certo ponto, as críticas dos Mahatmas ao Vaticano anteciparam em um século o livro "Igreja, Carisma e Poder", do conhecido teólogo brasileiro Leonardo Boff. A crise atual da igreja dogmática é um fato reconhecido. A igreja progressista deseja mudanças, e a aproximação entre movimentos sociais e igrejas cristãs é notável em muitas partes do mundo. Em vários sentidos, portanto, houve transformações significativas no cristianismo a partir da segunda metade do século 20.

Os Mahatmas são imparciais em relação a todas as religiões. Não criticam só o cristianismo, mas todas elas, no que possuem de supersticioso e ilusório. Isto fica claro, por exemplo, nas Cartas 88 e 90. Especificamente, eles não poupam o hinduísmo, a principal religião da Índia, conforme se verifica ao ler a Carta 30. Na verdade, os Mahatmas são tão imparciais que, durante a crise da Loja teosófica de Londres, em 1883, defenderam a minoria que havia adotado como prioridade o cristianismo esotérico, em detrimento da maioria dos membros da Loja que, liderada por Sinnett, seguia os ensinamentos esotéricos transmitidos por eles próprios. A liberdade de pensamento e a autonomia do aprendiz são partes centrais e indispensáveis do método de ensino dos Mahatmas. Nas Cartas, fica claro que eles combatem o dogmatismo com igual vigor dentro e fora do movimento teosófico.

Vale a pena mencionar, neste contexto, as duras críticas feitas nas Cartas aos jesuítas. Até hoje, no dicionário Aurélio da língua portuguesa, o significado da palavra "jesuíta" é definido, entre outras acepções, como "sujeito dissimulado, astucioso, fingido, hipócrita". Uma das acepções do adjetivo "jesuítico" no mesmo dicionário é, também, "dissimulado, astucioso". Portanto, os Mahatmas não estavam sozinhos ao descrever como desonestos os métodos da hierarquia católica do século 19. Isto, porém, não nega a contribuição cultural positiva que muitos jesuítas deram, em diversos casos, à cultura ocidental. E é claro que os jesuítas mudaram muito desde então. Hoje, este e outros setores do cristianismo têm um pensamento moderno, aberto, democrático e ecumênico diante das grandes questões éticas e sociais do nosso tempo.

A segunda dificuldade a ser analisada mais especialmente diz respeito às críticas dos Mahatmas ao movimento espírita. Aqui, também, é importante ter uma perspectiva histórica dos fatos. A intenção inicial dos fundadores do movimento teosófico foi trabalhar em conjunto e em harmonia com o movimento espírita. Depois de algum tempo, ficou claro que isso não seria possível na época. Durante algumas décadas, as relações foram tensas, e é neste contexto que foram escritas as cartas a seguir. Mas a partir da segunda metade do século 20, e especialmente no Brasil, a aproximação entre os dois movimentos tem sido visível. Hoje é grande o número de espíritas que são teosofistas, e de teosofistas que são simpáticos a muitos aspectos do espiritismo. A principal crítica teosófica ao espiritismo se refere à mediunidade, que os Mahatmas condenam. Eles explicam detalhadamente os motivos nas cartas a seguir. O espiritismo tem evoluído muito e, no futuro, a meta inicial de franca simpatia e cooperação entre teosofistas e espíritas será cada vez mais fácil, do mesmo modo como são fraternos os laços que ligam o movimento teosófico a budistas, jainistas, hinduístas, judeus, muçulmanos, e a seguidores de diversas filosofias e religiões, ou de nenhuma delas. Buscar a verdade onde ela esteja, com bom senso e equilíbrio, é uma ideia central para o movimento teosófico.

Deve-se levar em conta que as cartas eram documentos absolutamente confidenciais, e que os Mahatmas deixaram claro que jamais aprovariam a sua publicação na íntegra. A publicação acabou ocorrendo longo tempo depois do término da correspondência e do afastamento deles em relação às atividades visíveis da Sociedade Teosófica. No início da década de 1920, o editor A. Trevor Barker julgou que, para evitar mal-entendidos, era necessário dar a conhecer a todos, com total transparência, os pontos de vista expressados diretamente pelos Mahatmas em relação à vida, às religiões, ao cristianismo, à filosofia esotérica e ao aprendizado espiritual.

O movimento teosófico não tem dogmas. Seu lema é "não há religião superior à verdade". Assim, estas Cartas dos Mahatmas não são objetos de fé cega para ninguém. Porém, a importância do seu conteúdo parece inegável no mundo todo para muitos estudantes da sabedoria divina, afiliados ou não a instituições filosóficas ou religiosas. Por isso, desde a sua publicação em Londres em dezembro de 1923, as edições das Cartas dos Mahatmas se multiplicam em diferentes países e idiomas, assim como sempre surgem novos livros com estudos e pesquisas sobre elas. O conteúdo essencial das cartas dos Mahatmas não só permanece atual e válido para o dia de hoje, mas é um instrumento insubstituível para compreender o futuro.

É conveniente ter em conta, ao ler as cartas, que nelas os Mahatmas renunciam à consciência nirvânica para discutir detalhes, comentando situações de intenso conflito humano e espiritual, e não demonstram qualquer preocupação com a manutenção de uma imagem de sábios. O que escrevem é sempre verdadeiro, mas só mostra uma parte da verdade multidimensional e da visão completa que eles possuem da realidade, e que seria completamente impossível colocar em palavras. Sua franqueza pode parecer dura, assim como parecem demasiado severos os métodos dos mestres do zen-budismo, por exemplo. Eles tampouco se ajustam aos nossos padrões ocidentais de cortesia, frequentemente acompanhados de falsidade e hipocrisia. O caráter confidencial das cartas protegia o seu estilo, que poderia parecer duro para pessoas estranhas.

Por outro lado, o leitor deve levar em conta que o caráter externamente fragmentário do ensinamento faz parte do esquema pedagógico dos Mahatmas. Espera-se que o aprendiz realize com perseverança e autonomia a tarefa de ir reunindo aqui e ali elementos aparentemente esparsos do grande esquema evolutivo da vida, segundo a filosofia esotérica clássica. A intuição despertará no decorrer deste processo. Como escreveu Alfred Sinnett em *O Mundo Oculto* (p.227), "estas revelações dispersas (...) foram quebradas e espalhadas de propósito, de modo que só fosse possível chegar a uma convicção completa sobre o Adeptado depois de uma certa quantidade de trabalho empregado na tarefa de reunir as provas dispersas".

Há duas maneiras principais de ler as Cartas. A primeira delas é abordar o texto em seu contexto histórico e tentar compreender as circunstâncias específicas em que ele foi escrito. A segunda maneira é ler o texto como se fosse diretamente dirigido a cada um de nós. Neste caso, aplicamos às nossas vidas tudo o que, de algum modo, faz sentido para nós, e deixamos de lado o que ignoramos dos temas abordados, marcando e separando as frases profundas e as verdades universais que aparecem a cada instante no texto, misturadas a discussões de fatos de curto prazo do movimento teosófico da década de 1880. Uma das perguntas que podemos fazer-nos ao ler o livro é como agiríamos, concretamente, nas situações descritas. Outra pergunta é: qual o significado deste ensinamento para nossa vida real, no momento presente? O significado pode ser imenso, renovador, revolucionário.

♦♦♦

Esta edição é uma transcrição literal das Cartas, e por isso não fazemos uma sistematização editorial no uso de letras maiúsculas ou itálico. No caso do sânscrito, não usamos sinais diacríticos. Para maior comodidade do leitor leigo, há notas de pé de página explicando termos como Tripitaka, dak, Khudakapatha e outras palavras dos idiomas tibetano, latim, francês, hindi, páli ou sânscrito. Também fazemos a ligação entre diversos trechos das Cartas e os avanços da ciência ao longo do século 20, como é o caso da descoberta de Plutão em 1930, da teoria do Big Bang, dos buracos negros, da física quântica e dos avanços recentes na Biologia. Ocorre que, para um Mahatma, o futuro e o passado longínquos são vistos como parte do tempo presente, e os processos cósmicos estão perfeitamente ao alcance da sua consciência espacial. Em consequência disso, é natural que as Cartas – escritas entre 1880 e 1885 – contenham várias indicações e antecipações sobre o progresso da ciência e o avanço da humanidade ao longo dos séculos 20 e 21, e também em séculos e milênios futuros. Não é por acaso que o Mahatma K.H. escreveu na Carta 65: "A ciência moderna é o nosso melhor aliado".

Todas as notas de pé de página, independentemente da sua origem, estão numeradas carta por carta. As notas de pé de página escritas pelos Mahatmas estão em negrito.

Durante o trabalho de tradução, levamos em conta as edições francesa e espanhola das Cartas, e consultamos toda a bibliografia disponível hoje internacionalmente sobre estes documentos históricos de importância incalculável.

Queremos agradecer o trabalho voluntário e altruísta de muitas pessoas que ajudaram em uma ou outra etapa da produção destes dois volumes. Entre elas estão Radha Burnier, Christina Zubelli, Joy Mills, Dilza Braga Rosa, Maria Elizabeth de Oliveira, Alcyr Anísio Ferreira, Valéria Marques de Oliveira, Wanisa Costa Lins, Edilson de Almeida Pedrosa, Ivana Campêlo Gonçalves, e outros que leram e comentaram diversas cartas durante o processo de tradução e revisão. Ângela Maria Hartmann prestou uma ajuda de grande valor ao empreendimento, revisando os textos e colaborando ativamente do início ao fim do trabalho.

Brasília, 22 de abril de 2001.

Carlos Cardoso Aveline
Coordenador da Edição em Língua Portuguesa

Guia de Leitura da Edição Cronológica

Carta nº 3A (ML-3A) Rec. em 20 de outubro de 1880

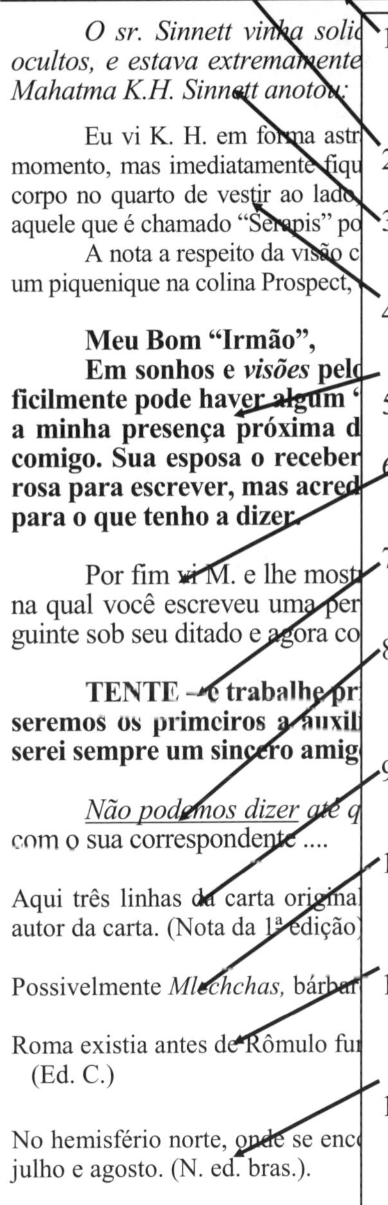

1. O número original da carta, nas três primeiras edições das *Cartas dos Mahatmas*, precedido das letras *ML* (*Mahatma Letters*).

2. O número da carta por ordem cronológica.

3. Notas de Virginia Hanson sobre as cartas (em itálico).

4. Anotações originais de A.P. Sinnett (em letra menor).

5. O texto da carta do *Mahatma* (em negrito).

6. Todas as cartas que não provêm de um *Mahatma* estão publicadas sem negrito.

7. Comentários feitos por *Mahatmas* sobre as cartas (em negrito).

8. *As palavras sublinhadas* em cartas que não provêm de um *Mahatma* foram sublinhadas por um *Mahatma,* ao lê-las.

9. Notas de rodapé de A.T. Barker terminam com "(Nota da 1ª ed.)".

10. Notas de rodapé de Christmas Humphreys e E. Benjamin terminam com "(N. da 3ª edição)".

11. Notas de rodapé do editor da edição cronológica, feitas com base nas *Notas* de Virginia Hanson, terminam com "(Ed. C.)".

12. Notas de rodapé da edição brasileira, escritas por Carlos C. Aveline, terminam com "(N. ed. bras.)".

Abreviaturas

A.O.H.	Allan O. Hume
A.P.S.	Alfred Percy Sinnett
D.K. ou Dj.K.	Djual Khul ou Djual Khool
H.P.B.	Helena Petrovna Blavatsky
H.S.O.	Henry Steel Olcott
Ísis	*Ísis Sem Véu,* obra de H.P. Blavatsky
K.H.	Mahatma Koot Hoomi
LBS	*Letters of H.P. Blavatsky to A.P. Sinnett (Cartas de H.P. Blavatsky Para A.P. Sinnett),* transcritas e compiladas por A.T. Barker (Theosophical University Press, 1973).
L.L. ou L.L.T.S.	Loja de Londres da Sociedade Teosófica
M.	Mahatma Morya
ML	*Mahatma Letters to A.P. Sinnett (Cartas dos Mahatmas Para A.P. Sinnett),* transcritas e compiladas por A.T. Barker
ODL	*Old Diary Leaves (Folhas de um Velho Diário),* de Henry Steel Olcott
S.T.	Sociedade Teosófica

AS CARTAS DOS MAHATMAS

Carta nº 81 (ML-52) Recebida no outono[1] de 1882

Os acontecimentos que levaram à redação desta carta, assim como as circunstâncias em que ela foi escrita, são extremamente complicados. A carta é importante porque marca o começo do fim do relacionamento de Hume com os Mahatmas. Ele só renunciou formalmente à Sociedade Teosófica cerca de dois anos mais tarde, embora tenha renunciado ao cargo de presidente da S.T. Eclética de Simla em algum momento durante este período. Pode ser que os acontecimentos relacionados com esta carta tenham influenciado sua decisão. É necessário recuar cerca de um mês, até o recebimento da carta sobre o Devachan.

No número de junho de 1882 foi publicada em The Theosophist *uma carta com o título de* Seeming Discrepancies (Aparentes Discrepâncias). *Estava assinada por um "teosofista escocês".*

Há uma sugestão, na carta nº 81, no sentido de que este era um homem chamado Davidson, ou Davison, que em certa ocasião foi secretário de Hume.

O autor da carta chamava atenção para o que lhe pareciam ser discrepâncias entre o que estava dito em um dos Fragments *(artigos escritos por Hume e Sinnett) e o que H.P.B. havia escrito vários anos antes em* Ísis Sem Véu. *Quando a carta do escocês foi publicada em* The Theosophist, *H.P.B. acrescentou junto a ela uma longa nota editorial, em que explicava os pontos em questão com algum detalhe e concluía com as seguintes palavras:*

> *"Mas nunca houve, nem pode haver, qualquer discrepância radical entre os ensinamentos de* Ísis *e os deste período posterior, já que ambos procedem de uma mesma e única fonte – os IRMÃOS ADEPTOS."*

Esta nota da editora foi criticada por C.C. Massey, membro da S.T. em Londres. Ele era também um ardoroso espírita. Ele chamava a atenção dos leitores para o que considerava a falácia da afirmativa de H.P.B. ao citar um trecho do comentário de Sinnett sobre o livro The Perfect Way, *de Anna Kingsford e Edward Maitland. A discrepância, segundo ele, dizia respeito a comentários sobre o assunto da reencarnação.*

---

[1] O outono do hemisfério norte, mencionado aqui, corresponde à primavera do hemisfério sul. (N. ed. bras.)

Em uma nota editorial que acompanhava a carta de Massey, H.P.B. afirmou: "Ao escrever Ísis, *nós não tivemos permissão para entrar em detalhes; por isso, as vagas generalidades. Somos instruídos a entrar em detalhes agora, e fazemos isso, tal como nos é dito."*

Depois que isso foi publicado, Hume partiu para o conflito. Ele escreveu uma carta a H.P.B. em que praticamente a reduziu a pó (assim como Ísis*) e em que escreveu algumas frases bastante insultuosas em relação aos Mahatmas. Ele assinou o texto como "H.X." Trata-se da famosa carta de "H.X.", que grande parte dos estudantes das cartas conhece.*

Hume começou dizendo que Ísis *estava cheia de erros e concepções equivocadas. A seguir, passou a criticar duramente os Mahatmas pela maneira como haviam transmitido os ensinamentos – ou, segundo ele sustentava – como* não *haviam transmitido. E disse que os métodos deles lhe pareciam tão repulsivos que havia "estado mais de uma vez a um passo de romper relações definitivamente com eles".*

A carta de H.X. também foi publicada em The Theosophist, *e foi seguida de* "Um Protesto" *assinado por doze discípulos, entre os quais estavam vários nomes conhecidos: T. Subba Row, Dharbagiri Nath, Guala K. Deb, Damodar, Noblin Bannerjee, e outros. H.P.B inicialmente não quis publicar a carta de H.X., mas os Mahatmas disseram que a publicasse. Aparentemente a ordem veio do próprio Mahachohan. H.P.B. estava profundamente aborrecida.*

Em The Letters of H.P. Blavatsky to A.P. Sinnett, *p. 29, com data de 26 de agosto, podemos ver sua carta angustiada a Sinnett sobre toda a situação. Ela mandou a carta de Hume a Sinnett para que a lesse. Ela não tinha mais o que tratar com ele, diz a carta, mesmo que a Fraternidade ainda tivesse. Ela teria jogado a carta de Hume ao fogo, mas "K.H. mandou dizer por M. que faz questão absoluta de que ela seja publicada".*

E, finalmente, na p. 304 de Letters of H.P.B. to A.P. Sinnett, *há uma carta de Hume para o Mahatma K.H. que este último mandou para Sinnett com alguns comentários seus, inseridos entre as linhas. Os comentários dele são transcritos em negrito. Nesta carta, Hume diz ao Mahatma que não pode confiar apenas nele, porque tem muito pouco tempo e a sua maneira de ensinar "é tão lenta e insatisfatória que não seria correto que eu não procurasse em nenhum outro lugar". Ele também afirmou ser um melhor advaita que M. e K.H.*

Na verdade, Hume havia se aproximado de outro "professor" – conhecido como o Swami de Almora – um homem que parece haver pretendido ser maior do que era. Ele havia escrito alguns artigos para The Theosophist, *com os quais Subba Row havia manifestado certa discordância. Pare-*

ce que o swami era um inimigo dos Mahatmas e, segundo H.P.B., em uma ocasião ameaçou "desmascará-los como dugpas". Ele morreu não muito tempo depois de Hume adotá-lo como instrutor.

Estas longas notas explicativas pareceram necessárias para tornar a carta nº 81 inteligível. Quase toda a carta trata destas questões. Desde a primeira frase do Mahatma fica claro que Sinnett havia perguntado o que estava ocorrendo "abaixo da superfície". A iminente renúncia de Hume como presidente da S.T. Eclética de Simla pode ter sido o catalisador.

A explicação do Mahatma sobre o uso que fez da expressão "exercer minha habilidade" se refere a um comentário que ele teceu sobre uma passagem em Ísis, *em suas respostas às perguntas das cartas 70A e 70B. Na carta 70C ele diz: "você caiu no mesmo erro ... que C.C.M.*[2]*; embora eu deva confessar que a passagem em* Ísis *foi colocada de modo muito pouco hábil, conforme eu já havia dito a você... Eu tive que 'exercer minha habilidade' na questão, segundo dizem os ianques, mas consegui resolver o problema, creio, como receio que terei de fazer muitas outras vezes, antes que o assunto com* Ísis *esteja terminado. A obra realmente deveria ser* reescrita, *pelo bem da honra da família."*

Isso implica que o Mahatma K.H. deve ter escrito ou uma parte ou toda a nota da Editora, ostensivamente de H.P.B., em resposta às críticas de C.C. Massey, já que foi nisso que ele teve que exercer sua criatividade. Na realidade, na p. 26 de Letters of H.P.B. to A.P. Sinnett, *H.P.B. diz: "K.H. foi muito amável e me ditou na noite passada quase toda minha resposta a Massey".*

Parece que, ao escrever ao Mahatma, Sinnett qualificou as palavras "Eu tive que exercer..." como "uma expressão infeliz" e pediu uma explicação. O Mahatma pacientemente atendeu o pedido.

Recebida em Simla, outono de 1882.

Não há nada "abaixo da superfície", meu fiel amigo – absolutamente *nada*. Hume está apenas furiosamente tomado de ciúme de qualquer um que tenha recebido ou tenha possibilidade de receber qualquer informação, favor (?), atenção, ou coisa semelhante vinda de nós. A palavra "ciúme" é ridícula, mas correta, a menos que usemos a palavra *inveja*, que é ainda pior. Ele acredita que foi *injustiçado*, porque não tem sido o único centro de atração para nós; ele faz um drama perante si mesmo e se irrita até a fúria por não encontrar ninguém que o admire;

[2] C. C. Massey. (N. ed. bras.)

escreve uma passagem hebraica cujo significado, no livro de Eliphas Levi, está de acordo com minha interpretação, e ao não conseguir surpreender-me em uma nova contradição, como era seu objetivo ao dar-se ao trabalho de fazer a citação, ele impressiona a si mesmo com a ilusão de que é "muito mais advaita" do que M. ou eu jamais fomos (coisa fácil de provar, já que nós nunca fomos advaitas), e escreve uma carta desrespeitosa em relação a nosso sistema, a nós e à V.S.[3] como um meio de desabafar seus sentimentos.

Será você realmente tão generoso ao ponto de não ter suspeitado há muito tempo toda a verdade? Será que eu não o adverti; e será possível que você não tenha percebido que ele nunca permitirá *nem mesmo que um adepto* saiba mais do que ele? – que a humildade dele era *falsa*; que ele é um ator, que desempenha um papel para seu próprio benefício, sem levar em conta o prazer ou desprazer do seu público, embora quando o desprazer é manifestado mesmo no menor grau ele se volte, disfarçando admiravelmente sua raiva, e sibilando e cuspindo *internamente?* Cada vez que eu o contradigo e provo que ele está errado – seja numa questão de termos tibetanos ou em qualquer outra ninharia, o registro de coisas contrárias a mim, que ele mantém, aumenta um pouco, e ele surge com alguma outra acusação. É inútil, meu caro irmão, estar sempre repetindo que não há, nem pode haver, quaisquer contradições no que foi dado a você. Pode haver inexatidão na maneira de expressar, ou imperfeição nos detalhes. Pedi a você várias vezes que fizesse notas e as mandasse para mim, mas nem o sr. Hume nem você pensaram em fazer isso; e, na verdade, tenho muito pouco tempo para examinar cartas anteriores, comparar notas, examinar as suas cabeças, etc.

Confesso minha ignorância, ao menos em uma coisa. Sou perfeitamente incapaz de compreender por que a expressão usada por mim com relação à resposta de H.P.B. a C.C.M. deveria chocar tanto você; e por que você deveria fazer objeção à expressão "exercer minha habilidade". Se, por acaso, você dá a isso outro significado diferente do meu, então estamos novamente em mar alto – *faute de s'entendre*[4]. Coloque-se por um momento em meu lugar, e veja se não teria que exercer toda a habilidade que você tivesse a seu dispor em um caso como aquele entre C.C.M. e H.P.B. Na *realidade*, não há contradição entre aquela passagem em *Ísis* e nossos ensinamentos posteriores. Para qualquer pessoa que nunca ouviu falar dos *sete* princípios – constantemente menciona-

---

[3] V.S. – Isto é, a Velha Senhora, H. P. Blavatsky. (N. ed. bras.)

[4] *Faute de s'entendre* – "por falta de compreensão", em francês. (N. ed. bras.)

dos em *Ísis* como uma trindade, sem mais explicações – havia, certamente, uma contradição enorme. Enquanto o livro era escrito, nós constantemente dizíamos a ela: "você escreverá isso e aquilo, e revelará até tal ponto, não mais". Aquele era o exato início de um novo ciclo, em um momento em que nem os cristãos nem os espíritas jamais pensavam em, muito menos mencionavam, mais que dois princípios no homem – *corpo* e *Alma*, que eles chamavam de Espírito. Se você tivesse tempo de examinar a literatura espírita daquela época, veria que tanto entre os fenomenalistas como entre os cristãos, *Alma* e *Espírito* eram sinônimos. Foi H.P.B. quem, atuando sob as ordens de Atrya (um que você não conhece) explicou pela primeira vez, no *Spiritualist,* a diferença que havia entre *psyche* e *nous, nefesh* e *ruach* – Alma e Espírito. Ela teve que apresentar todo o arsenal de provas, citando Paulo e Platão, Plutarco e *Tiago*, etc., até que os espíritas admitiram que os teosofistas estavam certos. Foi então que ela recebeu ordens de escrever *Ísis* – exatamente um ano depois da fundação da Sociedade. E como houve tamanha guerra em torno desse ponto, polêmicas intermináveis e objeções porque *não poderia haver duas almas no homem* – nós pensamos que seria prematuro entregar ao público mais do que ele poderia assimilar, e antes que ele tivesse digerido as "duas almas"; – e assim a divisão ulterior da trindade em 7 princípios não foi mencionada em *Ísis*. E é porque ela obedeceu nossas ordens, e escreveu *velando* propositalmente alguns dos fatos, que agora – quando pensamos que chegou a ocasião de transmitir, se não toda a verdade, uma parte maior dela – ela deve ser deixada em má situação? Iríamos, eu ou qualquer um de nós, deixá-la alguma vez como alvo para que os espíritas atacassem, rindo das contradições que na verdade são só aparentes, e surgem apenas da própria ignorância deles em relação a toda a verdade; uma verdade que eles não querem escutar, e que tampouco querem aceitar mesmo agora, exceto sob protesto e com as maiores reservas? Certamente não. E quando eu uso a palavra "habilidade"[5] – que pode ser uma expressão norte-americana informal, segundo penso, e que suspeito que possua outro significado entre os ingleses – eu não quero dizer nem astúcia nem nada parecido a ser "ardiloso", mas simplesmente quero mostrar a dificuldade com que eu tinha que trabalhar para explicar o significado correto com um parágrafo interminável e desajeitado diante de mim, que insistia na *não*-reencarnação, sem inserir uma palavra que dissesse que isso se referia apenas à *alma* animal, não ao Espírito, à mônada astral, não à espiritual.

[5] *Ingenuity* – no original em inglês; habilidade, destreza, criatividade, engenho. (N. ed. bras.)

Você poderia explicar gentilmente, na primeira oportunidade, o que você quer dizer quando se refere à minha frase como uma "expressão infeliz"? Se você pedisse a um amigo que desenhasse para o *Pioneer* uma vaca[6], e aquele amigo, começando com a intenção de reproduzir uma vaca fizesse, devido à sua falta de habilidade, o esboço de um boi ou um búfalo ao invés de uma vaca, e a ilustração aparecesse assim – talvez porque você estivesse demasiado ocupado com outra tarefa e não tivesse tempo de perceber as falhas – você não "exerceria *sua* habilidade", fazendo o melhor possível para esclarecer os leitores, e provar a eles que na verdade o artista queria desenhar uma vaca, e, confessando a falta de habilidade do seu amigo, não faria o melhor possível para poupá-lo de uma humilhação imerecida? Sim, você tem razão. H. não tem delicadeza de percepção e sentimentos, nem qualquer amabilidade real, autêntica, de coração. Ele é capaz de sacrificar sua própria família, aqueles que lhe são mais próximos e queridos (se há tais seres para ele, coisa de que duvido) – por qualquer capricho seu, e ele seria o primeiro a deixar que houvesse uma hecatombe de vítimas se necessitasse de uma gota de sangue; e a insistir no caráter recomendável de *Sati*[7], se esta fosse a única coisa disponível para mantê-lo aquecido, para ajudar seus dedos entorpecidos a fazer seu trabalho, enquanto ele escreveria diligentemente um tratado sobre algum tema filantrópico, cantando com sinceridade "hosana" a si mesmo, mentalmente. Exagero, você pensa? Não é isso; porque você não tem ideia do egoísmo potencial que há nele; do egocentrismo cruel, sem remorsos, que ele trouxe consigo da sua última encarnação – egoísmo e egocentrismo que ficaram latentes apenas devido ao solo desfavorável da esfera em que ele está, da sua classe social e sua educação; *nós temos ideia.* Você pode acreditar que ele escreveu seu famoso artigo no *Theosophist* apenas pela razão que ele dá a você – ajudar a impedir a *inevitável* queda? Salvar a situação e, ao responder a Davidson e C.C.M., etc., fazer com que o trabalho – de responder no futuro e conciliar as contradições do passado – seja mais fácil? Não, de modo algum. Se nisso ele sacrifica sem remorso H.P.B. e o autor do comentário sobre o *Perfect Way*[8], e mostra os "Irmãos" como *inferiores em*

---

[6] Os jornais, naquela época, eram ilustrados com desenhos e não com fotografias. Sinnett era editor do *Pioneer.* (N. ed. bras.)

[7] *Sati* – Prática hindu tradicional pela qual a viúva era imolada na pira funeral do seu marido, sendo queimada viva junto com o cadáver dele. Foi abolida pelos ingleses em 1829. (N. ed. bras.)

[8] *The Perfect Way* – Livro de autoria de Anna Kingsford e Edward Maitland. (N. ed. bras.)

inteligência **a um "cavalheiro europeu culto" e desprovidos de qualquer noção correta sobre honestidade ou sobre o que é certo e errado – no sentido europeu –** ***egoístas*** **e frios, teimosos e dominantes – não é, absolutamente, porque ele não tem interesse algum por qualquer um de vocês, e muito menos pela Sociedade; mas simplesmente porque, tendo em vista certos possíveis acontecimentos, que ele é demasiado inteligente para não prever mentalmente, ele deseja** ***colocar-se à parte:*** **para ser o único que sai sem cicatrizes, se não imaculado em caso de um choque, e para dançar, se necessário, a "dança da morte" dos macabeus sobre o corpo prostrado da S.T., antes de arriscar que até mesmo um dedo mínimo do grande "Eu sou" de Simla seja objeto de zombaria. Conhecendo-o como nós o conhecemos, dizemos que o sr. Hume tem toda a liberdade de citar a "expressão infeliz" tantas vezes por dia quanto sua respiração permitir, se isso puder, de algum modo, acalmar seus sentimentos perturbados. E, é exatamente porque Morya viu através dele tão claramente como vejo o que escrevo diante de mim, que ele permitiu o "embuste", segundo o termo que você usa. Ainda mais; porque as coisas estão preparadas de tal modo que, no caso de a "Eclética" ter de naufragar –** ***ele será o único que afundará com ela;*** **o único que será objeto de riso, e assim seu egoísmo e seus planos cuidadosamente preparados se comprovarão inúteis. Acreditando que sabia mais do que eu, ele teve a amabilidade de acrescentar suas explicações à minha na resposta de H.P.B. a C.C.M. – e com a exceção do** ***Carma*** **– que ele explicou bastante corretamente – fez uma confusão no resto. E agora, a primeira vez que contradigo o que ele afirma em seu artigo, ele vai se voltar furioso e expressará seu aborrecimento com o que chamará de** ***minhas*** **(não dele) contradições. Lamento ter de denunciá-lo – segundo as aparências que isso terá para você. Mas devo chamar sua atenção para o fato de que em nove de cada dez vezes, quando ele me acusa de haver** ***compreendido inteiramente mal o que queria dizer,*** **ele comete o que qualquer um teria o direito de chamar de falsidade deliberada. O exemplo do אהיה אשר אהיה [9] de Eliphas Levi é válido. Para provar que** ***eu*** **estava errado, ele teve que se tornar um** ***advaita*** **e negar seu "Governador e Governante moral do Universo", atirando-o pela janela "durante os últimos 20 anos". Isso** ***não é honesto,*** **meu amigo, e não vejo alternativa. Porque, quem poderia provar que – quando ele diz que os argumentos colocados nas cartas dele para mim não expressavam suas próprias crenças e opiniões pessoais, mas eram formulados**

[9] "Eu sou o que sou". (N. da 3ª ed.)

apenas para responder às prováveis objeções de um público *teísta* – trata-se de algo melhor que uma *trapaça?* Para tamanho acrobata intelectual, sempre pronto a atuar no "grande trapézio", seja em relação ao que ele afirma verbalmente ou ao que põe no papel, mesmo nós temos que aparecer como derrotados. Este último fato nos preocupa muito pouco pessoalmente. Mas ele está sempre pronto a cantar vitória em suas cartas privadas, e mesmo em textos impressos. Ele aceita *que nós existamos* – é demasiado esperto para deixar-se surpreender neste momento por falta de sagacidade, já que sabe, através de correspondentes que são totalmente contrários aos "Fundadores", que a nossa Fraternidade *realmente existe* – mas ele nunca se submeterá a reconhecer em nós o domínio de poderes e conhecimento que tornariam o conselho e a interferência não-solicitados dele tão ridículos quanto inúteis; e ele trabalha nesta linha.

Eu não tinha direito de suprimir o artigo "ofensivo" – como você o qualifica – por várias razões. Havendo permitido que nossos nomes fossem conectados com a S.T., e tendo sido nós próprios arrastados à publicidade, nós temos que sofrer (o verbo é uma simples figura de linguagem) – conforme Olcott diria, "o castigo da nossa grandeza". Devemos permitir a expressão de qualquer opinião, seja benévola ou malévola; sentir que somos reduzidos a pedaços um dia, receber um "sermão" no outro e ser adorados um dia depois; e ser pisoteados na lama no quarto dia. Razão nº 2 – o Chohan *deu ordem neste sentido*. E com ele isso significa fatos novos, resultados inesperados e, receio, PERIGO. Os dois nomes que você vê encabeçando as assinaturas dos 12 chelas que protestam estão entre os *chelas* confidenciais do próprio Chohan[10]. Neste rumo não há mais esperança para o sr. Hume – *consummatum est.*[11] Ele exagerou na coisa, e eu não terei mais oportunidade de pronunciar seu nome diante do nosso venerável chefe. Por outro lado, a *denúncia* teve bom efeito. O Chohan determinou que o jovem Jyotirmoy – um garoto de 14 anos, filho de Babu Nobin Banerjee, que você conhece – seja aceito como aluno em um dos nossos mosteiros perto de Chamto-Dong, a cerca de 150 quilômetros de *Shigatse,* e sua irmã, uma virgem iogue de 18 anos, no mosteiro feminino de Palli. Assim, os Fundadores terão no tempo certo duas testemunhas, e já não dependerá dos caprichos do sr. Hume matar-nos ou ressuscitar-

---

[10] Devi Muni e Paramahansa Shub-Tung. (Ed. C.)

[11] *Consummatum est.* "Está consumado". Em latim, as últimas palavras de Jesus Cristo, segundo João, 19:30. (N. ed. bras.)

nos quando ele queira. Quanto à questão de comprovar se nós temos ou não mais conhecimento dos mistérios da natureza que os seus homens de ciência e seus teólogos, *depende de vocês* e daqueles que vocês selecionarão para ajudá-los nesta importante tarefa.

Eu espero, meu caro amigo, que você tente convencer o sr. Hume dos seguintes fatos: embora o trabalho feito por ele para a Sociedade tivesse condições de tornar-se mais adiante algo da maior importância, e embora ele pudesse ter produzido frutos de extrema utilidade, seu artigo de denúncia praticamente arruinou o trabalho feito por ele. As pessoas o considerarão, agora mais do que nunca, um *lunático*. Membros hindus o acusarão durante anos, e ninguém poderá fazer com que nossos chelas vejam nele mais que um iconoclasta, um intruso arrogante, incapaz de qualquer gratidão, e portanto inadequado para ser um deles. Isso você deve colocar como sua opinião *pessoal* – naturalmente apenas se isto coincide com sua própria visão e se pode ser encarado como a expressão dos seus reais sentimentos diante da questão – porque eu, pessoalmente, tenho ordens de não romper com ele até que chegue o dia da crise. Se ele deseja manter sua posição oficial na Eclética, ajude-o a fazê-lo. Caso contrário, peço-lhe com toda urgência que aceite você mesmo a posição de presidente. Mas confio tudo isso ao seu tato e prudência. Faça-o saber que o *Protesto* dos chelas não é trabalho nosso, mas resultado de uma ordem definida que emanou do Chohan. O *Protesto* foi recebido na Sede Geral duas horas antes que o Correio entregasse o famoso artigo, e foram recebidos no mesmo dia telegramas de vários chelas da Índia. Junto com a nota de pé de página mandada por Djual Khool, para que seja acrescentada ao artigo de W. Oxley, o número de setembro deve causar uma certa sensação entre os místicos da Inglaterra e da América do Norte, e não apenas entre os nossos hindus. A questão dos "Irmãos" se mantém extremamente viva e pode produzir seus frutos. A expressiva pena[12] do sr. Hume destila, sob a máscara de filantropia, a mais amarga bílis, atacando-nos com armas que, sendo representadas, ou mais precisamente imaginadas como legais e legítimas, como se fossem usadas sempre com *o mais honesto* dos propósitos – utilizam ora o ridículo, ora o desrespeito. E, no entanto, ele tem preservado de tal modo a aparência de uma sincera crença em nosso conhecimento, que muito provavelmente seremos lembrados como ele nos pintou, e não como somos em realidade. O que disse dele certa vez, ainda mantenho. Ele pode, externamente,

12 Instrumento usado na época para escrever. (N. ed. bras.)

às vezes perdoar com sinceridade, mas nunca pode *esquecer.* Ele é o que se diz que Johnson admirava muito, alguém que "sabe odiar".

Ah, meu amigo, com todos os seus erros, e o seu passado um tanto demasiadamente vívido, quão imensamente mais elevado você aparece diante de nós do que o nosso "Eu sou", apesar de toda a "esplêndida capacidade mental" dele, e a sua natureza *externamente* enternecedora, que esconde a ausência interna de qualquer coisa parecida a um sentimento real e um coração!

M. quer que eu lhe diga que ele se recusa decididamente a adotar qualquer precaução do tipo que você sugere. Ele despreza H. de modo integral; no entanto, em caso de real perigo, seria o primeiro a protegê-lo pelos trabalhos e esforços que ele doou à S.T. Ele diz que em caso de H. vir a perceber o seu erro ridículo, estará disposto a provar a outros a existência de poderes ocultos, mas *não dará nenhum ponto de apoio* a H. Sua punição deve ser *completa,* ou não terá qualquer efeito, e ele só fará retaliação contra vítimas inocentes. H. mostrou-nos perante o mundo como desonestos e mentirosos, sem que ele jamais tivesse tido uma só prova *inegável* de que nós fôssemos isso, e sem que ele tivesse justificativas para denunciar-nos nem mesmo por uma aparência, um aspecto de desonestidade. Se H. decidir amanhã descrever-nos como assassinos, M. tentará erguer uma *maya*[13] para confirmar suas palavras, e depois destruir a *maya*, mostrando-o como caluniador. Receio que ele esteja certo, do ponto de vista das nossas regras e costumes. Que são *anti-europeus,* confesso. Com a exceção do telegrama, M. nunca escreveu a Fern mais que uma carta; as outras cinco ou seis cartas com sua letra emanaram do *dugpa* que está encarregado de Fern. Ele espera que você não *estrague seu trabalho*, e que permaneça sendo sempre um amigo leal e sincero dele, como ele será para você. Fern *nunca repetirá* qualquer experimento à maneira do que aconteceu com o guardanapo, pela simples razão de que nenhuma outra carta será confiada a ele[14].

Recebi uma carta do cel. Chesney e a responderei dentro de alguns dias através de um jovem chela que a entregará aos *cuidados de*

---

[13] *Maya* – ilusão. (N. ed. bras.)

[14] Isto se refere ao incidente mencionado em uma carta anterior, no qual Fern devia entregar uma carta dos Mahatmas para Hume e, porque estava aborrecido com Hume, escondeu a carta no guardanapo dele ao invés de entregá-la diretamente, dando assim impressão de que ela havia sido recebida fenomenicamente, e, em seguida, mentiu sobre o fato. (Ed. C.)

você **com minha respeitosa saudação. Não assuste o garoto. Ele tem ordens de responder a todas as perguntas que *pode responder,* mas não mais. De Simla ele prosseguirá até Buddha Gaya e Bombaim, a serviço, e estará de volta em casa em torno de novembro.**

Com sincera amizade, atenciosamente,

K.H.

Carta nº 82 (ML-32) Recebida no outono de 1882

Esta carta também diz respeito à carta de H.X., e contém mais algumas explicações. Veja os comentários à carta nº 81.

Lamento tudo o que ocorreu, mas era de se esperar. O sr. Hume meteu o pé sobre um ninho de vespas, e não pode queixar-se. Se minha *confissão* não alterou os sentimentos alimentados por *você* – estou decidido a não influenciá-lo, e portanto não irei olhar as coisas do seu modo para descobrir como a situação parece a você, meu amigo – e se você não está inteiramente aborrecido com nosso sistema e nossos procedimentos; se, em resumo, ainda for desejo seu prosseguir com a correspondência e aprender, algo deve ser feito para conter o irresponsável "Benfeitor". Eu impedi que ela enviasse a Hume uma carta pior do que a que ela enviou a você. Eu *não posso* forçá-la a transmitir as cartas dele para mim ou as minhas para ele; e já que não me é mais possível confiar em Fern, e como G.K.[1] dificilmente pode ser sacrificado, se houver um mínimo senso de justiça, em função de um homem que é completamente incapaz de apreciar qualquer serviço prestado exceto se for prestado por ele próprio – o que faremos em relação a isso? Já que nos misturamos com o mundo externo, não temos o direito de suprimir a opinião pessoal dos seus membros individuais, nem de fugir das suas críticas, por mais desfavoráveis que sejam a nós – e por isso a clara ordem a H.P.B. para publicar o artigo do sr. Hume. Só que, como queremos que o mundo veja os dois lados da questão, também permitimos que o protesto conjunto de Deb, Subba Row, Damodar e alguns outros chelas[2] acompanhe a crítica dele a nós e ao nosso Sistema no *Theosophist.*

---

[1] G.K., isto é, D.K. (N. ed. bras.)

[2] O texto do *Protesto* está publicado no livro *Damodar,* de Sven Eek (TPH, Índia, 1978, pp. 286-288). (N. ed. bras.)

Dei a você apenas indícios do que, em alguma outra ocasião, escreverei mais longamente. Pense, enquanto isso, nas dificuldades que estão naturalmente diante de nós, e se sua amizade por mim for sincera, não façamos com que, ao lutar com nossas correntes, elas fiquem mais apertadas e pesadas. Da minha parte, correrei de bom grado o risco de ser considerado um ignorante que contradiz a si mesmo, e de ser criticado em termos desmedidos pelo sr. Hume em meios impressos, desde que você realmente aproveite o ensinamento e compartilhe de tempos em tempos com o mundo o seu conhecimento. Mas, para expressar-lhe meus pensamentos sem disfarce, não há deste momento em diante probabilidade de que eu me arrisque confiando em outro europeu além de você mesmo. Como você vê agora, a conexão com o mundo externo só pode trazer dor para aqueles que nos servem tão fielmente, e descrédito para a nossa Fraternidade. Não há possibilidade que qualquer asiático jamais seja afetado pelos ataques egoístas do sr. Hume contra nós (resultado da minha última carta, e da promessa exigida de que ele escrevesse com menos frequência e quantidade para mim do que vinha fazendo), mas estes ataques e críticas, que os leitores europeus aceitarão como uma revelação e uma confissão, sem jamais suspeitar de onde eles surgiram e por que sentimento profundamente egoísta foram gerados, estes ataques podem causar um grande dano em um sentido que você até agora não suspeitou. Decidido a não perder um instrumento tão útil (útil em certo sentido, claro), o Chohan permitiu-se ser persuadido em excesso por nós no sentido de autorizar meu relacionamento com o sr. Hume. Empenhei minha palavra com o Chohan afirmando que ele havia se arrependido – e era um homem mudado. E agora como poderei encarar meu Grande Mestre, que é objeto de riso e transformado em tema de observações espirituosas do sr. Hume, sendo chamado de Ramsés, o Grande, além de outros comentários indecentes? E ele usou termos, em suas cartas, cuja brutal grosseria me impede de repetir, e que revoltaram minha alma quando os li; palavras tão sujas que podem poluir o próprio ar que as toca; e que me apressei a mandar a você com a carta que as continha, de modo a não ter aquelas páginas em minha casa, cheia de chelas jovens e inocentes que eu jamais gostaria que ouvissem tais expressões.

Então, você mesmo, meu amigo, mais influenciado por ele, nisso, do que você pensa ou suspeita – você mesmo vê prematuramente "contradição" no que está *incompleto.* O aspecto novo ou inexplicável de qualquer fato afirmado em nossa ciência não é uma razão suficiente para alguém desclassificá-lo imediatamente como uma contradição e proclamar, como Hume faz em seu artigo, que poderia ensinar em uma semana o que conseguiu extrair de nós em dezoito meses, porque o conhecimento de vocês ainda é tão limitado que seria difícil para ele dizer o quanto nós sabemos ou não.

Mas já me demorei demasiado abordando este ataque irracional, antifilosófico e ilógico contra nós e nosso Sistema. Um dia mostraremos a falta de validade das objeções preferidas do sr. H. Ele pode ser visto como um sábio conselheiro na municipalidade, mas dificilmente poderia ser visto da mesma forma por nós. Ele me acusa de transmitir por intermédio dele "falsas ideias e fatos" ao mundo; e acrescenta que de boa vontade se manteria longe de nós, e romperia conosco, se não fosse pelo seu desejo de beneficiar o mundo! Verdadeiramente este é um método muito fácil de desautorizar todas as ciências, porque não há uma só em que "fatos falsos" e teorias absurdas não sejam numerosos. Apenas que, enquanto as ciências ocidentais tornam a confusão ainda maior, a nossa ciência explica todas as aparentes discrepâncias e reconcilia as mais diferentes teorias.

No entanto, se você não o trouxer de volta ao bom senso, dentro de pouco tudo chegará ao fim, desta vez irrevogavelmente. É desnecessário assegurar-lhe minha sincera consideração por você e nossa gratidão pelo que fez pela Sociedade aqui – e indiretamente por nós dois. Aconteça o que acontecer, estou às suas ordens. Gostaria, se tivesse maior autonomia, de fazer todo o possível pelo seu amigo, o coronel Chesney. Por *sua* causa, se a crise for evitada e a nuvem negra dissipar-se, darei a ele as instruções que puder. Mas – não será demasiado tarde?

Confiante e atenciosamente,

K.H.

Carta nº 83 (ML-125) Recebida em agosto de 1882

Esta carta é a nota de pé de página de Djual Khool (aqui Gjual-Khool) ao artigo de W. Oxley.

Anteriormente, H.P.B. havia escrito uma carta a Sinnett, datada de 3 de agosto de 1882, na qual ela dizia que havia recebido:

> *"... um artigo interminável daquele morcego cego, M. Oxley, contra Subba Row, a quem ele qualifica como um brâmane ortodoxo*

> *fanático! Ele, Oxley, foi visitado três vezes por K.H. 'em sua forma astral', diz ele ao público!!! e a doutrina filosófica proposta ali... dificilmente pode iluminar os pobres mortais ou fortalecer sua estima pelos poderes dos Irmãos. Eu ia rejeitar o manuscrito, mas K.H. disse que não o fizesse, e D.K. apenas trouxe uma longa nota de rodapé para ser acrescentada ao artigo. Como ela chegou a mim com duas cópias, mando uma para você conforme instruções. K.H. diz a você que faça alterações se quiser, e que a devolva antes que a coisa seja impressa."*

Oxley era um inglês que havia escrito um livro intitulado Philosophy of the Spirit (Filosofia do Espírito), *comentado por D. K. em* The Theosophist. *Oxley colocou objeções a algumas das afirmativas feitas no comentário e, aparentemente em represália, fez a alegação sobre as visitas recebidas de K.H.*

As "três palavras-de-passe" mencionadas no último parágrafo da carta nº 83 não estão nesta carta, mas aparecem no que é aparentemente um pós-escrito a uma outra carta, escrita aproximadamente um mês mais tarde pelo Mahatma (Carta nº 96, ML-92). Cronologicamente ela não encaixa aqui, mas seu assunto, sim. Diz o seguinte:

> *"Pode ocorrer que, em função de objetivos próprios nossos, médiuns e seus fantasmas sejam deixados à vontade e livres não só para personificar os 'Irmãos', mas até mesmo para forjar nossa escrita. Tenha isso presente e esteja preparado para o fato em Londres. A menos que a mensagem ou comunicação ou seja o que for esteja precedida por estas três palavras: 'Kin-t-an, Na lan-da, Dha-ra-ni', saiba que ela não vem de mim."*

Recebo de meu amado Mestre, conhecido na Índia e em terras ocidentais como Koot Hoomi Lal Singh, ordem de fazer em seu nome a seguinte declaração, em resposta a certa afirmação feita pelo sr. W. Oxley e mandada por ele para publicação no *Theosophist.* É alegado pelo citado cavalheiro que meu Mestre Koot Hoomi (a) visitou-o três vezes "em forma astral"; e (b) teve uma conversa com o sr. Oxley, na qual, segundo alegado, ele deu a este certas explicações em relação a corpos astrais em geral e sobre a incapacidade de seu próprio *mayavirupa* de preservar sua consciência simultaneamente com o corpo "nas duas extremidades da linha". Portanto meu Mestre declara que:

1. Quem quer que seja que o sr. Oxley possa ter visto e com quem tenha conversado na ocasião descrita não é Koot Hoomi, o autor das cartas publicadas em *O Mundo Oculto.*

2. Embora meu Mestre conheça o cavalheiro em questão, que certa vez honrou-o com uma carta, dando-lhe assim meios de conhecê-lo (ao sr. Oxley), e embora admire sinceramente seus poderes intuitivos e conhecimento *ocidental* – ele nunca se aproximou dele seja astralmente ou de outra forma: tampouco teve qualquer conversa com o sr. Oxley, muito menos uma conversa daquela natureza, na qual tanto o sujeito como o predicado, e tanto as premissas como as conclusões, estão todos equivocados.

3. Em consequência das alegações citadas, cuja repetição teria como consequência induzir muitos dos nossos teosofistas a erros, meu Mestre decidiu divulgar a seguinte decisão.

De agora em diante qualquer médium ou vidente que se sentir inclinado a alegar que foi visitado por, ou teve uma conversa com, ou viu meu Mestre, terá que comprovar a alegação antecedendo sua afirmativa com TRÊS PALAVRAS SECRETAS, que ele, meu Instrutor, comunicará e deixará sob a guarda do sr. A.O. Hume e do sr. A.P. Sinnett, respectivamente presidente e vice-presidente da "Sociedade Teosófica Eclética", de Simla. Na medida em que eles não acharem estas três *palavras* repetidas corretamente por um médium ou abrindo uma afirmativa, seja verbal ou escrita, feita por ele ou ela, ou feita em nome dele ou dela, a alegação será considerada uma suposição sem fundamento e não lhe será dada atenção. Meu Mestre lamenta ser forçado a tomar esta medida, já que infelizmente, no período recente, tais auto-ilusões têm-se tornado bastante frequentes, e requerem uma pronta providência.

A declaração ou anúncio acima deve ser acrescentada como nota ao final do texto publicado do sr. Oxley.

Cumprindo ordens,

Djual Khool. M. xxx.

Carta nº 84 (ML-111) Recebida em meados de setembro de 1882

Esta carta na realidade serve de introdução à carta seguinte. Dharbagiri Nath era um nome místico de um dos chelas do Mahatma K.H., Gwala K. Deb. Mas há também uma estranha conexão com outro indivíduo – um chela probatório do Mahatma K.H. – conhecido na literatura como

Babaji, ou às vezes como Bawajee. Esta situação bastante estranha é explicada por Sven Eek no livro Damodar[1], *p. 537 (veja também* Letters of H.P. Blavatsky to A.P. Sinnett, *pp. 135-140, e também p. 336 e seguintes). Leia os comentários à carta nº 53 (ML-136).*

Na época desta carta e provavelmente em conexão com ela, o Mahatma desejou mandar dois chelas até Sinnett, que estava em Simla. Ele escolheu um dos seus discípulos, Gwala K. Deb, que provavelmente era tibetano, e R. Keshava Pillai, inspetor de Polícia em Nellore, que havia-se tornado chela leigo probatório e era conhecido como Chandra Cusho, nome dado a ele pelo Mahatma K.H. Deb estava no Tibete na época, passando por certo treinamento oculto, e não podia ir em seu corpo físico. Babaji consentiu que Deb usasse seu corpo na ocasião. Isso aumentou muito seu prestígio e lhe trouxe benefícios espirituais. Dharbagiri Nath, no entanto, era o nome místico de Deb, e parece que Babaji continuou a usá-lo depois que a experiência terminou. Essa confusão é estranha, e quando encontramos o nome de Dharbagiri Nath, como ocorre várias vezes nas cartas, é difícil saber se realmente se trata de Gwala K. Deb, o chela tibetano, ou Babaji. No entanto, quando o Mahatma se refere a ele como "o baixinho" ou "meu baixinho", provavelmente se refere a Babaji (seja na condição de Deb ou como ele mesmo) já que ele era de estatura muito baixa.

Chandra Cusho era um nome tibetano dado, como dissemos, pelo Mahatma para R. Keshava Pillai. Ele foi colocado em provação pelo Mahatma mas não avançou mais. Mais tarde, perdeu interesse na Sociedade Teosófica. Ele recebeu várias cartas do Mahatma que, anos depois, deu a Olcott. Elas estão incluídas em Cartas dos Mestres de Sabedoria, *segunda série, páginas 239 a 242.[2] Uma daquelas cartas tem relação com a carta a seguir, número 84. O Mahatma conta a ele que está mandando "Deb" a Simla com algumas cartas para o sr. Sinnett (a quem ele qualifica como "o melhor de todos", e pergunta se o Irmão Keshu (Chandra Cusho) pode acompanhá-lo e ajudá-lo. "A tarefa é simples", diz o Mahatma, "e não haverá muito o que fazer, mas* mantenham-se em silêncio *e desempenhem suas funções com sucesso"[3]. O Mahatma promete a ele que, se desempenhar bem esta missão, o colocará sob sua proteção especial e permitirá que alguns dos segredos sejam ensinados a ele. Sem dúvida, a missão foi entregar as cartas nº 84, 85A e 85B.*

---

[1] *Damodar and the Pioneers of the Theosophical Movement,* Sven Eek, TPH, Adyar, Chennai (Madras), Índia, segunda impressão, 1978, 720 pp. (N. ed. bras.)

[2] Cartas 64 a 67, 2ª série, no volume editado em 1996 pela Editora Teosófica. (N. ed. bras.)

[3] Veja a Carta 65, p. 241, de *Cartas dos Mestres de Sabedoria.* (N. ed. bras.)

Meu caro amigo,

Esta será entregue em sua casa por Dharbagiri Nath, um jovem chela meu, e seu irmão de chelado, Chandra Cusho. Eles estão proibidos de entrar na casa de qualquer pessoa sem serem convidados a fazê-lo. Portanto, peço que você perdoe nossos costumes selvagens e, ao mesmo tempo, dê-lhes uma alegria mandando-lhes um convite em seu nome, seja agora – se você puder recebê-los em particular e sem correr o risco de que eles se encontrem em sua casa com qualquer estranho – seja em qualquer outro momento durante o começo da noite ou mais tarde, durante a noite.

Não tenho qualquer objeção a que a sra. S., sua esposa, veja qualquer um deles, mas peço a ela que não fale com eles, já que estão proibidos por nossas leis religiosas de falar com qualquer dama – com a exceção de suas mães e irmãs – e, ao falar, ela os embaraçaria grandemente. Peço a ela que faça isso em meu nome e para meu bem. Eles têm sua missão e não devem ir além disso: (1) entregar em suas mãos minhas "respostas às famosas contradições", e (2) conversar com o sr. Fern. Se você tiver uma resposta para mim, Dharbagiri Nath irá buscá-la sempre que você estiver pronto. Eu também solicito encarecidamente que você não imponha a eles a presença do sr. Hume. Não pense no que aconteceu até que tudo esteja explicado.

Sempre atenciosamente,

K.H.

P.S. Eles também estão proibidos de apertar a mão de qualquer homem ou mulher, isto é, de *tocar* alguém; mas você pode convidar meu baixinho para vir e falar com você tanto quanto quiser, uma vez que você seja discreto.

Carta nº 85A (ML-24A) Recebida em meados de setembro de 1882

Esta carta em duas partes foi anexada à carta 84 (veja os comentários) e entregue a Sinnett por dois chelas do Mahatma K.H., Dharbagiri Nath (provavelmente Babaji) e Chandra Cusho.

Tanto Hume como Sinnett haviam acusado os Mahatmas de fazer afirmações contraditórias. O Mahatma K.H. havia pedido a eles várias ve-

zes que fizessem uma lista dos itens questionados, já que não tinha tempo de revisar todas as cartas que havia escrito. Sinnett finalmente fez a lista. Ele a havia mandado a K.H. algum tempo antes, e recebeu-a de volta com os comentários do Mahatma em algum momento de setembro.

A carta 85A consiste dos itens listados por Sinnett. A carta 85B contém as respostas do Mahatma, com comentários sobre alguns outros assuntos. Os números entre parênteses na carta de Sinnett se referem à numeração das respostas do Mahatma.

AS FAMOSAS "CONTRADIÇÕES"
Recebida no outono de 1882.

Espero que você me dê um grande crédito por obediência, por haver, laboriosamente e contra minha inclinação, feito um esforço para compilar um documento de acusação em relação às alegadas contradições. Como disse em outro momento, não me parece que vale a pena preocupar-se muito com elas, embora atualmente elas me deixem confuso em minhas ideias sobre o Devachan e as vítimas de acidentes. *É porque elas não me atormentam que até agora nunca havia colocado em prática sua sugestão de que eu deveria colocá-las no papel.*

(1)

Hume tem tido a tendência de localizar contradições em algumas cartas que se referem à evolução do homem, mas em conversa com ele sempre sustentei que estas não são contradições de modo algum – e devem-se apenas a uma confusão sobre raças e rondas, uma questão de linguagem. Depois ele aparentou pensar que você construiu a filosofia à medida que ia avançando, e escapou das dificuldades inventando muitas outras raças além das contempladas no início, uma hipótese que eu sempre ridicularizei como absurda.

(2)

Não copiei aqui novamente as passagens sobre vítimas de acidentes citadas em minha carta de 12 de agosto e que estão em aparente contradição com as correções da prova da minha "Carta sobre Teosofia". Você já disse, a propósito destas citações, no verso da minha carta datada de 12 de agosto:

(3)

"Posso facilmente compreender que somos acusados de contradições e incoerências sim, e até mesmo de escrever uma coisa hoje e de desmenti-la amanhã. Se você pelo menos soubesse como escrevo minhas cartas e o tempo que posso dar a elas, talvez você fosse menos crítico e exigente –"

(4)

Foi esta passagem que me levou a pensar que talvez alguma das primeiras cartas poderia ter sido, ela própria, "vítima de acidente".

Mas, para continuar com o documento em nome da acusação:

(5)

"A maior parte daqueles que você pode chamar, se quiser, de candidatos ao Devachan, morre e renasce no Kama-loka sem memória... Você dificilmente chamaria de lembrança um sonho seu, alguma cena ou cenas específicas, dentro de cujos estreitos limites você encontraria algumas poucas pessoas ... etc., chame isso de memória pessoal de A.P. Sinnett, se puder." Notas no verso de uma carta minha para a Velha Senhora.

(6)

"Certamente, o novo Ego, depois de renascer no Devachan, retém durante certo tempo proporcional à sua vida terrestre 'uma completa lembrança da sua vida espiritual na Terra'." *Longa carta sobre o Devachan.*[1]

(7)

"Todos aqueles que não caíram no lodo do pecado e da bestialidade irrecuperáveis – vão para o Devachan," ibid.[2]

(8)

"Ele (o Devachan) é um paraíso idealizado e produzido em cada caso pelo próprio Ego, e preenchido por ele, com o cenário movimentado pelos fatos e povoado pelas pessoas que ele esperaria encontrar nesta esfera de bem-aventurança compensatória." Ibid.

(9)

"Não podemos chamar isso de memória completa, mas sim de memória parcial. X. Amor e ódio são os únicos sentimentos imortais, os únicos sobreviventes da destruição do *Ye-dhamma* ou mundo fenomênico. Imagine-se, então, no Devachan, com aqueles que você pode ter amado com tal amor imortal, com as cenas familiares, feitas de sombras conectadas a eles formando o pano de fundo, e um perfeito vazio em relação a tudo o mais que se relacione com sua vida interior, social, política e literária –". Carta anterior: isto é, *Notas*.

(10)

"Já que a percepção consciente da personalidade do indivíduo na Terra é apenas um sonho passageiro, esta percepção também será de um sonho no Devachan – *só que cem vezes mais intensa.*" Longa carta sobre o Devachan.

---

[1] Veja a resposta nº 2, na Carta 68. A citação do texto aqui não é totalmente literal. (N. ed. bras.)

[2] *Ibid.* – Abreviação de *ibidem,* que significa "no mesmo lugar", em latim. (N. ed. bras.)

(11)

"... pelo *connoisseur* que passa longas eras enlevado pela delícia de escutar sinfonias divinas tocadas por coros e orquestras angelicais imaginários". *Carta longa. Veja (9) X, acima.* **Veja meus comentários 10 e 11 sobre Wagner, etc.**

Você diz:

(12A)

Em nenhum caso, portanto, com a exceção de suicidas e cascas, há qualquer possibilidade de que qualquer outro seja atraído a uma sala de sessões." *Notas.*

(12B)

"Na margem eu disse *raramente*, mas não usei a palavra *nunca*". *Anexado à minha carta de 12 de agosto.*[3]

Carta nº 85B (ML-24B) Recebida em meados de setembro de 1882

Veja os comentários à carta nº 85A.

(A)

A esta altura da nossa correspondência, como geralmente parecemos ser mal compreendidos, até mesmo por você, meu fiel amigo, pode valer a pena e ser útil para nós dois que você seja informado de certos fatos – e fatos muito importantes – em relação ao adeptado. Tenha presentes, pois, os seguintes pontos.

(1) Um adepto – tanto o mais elevado como o mais inferior – é adepto *apenas durante o exercício dos seus poderes ocultos.*

(2) Sempre que estes poderes são necessários, a vontade soberana abre a porta que leva ao homem *interno* (o adepto), que só pode emergir e agir livremente se o seu carcereiro – o homem *externo* – estiver completa ou parcialmente paralisado, conforme o caso, (a) mental e fisicamente; (b) mental, mas não fisicamente; (c) fisicamente, mas não por completo mentalmente; (d) nenhuma das opções, mas com uma película akáshica interposta entre o homem *externo* e o *interno.*

---

[3] A Carta de Sinnett de 12 de agosto, com os comentários do Mahatma, é a Carta nº 76, acima. (N. ed. bras.)

(3) Mesmo o menor exercício de poderes ocultos, portanto, como você verá agora, requer um esforço. Podemos compará-lo com o esforço muscular interno de um atleta que se prepare para usar sua força física. Assim como não é provável que algum atleta esteja sempre divertindo-se com dilatar suas veias na antecipação do fato de ter de levantar um peso, tampouco se pode supor que algum adepto vá manter sua vontade em constante tensão e o homem *interno* em completo funcionamento quando não há necessidade disso. Quando o homem *interno* descansa, o adepto se torna um homem comum, limitado aos seus sentidos físicos e às funções do seu cérebro físico. O hábito aguça a intuição desse último, mas é incapaz de torná-lo supersensório. O adepto interno está sempre pronto, sempre alerta, e isso é suficiente para nossas necessidades. Em momentos de descanso, portanto, suas faculdades também estão em descanso. Quando sento para minhas refeições, ou quando estou me vestindo, lendo ou ocupado de outro modo, não penso sequer naqueles que estão próximos a mim; e Djual Khool pode facilmente quebrar seu nariz e fazê-lo sangrar, ao bater no escuro contra uma viga, como fez uma noite destas – (apenas porque, ao invés de lançar uma 'película', ele tolamente paralisou todos os seus sentidos exteriores enquanto falava com um amigo distante) – e eu fiquei placidamente inconsciente do fato. *Eu não estava pensando nele* – daí minha inconsciência.

A partir do que foi dito acima, você pode deduzir facilmente que um adepto é um mortal comum em todos os momentos da sua vida exceto aqueles em que o homem *interno* está agindo.

Acrescente a isso o fato desagradável de que nós estamos proibidos de usar uma só partícula dos nossos poderes em relação à *Eclética* (pelo que você tem de agradecer a seu presidente *e só a ele*), e que o pouco que é feito é, digamos, realizado de contrabando – e faça o seguinte silogismo:

K.H., ao escrever para nós, *não é um adepto*.

Um *não*-adepto – é falível.

Portanto, K.H. pode cometer erros muito facilmente.

Erros de pontuação, que mudarão frequentemente todo o sentido de uma frase; erros idiomáticos, que têm muitas probabilidades de ocorrer, especialmente quando se escreve tão apressadamente como eu; erros que surgem de confusões ocasionais entre termos *que eu tive que aprender de você*, já que é você o autor de "rondas", "anéis", "anéis terrestres", etc., etc. Bem, neste ponto, peço licença para dizer que depois de ler cuidadosamente, repetidas vezes, nossas "Famosas Contradições"; depois de dá-las para que M. as lesse, e então para um *alto adepto*

cujos poderes *não* estão na jurisdição do Chohan, mas foram separados por Ele para evitar que os desperdice com objetos indignos de sua predileção pessoal; depois de fazer tudo isso, ouvi deste último: "Está tudo perfeitamente correto. Sabendo o que você quer dizer, eu, como qualquer outra pessoa que conhece a doutrina, não posso encontrar nestes fragmentos isolados qualquer conflito entre um e outro deles. Mas, como muitas frases estão incompletas, e os assuntos espalhados sem qualquer ordem, não me surpreende que os seus 'chelas leigos' encontrem erros. Sim; eles requerem uma exposição mais explícita e clara".

Esta é a decisão de um *adepto* – e eu a acato; tratarei de completar a informação para ajudá-lo.

Em um *único* caso – marcado em suas páginas e minhas respostas com os números (12A) e (12B), o último – a "acusação" tem direito a ser escutada, embora não mereça *sequer um centavo de indenização* por *prejuízos*, porque, assim como na justiça comum ninguém – seja o autor ou o réu da ação – tem direito a alegar a ignorância da lei, também os chelas leigos deveriam ser levados a dar o benefício da dúvida a seus gurus nos casos em que, devido à sua grande ignorância daquela ciência, eles têm a tendência a interpretar mal o significado – ao invés de acusá-los imediatamente de *contradição!* Bem, peço agora licença para afirmar que, com relação às duas frases marcadas respectivamente como 12A e 12B, só existe uma *clara* contradição para aqueles que *não* conhecem aquela doutrina; você não a conhecia, e portanto admito ser "culpado" de uma omissão, mas alego ser "inocente" em relação a uma contradição. E, mesmo no primeiro caso, a omissão é tão pequena que, como a garota que foi acusada de infanticídio e disse em sua defesa diante do juiz que o bebê era tão pequeno, tão pequeno que não merecia ser chamado de bebê – eu poderia dizer o mesmo em relação à minha omissão, se não tivesse diante de mim a sua terrível definição do meu "exercício da habilidade". Bem, veja a explicação dada em minhas "Notas e Respostas" e faça seu julgamento.

A propósito, meu bom Irmão, até agora eu não havia suspeitado que você fosse capaz de defender e desculpar o *indesculpável,* como demonstrou *ao defender-me* em relação ao agora famoso "exercício da habilidade". Se o artigo (resposta a C.C. Massey) foi escrito no espírito que você atribui a mim em sua carta; e se eu, ou qualquer um de nós, tiver "uma tendência a tolerar meios mais *sutis* e mais *espertos* de alcançar um objetivo" do que aqueles que são admitidos geralmente como honrosos pelo europeu *amante da verdade e correto* (o sr. Hume está incluído nesta categoria?), de fato você não tem direito de desculpar um

modo tal de proceder, mesmo em *mim*; nem de ver isso "apenas como manchas no sol", já que uma mancha é uma mancha, esteja ela no corpo luminoso do sol ou em um candelabro de latão. Mas você está equivocado, meu caro amigo. Não havia um modo *sutil, esperto* de administrar a situação para tirá-la da dificuldade criada pela ambiguidade dela[1], pelo seu desconhecimento da língua inglesa, *não sua ignorância do assunto* – o que não é a mesma coisa e altera inteiramente a questão. Tampouco eu ignorava que M. havia escrito anteriormente para você sobre o assunto, já que foi em uma das cartas dele (a penúltima antes que eu tomasse a tarefa das mãos dele) que foi abordado o tema das "raças" pela primeira vez e que se falou de reencarnações. Se M. lhe disse que cuidasse para não acreditar demasiado automaticamente em *Ísis*, foi porque ele estava ensinando a você *a verdade e os fatos*, e porque na época em que aquela passagem foi escrita nós ainda não havíamos decidido ensinar ao público indiscriminadamente. Ele lhe deu vários desse exemplos – você os verá se reler a carta dele – acrescentando que se tais e tais frases fossem escritas de tal maneira elas explicariam muito melhor fatos agora apenas sugeridos.

Naturalmente, "para C.C.M." a passagem deve parecer errada e contraditória porque *é* "desorientadora", como M. disse. São muitos os assuntos tratados em *Ísis* que nem mesmo H.P.B. tinha permissão de conhecer inteiramente; no entanto eles não são contraditórios, mesmo que sejam "desorientadores". Fazê-la dizer – como eu fiz – que a passagem criticada é "incompleta, caótica, vaga... desajeitada como muitas outras passagens naquela obra" foi uma "admissão" suficientemente "franca", penso, para satisfazer o crítico mais exigente. Admitir que a passagem estava "errada", por outro lado, teria sido uma falsidade inútil, porque *eu sustento* que ela *não* está errada; já que ela não dá a *totalidade* da verdade, mas não a distorce, nos fragmentos de verdade transmitidos em *Ísis*. O ponto central na crítica e na reclamação de C.C.M. não é que não havia sido transmitida a verdade inteira, mas que a verdade e os fatos de 1877 eram apresentados como erros e negados em 1882; e era este ponto, nocivo para o conjunto da Sociedade, para os seus discípulos "leigos" e discípulos internos e para nossa doutrina, que tinha que ser mostrado de modo verdadeiro, isto é, como uma interpretação inteiramente equivocada devido ao fato de que a doutrina "setenária" ainda não havia sido divulgada ao mundo quando *Ísis* foi escrita. E assim, isso *foi* mostrado. Lamento que você não considere a resposta

---

[1] "Ambiguidade dela", isto é, de H.P.B., ao escrever em *Ísis Sem Véu.* (N. ed. bras.)

dela **escrita sob minha inspiração direta "muito satisfatória", porque isso me demonstra apenas que até aqui você ainda não compreendeu muito firmemente a diferença entre o sexto, o sétimo e o quinto princípios, ou entre a "Mônada = Ego"** ***imortal*** **e a "Mônada-Ego"** ***astral-pessoal.*** **A suspeita é corroborada pelo que H-X cita em sua crítica da minha explicação ao final da "carta" dele no número de setembro; a carta de você que está diante de mim completa as evidências a esse respeito. Sem dúvida, o** ***"Ego real*** **é inerente aos princípios superiores que reencarnam" periodicamente a cada mil, dois mil, três mil ou mais anos.** Mas o Ego *imortal,* a "Mônada Individual", não é a mônada *pessoal,* que **é o 5º princípio; e a passagem em** ***Ísis*** **não respondia aos reencarnacionistas orientais, que sustentam na mesma** ***Ísis*** **– como você saberia se tivesse lido toda a obra – que a** ***individualidade*** **ou o "Ego" imortal** ***tem que*** **reaparecer** ***em cada ciclo,*** **mas aos reencarnacionistas ocidentais, especialmente os franceses, que ensinam que é a mônada** ***pessoal,*** **ou astral, o** ***"moi fluidique"***[2]**, o** ***manas,*** **ou a mente intelectual, em resumo, o 5º princípio, que reencarna a cada vez. Assim, se você ler outra vez a passagem de** ***Ísis*** **que C.C.M. cita, em comparação com o "comentário sobre o** ***Perfect Way",*** **você talvez descubra que H.P.B. e eu estávamos perfeitamente corretos ao sustentar que, na passagem acima, havia menção apenas à "mônada astral". E há um "choque" muito mais "insatisfatório",** ***do meu ponto de vista,*** **no fato de eu descobrir que você se recusa a reconhecer o** ***Ego pessoal*** **na mônada astral – enquanto sem dúvida alguma todos nós a chamamos assim, e fazemos isso há milênios – do que poderia haver no fato de você encontrar menção a esta mônada, com seu nome correto, no Fragmento sobre a Morte, de E. Levi!**

A "mônada astral" ***é*** **o "Ego pessoal" e, portanto,** ***nunca*** **reencarna, como os espíritas franceses pensam, a não ser em "circunstâncias excepcionais"; em cujo caso, ao reencarnar, ela** ***não se torna uma casca,*** **mas, se for bem-sucedida, em sua** ***segunda*** **reencarnação ela se torna uma casca, e então gradualmente perderá sua personalidade, depois de ser, digamos assim,** ***esvaziada*** **dos seus melhores e mais altos atributos espirituais pela mônada imortal ou "Ego Espiritual", durante a última e suprema luta. O "abalo de sentimentos", então, deveria ocorrer da** ***minha*** **parte, já que de fato apenas "parecia ser outro exemplo da diferença entre os métodos orientais e ocidentais", mas** ***não*** **era – não neste caso, pelo menos. Posso facilmente entender, meu caro amigo, que na condição fria em que você se encontra (mentalmente), você está disposto a**

---

[2] *Moi fluidique* – "eu fluídico", em francês. (N. ed. bras.)

aquecer-se até mesmo nos raios de uma pira funerária sobre a qual um *sati*[3] esteja ocorrendo, mas por que, *por que* chamá-la de Sol, e desculpar a sua mancha – o cadáver?

A carta endereçada a mim, que sua delicadeza não permitiu ler, era *para seu exame* e havia sido mandada com este objetivo. Eu queria que você a lesse.

A sua sugestão sobre a próxima tentativa artística de G.K. é inteligente, mas não o suficiente para esconder os fios brancos da insinuação jesuiticamente negra. G.K., no entanto, foi pego na armadilha. "Nous verrons, nous verrons!"[4], diz a canção francesa.

G. Khool diz – apresentando suas mais humildes saudações – que você "descreveu *incorretamente* o curso dos acontecimentos com relação ao primeiro retrato." O que ele diz é o seguinte: (1) "no dia em que ela veio", ela *não* pediu a você que "lhe desse um pedaço de", etc. (página 300), até que você começou a falar-lhe do meu retrato, que ela duvidava muito que pudesse ser obtido por você. Foi só depois de meia hora de conversa sobre isso na sala de visitas da frente – com vocês dois formando os dois pontos superiores do triângulo, perto da porta do seu escritório, e sua esposa formando o ponto inferior (ele diz que ele estava lá), que ela disse a você que tentaria. Foi então que ela pediu a você "um pedaço de papel branco *grosso*", e que você lhe deu um pedaço de papel branco *fino,* que havia sido tocado por uma pessoa muito antimagnética. No entanto ele assegura que fez o melhor que pôde. No dia seguinte, cumpriu a tarefa, tendo a sra. S. olhado exatamente 27 *minutos* antes disso. Não foi "uma hora ou duas antes", como você afirma, porque ele havia dito à "V. S." que a deixasse olhar *imediatamente antes do desjejum*. Depois do desjejum, ela pediu a você um pedaço de cartolina e você lhe deu *dois* pedaços, ambos marcados, e não um, como você diz. A primeira vez que ela tentou foi um *fracasso*, diz ele, porque "a sobrancelha parecia uma sanguessuga", e o trabalho só terminou à noite, enquanto você estava no clube, em um jantar ao qual a velha *Upasika* não quis ir. E foi *ele* de novo, G.K., o "grande artista", que teve de ver-se livre da sanguessuga, corrigir o *gorro* e as feições, e foi ele quem fez com que o retrato "ficasse parecido com *o Mestre"* (ele insiste em chamar-me assim embora não seja mais meu chela na realidade), já que M., depois de

---

[3] *Sati,* costume hindu tradicional pelo qual a viúva era queimada viva na mesma cerimônia de cremação do corpo do seu esposo. (N. ed. bras.)

[4] *Nous verrons* – "veremos", em francês. (N. ed. bras.)

estragá-lo, não quis dar-se ao trabalho de corrigi-lo mas, ao invés disso, preferiu ir dormir. E finalmente, ele afirma que, apesar de eu rir do retrato, sua semelhança é boa, mas seria melhor se o sahib M. não tivesse interferido no processo, e ele, G.K., tivesse tido a permissão de usar seus próprios métodos "artísticos". Esta é a história dele, e portanto ele não está satisfeito com a descrição feita por você, e disse isso a *Upasika,* que falou a você algo completamente diferente. Agora, as minhas notas.

(1)[5]

Elas tampouco me preocupam – particularmente. Mas como elas dão a nosso amigo comum uma boa alavanca contra nós, que ele provavelmente usará qualquer dia daquela maneira desagradável que é tão predominante nele, eu prefiro explicá-las mais uma vez – com sua amável permissão.

(2)

É claro, é claro; é a nossa maneira normal de sair das dificuldades. Tendo sido nós próprios "inventados", compensamos os inventores inventando raças imaginárias. Há muitas outras coisas que somos acusados de haver inventado. Bem, bem, bem; há uma coisa, de qualquer modo, que nunca seremos acusados de inventar; isto é, *o próprio sr. Hume.* Inventar alguém como ele está além dos mais altos poderes e *Siddhis* que conhecemos.

E agora, bom amigo, antes que avancemos, peço que leia o apêndice (A).[6] É hora de que você nos conheça *como nós somos.* Apenas, para provar para *você,* se não para ele, que nós não *inventamos* aquelas raças, vou revelar para seu benefício algo que nunca foi revelado antes. Vou explicar-lhe um capítulo inteiro da obra de Rhys Davids sobre o Budismo, ou melhor, Lamaísmo, que, na sua natural ignorância, ele vê como uma *degradação* do Budismo! Já que aqueles cavalheiros – os orientalistas – pretendem dar ao mundo as suas *soi-disant*[7] traduções e seus comentários sobre nossos livros sagrados, então que os teosofistas mostrem a grande ignorância daqueles pundits[8] "mundanos", dando ao público as doutrinas e explicações corretas do que eles veriam como uma teoria absurda e fantasiosa.

---

[5] Respostas de K.H. às "Famosas Contradições". Os números correspondem aos que aparecem nos itens do sr. Sinnett (Carta 85A – ML-24A). (N. da 1ª. ed.)

[6] O apêndice (A) está logo no início desta carta 85B. (N. ed. bras.)

[7] *Soi-disant* – supostas, em francês. (N. ed. bras.)

[8] *Pundits* – eruditos religiosos. (N. ed. bras.)

(3)

E porque eu admito a incoerência superficial ou aparente – e mesmo isso só no caso de alguém que ignore tão completamente como você as nossas doutrinas – será isso uma razão para que elas sejam vistas como realmente incoerentes? Suponha que eu tivesse escrito em uma carta anterior – "a Lua *não tem* atmosfera", e depois seguisse falando de outras coisas; e dissesse a você em outra carta "porque a lua tem sua própria atmosfera", etc., não há dúvida de que eu seria acusado de dizer hoje *preto* e amanhã *branco*. Mas em que poderia um cabalista ver contradição entre as duas frases? Posso assegurar-lhe que ele não veria. Porque um cabalista *que sabe* que a lua não tem uma atmosfera comparável em nenhum aspecto à da terra, mas tem uma atmosfera *própria* inteiramente diferente daquilo que os seus cientistas chamariam de atmosfera, sabe também que, como os ocidentais, nós, os orientais, e especialmente os ocultistas, temos nossas próprias maneiras de expressar o pensamento, tão claras para nós com seu significado implícito como as suas maneiras são claras para vocês. Suponhamos, por exemplo, que você decida ensinar astronomia a seu carregador[9]. Diga a ele hoje – "veja como é glorioso o pôr-do-sol, veja como ele *se movimenta* rápido, como ele nasce e se põe, etc."; e amanhã tente impressioná-lo com o fato de que o sol é comparativamente imóvel e que é apenas a nossa terra que perde e depois recupera a visão do sol em sua movimentação diurna; e há dez chances contra uma de que, se o seu discípulo tiver um cérebro na cabeça, ele o acusará de contradizer-se gritantemente. Seria isso uma prova da sua ignorância do sistema heliocêntrico? E poderia você ser acusado com alguma justiça de "escrever uma coisa hoje e negá-la amanhã", embora o seu senso de justiça o levasse a admitir que você "pode facilmente entender" a acusação?

Escrevendo minhas cartas, então, como faço, algumas linhas agora e algumas palavras horas mais tarde; tendo que recuperar o fio do mesmo assunto, talvez com uma dúzia ou mais de interrupções entre o começo e o final, não posso prometer a você nada semelhante à exatidão ocidental. *Ergo*[10] a única "vítima de acidente" neste caso sou eu mesmo. O inocente exame a que sou submetido por você – e a que não faço objeção – e o propósito definidamente predeterminado, da parte do sr. Hume, de surpreender-me tropeçando sempre que ele puder – um procedimento considerado altamente legal e honesto no direito ocidental,

---

[9] *Bearer,* no original; carregador, criado, moço de recados. (N. ed. bras.)

[10] Ergo – portanto, em latim. (N. ed. bras.)

mas ao qual nós, selvagens asiáticos, objetamos de modo muito enfático – despertou em meus colegas e Irmãos uma elevada opinião sobre minhas tendências ao martírio. Do ponto de vista deles, eu me tornei uma espécie de Simeão Estilita[11] indo-tibetano. Pego pela curva inferior do ponto de interrogação de Simla e enganchado nela, vejo-me condenado a equilibrar-me sobre o ápice do semicírculo por medo de escorregar e cair com qualquer movimento incerto para trás ou para frente. Esta é a atual posição do seu humilde amigo. Desde que empreendi a tarefa de ensinar a dois alunos adultos com cérebros em que os métodos da ciência ocidental estavam cristalizados há anos; um dos quais está bastante disposto a abrir espaço para o novo ensinamento iconoclasta, mas que, mesmo assim, requer um procedimento cuidadoso, enquanto o outro não aceita nada exceto com a condição de agrupar os conteúdos *como ele quer que se agrupem,* e não em sua ordem natural – tenho sido visto como um lunático por todos os nossos Chohans. Ouço sérias perguntas sobre se a minha associação inicial com os "pelings"[12] ocidentais não me tornou um meio-peling e também um visionário "dzing-dzing". Tudo isso era esperado. Não reclamo; narro um fato, e humildemente peço crédito por isso, esperando apenas que minha atitude não seja confundida outra vez com uma maneira *sutil* e *esperta* de sair de uma nova dificuldade.[13]

(5)

Cada entidade *quádrupla* recém-desencarnada – tenha ela tido uma morte natural ou violenta, devido a suicídio ou acidente, mentalmente sã ou insana, jovem ou velha, boa, má ou indiferente – perde no instante da morte toda lembrança, que é mentalmente *aniquilada;* e a entidade dorme seu sono akáshico no kama-loka. Este estado dura desde algumas horas (raramente menos), dias, semanas, meses – às vezes

---

[11] Simeão Estilita – asceta cristão sírio do século quinto, que vivia dia e noite no alto de uma coluna. A mais alta das colunas em que viveu tinha 16 metros de altura. Ficou nela cerca de 20 anos. O exemplo de Estilita teve seguidores durante vários séculos. (N. ed. bras.)

[12] *Pelings* é uma palavra tibetana para cidadãos europeus e, por extensão, ocidentais. Aqui parece haver uma menção ao fato de que o Mahatma K.H. passou algum tempo na Europa em sua juventude, havendo indicações de que ele tenha, inclusive, estudado em uma universidade (a de Dublin) e visitado outra. Veja, por exemplo, o livro *Masters and Men,* de Virginia Hanson (*Theosophical Publishing House,* Índia, 1980). (N. ed. bras.)

[13] O item (4) foi respondido junto com o item (3). Por isso o Mahatma aborda, a seguir, o item (5). (N. ed. bras.)

até vários anos. Tudo isso de acordo com a entidade, com seu *status* mental no momento da morte, com o caráter da sua morte, etc. Esta memória retornará lenta e gradualmente perto do final da gestação (à entidade ou Ego), ainda mais lentamente mas muito mais imperfeitamente e *incompletamente,* à *casca,* e *completamente,* ao Ego, no momento de sua entrada no Devachan. E agora, como este último é um estado determinado e produzido por sua vida passada, o Ego não cai nele abruptamente, mas afunda nele gradualmente e por estágios suaves. Com a primeira aurora deste estado essa vida aparece (ou melhor, essa vida é *vivida outra vez* pelo Ego) desde seu primeiro dia consciente até o último. Desde o acontecimento mais importante até o mais trivial, todos desfilam diante da visão espiritual do Ego; só que, ao contrário dos acontecimentos da vida real, permanecem apenas aqueles que são escolhidos por este novo *ser vivente* (com perdão da palavra) que se apega a certas cenas e atores. Estes ficam *permanentemente* – enquanto todos os outros se desvanecem e desaparecem para sempre, ou retornam a seu criador – a *casca.* Bem, tente entender esta lei que é altamente importante, porque é tão grandemente justa e compensatória, em seus efeitos. Do Passado que renasce *nada* permanece, exceto aquilo que o Ego experimentou *espiritualmente* – aquilo que foi produzido por e através de suas faculdades espirituais, e revivido por elas, seja *amor* ou *ódio*. Tudo o que estou agora tentando descrever é na verdade *indescritível.* Assim como duas pessoas, ou mesmo duas fotografias da mesma pessoa, e até duas folhas de uma planta nunca são semelhantes linha por linha uma à outra, assim também não há dois estados semelhantes de Devachan. A menos que se trate de um Adepto, que pode compreender este estado em seu Devachan *periódico* – como pode-se esperar que alguém tenha uma imagem correta dele?

(6)

Portanto, não há contradição na afirmativa de que o ego, uma vez renascido no Devachan, "retém durante certo tempo proporcional à sua vida terrestre uma *completa lembrança* da sua vida (espiritual) na Terra". Aqui, novamente, a simples omissão da palavra "espiritual" produziu um mal-entendido!

(7)

Todos os que não caem na 8ª esfera – *vão para o Devachan.* Onde está a questão levantada ou a contradição?

(8)

O *estado* do Devachan, repito, é algo tão difícil de dizer ou explicar por intermédio de uma descrição da situação de um Ego tomado ao

acaso, por mais minuciosa e gráfica que ela seja, quanto seria difícil descrever todas as vidas humanas coletivamente pela "vida de Napoleão" ou pela vida de qualquer outro homem. Há milhões de estados diferentes de felicidade e sofrimento, estados *emocionais* cuja origem está nas faculdades e sentidos físicos, assim como nas faculdades e sentidos *espirituais,* e só esses últimos sobrevivem. Um trabalhador honesto se sentirá diferente de um *milionário* honesto. O *estado* da srta. Nightingale será consideravelmente diferente do *estado* de uma jovem noiva que morre antes da realização do que ela vê como felicidade. As duas amam suas famílias; o filantropo, a humanidade; a garota centra todo o seu mundo em torno do futuro marido; o *melomaníaco* não conhece estado *mais elevado* de bem-aventurança e felicidade que a música – a mais divina e *espiritual* das artes. O Devachan se dissolve do seu grau mais alto em direção ao mais baixo – em gradações imperceptíveis; enquanto depois do último passo do Devachan o Ego frequentemente se descobrirá no estado mais suave de *Avitchi*[14], o qual, no final da "seleção espiritual" de eventos, pode tornar-se um "Avitchi" *bona fide*[15]. Lembre, todo sentimento é relativo. Nunca há *bondade* ou *maldade*, *felicidade* ou *sofrimento* em si mesmos. A bem-aventurança transcendente e evanescente da adúltera, que com seu ato assassina a felicidade de um marido, não tem uma origem menos *espiritual* por causa da sua natureza criminosa. Se um remorso de consciência (que *procede sempre do sexto princípio*) foi sentido apenas uma vez durante o período de bem-aventurança e de amor realmente espirituais, que nascem do sexto e do quinto princípios, embora poluídos pelos desejos do quarto, kama-rupa – então esse remorso *deve* prosseguir e *acompanhará incessantemente as cenas de puro amor.* Não necessito entrar em detalhes, já que um especialista em fisiologia, como penso que você é, dificilmente necessita ter sua imaginação e intuição estimuladas por um observador psicológico como eu. Procure nas profundezas da sua consciência e memória, e tente ver quais são as cenas que têm mais probabilidade de adquirir controle sobre você, quando, estando outra vez na presença delas, você se descobrir *vivendo-as novamente;* e então, fascinado, você terá esquecido todo o resto – inclusive esta carta, já que no curso dos acontecimentos ela aparecerá muito mais tarde no espetáculo da sua vida reanimada. Não tenho o *direito* de olhar sua vida *passada.* Sempre que tive vislumbres dela, invaria-

---

[14] *Avitchi* – Em sânscrito, literalmente, "inferno ininterrupto". É o contrário de Devachan. Estado de egoísmo. (N. ed. bras.)

[15] *Bona fide* – boa fé, em latim. (N. ed. bras.)

velmente afastei meus olhos, porque tenho que lidar com o *atual* A.P. Sinnett – (também "uma nova invenção", e muito mais "nova" que o ex-A.P.S.) – não com o homem antigo.

Sim; *Amor* e *Ódio* são os dois únicos sentimentos imortais; mas as gradações de tons ao longo das sete vezes sete escalas de todo o teclado da vida são inúmeras. E, já que são estes dois sentimentos – (ou, para ser exato, devo correr o risco de ser mal-interpretado de novo e dizer, estes dois pólos da "Alma" do homem que é uma unidade?) – que moldam o futuro estado do homem, seja para o *Devachan* ou para *Avitchi,* então a variedade destes estados também deve ser inesgotável. E isso nos leva à sua reclamação ou acusação de número –

(9)

– pois, havendo eliminado da sua vida passada os Ratigan[16] e os Reed, que com você nunca foram além das fronteiras da parte inferior do seu quinto princípio com seu veículo – kama – o que é isso, exceto uma "memória parcial" de uma vida? As linhas marcadas com *o mais vermelho* dos seus lápis também ficam eliminadas. Pois, como você poderia questionar o fato de que a música e a harmonia são para um Wagner, um Paganini, o rei da Bavária e tantos outros *verdadeiros* artistas e melômanos, um objeto de amor e veneração espirituais da maior profundidade? Com sua permissão, não mudarei uma palavra da cláusula 9.

(10)

É pena que você não tenha acrescentado comentários pessoais às citações que fez. Não consigo compreender em que sentido você faz objeção à palavra "sonho". Naturalmente, tanto a bem-aventurança como o sofrimento são apenas um sonho; e quando são puramente espirituais, se "intensificam".

(11)

Respondida.

(12A e 12B)

Se – em resposta às objeções do sr. Hume, que depois de fazer cálculos estatísticos com a evidente intenção de *esmagar* nosso ensinamento sustentou que, afinal, os espíritas estavam certos e a maior parte dos fantasmas das salas de sessões *eram* "Espíritos" – eu tivesse apenas escrito: "em nenhum caso, então, com a exceção de suicidas e cascas" – *e aqueles acidentados que morrem cheios de alguma paixão terrena grosseira* – "há qualquer possibilidade de qualquer outro, etc., etc.", eu teria

[16] O sr. Ratigan (ou Rattigan) era o novo dono do jornal *Pioneer*, e era adversário das ideias teosóficas. (N. ed. bras.)

sido perfeitamente correto e *pukka*[17] como "professor"? É surpreendente que, ansioso como você é por aceitar doutrinas que contradizem do princípio ao fim alguns pontos de extrema importância da ciência física, você tenha aceito a sugestão do sr. Hume de dar exagerada importância a uma simples omissão! Meu caro amigo, permita-me destacar que o simples bom senso deveria haver sussurrado a você que alguém que diz, um dia, *"em nenhum caso,* portanto, etc.", e alguns dias mais tarde nega haver pronunciado a palavra *nunca* – não só não é *adepto* mas deve estar sofrendo ou de um amolecimento do cérebro ou devido a algum outro "acidente". "Na margem eu disse *raramente,* mas não usei a palavra *nunca"* – se refere à *margem* da prova para correção da sua carta Nº II; aquela margem foi cortada – ou melhor, para evitar uma nova acusação – o pedaço de papel sobre o qual eu havia escrito alguns comentários sobre o assunto e colado à margem da sua prova foi cortado fora por você junto com as quatro linhas da poesia. Por que você fez isso é um problema seu. Mas a palavra *nunca* se refere àquela margem.

Há um pecado, no entanto, do qual eu *realmente* me declaro "culpado". Esse pecado foi um sentimento muito agudo de irritação contra o sr. Hume ao receber a carta estatística e triunfante dele; a resposta a esta carta foi encontrada por você incorporada à sua, quando lhe escrevi e mandei material para sua resposta à carta do sr. Khandalawala, que você havia mandado de volta para H.P.B. Se eu não tivesse ficado irritado não teria sido culpado de omissão, talvez. Isso agora é *meu* Carma. Eu não deveria ter me irritado, nem perdido a calma; mas aquela carta dele foi, creio, a sétima ou oitava daquele tipo que recebi naquela quinzena. E devo dizer que nosso amigo tem o modo mais extremamente enganoso que já conheci de usar seu intelecto, erguendo os mais inesperados sofismas para provocar os nervos das pessoas! Sob o pretexto de um raciocínio estritamente lógico, ele faz ataques dissimulados a seu antagonista, quando não consegue encontrar um ponto vulnerável e, então, se é surpreendido e descoberto, ele responde: "Mas isso é para o seu próprio bem, e você deveria sentir gratidão! Se eu fosse um adepto eu sempre saberia o que meu correspondente *realmente* quereria dizer", etc., etc. Sendo um "adepto", em algumas questões pequenas eu sei *de fato* o que ele realmente quer dizer; e sei que isso equivale ao seguinte: mesmo que nós divulgássemos a ele toda nossa filosofia, sem deixar nenhuma *incoerência* inexplicada, ainda seria algo completamente inútil. Porque, como na observação expressa nos versos hudibrasianos[18]:

---

[17] *Pukka – autêntico,* no idioma hindi. (N. ed. bras.)

[18] *Hudibrasiano:* que pertence à obra *Hudibras*, de Samuel Butler, publicada no século 17. Trata-se de um poema heroico de estilo burlesco. (N. ed. bras.)

"Estas pulgas têm outras pulgas para mordê-las,
E estas – as *suas* pulgas, *ad infinitum ..."*

– o mesmo ocorre com as objeções e argumentos dele. Explique-lhe algo, e ele verá uma falha na explicação; demonstre-lhe que esta última estava correta, afinal de contas, e ele atacará o oponente por falar demasiado lentamente ou rápido demais. É uma tarefa IMPOSSÍVEL – e desisto dela. Que isso fique assim até que tudo caia sob seu próprio peso. Ele diz, "não posso beijar os pés de nenhum Papa", esquecendo que ninguém jamais pediu que fizesse isso; "eu posso amar, mas não posso adorar", ele me diz. *Tolice:* ele não é capaz de amar pessoa alguma, *ninguém*, exceto A.O. Hume; e nunca amou. O fato de que alguém realmente quase poderia exclamar, "Oh, Hume! Exagero é o seu nome!" fica demonstrado pelo seguinte, que transcrevo de uma das cartas dele: "se não fosse por outro motivo, eu teria amizade por M. pela devoção que ele lhe tem, *e por você eu sempre tive afeto (!)*. Mesmo quando estava mais em conflito com você – como alguém é mais sensível diante daqueles que lhe são mais importantes – *mesmo quando eu estava completamente persuadido de que você era um mito, porque mesmo então meu coração ansiava por você como frequentemente ocorre com um personagem sabidamente fictício".* Uma Becky Sharp sentimental, escrevendo para um amante imaginário, dificilmente poderia expressar melhor seus sentimentos!

Cuidarei das suas perguntas científicas na semana que vem. Não estou em casa agora, mas bastante perto de Darjeeling, na lamaseria que é objeto das esperanças da pobre H.P.B. Pensei em sair daqui no final de setembro, mas agora considero isso difícil, devido ao garoto de Nobin. Muito provavelmente, também, terei de conversar em meu próprio corpo físico com a Velha Senhora se M. a trouxer aqui. E ele tem de trazê-la – ou perdê-la para sempre – pelo menos no que diz respeito à tríade física[19]. E agora adeus. Peço-lhe novamente – não assuste meu baixinho; ele pode ser útil a você algum dia – só não esqueça que *ele é apenas uma aparição.*

Atenciosamente,

K.H.

---

[19] Tríade física: 1) *Rupa*, ou *sthula-sharira,* corpo físico; 2) *Prana,* vida ou princípio vital; e 3) *Linga-sharira* ou modelo astral, ou seja, os três princípios que giram diretamente em torno do físico, na classificação definida pelos Mahatmas dos sete princípios do homem. (N. ed. bras.)

Carta nº 86 (ML-112) Recebida em setembro de 1882

Sinnett havia estado muito ansioso em fazer o coronel Chesney interessar-se por Teosofia e havia de certo modo pressionado o Mahatma para que desse certa atenção a ele – até ao ponto de mandar-lhe um retrato seu. Mas Sinnett pareceu mudar sua posição inteiramente. Aqui o Mahatma deixa implícito que o coronel havia perdido seu interesse pela Sociedade – e isso pode *ter acontecido devido a Fern, já que ele parece ter tido algo a ver com a situação.*

Em Cartas dos Mestres de Sabedoria, *pp. 256-258*[1]*, há uma carta do Mahatma M. para Fern que é uma obra-prima de ironia. Ele havia recebido uma carta de Fern que, disse ele, "perturba minha habitual placidez"; e acrescentou: "duas ou três frases que ela contém... são bem capazes de fazer até mesmo um* adepto *coçar sua cabeça".*

Percebe-se a partir desta carta que Fern havia dito ao Mahatma M. que pertencia a uma certa sociedade secreta "na qual nenhum membro conhece os demais e que não pratica nem tolera o engano"*. Isso, disse o Mahatma M., encheu-o de "estupefação e admiração", especialmente porque, embora não houvesse possibilidade de um membro conhecer o outro, Fern aparentemente conhecia a vários deles. O Mahatma deixa implícito: como eles poderiam praticar engano se nenhum membro sabia quem era qualquer outro membro?*

"Devo naturalmente deduzir", o Mahatma diz para Fern, "que você é muito graduado na mesma – seu Presidente talvez, ou seu 'Venerável Mestre Superior'?" Ele comenta que, sem dúvida, Fern não dava mais importância ao fato de pertencer a uma Fraternidade que praticava e tolerava o engano em relação aos seus membros em provação. No entanto, o Mahatma M. diz concluir que Fern não os atirou inteiramente pela janela, e que tudo que ele (Fern) fez não foi para conservar-se no lado seguro, em relação à Fraternidade, mas com o louvável objetivo de "servir a causa". O Mahatma M. termina a carta com estas palavras: "não pense ainda pior de mim se eu encerrar esta carta enviando-lhe UMA SEGUNDA ADVERTÊNCIA". Assim, aparentemente, Fern havia sido avisado antes de que suas táticas não estavam sendo inteiramente aprovadas pelo Mahatma M.

Há um adendo à carta que diz respeito a W. Oxley. Como se viu antes, ele havia alegado que conversara astralmente com o Mahatma K.H. (veja os comentários à Carta nº 83 – ML-125), fato que o Mahatma desmentiu.

---

[1] Carta 75 da segunda série. (N. ed. bras.)

Minha nota ao coronel Chesney em resposta à carta dele já estava escrita e pronta para ser entregue pelo meu baixinho, quando recebi sua carta aconselhando-me a não me corresponder com ele. Portanto mando-a a você para que a leia e – se a considerar adequada – a entregue no endereço dele. Parece grosseiro deixar a carta dele sem resposta alguma – quer ele tenha ou não simpatia pelo movimento.

Mas, bom amigo, deixo isso inteiramente em suas mãos e peço que use na questão seu próprio discernimento. Você deve saber que, decididamente, Fern é um pequeno impostor e pior – um mentiroso *congênito,* embora frequentemente irresponsável. Em sua última carta ele tenta enganar M. e fazê-lo pensar que ele, Fern, é um novo Zanoni *en herbe*[2]. Ele está *nos testando* de todas as maneiras possíveis e, apesar das constantes escaramuças, ele tem uma influência segura e muito forte sobre Hume, a quem engana com "poderes" imaginários cuja missão é suplantar os Irmãos. Fez com que ele acreditasse indiretamente que pertence a uma Sociedade cujo "nome não se pode mencionar", uma Sociedade que não procura ninguém, na qual cada membro não sabe quem são os outros, nem saberá até que a verdadeira natureza dos "Irmãos" torne-se pública, embora o sistema com o qual ela funciona exclua toda falsidade, etc. Para M., ele escreve que confessa que "não deveria ter colocado uma tentação" diante dele (Hume). Porque, tendo superestimado sua força, "causou inconscientemente sua queda"!! Este indivíduo está na origem de grande parte do que tem acontecido. Esteja vigilante e tenha cuidado com ele. Uma coisa é certa, no entanto. Estes não são tempos para enxergar com severidade os erros dos "chelas leigos", demasiado indiscretos e cuja fidelidade fica apenas pela metade. Agora que o sr. Hume afastou o Chohan e M., fico sozinho para realizar a difícil tarefa. Você leu a carta de H. O que você pensa daquela enorme sombra de um Iogue[3], com sua mão solenemente esticada, e olhos altivamente desafiantes repudiando com gesto de desprezo a tentativa de prejudicar a Sociedade?

Deixe-me fazer eco a seu suspiro pela pobre Sociedade e – antes de desaparecer outra vez na distância nebulosa entre Simla e Phari Jong[4] – manifestar-lhe meus sentimentos sempre amigáveis,

K.H.

---

[2] *En herbe* – em francês, "em embrião, em botão, em potencial". Há aqui uma alusão ao romance ocultista *Zanoni*, de Edward Bulwer-Lytton. (N. ed. bras.)

[3] Provavelmente se refere ao Swami de Almora, a quem Hume havia procurado para obter conhecimento. (Ed. C.)

[4] Um grande monastério no Tibete, perto da fronteira com Sikkhim. K.H. devia estar lá quando esta carta foi escrita. (Ed. C.)

O sr. W. Oxley quer ingressar na Eclética. Direi a ela que mande a você a carta dele. Escreva amavelmente para ele, dizendo que não deve ficar perturbado com a minha negativa. Sei que é totalmente sincero e tão incapaz quanto você de enganar ou mesmo de exagerar. Mas confia demais nos que dependem dele. Que ele seja cauteloso e muito reservado; e se entrar para a Sociedade poderei ajudá-lo e inclusive corresponder-me com ele através de você. É um homem valioso e, na verdade, é mais merecedor de um sincero respeito que qualquer outro místico *espírita* que eu conheça. E embora eu nunca tenha me aproximado astralmente nem conversado com ele, frequentemente tenho examinado seus pensamentos. Não deixe de escrever-lhe aproveitando o primeiro barco a vapor.

K.H.

Carta nº 87 (ML-34) Sem data

É impossível determinar a data exata desta carta, mas ela pertence a esta sequência.

É claramente desagradável alguém descobrir-se tão sistematicamente mal-interpretado, suas intenções tão mal-entendidas, e ver todo o plano colocado em perigo por esta interminável pressa. Será que nunca haverá confiança no fato de que sabemos o que estamos fazendo, e nunca nos será dado o benefício da dúvida, na ausência de qualquer prova razoável de que nós estamos decididos a "bloquear o progresso" da Sociedade Teos.? O sr. Hume alega que não diz – "K.H. e qualquer outro Irmão estão *errados*", no entanto, cada linha das suas numerosas cartas para mim e para H.P.B. mostra um espírito de *reclamação* e de acusação amarga. Eu lhe digo, meu bom amigo, ele *nunca* ficará satisfeito, façamos nós o que fizermos! Já que não podemos aceitar a ideia de inundar o mundo, sob pena de afogá-lo, com uma doutrina que deve ser revelada cautelosamente e gota a gota, como um tônico demasiado poderoso que tanto pode matar como curar – o resultado será uma reação naquela ansiedade insaciável dele; e depois, você mesmo sabe as consequências. Estão anexas duas cartas escritas para ela, com intenção de que eu soubesse do seu conteúdo. Bem, de momento não podemos fazer mais que isso. A Sociedade nunca morrerá como instituição, embora

isso possa ocorrer com lojas e indivíduos que fazem parte dela. Ultimamente tenho procurado *agradar* a ele mais do que o fiz com você em qualquer momento; e você pode julgar a situação com base nos comentários caóticos, mas em geral razoáveis, que H.P.B. manda hoje ao sr. Hume.

Deve-se deixar que julguemos por nós próprios, e aceitar que sejamos os melhores juízes. Tudo será explicado e revelado, no momento certo, bastando para isso que possamos proceder da nossa própria maneira. Se não for assim, é melhor desistir da *Eclética*. Recebi volumes inteiros dele durante a última semana! Mando a você umas poucas notas através dela. Mantenha *essa* como confidencial.

Atenciosamente,

K.H.

Carta nº 88 (ML-10) Copiada por A.P. Sinnett em 28 de setembro de 1882

Agora chegamos àquela que é provavelmente a carta mais polêmica. Na verdade não se trata propriamente de uma carta, mas de algumas notas feitas pelo Mahatma K.H. sobre o que Hume chamou de um "Capítulo Preliminar Sobre Deus", que deveria prefaciar um livro que ele estava escrevendo sobre Filosofia Oculta. A cópia do Museu Britânico está com a letra de Sinnett.

Estas "notas" fizeram com que algumas pessoas rejeitassem toda a filosofia oculta por causa da negação do conceito tradicional de Deus. Recomenda-se, portanto, que o estudante evite conclusões apressadas.[1]

NOTAS DE K.H. SOBRE UM "CAPÍTULO PRELIMINAR" INTITULADO "DEUS", ESCRITO POR HUME, QUE DEVERIA PREFACIAR UMA EXPOSIÇÃO SOBRE FILOSOFIA OCULTA (RESUMO).

Recebida em Simla, setembro de 1882.

Nem a nossa filosofia, nem nós próprios acreditamos em um Deus, e muito menos em um Deus cujo pronome necessita uma inicial maiús-

[1] As Cartas 30 e 90, entre outras, abordam o mesmo tema. (N. ed. bras.)

cula. Nossa filosofia se encaixa na definição de Hobbes[2]. Ela é preeminentemente a ciência dos efeitos pelas causas e das causas por seus efeitos, e já que ela é também a ciência das coisas surgidas do primeiro princípio, segundo a definição de Bacon[3], antes de admitir qualquer primeiro princípio devemos conhecê-lo, sem o que não temos o direito de admitir nem mesmo sua possibilidade. Toda sua explicação se baseia sobre uma admissão isolada, feita para efeitos de argumentação em outubro passado. Foi-lhe dito que nosso conhecimento estava limitado ao nosso sistema solar: portanto, como filósofos que desejam ser dignos do nome, não poderíamos negar nem afirmar a existência do que você qualificou como um ser supremo, onipotente, inteligente, de um tipo *além* dos limites do sistema solar. Mas embora tal existência não seja absolutamente impossível, a menos que a uniformidade da lei da natureza se rompa naqueles limites, nós sustentamos que é altamente improvável. Mesmo assim, rejeitamos de modo extremamente enfático a posição do agnosticismo neste sentido, e com relação ao sistema solar. Nossa doutrina não conhece meios-termos. Ela afirma ou nega, porque só ensina aquilo que sabe que é a verdade. Portanto, nós negamos a Deus como filósofos e como budistas. Sabemos que há vidas planetárias e outras vidas espirituais, e sabemos que em nosso sistema solar não existe coisa tal como Deus, seja pessoal ou impessoal. Parabrahm não é um Deus, mas a lei absoluta imutável, e Ishwar[4] é o efeito de Avidya e Maya, ignorância baseada na grande ilusão. A palavra "Deus" foi inventada para designar a causa desconhecida daqueles efeitos que o homem tem admirado ou temido sem entender, e já que nós alegamos e somos capazes de comprovar o que alegamos – isto é, que conhecemos aquela causa e outras causas – temos condições de sustentar que não há Deus ou Deuses atrás daqueles efeitos.

A ideia de Deus não é uma noção inata, mas adquirida, e nós só temos uma coisa em comum com as teologias – nós revelamos o infinito. Mas enquanto atribuímos causas *materiais, naturais, sensíveis e conhecidas* (por nós, pelo menos) a todos os fenômenos que procedem do espaço, da duração e do movimento infinitos e ilimitados, os teístas atribuem a eles causas *espirituais, sobrenaturais, ininteligíveis* e desconheci-

---

[2] Thomas Hobbes (1588-1679), filósofo inglês, desenvolveu um enfoque matemático para uma filosofia da natureza. Neste aspecto, entre outros, seu pensamento teve certa influência sobre Benedictus de Spinoza (1632-1677). (N. ed. bras.)

[3] Francis Bacon (1561-1626), filósofo inglês, grande ocultista, considerado o formulador do método científico experimental moderno. A literatura teosófica o considera o verdadeiro autor das obras assinadas por William Shakespeare. (N. ed. bras.)

[4] A grafia mais usada atualmente é *Ishwara* ou Ishvara. (N. ed. bras.)

das. O Deus dos teólogos é simplesmente um poder imaginário, *un loup garou*[5] na expressão de d'Holbach – um poder que até agora nunca se manifestou. Nossa principal meta é libertar a humanidade deste pesadelo, ensinar ao homem a virtude pelo bem da virtude, e ensiná-lo a caminhar pela vida confiando em si mesmo, ao invés de depender de uma muleta teológica que por eras incontáveis foi a causa direta de quase toda a miséria humana. Podemos ser chamados de panteístas – de agnósticos, NUNCA. Se as pessoas estiverem dispostas a aceitar e a ver como Deus nossa VIDA UNA, imutável e inconsciente em sua eternidade, poderão fazê-lo e assim manter mais um gigantesco equívoco de denominação. Mas então terão de dizer como Spinoza que não há e não podemos conceber qualquer outra substância além de Deus, conforme aquele famoso e infeliz filósofo[6] diz em sua décima-quarta proposição: "praeter Deum neque dari neque concipi potest substantia" – e assim tornarem-se panteístas... Quem, exceto um teólogo formado no mistério e no mais absurdo sobrenaturalismo pode imaginar um ser auto-existente, necessariamente infinito e onipresente, *fora* do universo manifestado *que não tem fronteiras?* A palavra infinito é apenas uma negativa que exclui a ideia de limites. É evidente que um ser independente e onipresente não pode estar limitado por nada que seja externo a ele; que não pode haver nada externo a ele – nem mesmo um vácuo; portanto, onde haverá espaço para a matéria? Para aquele universo manifestado, mesmo que este último seja limitado? Se perguntarmos aos teístas se o Deus deles é vácuo, espaço ou matéria, eles responderão que não. E no entanto eles sustentam que o Deus deles penetra a matéria embora ele próprio não seja matéria. Quando nós falamos da nossa Vida Una, também dizemos que ela não só penetra, mas é a essência de cada átomo de matéria; e que, portanto, ela não apenas tem correspondência com a matéria mas possui também todas as suas propriedades, etc. – consequentemente, *é* material, é a *própria matéria.*" Como poderia a inteligência proceder ou emanar da não-inteligência? " – você insistia em perguntar no ano passado. "Como poderia uma humanidade altamente inteligente, o homem, que é o coroamento da razão, ter evoluído a partir

---

[5] *Loup garou* bicho-papão, em francês: fantasma imaginário que se usa para assustar crianças. (N ed. bras.)

[6] Benedictus de Spinoza foi perseguido por suas ideias filosóficas mesmo na Holanda do século 17, conhecida por seu clima de liberdade religiosa. Sua principal obra, *Ética*, não pôde ser publicada enquanto ele viveu. Foi acusado de ateísmo e considerado um herege pela comunidade judaica. A décima-quarta proposição mencionada a seguir pelo Mestre pertence à parte I, "De Deus", do seu famoso tratado sobre a Ética (publicado no Brasil pela Ed. Ediouro). (N. ed. bras.)

de uma lei ou força cega, não-inteligente!" Mas uma vez que raciocinamos nesta direção, eu posso perguntar por minha vez, como poderiam deficientes mentais congênitos, animais que não raciocinam, e o resto da "criação" ter sido criados ou haver evoluído a partir de uma Sabedoria absoluta, se esta última é um ser pensante inteligente, o autor e governante do Universo? "Como?" diz o dr. Clarke, em seu exame das provas da existência da Divindade. "Deus que fez o olho, não enxergará? Deus que fez o ouvido, não escutará?" Mas de acordo com este modo de pensar eles teriam que admitir que, ao criar um deficiente mental, Deus é um deficiente mental; que aquele que fez tantos seres irracionais, tantos monstros físicos e morais, deve ser irracional ...

... Nós não somos advaitas[7], mas nosso ensinamento com respeito à vida una é idêntico ao dos advaitas com relação a Parabrahm. E nenhum verdadeiro advaita treinado filosoficamente jamais se definirá como agnóstico, porque sabe que ele é Parabrahm e idêntico em todos os aspectos à vida e à alma universal – o macrocosmo e o microcosmo, e sabe que não há Deus separado dele, nenhum criador, como nenhum ser. Tendo encontrado a Gnose, nós não podemos esquecê-la e transformar-nos em agnósticos.

... Se nós fôssemos admitir que até mesmo os mais altos Dhyan Chohans podem cair em alguma ilusão, então de fato não haveria realidade para nós, e as ciências ocultas seriam uma quimera tão grande quanto Deus. Se há um absurdo em negar aquilo que não conhecemos, é ainda mais absurdo atribuir a ele leis desconhecidas.

Segundo a lógica, o "nada" é aquilo do qual tudo pode ser corretamente negado e do qual nada pode ser corretamente afirmado. Portanto, a ideia, seja de um nada finito ou um nada infinito, é uma contradição em termos. E no entanto, de acordo com os teólogos, "Deus, o ser auto-existente, é extremamente simples, imutável e incorruptível; sem partes, sem figura, movimento, divisibilidade ou quaisquer outras propriedades como estas, que encontramos na matéria. Porque todas estas coisas implicam muito clara e necessariamente finitude em sua própria noção, e estão totalmente afastadas da infinidade completa". Portanto, o Deus aqui oferecido à adoração do século XIX perde toda qualidade sobre a qual a mente do homem seja capaz de ter qualquer julgamento. O que é isto, na verdade, além de um ser do qual eles não podem afirmar *coisa alguma* que não seja negada instantaneamente? A própria

---

[7] *Advaita* – escola não-dualista da tradição dos Vedas ou *Vedanta;* foi fundada por Shankaracharia. (N. ed. bras.)

Bíblia deles, no Apocalipse, destrói todas as perfeições morais que eles empilham sobre ele, a menos, de fato, que qualifiquem como perfeições aquelas qualidades que a razão e o senso comum de qualquer outro homem chamam de vícios odiosos e maldade brutal. Mais; quem lê as nossas escrituras budistas, escritas para as massas supersticiosas, não encontrará nelas um *demônio* tão vingativo, injusto, tão cruel e tão estúpido quanto o tirano celestial ao qual os cristãos atribuem prodigamente perfeições negadas em cada página da sua Bíblia. Autêntica e verdadeiramente, a sua teologia criou o Deus dela apenas para destruí-lo pedaço por pedaço. A Igreja de vocês é o Saturno da fábula, que tem filhos apenas para devorá-los.

(A Mente Universal) – Algumas reflexões e argumentos deveriam embasar cada nova ideia – por exemplo, nós certamente seremos criticados pelas aparentes contradições existentes. (1) Negamos a existência de um Deus pensante, consciente, com base em que um tal Deus deveria ser condicionado, limitado e sujeito a mudança, e portanto *não* infinito, ou (2) se ele for descrito para nós como um ser eterno, imutável e independente, sem partícula alguma de matéria em si, então responderemos que ele não é um ser, mas um princípio imutável e cego, uma lei. E no entanto, eles dirão, nós acreditamos em Dhyan Chohans, ou Planetários ("espíritos", também), e atribuímos a eles uma mente universal, e *isso deve ser explicado.*

Nossas razões podem ser brevemente resumidas assim:

(1)Rejeitamos a proposição absurda de que pode haver, mesmo em um universo ilimitado e eterno – duas existências eternas e onipresentes.

(2)Sabemos que a matéria é eterna, isto é, que não tem começo, *(a)* porque a matéria é a própria Natureza; *(b)* porque aquilo que não pode aniquilar a si mesmo e é indestrutível existe necessariamente – e portanto não poderia começar a existir, nem pode deixar de existir; e *(c)* porque a experiência acumulada de eras incontáveis e da ciência exata mostra que a matéria (ou natureza) age por sua própria energia peculiar, da qual nem um só átomo está jamais em estado de repouso absoluto, e portanto ela deve ter existido sempre, isto é, com seus materiais sempre mudando de forma, de combinações e propriedades, mas com seus princípios e elementos absolutamente indestrutíveis.

(3)Quanto a Deus – já que ninguém jamais e em tempo algum o viu – *a menos que ele seja a própria essência e natureza desta matéria eterna e ilimitada, sua energia e seu movimento,* não podemos vê-lo como

eterno nem como infinito, e tampouco como auto-existente. Nós nos recusamos a admitir um ser ou uma existência da qual não sabemos absolutamente nada; *(a)* porque não há espaço para ele na presença daquela matéria cujas propriedades e qualidades inegáveis nós conhecemos completamente bem, *(b)* porque, se ele é apenas uma parte daquela matéria, seria ridículo sustentar que ele movimenta e governa aquilo de que ele é apenas uma parte dependente, e *(c)* porque se eles nos dizem que Deus é um puro espírito auto-existente e independente da matéria – uma deidade extra-cósmica – nós respondemos que mesmo admitindo a possibilidade de tal impossibilidade, isto é, a existência dele, nós sustentaríamos que um espírito puramente imaterial não pode ser um governante consciente e inteligente, nem pode ter nenhum dos atributos atribuídos a ele pela teologia, e assim um tal Deus se torna novamente uma força cega. A inteligência tal como encontrada em nossos Dhyan Chohans é uma faculdade que pode pertencer apenas a seres organizados ou animados – por mais imponderáveis, ou melhor, invisíveis que sejam os materiais das suas organizações[8]. A inteligência torna necessário o pensamento; para pensar alguém deve ter ideias; ideias supõem sentidos que são físicos e materiais, e como pode qualquer coisa material pertencer ao puro espírito? Se for feita a objeção de que o pensamento não pode ser uma propriedade da matéria, nós perguntaremos: por quê? Devemos ter uma prova inegável desta afirmativa, antes que possamos aceitá-la. Ao teólogo, nós perguntaríamos o que havia para impedir que seu Deus – já que ele é o suposto criador de tudo – dotasse a matéria com a faculdade do pensamento; e quando nos fosse respondido que evidentemente Ele preferiu não fazê-lo, e que esse é um mistério assim como uma impossibilidade, nós insistiríamos em que nos fosse dito por que é mais impossível a matéria produzir o espírito e pensamento do que o espírito ou pensamento de Deus produzir e criar matéria.

Nós não inclinamos nossas cabeças até o pó do chão diante do mistério da mente – *porque já o resolvemos eras atrás*. Rejeitando com desprezo a teoria teísta, rejeitamos ao mesmo tempo a teoria do autômato, que ensina que os estados de consciência são produzidos pela disposição das moléculas do cérebro; e sentimos um respeito igualmente pequeno por aquela outra hipótese – a produção de movimento molecular pela consciência. Então, em que acreditamos? Bem, acreditamos no muito ridicularizado *flogisto* (veja o artigo "O Que é Força, o Que é Matéria",

[8] Isto é, dos seus organismos. (N. ed. bras.)

Theosophist, setembro)[9] e no que alguns filósofos da natureza chamam de *nisus*, o movimento ou esforços incessantes embora perfeitamente imperceptíveis (para os sentidos comuns) que um corpo faz em relação a outro – as pulsações da matéria inerte – a sua vida. Os corpos dos espíritos Planetários são formados com aquilo que Priestley e outros chamaram de flogisto[10], e para o qual nós temos outro nome. Esta essência, em seu sétimo e mais elevado estado, forma a matéria da qual são compostos os organismos dos Dhyans mais elevados e puros, e em sua forma mais inferior ou densa (tão impalpável, no entanto, que a ciência a chama de energia e força) serve como uma cobertura para os Planetários do primeiro grau, o mais inferior. Em outras palavras, nós acreditamos na MATÉRIA apenas, na matéria como natureza visível e na matéria em sua invisibilidade, como o Proteu[11] invisível, onipresente, com seu movimento incessante que é a sua vida, e que a natureza extrai de si mesma já que ela é o grande todo fora do qual nada pode existir. Porque Bilfinger corretamente afirma que "o movimento é um modo de existência que flui necessariamente da essência da matéria; que a matéria se movimenta por suas próprias energias peculiares; que seu movi-

---

[9] O texto *O Que é Força, o Que é Matéria?* está publicado no volume quatro de *Collected Writtings,* de H.P. Blavatsky. Em *Letters of H.P.B. to A.P. Sinnett,* p. 8, Blavatsky afirma que o texto é de autoria do Mahatma K.H. O flogisto, segundo *O Que é Força, o Que é Matéria?,* constitui de certo modo uma essência da matéria. O Mahatma sugere que ele corresponde a um nível do akasha e tem parentesco com a "matéria radiante" do professor William Crookes (isto é, com a radiatividade e a energia atômica). No mesmo texto, o Mahatma diz: "Os Ocultistas sustentam que a concepção filosófica do espírito e a concepção da matéria devem ter uma mesma e única base de fenômenos, acrescentando que Força e Matéria, Espírito e Matéria, ou Divindade e Matéria, embora possam ser vistos como pólos opostos nas suas respectivas manifestações, são em essência e em verdade apenas um; e que a *vida* está presente tanto em um corpo morto como em um corpo vivo, na matéria orgânica como na matéria inorgânica. É por isso que, enquanto a ciência ainda está pesquisando e pode continuar pesquisando eternamente para resolver o problema do que é a vida, o Ocultista pode deixar de lado a questão, já que ele alega, com razões tão boas quanto as possíveis razões contrárias, que a Vida, seja na sua forma latente ou dinâmica, está em todo lugar. Que ela é tão infinita e indestrutível como a própria matéria, já que nenhuma das duas pode existir sem a outra, e que a eletricidade é a verdadeira essência e origem da – *própria vida*". (N. ed. bras.)

[10] *Flogisto* – O termo foi criado por Georg Ernest Stahl em 1729. Joseph Priestley, químico inglês, também trabalhou com este conceito. (N. ed. bras.)

[11] *Proteu* – Na mitologia clássica, um Deus marinho, filho de Oceano e de Tétis. Conhecia o presente, o passado e o futuro, e assumia todas as formas possíveis. (N. ed. bras.)

mento é devido à força inerente a si mesma; que a variedade de movimentos e os fenômenos que resultam procedem da diversidade das propriedades, das qualidades e das combinações que são encontradas originalmente na matéria primitiva", da qual a natureza é o conjunto, e da qual a ciência de vocês sabe menos do que um dos nossos condutores de iaque[12] sabe a respeito da metafísica de Kant.

A existência de matéria, então, é um fato; a existência de movimento é outro fato, e a auto-existência ou eternidade e indestrutibilidade deles constitui um terceiro fato. E a ideia de puro espírito como um Ser ou uma Existência – dê a isso o nome que quiser – é uma quimera, um gigantesco absurdo.

Nossas ideias a respeito do mal. O mal não tem existência *per se*[13] e é apenas a ausência do bem; e existe apenas para aquele que é transformado em vítima sua. Ele surge de duas causas e, tanto quanto o bem, não é uma causa independente na natureza. A natureza é destituída de bondade ou maldade; ela segue apenas leis imutáveis quando dá vida e alegria ou manda sofrimento e morte, destruindo o que havia criado. A natureza tem um antídoto para cada veneno, e suas leis possuem uma recompensa para cada sofrimento. A borboleta devorada pelo pássaro se torna aquele pássaro, e o pequeno pássaro morto por um animal alcança uma forma mais elevada. Essa é a lei cega da necessidade e da eterna adequação das coisas, e portanto não pode ser considerada um Mal na Natureza. O verdadeiro mal surge da inteligência humana e sua origem está inteiramente no homem que raciocina e que se dissocia da Natureza. Só a humanidade, portanto, é a verdadeira fonte do mal. O mal é o exagero do bem, produto do egoísmo e da ganância humanos. Pense profundamente e descobrirá que com a exceção da morte – que não é um mal mas uma lei necessária – e de acidentes, que sempre terão suas recompensas em uma vida futura – a *origem* de cada mal, seja pequeno ou grande, está na ação humana, no homem, cuja inteligência faz dele o único agente livre da natureza. Não é a natureza que cria doenças, mas o homem. A missão e o destino dele na economia da natureza é ter uma morte natural provocada pela velhice; salvo acidentes, nem um homem selvagem nem um animal selvagem (livre) morrem devido a doenças. Comida, relações sexuais, bebida, são todas necessidades naturais da vida; no entanto, o excesso delas traz doenças, miséria, sofrimen-

---

12 *Iaque* – Animal doméstico tibetano de grande porte, equivalente ao boi. (N. ed. bras).

13 *Per se* – por si mesmo. (N. ed. bras.)

to mental e físico; e estes últimos são transmitidos como os maiores males para as gerações futuras, os descendentes dos culpados. A ambição e o desejo de assegurar felicidade e conforto para aqueles que amamos através da obtenção de honras e riquezas são sentimentos naturais dignos de elogios, mas quando eles transformam o homem em um tirano cruel e ambicioso, um miserável, um egoísta, trazem miséria indescritível para os que estão ao redor dele; e para nações tanto quanto para indivíduos. Tudo isso então – comida, riqueza, ambição, e outras mil coisas que deixamos de mencionar – se torna fonte e causa do mal, seja por causa da sua abundância, seja devido à ausência. Torne-se um glutão, um devasso, um tirano, e você se transforma em um gerador de doenças, de sofrimento e miséria humanos. Deixe de lado tudo isso e você passa fome, é desprezado como um *ninguém*, e a maior parte do rebanho, os seus semelhantes, transforma você em um sofredor a vida toda. Portanto, não é a natureza nem uma Divindade imaginária que devem ser acusadas, mas a natureza humana transformada pelo *egoísmo* em algo mau. Pense bem sobre estas poucas palavras; identifique a causa de cada mal em que você pode pensar e localize a sua origem e terá resolvido *uma terça parte* do problema do mal. E agora, depois de deixar de lado, como é devido, os males que são naturais e não podem ser evitados – e eles são tão poucos que eu desafio todo o conjunto dos metafísicos ocidentais a qualificá-los como males ou a atribuir-lhes uma causa independente – direi a você qual é a maior, a principal causa de cerca de dois terços dos males que perseguem a humanidade desde que esta causa se tornou um poder. É a religião sob qualquer forma e em qualquer nação. É a casta sacerdotal, o clero e as igrejas; é nestas ilusões que o homem vê como sagradas, que ele deve procurar a fonte daquele sem-número de males, que é a grande maldição da humanidade e que quase domina totalmente o gênero humano. A ignorância criou os Deuses e a astúcia aproveitou a oportunidade.[14] Veja a Índia, veja a Cristandade, o Islamismo, o Judaísmo e o fetichismo. Foi a impostura dos cleros que fez com que estes Deuses passassem a ser tão terríveis para o homem; é a religião que o transforma no beato egoísta, no fanático que odeia toda a humanidade fora da sua própria seita, sem torná-lo em nada melhor ou mais moral por isso. É a crença em Deus e nos Deuses que faz de dois terços da humanidade escravos de um punhado daqueles que os enganam com o falso pretexto de salvá-los. O homem não está sempre pronto a cometer qualquer tipo de maldade se lhe disserem que

[14] O Mahatma esclarece mais este tema na Carta 43, primeira série, de *Cartas dos Mestres de Sabedoria* (pp. 103-104). (N. ed. bras.)

seu Deus ou Deuses exigem o crime – vítima voluntária de um Deus ilusório, escravo abjeto de seus ministros astuciosos? Os camponeses irlandeses, italianos e eslavos passarão fome, e verão suas famílias famintas e sem roupa, para alimentar e vestir seu padre e seu papa. Durante dois mil anos a Índia gemeu sob o peso das castas, com os brâmanes engordando só a si mesmos com o melhor da terra, e hoje os seguidores de Cristo e os de Maomé estão cortando as gargantas uns dos outros em nome – e para maior glória – dos seus respectivos mitos. Lembre que a soma da miséria humana nunca será diminuída até aquele dia em que a parte melhor da humanidade destruir, em nome da Verdade, da moralidade e da caridade universal, os altares dos seus falsos deuses.

Se for feita a objeção de que nós também temos templos, de que nós também temos sacerdotes e que nossos lamas também vivem da caridade ... que se saiba que os objetos mencionados acima só têm o nome em comum com seus equivalentes ocidentais. Assim, em nossos templos não há um deus ou deuses adorados, apenas a memória três vezes sagrada do maior e mais santo homem que já viveu. Se nossos lamas, para honrar a fraternidade dos *Bhikkhus*[15], estabelecida pessoalmente pelo nosso abençoado mestre, saem para serem alimentados pelos leigos, estes últimos frequentemente, em números que vão de 5 a 25.000, são alimentados e cuidados pela Samgha (a fraternidade de monges lamáicos), e a lamaseria atende as necessidades dos pobres, dos doentes e dos aflitos. Nossos lamas aceitam comida, nunca dinheiro, e é nesses templos que a origem do mal é explicada e transmitida para o povo. Lá são ensinadas as quatro nobres verdades – *ariya* sacca –; e a cadeia da causação (os 12 *nidanas*)[16] lhes dá uma solução para o problema da origem do sofrimento e a sua destruição.

---

[15] *Bhikkhus* – Discípulos, em sânscrito. (N. ed. bras.)

[16] *12 nidanas – Nidana,* em sânscrito, significa *causa* ou *essência*. Os 12 *nidanas* são um conceito fundamental da doutrina budista: o encadeamento de causa e efeito em todo o transcurso da existência, cuja compreensão resolve o enigma da vida. Os doze degraus, segundo o *Glossário Teosófico* de H.P.B., são: 1. *Jati,* nascimento; 2. *Jaramarana,* velhice e morte; 3. *Bhava,* o agente cármico que leva ao nascimento; 4. *Upadana,* a causa criadora de *Bhava;* 5. *Trishna,* amor, seja puro ou impuro; 6. *Vedana,* sensação, percepção pelos sentidos; 7. *Sparza,* o sentido do tato; 8. *Chadayatana,* os órgãos de sensação; 9. *Nama-rupa,* a personalidade; 10. *Vijnana,* perfeito conhecimento de tudo que é perceptível e do encadeamento unitário dos objetos; 11. *Samskara,* ação no plano ilusório; 12. *Avidya,* ignorância. Helena Blavatsky escreveu em *A Doutrina Secreta* que os ensinamentos esotéricos sobre a relação entre os *Nidanas* e as Quatro Nobres Verdades são secretos (Vol. I, item 7 do Comentário à Estância I). (N. ed. bras.)

Leia o Mahavagga[17] e tente compreender, não com a mente ocidental preconceituosa, mas com o espírito de intuição e de verdade, o que o ser Completamente Iluminado diz no 1º Khandhaka. Permita que eu traduza para você.

"Na época em que o abençoado Buddha estava em Uruvela, às margens do rio Neranjara, quando ele descansava sob a árvore da sabedoria Bodhi, depois de haver se tornado Sambuddha, ao final do sétimo dia, mantendo sua mente fixa na cadeia de causação, ele falou assim: 'da Ignorância surgem os samkharas[18] de natureza tríplice – produtos do corpo, da fala e do pensamento. Dos samkharas surge consciência, da consciência surgem o nome e a forma, deles surgem as seis regiões (as seis regiões dos seis sentidos, sendo que o sétimo é propriedade apenas do iluminado); destes surge o contato, deste a sensação; desta surge a ânsia (ou desejo, kama, tanha), da ânsia o apego, a existência, o nascimento, a velhice, a morte, a aflição, a lamentação, o sofrimento, o desânimo e o desespero. E no sentido inverso, pela destruição da ignorância os samkharas são destruídos, e a consciência deles, nome e forma, as seis regiões, o contato, a sensação, a ânsia, o apego (egoísmo), a existência, o nascimento, a velhice, a morte, a aflição, a lamentação, o sofrimento e o desânimo e desespero são destruídos. Assim é a cessação de toda essa massa de sofrimento'."

Sabendo disso, o Ser Abençoado fez esta afirmação solene:

"Quando a natureza real das coisas se torna clara para o Bhikshu[19] que medita, então todas as suas dúvidas desaparecem, já que ele compreendeu qual é aquela natureza e qual a sua causa. Da ignorân-

---

[17] *Mahavagga* – parte de uma escritura budista. O *Tripitaka,* literalmente "três cestas" em páli, constitui um cânone do budismo hinayana e tem três grandes divisões, uma das quais é intitulada *Vinayapitaka. Vinayapitaka* tem por sua vez quatro subdivisões, entre as quais *Khandhaka. Mahavagga,* citado pelo Mahatma, é a maior das duas partes que compõem *Khandhaka.* Há alguns anos o *Tripitaka* está sendo traduzido do chinês para o inglês. O empreendimento é de grande vulto e de longo prazo. (N. ed. bras.)

[18] *Samkharas* – termo páli equivalente a *samskara* ou *sanskaras* em sânscrito. Significa germes e tendências cármicas estabelecidos em vidas anteriores. Também pode designar as impressões deixadas na mente pelas ações individuais e pelas circunstâncias externas, e que vão influenciar o futuro a curto ou longo prazo. (N. ed. bras.)

[19] *Bhikshu* – literalmente "discípulo mendicante", em sânscrito. O equivalente em páli é *bikku.* O termo se refere ao discípulo budista, especialmente dos primeiros tempos. (N. ed. bras.)

cia surgem todos os males. Do conhecimento vêm a cessação desta massa de infelicidade, e então o brâmane que medita ergue-se dispersando as hostes de Mara como o sol ilumina o céu."

Meditação, aqui, significa as qualidades super-humanas (não sobrenaturais), ou a condição de arhat nos seus mais altos poderes espirituais.

Copiado em Simla, 28 set. 1882.

Carta nº 89 (ML-46) Recebida em setembro de 1882

Nesta carta, o Mahatma M. pede um favor a Sinnett. Esse parece ser principalmente que ele tente colocar Hume sob certo controle e que ajude o Mahatma K.H. em seus esforços para salvar a S.T. Eclética de Simla, que parece ter estado degenerando consideravelmente. Nesse momento, Hume ainda é presidente daquela loja.

*O primeiro parágrafo se refere a um telegrama mandado por H.P.B. para Hume no dia 5 de setembro de 1882, que indubitavelmente tinha relação com a carta de H. e o PROTESTO dos chelas. O telegrama e a resposta no seu verso são como segue (*Letters of H.P.B. to A.P. Sinnett. p. 311):

Para: A.O. Hume
Castelo Rothney, Jakko, Simla
De: H. P. Blavatsky
Bombaim, Byculla

Nossos métodos não são os deles. Irmãos podem não dar importância, mas não ousam ir contra antigas regras. Dois Chelas do Chohan protestaram e outros dez assinaram, Subba Row em primeiro lugar. Experiências perigosas.

Carta escrita no verso do texto acima:

Cara Velha Senhora,

Acabo de receber este – não estou seguro de que o entendi, se os Irmãos compreendem tão pouco as coisas que eles permitem não só que você, mas todos os chelas deles interpretem inteiramente mal tanto o propósito como o espírito e o significado prático de uma coisa, de modo que eles protestam contra algo pelo qual deviam agradecer. Acho realmente que a coisa é inútil – e desisto – nenhum navio pode fazer qualquer viagem a menos que o capitão conheça navegação – o fato de ele ser um grande químico não ajudará na questão, e os grandes poderes e virtudes dos Irmãos não ajudarão a Sociedade, se eles, os Capitães, são tão ignorantes, como esse incidente parece indicar, em relação à navegação no oceano da vida mundana. Ta-ta.

Atenciosamente,
A. O. Hume

Recebida em Simla, 1882.

Ficarei grato a você, meu caro Sahib Sinnett, por um favor pessoal. Já que K.H. é um Yogi-Arhat demasiado *perfeito* para deter a mão que, imperturbável diante do fracasso, continua tentando capturar o iaque tibetano pelo pescoço para colocar-lhe a canga, a única coisa que me resta a fazer é providenciar mais uma vez minha aparição na *natakashala*[1] para colocar o ponto final em uma performance que ameaça tornar-se monótona até mesmo para nós – bem treinados em paciência. Não posso aproveitar o seu amável conselho de escrever ao sr. Hume o *meu vermelho mais luminoso*[2], já que isso abriria uma nova porta para uma correspondência interminável, uma honra que prefiro recusar. Mas escrevo a você, em vez disso, e lhe mando um telegrama com uma resposta em seu verso, para seu exame. Que conversa é essa, a dele? A reverência pode não fazer parte da sua natureza, nem ele tem qualquer pretensão ou dá qualquer importância a isso! Mas eu teria esperado que a sua cabeça, que é suficientemente ampla para abrigar qualquer coisa, tivesse um canto para algum bom senso. E esse senso poderia ter-lhe dito que ou nós somos o que alegamos ser, ou não somos. Que, no primeiro caso, por exageradas que sejam as alegações feitas em nome dos *nossos poderes*, ainda assim, se nosso conhecimento e previsão não transcendem os dele, não seremos nada melhor que *falsários e impostores,* e quanto mais cedo ele se afastar de nós, melhor para ele. Mas se nós somos em alguma medida o que alegamos ser, então ele está agindo como um asno. Que ele saiba que não somos Rajás indianos com necessidade de, e compelidos a, aceitar *Ayahs*[3] políticos e babás que nos conduzirão

---

1 *Natakashala* – em sânscrito, palco. (N. ed. bras.)

2 As cartas do Mahatma M. eram, em geral, escritas com letra vermelha. (N. ed. bras.)

3 *Ayahs* – Como o Mahatma afirma a seguir, na Índia, *Ayahs* são amas-secas, babás, ou enfermeiras. (N. ed. bras.)

pela mão. Que a Sociedade foi fundada, seguiu e seguirá *com ele ou sem ele* – que ele saiba bem disso.

Até agora a ajuda dele, que ele impõe a nós em grande parte à maneira dos *hidalgos* mendicantes espanhóis, que oferecem suas espadas para proteger o viajante com uma mão e o agarram pela garganta com a outra – não tem sido, tanto quanto posso julgar, muito benéfica para a Sociedade. Não, pelo menos para alguém que está entre seus fundadores, a quem ele quase matou no ano passado em Simla, e a quem ele agora atormenta, sem dar a ela um momento de sossego, transformando o sangue dela em água e destruindo-lhe o fígado.

Portanto eu espero que você transmita à mente dele que tudo o que nós "deveríamos agradecer" seria que ele tomasse conta da sua *Eclética* e deixasse que a Sociedade Matriz tome conta de si mesma. O conselho e a ajuda dele à editora do *Theosophist* têm sido sem dúvida muito benéficos para a editora, e ela é realmente grata a ele, depois de descontado tudo o que ela deve a você mesmo. Mas nós pedimos permissão para afirmar que algum limite deveria ser traçado em algum ponto entre a mencionada editora e nós próprios, porque não somos exatamente os trigêmeos tibetanos que ele pensa que somos. Portanto, se nós somos os selvagens e os orientais ignorantes da fantasia dele – cada lobo é o senhor da sua própria toca – nós alegamos o direito de conhecer melhor nossos próprios assuntos, e respeitosamente recusamos os serviços dele como capitão para conduzir o nosso navio Teosófico, mesmo no "oceano da *vida mundana*", segundo a metáfora que ele faz em seu *shloka.*[4] Nós deixamos que ele, com a boa desculpa de salvar a situação em relação aos teosofistas ingleses, expressasse a sua animosidade contra nós no órgão da nossa própria Sociedade, e que desenhasse os nossos retratos com um pincel mergulhado em arrogante bílis – o que mais ele quer? Como dei ordem à velha senhora de que telegrafasse de volta para ele – ele não é o único navegador hábil do mundo; ele quer evitar a zona de arrebentação ocidental; nós queremos conduzir nossa canoa em segurança para longe dos bancos de areia orientais. Será que ele pretende além disso dizer, desde o Chohan até Djual Khool e Deb, o que

---

[4] *Shloka* ou *Sloka* – em sânscrito, o equivalente a "versículo". Há aqui um exemplo da ironia de um Mahatma. *Shlokas* são versos de 32 sílabas, usados nas escrituras sagradas hindus. (N. ed. bras.)

devemos e não devemos fazer? Ram, Ram e santos Nagas![5] depois de séculos de existência independente, temos que cair sob uma influência estrangeira, e transformar-nos em marionetes de um nawab[6] de Simla? Seremos garotos de escola ou o quê, para, na imaginação dele, submeter-nos à varinha de um professor de 1º grau Peling?[7]...

Apesar do mau humor dele, peço a você que lhe diga que você foi avisado *por mim* – e que eu lhe pedi que transmitisse a ele o meu *ultimatum*: se ele não quiser romper totalmente, e *para sempre*, não aceitarei que ele interfira com sua sabedoria entre nossa ignorância e a Sociedade Matriz. Nem que ele libere seu mau humor contra alguém que não é responsável por nada do que nós podemos fazer ou dizer – uma mulher tão doente que, como em 1877, posso ser forçado novamente a retirá-la, quando ela é tão necessária onde está agora, na Sede Geral, por medo de que ela caia aos pedaços. E que esse estado dela foi provocado ultimamente por ele devido a uma constante ansiedade em relação à Sociedade, e parcial, se não totalmente, pelo comportamento dele em Simla – dou-lhe minha palavra neste sentido. Toda a situação e o futuro da *Eclética* dependerão de Kuthumi se você não ajudá-lo. Se apesar do meu conselho e do evidente desagrado do Chohan ele continuar agindo como um tolo, sacrificando-se por um homem que é, em certo sentido, o gênio mau da Sociedade – bem, o problema será dele, só que eu não terei nada a ver com a situação. Sempre permanecerei *verdadeiro amigo de você* ainda que você se volte contra mim um dia destes. Fern foi testado e revelou-se um *dugpa* completo em sua natureza moral. Veremos, veremos; mas resta muito pouca esperança apesar das esplêndidas qualidades dele. Se eu tivesse sugerido a ele que enganasse seu próprio pai e sua mãe, ele teria colocado até os pais e as mães *deles* na barganha. Natureza vil, vil – no entanto, irresponsável. Ah, vocês, ocidentais, que contam vantagem sobre sua moralidade! Que os Chohans iluminados possam preservá-los, e a todos os seus, do mal que se aproxima, é o sincero desejo do seu amigo.

M.

---

[5] *Ram* é possivelmente uma grafia de *Rama*, nome da sétima encarnação de Vishnu. *Nagas* são, metaforicamente, Adeptos, Mahatmas, Seres Perfeitos. (N. ed. bras.)

[6] *Nawab* – vice-rei, ou vice-governador. Expressão irônica. (N. ed. bras.)

[7] *Peling* – Na língua tibetana, um europeu ou, em geral, um ocidental. (N. ed. bras.)

Carta nº 90[1] (ML-22) Recebida em outubro de 1882

Sinnett não faz qualquer comentário sobre o modo como esta carta veio a ser escrita, mas parece que, depois que Hume recebeu as notas do Mahatma sobre seu "Capítulo Preliminar Sobre Deus" (Carta nº 88, ML-10), ele escreveu novamente para o Mahatma questionando algumas das suas afirmações, e que esta carta é a resposta.

Resumo de uma carta de K.H. para Hume. Foi recebida para meu exame no final da estação de 1882. (A.P.S.)

Já lhe ocorreu alguma vez – e agora, do ponto de vista da sua ciência ocidental e sob a sugestão do seu próprio Ego, que já captou os elementos essenciais de todas as verdades, prepare-se para zombar da ideia errônea – você já suspeitou alguma vez que a mente universal, assim como a mente humana e finita, pode ter dois atributos, ou um poder dual, de um lado voluntário e consciente, e de outro involuntário e inconsciente, ou mecânico? Para reconciliar a dificuldade de muitas proposições teístas e antiteístas, estes dois poderes são uma necessidade filosófica. A possibilidade do primeiro atributo voluntário e consciente, em relação à mente infinita, apesar das afirmativas de todos os Egos em todo o mundo vivo – permanecerá para sempre uma mera hipótese, enquanto na mente finita esta possibilidade é um fato científico e demonstrado. O mais elevado Espírito Planetário ignora o primeiro tanto quanto nós o ignoramos, e a hipótese permanecerá sempre como tal mesmo no Nirvana, já que ela é uma mera possibilidade dedutiva, lá como aqui.

Considere a mente humana em sua relação com o corpo. O homem tem dois cérebros físicos distintos; o cérebro propriamente dito, com seus dois hemisférios, na parte frontal da cabeça – fonte dos nervos voluntários – e o cerebelo, situado na parte posterior do crânio, fonte dos nervos involuntários, que são os agentes dos poderes inconscientes ou mecânicos através dos quais a mente age. E embora possa ser fraco e incerto o controle do homem sobre suas funções involuntárias como a circulação do sangue, as batidas do coração e a respiração, especialmente durante o sono – no entanto, quão imensamente mais poderoso, quanto maior é o potencial do homem como senhor e governante da movi-

[1] Texto transcrito de uma cópia feita com a letra do sr. Sinnett. (N. da 1ª edição)

mentação molecular cega – das *leis* que governam seu corpo (uma prova disso é dada pelos poderes fenomênicos do Adepto e mesmo do iogue comum) do que o controle que aquilo que você *chamará* de Deus mostra ter sobre as leis imutáveis da Natureza. Ao contrário da mente finita, neste ponto a "mente infinita" – que chamo assim somente para efeitos de argumentação, porque nós a chamamos de FORÇA infinita – demonstra ter apenas as funções do seu cerebelo; a existência do seu suposto cérebro é admitida como foi dito acima somente na hipótese inferencial deduzida da teoria cabalística (correta em todas as outras relações) de que o Macrocosmo é o protótipo do Microcosmo. Até onde *nós* sabemos, e a corroboração disso pela ciência moderna merece pouca consideração – e até onde foi averiguado pelos Espíritos Planetários (os quais, lembre bem, têm uma relação com o mundo transcósmico, que alcança além do véu primitivo de matéria cósmica, de modo semelhante ao fato de que nós temos que ir além do véu deste nosso mundo físico denso) – a mente infinita não mostra para eles, como para nós, nada além dos batimentos inconscientes e regulares do pulso eterno e universal da Natureza, ao longo das miríades de mundos, tanto dentro como fora do véu primitivo do nosso sistema solar.

Até esse ponto – NÓS SABEMOS. *Dentro* e até o limite último, até o próprio limite do véu cósmico, sabemos que o fato é correto – devido à experiência própria; em relação à informação reunida sobre o que ocorre mais além, nós somos gratos aos Espíritos Planetários, ao nosso abençoado Senhor Buddha. Isso, é claro, pode ser visto como informação de segunda mão. Há aqueles que, antes de ceder à evidência dos fatos, preferirão ver até mesmo os deuses planetários como filósofos desincorporados "equivocados", se não de fato mentirosos. Que assim seja. "Cada um é o senhor da sua própria sabedoria" – diz um provérbio tibetano, e tem a liberdade de honrar ou degradar sua escrava. No entanto, continuarei pelo bem daqueles que ainda puderem captar minha explicação do problema e entender a natureza da solução.

A faculdade peculiar do poder involuntário da mente infinita – que ninguém jamais poderia pensar em chamar de Deus – é estar eternamente transformando[2] matéria subjetiva em átomos objetivos (você lembrará, por favor, que estes dois adjetivos são usados apenas em sentido relativo), ou matéria cósmica, a ser transformada mais tarde em

---

[2] No original em inglês, "*evolving subjective matter into objective atoms*". Também poderia ser traduzido como "provocando a evolução de matéria subjetiva de modo que ela surja como átomos objetivos". (N. ed. bras.)

forma.[3] E é, de modo semelhante, este mesmo poder involuntário e mecânico que nós vemos tão intensamente ativo em todas as leis fixas da natureza – que governa e controla o que é chamado de Universo ou Cosmo. Há alguns filósofos modernos que gostariam de comprovar a existência de um Criador pelo movimento. Nós dizemos e afirmamos que aquele movimento – o movimento universal perpétuo que nunca cessa, nunca diminui nem aumenta sua velocidade, nem mesmo durante os intervalos, os pralayas ou "noites de Brahma", mas continua como um moinho que se movimenta haja ou não haja algo para moer (porque o pralaya implica a perda temporária de toda forma, mas não, absolutamente, a destruição da matéria cósmica, que é eterna) – dizemos que este movimento perpétuo é a única Divindade perpétua e não-criada que somos capazes de reconhecer. Ver Deus como um espírito inteligente, e aceitar ao mesmo tempo sua absoluta imaterialidade, é conceber uma não-entidade, um vazio total; ver Deus como um Ser, um Ego, e colocar sua inteligência em algum recipiente por alguma razão misteriosa – é o mais completo absurdo; atribuir-lhe inteligência diante do Mal cego e brutal é fazer dele um demônio – um Deus extremamente ignóbil. Um Ser, embora gigantesco, que ocupe espaço e tenha comprimento, largura e profundidade, é com toda certeza a divindade mosaica; o "não-Ser" e um mero princípio levam você diretamente ao ateísmo budista, ou ao primitivo *acosmismo* vedanta. O que está além e fora dos mundos da forma e do ser, em mundos e esferas em seu estado mais espiritualizado – (e você talvez nos faça o favor de dizer onde poderia estar esse além, já que o Universo é infinito e ilimitado) será buscado inutilmente por qualquer um, porque mesmo os Espíritos Planetários não têm conhecimento ou percepção disso. Embora nossos maiores adeptos e Bodhisattvas nunca tenham ido eles próprios além do nosso sistema solar – e a ideia parece servir maravilhosamente à sua teoria teísta preconcebida, meu respeitado Irmão – eles ainda assim sabem da existência de outros sistemas solares como este, com uma certeza tão matemática quanto aquela pela qual um astrônomo ocidental sabe da existência de estrelas invisíveis das quais ele nunca pode se aproximar e as quais nunca pode nem explorar. Mas daquilo que fica dentro dos mundos e sistemas, não na trans-infinitude – (uma estranha expressão) – mas no aquém-infinitude, no estado da mais pura e inconcebível imaterialidade, ninguém soube nem jamais poderá falar, já que isto é algo

---

[3] Em forma – isto é, em matéria dotada de forma. No original temos *"cosmic matter to be later on developed into form"*. (N. ed. bras.)

não-existente para o universo. Você está livre para colocar neste eterno vácuo os poderes intelectuais ou voluntários de sua divindade – se for capaz de conceber tal coisa.

Enquanto isso, nós podemos dizer que é o movimento que governa as leis da natureza; e que ele as governa como o impulso mecânico dado à água corrente, e que as impelirá seja em uma linha direta ou por centenas de sulcos laterais que elas possam encontrar em seu caminho, quer estes sulcos sejam canais naturais ou preparados artificialmente pela mão do homem. E nós sustentamos que onde quer que haja vida e ser, e por mais espiritualizada que seja a forma, não há espaço para governo moral, muito menos para um Governante moral – um Ser que ao mesmo tempo não tem forma nem ocupa espaço! Verdadeiramente, se a luz brilha na escuridão, e a escuridão não a compreende, é porque esta é a lei natural, mas é muito mais sugestivo e pleno de significado, *para alguém que sabe,* dizer que a luz é ainda menos capaz de compreender a escuridão, e tampouco jamais pode conhecê-la, já que a mata onde quer que penetre e a liquida instantaneamente. Um Espírito puro, e no entanto volitivo, é um absurdo para a mente volitiva. O resultado do organismo não pode existir independentemente de um cérebro organizado, e um cérebro organizado feito a partir do nada constitui uma falácia ainda maior. Se você me perguntar: "De onde vêm, então, as leis imutáveis? – leis não podem fazer a si mesmas" – perguntarei a você por meu turno: e de onde vem, então, o suposto criador delas? Um Criador não pode criar ou fazer a si mesmo. Se o cérebro não pode ter feito a si mesmo, já que isso significaria dizer que o cérebro atuou antes de existir, como poderia a inteligência, resultado de um cérebro organizado, atuar antes que seu criador fosse feito?

Tudo isso nos faz lembrar das discussões pelo título de Senior[4]. Se as nossas doutrinas se chocam demasiado com as suas teorias, então facilmente podemos renunciar ao assunto e falar de outra coisa. Estude as leis e doutrinas dos swabhavikas nepaleses, a principal escola filosófica budista na Índia, e você verá que eles estão entre os polemistas mais cultos e cientificamente lógicos do mundo. O Swabhavat deles, plástico, invisível, eterno, onipresente e inconsciente, é Força ou Movimento gerando permanentemente sua eletricidade que é a vida.

---

[4] Referência a um título acadêmico, obtido através de defesa oral em universidades como a de Cambridge, na Inglaterra, segundo esclarece a edição espanhola das *Cartas dos Mahatmas* (Editorial Teosófica, Barcelona, 1994, ver p. 194). (N. ed. bras.)

Sim; há uma força tão ilimitada quanto o pensamento, tão potente quanto a vontade sem fronteiras, tão sutil quanto a essência da vida, tão inconcebivelmente terrível em seu poder destruidor que bastaria ser usada como alavanca para contrair o universo em seu centro, mas essa Força não é *Deus*, já que há homens que aprenderam o segredo pelo qual podem sujeitá-la à sua vontade quando necessário. Olhe ao seu redor e veja a miríade de manifestações de vida, tão infinitamente multiformes; de vida, movimento, de mudança. O que as causou? De que fonte inexaurível elas vieram, por que meio? Saindo do invisível e do subjetivo, elas entraram em nossa pequena área do visível e do objetivo. Foi a Força que trouxe essas filhas do Akasha, evoluções concretas surgidas do éter, para o campo do perceptível; e é a Força que, no devido tempo, as afastará da visão do homem. Por que esta planta no seu jardim, à direita, tinha de ser produzida com tal forma, e aquela outra, à esquerda, com uma forma totalmente diversa? Não serão, estes, resultados da ação variada da Força – correlações diferentes? Dada uma perfeita monotonia de atividades em todo mundo, nós teríamos uma completa identidade de formas, cores, modelos e propriedades ao longo de todos os reinos da natureza. É ao *movimento*, com o conflito, a neutralização, o equilíbrio e a correlação resultantes dele, que se deve a infinita variedade que prevalece. Você fala de um Pai inteligente e bom – (um atributo escolhido de modo algo infeliz) –, um guia e governante moral do universo e do homem. Há em torno de nós uma certa condição de coisas que nós chamamos de normal. Dentro disso, nada pode ocorrer que transcenda nossa experiência cotidiana, "as leis imutáveis de Deus". Mas suponha que nós mudemos esta condição e obtenhamos o melhor daquele sem cuja aprovação nem mesmo um cabelo de sua cabeça cairá, como se diz no Ocidente. Uma corrente de ar chega a mim do lago próximo ao qual, com meus dedos meio congelados, eu agora escrevo esta carta para você. Transformo, por uma certa combinação de influências elétricas, magnéticas, odílicas[5] ou outras, a corrente de ar que entorpece meus dedos em uma brisa mais quente; eu contrariei a intenção do Todo-Poderoso, e o destronei com minha vontade! Posso fazer isso, ou, quando não quero que a Natureza produza fenômenos estranhos e demasiado visíveis, forço meu ser interior, que vê a natureza e a influencia, a despertar subitamente para novas percepções e sentimentos, e assim sou meu próprio Criador e governante.

---

[5] *Odílicas* – ou ódicas – relativas a *od*, o fluido vital e magnético sutil, conceito muito semelhante ao da *luz astral*. (N. ed. bras.)

Mas você pensa que está certo ao dizer que "as leis nascem"? Leis imutáveis não podem nascer, porque são eternas e incriadas, impelidas na Eternidade, e mesmo Deus, se uma tal coisa existisse, nunca poderia ter o poder de pará-las. E quando foi que eu disse que essas leis são fortuitas *em si?* Eu me referi às suas correlações cegas, nunca às leis, ou melhor à lei – já que nós reconhecemos apenas uma lei no universo, a lei da harmonia, do perfeito EQUILÍBRIO. Então, para um homem dotado de uma lógica tão sutil, e de uma compreensão tão fina do valor das ideias em geral, e das palavras em especial – para um homem tão exato como você geralmente é, fazer longos discursos sobre "um Deus totalmente sábio, poderoso e cheio de amor" parece estranho, para dizer o mínimo. Não protesto de modo algum, como você parece pensar, contra seu teísmo, ou contra a crença em um ideal abstrato de alguma forma, mas não posso deixar de perguntar a você como sabe, ou como pode saber, que o seu Deus é totalmente sábio, onipotente e cheio de amor, quando tudo na natureza, físico e moral, comprova que um tal ser, se existe, é completamente o oposto de tudo o que você diz dele? Estranha ilusão, e uma ilusão que parece sobrepujar o seu próprio intelecto.

A dificuldade para explicar o fato de que "Forças não-inteligentes possam originar seres altamente inteligentes como nós próprios" é eliminada pela eterna progressão dos ciclos, e o processo da evolução que sempre aperfeiçoa seu trabalho à medida que avança. Ao não acreditar em ciclos, é desnecessário para você aprender algo que apenas criará mais um pretexto, meu caro Irmão, para que você combata a teoria e argumente contra ela *ad infinitum*. Tampouco tornei-me alguma vez culpado da heresia de que sou acusado em relação a espírito e matéria. A concepção de matéria e espírito como totalmente diferentes, e eternos, certamente jamais poderia haver entrado em minha cabeça, por menos que eu conheça sobre ambos, porque uma das doutrinas elementares e fundamentais do Ocultismo diz que os dois são um, e são diferentes apenas em suas respectivas manifestações, e só nas percepções limitadas do mundo dos sentidos. Longe de "não terem amplitude filosófica", portanto, nossas doutrinas mostram apenas um princípio na natureza – espírito-matéria ou matéria-espírito, sendo o terceiro o Absoluto último ou a quintessência dos dois – se posso ter a permissão de usar um termo errôneo neste caso – perdendo-se além da vista e das percepções espirituais até mesmo dos "Deuses" ou Espíritos planetários. Este terceiro princípio, dizem os filósofos vedantinos – é a realidade una, e tudo o

mais é Maya, já que nenhuma das manifestações proteanas[6] do espírito-matéria ou Purusha e de Prakriti jamais foi vista como algo diferente de ilusões temporárias dos sentidos. Mesmo na filosofia toscamente delineada em *Ísis,* esta ideia está claramente colocada. No livro de Kiu-te, o Espírito é qualificado como a sublimação última da matéria, e a matéria como a cristalização do espírito. E não poderia ser dada uma ilustração melhor do que a do fenômeno muito simples do gelo, da água, do vapor e da dispersão final deste último, um fenômeno que é revertido nas suas manifestações consecutivas, sendo descrito como a queda do Espírito na geração ou na matéria. Esta trindade que se converte em unidade – uma doutrina tão velha quanto o mundo do pensamento – foi apropriada por alguns cristãos primitivos, que a tinham nas escolas de Alexandria, e a transformaram no Pai, ou espírito gerador; o Filho ou matéria, o homem; e o Espírito Santo, a essência imaterial, ou o ápice do triângulo equilátero, uma ideia encontrada até hoje nas pirâmides do Egito. Assim, mais uma vez se comprova que você interpreta inteiramente mal o que afirmo, sempre que, para resumir, uso uma fraseologia habitual dos povos ocidentais. Mas, por minha vez, devo observar que a sua ideia de que a matéria é apenas a forma temporária alotrópica do espírito, diferindo dele assim como o carvão vegetal difere do diamante[7], é tão não-filosófica quanto não-científica, tanto do ponto de vista oriental como ocidental, pois o carvão vegetal é apenas uma forma de resíduo de matéria, enquanto a matéria *em si* é indestrutível e, segundo eu sustento, contemporânea do espírito – aquele espírito que nós conhecemos e que podemos conceber. Despojado de Prakriti, Purusha (Espírito) é incapaz de manifestar-se, e portanto deixa de existir, torna-se *nada.* Sem espírito ou Força, mesmo aquilo que a ciência descreve como matéria "sem vida" – os assim chamados ingredientes minerais que alimentam plantas – jamais poderia ter assumido formas. Há um momento na existência de cada molécula e átomo de matéria em que, por uma ou outra causa, a última centelha de espírito, movimento ou vida (chame-a como quiser) é

---

[6] Isto é, à maneira de Proteu, o deus marinho mitológico que era multiforme. (N. ed. bras.)

[7] *Alotropia* é a propriedade de certos elementos químicos, como o carbono e o fósforo, de existirem de duas ou mais formas diferentes. Este é o caso do carvão vegetal e do diamante. Ambos são feitos exclusivamente de átomos de carbono. O que explica a enorme diferença das duas substâncias é a disposição dos átomos de carbono. (N. ed. bras.)

retirada; e no mesmo instante, com uma rapidez que ultrapassa a rapidez do raio de luz do relâmpago do pensamento, o átomo, molécula ou agregado de moléculas é aniquilado, e retorna para sua pureza prístina de matéria intracósmica. É atraído pela fonte-mãe com a velocidade com que um glóbulo de mercúrio é atraído pela sua massa central. Matéria, força e movimento são a trindade da natureza objetiva e física, assim como a unidade trinitária de espírito-matéria representa o mesmo para a natureza espiritual ou subjetiva. O movimento é eterno porque o espírito é eterno. Mas nenhum modo de movimento pode jamais ser concebido a menos que esteja em conexão com a matéria.

E agora vejamos a sua hipótese extraordinária de que o Mal, com suas sequências secundárias de pecado e sofrimento, não seja resultado da matéria, mas possa ser talvez um sábio esquema do Governante moral do Universo. Embora a ideia possa parecer aceitável para você, treinado na perniciosa falácia do cristão – "os caminhos do Senhor são inescrutáveis" –, ela é completamente inconcebível para mim. Devo repetir de novo que os melhores Adeptos estudaram o Universo durante milênios e não viram em lugar algum o mais leve traço de um tal planejador maquiavélico – mas encontraram por toda parte a mesma lei imutável e inexorável. Você deve desculpar-me, portanto, se me recuso firmemente a perder meu tempo com especulações tão infantis. O que me resulta incompreensível não são os "caminhos do Senhor", mas sim os de alguns homens que são extremamente inteligentes em tudo, exceto algum passatempo particular preferido.

Como você diz, não é necessário que isso "faça diferença entre nós" – pessoalmente. Mas realmente faz uma diferença enorme se você se propõe a aprender e pretende que eu lhe ensine. Por minha vida, não posso compreender como seria possível em algum momento transmitir a você aquilo que sei quando o próprio A.B.C. do que eu conheço, a rocha sobre a qual os segredos do universo oculto, seja deste ou do outro lado do véu, estão registrados, é negado por você invariavelmente e *a priori*. Meu muito caro irmão, ou nós sabemos algo ou não sabemos nada. No primeiro caso, para que serve o seu aprendizado, já que você pensa que sabe mais? No segundo caso, por que você deveria perder o seu tempo? Você diz que não tem importância alguma se estas leis são expressão da vontade de um Deus inteligente e consciente, como você pensa, ou constituem os atributos inevitáveis de um "Deus" não-inteligente, inconsciente, como eu sustento. Eu digo, isso tem total importância, e já que você acredita firmemente que estas questões fundamentais (de espírito e

matéria – e Deus ou não-Deus) "estão claramente além de nós dois" –, em outras palavras, que nem eu nem os nossos maiores adeptos podemos saber nada além do que você sabe, então o que haverá, na terra, que eu possa ensinar-lhe? Você sabe que para habilitar-se a ler teve primeiro que aprender as letras – no entanto você quer saber o rumo dos acontecimentos antes e depois dos Pralayas, de cada acontecimento aqui neste globo na abertura de um novo ciclo, isto é, um mistério transmitido em uma das últimas iniciações, como foi dito ao sr. Sinnett – pois minha carta para ele sobre os Espíritos Planetários foi apenas circunstancial, provocada por uma pergunta dele. E agora você dirá que estou evitando a questão direta. Abordei pontos colaterais, mas não expliquei tudo o que você deseja saber e me pediu que dissesse. Eu "me esquivo", como sempre faço. Perdoe-me por contradizê-lo, mas não ocorre nada semelhante. Há mil questões que nunca terei permissão para responder, e esquivar-me seria responder de modo diferente do que faço. Digo claramente que você não tem condições de aprender, porque sua mente está demasiado cheia, e não tem um canto vazio de onde um ocupante anterior não surgiria para lutar com qualquer recém-chegado e expulsá-lo. Portanto eu não evito, só dou-lhe tempo para refletir, deduzir e aprender bem antes o que já lhe foi dado, para depois absorver outra coisa. O mundo da força é o mundo do Ocultismo e o único mundo para onde o mais alto iniciado vai com o objetivo de investigar os segredos do ser. Portanto ninguém, exceto um tal iniciado, pode saber alguma coisa destes segredos. Guiado por seu Guru, um chela primeiro descobre esse mundo, depois suas leis, mais tarde as evoluções centrífugas deste mundo e das leis no mundo da matéria. Tornar-se um perfeito adepto toma dele longos anos, mas, afinal, ele se transforma no mestre. As coisas ocultas se tornaram claras, e mistérios e milagres fugiram para sempre da sua visão. Ele sabe como guiar a força nesta ou naquela direção para produzir os efeitos desejados. As propriedades secretas químicas, elétricas ou ódicas das plantas, ervas, raízes, minerais, de tecidos animais, são tão familiares para ele como as penas dos seus pássaros são para você[8]. Nenhuma mudança das vibrações etéricas pode escapar da sua observação. Ele aplica seu conhecimento e, veja, é um milagre! E ele, que começou repudiando a própria ideia de que um milagre fosse possível, é imediatamente classificado como um fazedor de milagres e adorado pelos tolos como um semideus ou rejeitado por tolos ainda maiores como um charlatão. E para mostrar-lhe até que ponto é

[8] A.O. Hume era um ornitólogo amador. (N. ed. bras.)

exata a ciência do ocultismo, deixe-me dizer-lhe que os meios de que nos servimos estão todos estabelecidos em um código tão antigo quanto a humanidade, até o mais ínfimo detalhe; mas cada um de nós tem de começar do início, não do final. Nossas leis são tão imutáveis como as da Natureza, e elas já eram conhecidas pelo homem uma eternidade antes que este pomposo galo-de-briga, a ciência moderna, fosse chocado. Se não revelei a você o *modus operandi* nem comecei pelo lado errado, pelo menos mostrei-lhe que construímos nossa filosofia sobre experimentos e deduções – a menos que você decida questionar e discutir esse fato junto com todos os outros. Aprenda primeiro as nossas leis e eduque suas percepções, caro Irmão. Controle seus poderes involuntários, desenvolva sua vontade na direção certa, e você se tornará um instrutor ao invés de um aprendiz. Eu não recusaria o que tenho direito de ensinar. Porém, precisei estudar durante 15 anos antes de chegar às doutrinas dos ciclos, e no início tive de aprender coisas mais simples. Mas seja o que for que façamos, e aconteça o que acontecer, confio em que não teremos mais discussões, algo que é tão inútil quanto doloroso.

Carta nº 91 (ML-110) Recebida em outubro de 1882

Esta carta foi escrita em três folhas de papel diferentes e parece ser composta de três notas separadas, escritas em dias diferentes, embora muito próximos. Sinnett ainda estava em Simla quando o texto foi recebido, e H.P.B (que havia sido levada ao Sikkim pelo Mahatma M. por causa de uma séria doença) estava descansando em um monastério em Darjeeling ou próximo dali. Ela havia permanecido no Sikkim apenas alguns dias.

A carta começa com uma referência ao chela Dharbagiri Nath, provavelmente Babaji, já que esta era a época em que ele havia emprestado seu corpo para uso do chela tibetano Gwala K. Deb, que usava o nome místico de Dharbagiri Nath.

Aqui o Mahatma fala dele como "o baixinho", o que quase certamente significa que se refere a Babaji – pelo menos o corpo físico era de Babaji. Ao mesmo tempo, o mistério se aprofunda, já que Babaji era chela probatório e Deb era chela aceito. Pode ter sido Deb atuando através de Babaji, com uma estranha mistura de identidade que é muito difícil de compreender.

O Mahatma também diz a Sinnett: "Meu amigo, receio que você também tenha sido imprudente, de novo." Como se sabe, o Mahatma havia mandado a Sinnett uma carta que ele havia escrito ao coronel Chesney, em resposta a uma carta dele. Ao mesmo tempo o Mahatma recebeu uma carta de Sinnett pedindo que não se correspondesse com o coronel. Sinnett tinha tentado despertar o interesse dele na Sociedade Teosófica e havia inclusive chegado ao ponto de pedir ao Mahatma que mandasse a ele um retrato seu. De qualquer modo, a coisa parece não haver dado certo, e o coronel deve ter-se sentido ofendido, com o resultado mencionado aqui. Aparentemente o coronel Chesney afastou-se porque pensou que alguns artigos publicados no Theosophist *eram anticristãos e que a Teosofia só criticava o Cristianismo.*

Meu caro amigo,

Posso pedir-lhe que entregue as 50 rúpias anexas a Dharbagiri Nath quando o encontrar? O baixinho está em dificuldades mas deve ser censurado; e a melhor punição para um chela *aceito* é receber a reprovação através de um chela "leigo". Em seu trajeto de Ghoom para Bengala, ele perdeu dinheiro devido a imprudência e indiscrição, e em vez de dirigir-se diretamente a mim, tentou evitar "o olhar do Mestre" e pediu a um chela probatório, em relação ao qual ele não tem o menor direito, que o ajudasse na dificuldade. Então, por favor, diga a ele que Ram S. Gargya não recebeu seu telegrama de Burdwan, mas que o telegrama foi diretamente para as mãos do Lama, que me avisou. Que ele seja mais prudente no futuro. Você agora vê o perigo de permitir que chelas jovens se afastem do campo de visão, mesmo por alguns dias. Perdas de dinheiro não significam nada, mas os resultados envolvidos e a tentação é que são terríveis. Meu amigo, *receio que você também tenha sido IMPRUDENTE, de novo.* Recebi uma carta do coronel Chesney – muito polida e completamente diplomática. Várias mensagens como esta poderiam funcionar como um excelente *refrigerador.*

Atenciosamente,

K.H.

P.S. Fico contente de ver você reimprimindo no *Pioneer* "A Day with my Indian Cousins"[1], de Atettjee Sahibjee, etc., de *Vanity Fair.* No ano passado eu havia pedido que você desse algum trabalho ao autor daqueles esboços à maneira do antes famoso *Ali Babá* – mas o pedido foi recusado. Você pensou que ele não escrevia suficientemente bem para o

[1] "Um Dia Com Meus Primos Indianos". (N. ed. bras.)

***Pioneer*. Você não confiou em um "nativo", e agora os artigos dele são aceitos em *Vanity Fair*.**

Fico feliz pelo pobre Padshah. Ele é muito impulsivo, mas tem um coração excelente e é sinceramente devotado à Teosofia e – à *nossa Causa*.

Preciso consultar você. Hume escreve a H.P.B. (uma carta extremamente *amorosa!*). Ele manda a ela duas cópias corrigidas de uma carta dele no *Pioneer* do dia 20 e observa que chegou a ocasião em que, se a imprensa nativa em todo o país seguir isso, a iniciativa *dele*, e empurrar a questão com força – concessões materiais *serão* obtidas. Ele acrescenta: *"Você naturalmente reimprimirá isso no Theosophist"*. Como ela poderia fazer isso, sem misturar o jornal dela diretamente com política? Eu teria gostado imensamente de ver a carta dele sobre *Educação* reproduzida do seu *Pioneer* no *Theosophist*, mas hesitei em dizer isso a ela, temendo que o fato desse uma nova tonalidade à revista dela. Alguns dos artigos dele são extremamente hábeis.

Bem, e o que você vai fazer em relação ao aniversário da "Eclética" e à conclusão *cíclica?*

Ela está melhor, e a deixamos perto de Darjeeling. Ela não está segura em Sikkim. A oposição dos dugpas é tremenda, e a menos que dediquemos todo nosso tempo a cuidar dela, a "Velha Senhora" terá um sério problema, já que agora ela é incapaz de cuidar de si mesma. Veja o que ocorreu com o baixinho – ele lhe contará. Você deveria recebê-la durante outubro e novembro.

Atenciosamente outra vez,

K.H.

O pequeno infeliz me faz passar vergonha diante de você devido à indiscrição dele – "de um ponto de vista europeu". Não posso estar sempre olhando meus Chelas que viajam, e o conhecimento deles sobre os costumes e métodos de vocês é igual a *zero!* Só hoje fiquei sabendo – por Djual Khool que ele pediu 30 rúpias emprestadas a você. Ele não tinha motivo *nem o direito* de fazer isso; mas você deve perdoá-lo porque ele não tem a mínima noção de alguma diferença entre um chela tibetano e um chela europeu, e agiu de um modo tão sem cerimônia como agiria se fosse com Djual Khool. Mando-lhe de volta com meus agradecimentos o dinheiro emprestado, esperando que não considere a todos nós como selvagens!

Estou escrevendo uma longa carta a você com interrupções e intervalos irregulares, como é usual. Quando aquela carta *de negócios* estiver a caminho, mandarei outra com minhas respostas a suas perguntas.

Aconteceu algo ridículo com relação à carta de C.C.M., que contarei na minha próxima.

Saudações e êxito para o "novo presidente", finalmente!

Sempre atenciosamente,

K.H.

Perdoe o atraso inevitável. Esta carta, com o anexo, não pode chegar a Darjeeling em menos de 4 ou 5 dias.

Carta nº 92 (ML-54) Recebida em outubro de 1882

Esta carta, escrita de Phari Jong, um grande monastério no Tibete logo depois da fronteira do Sikkim, no caminho para Lhasa, é a carta mencionada na carta nº 91 como sendo escrita "com interrupções e intervalos irregulares". Pode ser interessante o fato de que o original inclui 17 folhas de papel de tamanho grande. Parece provável que tenha sido ditada mentalmente a um chela e então precipitada, se a proibição contra esse método de comunicação houvesse já sido levantada naquele momento. Considera-se que a proibição foi retirada em alguma ocasião, mas a data precisa não é conhecida. Tal método normalmente resultava em mais correções, e nesta carta algumas palavras foram apagadas, outras foram corrigidas, e algumas outras foram raspadas até desaparecerem.

O parágrafo inicial diz respeito à renúncia de Hume como presidente da Sociedade Teosófica Eclética de Simla.

Recebida em Simla, outubro de 1882.

Meu caro amigo: – a destituição e abdicação do nosso grande "Eu sou" é um dos acontecimentos mais agradáveis desta estação para seu humilde servidor. *Mea culpa!* – eu exclamo, e coloco de boa vontade minha cabeça culpada sob uma chuva de cinzas – dos charutos de Simla, se você quiser – porque isso foi feito por mim! Algum bem resultou, na forma de excelente trabalho literário – (embora, na verdade, eu prefira

o seu estilo) – para a Sociedade Matriz, mas nenhum bem para a infeliz "Eclética". O que ele fez por ela? Ele reclama em uma carta para Shishir Koomar Gosh (de A.B. *Patrika)* que devido aos incessantes esforços *dele* (?), Hume, *ele* havia quase "convertido Chesney à Teosofia" quando o grande espírito anticristão do *Theosophist* afastou violentamente o coronel. Isso é o que podemos chamar de distorção dos fatos históricos. Mando a você a última carta dele para mim, pela qual você verá que ele está inteiramente sob a influência do seu novo guru – "o bom swami vedantino"[1] (que se dispõe a ensinar-lhe a filosofia Advaita com o acréscimo de um deus, como modo de melhorá-la) – e do Espírito de Sandaram. O argumento dele, como você verá, é que com o "bom e velho swami" ele pelo menos aprenderá *alguma coisa*, enquanto que, conosco, lhe é impossível "aprender jamais coisa *alguma"*. Eu "nunca dei a ele certeza de que as cartas não haviam saído todas do cérebro fértil da Velha Senhora". Mesmo agora – acrescenta – que ele obteve certeza *subjetiva* de que nós somos entidades diferentes da sra. B. – "eu não sei o que você é – você poderia ser Djual Khool, ou um espírito do plano elevado do Oriente" – etc., e assim por diante. Na carta anexa ele diz que nós podemos ser "*tantrikistas"* (será aconselhável verificar o valor desse elogio) e que ele está se preparando, não, está totalmente preparado para mergulhar do extremo *advaitista* no *teísmo* transcendental, mais uma vez. Amém. Eu o entrego ao Exército da Salvação.

Apesar disso, não gostaria de vê-lo cortar totalmente sua ligação com a Sociedade; primeiro pelo seu mérito literário intrínseco e, por outro lado – porque você teria certamente um inimigo infatigável embora *secreto*, que passaria seu tempo escrevendo contra a teosofia até gastar sua tinta toda, criticando todos e cada um da Sociedade para todos e cada um que estão fora dela, e tornando-se desagradável de mil maneiras diferentes. Como disse antes, ele pode parecer perdoar, e é do tipo de sujeito que se ilude diante da sua própria imagem no espelho como se estivesse perdoando magnanimamente, mas na realidade nunca perdoa e nem jamais esquece. Foi uma agradável notícia para M. e para todos nós saber quão unânime e pacífica foi a eleição de você para presidente, e todos nós, "mestres" e chelas – saudamos fraternal e calorosamente a sua escolha para o cargo; um fato consumado que nos reconcilia até mesmo com a triste e humilhante notícia de que o sr. Hume expressou sua completa indiferença em relação a *chelas* e mesmos aos *mestres* de-

---

[1] O swami de Almora. Ele havia escrito alguns artigos sobre filosofia advaita, dos quais Subba Row discordara intensamente. (Ed. C.)

les, acrescentando que dava muito pouca importância à possibilidade de conhecer uns ou outros. Mas basta de falar daquele que pode ser melhor descrito nas palavras de um provérbio tibetano:

"... Como o pássaro da noite: de dia um gracioso gato, na escuridão um feioso rato."

Um conselho – uma séria advertência de nós dois: *não confie no pequeno Fern – cuidado com ele.* A plácida serenidade e os sorrisos dele ao falar a você da "suave repreensão moderada pela compaixão", e que é melhor ser repreendido que ser expulso – tudo foi *fingimento.* A carta dele de penitência e expressando remorsos para M. – que ele manda para que você a guarde – não é sincera. Se você não vigiá-lo de perto, ele confundirá as coisas para você de um modo que pode levar a Sociedade à ruína, porque fez um grande juramento a si mesmo de que a Sociedade *cairá* ou *se erguerá* com ele. Se ele falhar novamente no próximo ano – e, apesar de todos os seus grandes dons, como poderá um jesuíta e mentiroso incurável como ele deixar de fracassar? – fará o possível para levar a Sociedade para baixo com ele, pelo menos em relação à crença nos "Irmãos". Tente salvá-lo, se possível, meu caríssimo amigo; faça o melhor que puder para convertê-lo à verdade e ao altruísmo. É realmente uma pena que tais dons tenham submergido num atoleiro de vícios tão poderosamente impressos nele pelos seus tutores anteriores. Enquanto isso, cuidado para não deixar que ele veja qualquer uma das minhas cartas.

E agora em relação a C.C. Massey[2] e às cartas que você escreveu. Tanto a explicação como sua resposta estão excelentes. Sem dúvida dificilmente se poderia encontrar um homem mais sincero, verdadeiro e de mente mais nobre (*sem* a exceção de S. Moses) entre os teosofistas ingleses. Seu único e principal erro é – *fraqueza.* Se ele percebesse algum dia a profundidade da injustiça que fez com H.P.B. em pensamento – ninguém se sentiria mais infeliz com o fato do que ele. Mas veremos isso em seguida. Você deve lembrar que em minha carta para H. sobre o assunto eu "proibi todas as providências" pela simples razão de que a Soc. Teos. Ingl. havia fracassado, e virtualmente não existia mais. Mas, se lembro bem, acrescentei que se eles a restabelecessem sobre uma base firme com membros como a sra. K. e seu escriba, nós não faríamos objeção a ensinar-lhes através de você – ou outras palavras nesse sentido. Certamente fiz objeção a ter minhas cartas impressas e circulando co-

2 Sobre C.C. Massey, veja nota de pé de página nº 8, na Carta nº 18 (volume I desta edição). (N. ed. bras.)

mo as cartas de Paulo nos bazares de Éfeso[3] – para benefício (ou talvez desprezo e críticas) de membros isolados que dificilmente acreditavam em nossa existência. Mas não faço objeção a um esquema como o proposto por C.C.M. Apenas uma condição, que eles primeiro se organizem, deixando fanáticos como Wyld estritamente do lado de fora. Ele recusou-se a admitir a irmã do sr. Hume, sra. B., porque, não havendo visto nunca fenômenos mesméricos, ela não acreditava no mesmerismo; e recusou-se a admitir Crookes, recomendado por C.C.M., segundo me contaram. Nunca recusarei minha ajuda e cooperação a um grupo de homens sinceros e interessados em aprender; mas se novamente houver disposição de admitir homens como o sr. Hume, que geralmente têm grande prazer em cumprir, em qualquer organização de que participem o papel de Tífon e Ahriman[4] nos sistemas egípcio e zoroastriano – então será melhor deixar de lado o plano. Preocupa-me a aparição pública da nossa filosofia tal como o sr. Hume a expõe. Li os três ensaios ou capítulos dele sobre Deus (?), cosmogonia e relances da origem das coisas em geral, e tive de eliminar quase tudo. Ele nos transforma em *agnósticos!!* Nós não acreditamos em Deus porque até agora *não temos prova*, etc. Isso é absurdamente ridículo: se ele publicar o que eu li, farei com que H.P.B. ou Djual Khool desmintam a coisa toda; porque não posso permitir que a nossa filosofia sagrada seja tão desfigurada. Ele diz que as pessoas não aceitarão toda a verdade; que a menos que as agrademos com a esperança de que possa haver "um Pai amoroso e criador de tudo no céu" a nossa filosofia será rejeitada *a priori*. Neste caso, quanto menos tais idiotas ouvirem falar das nossas doutrinas, melhor será para todos. Se eles não querem toda a verdade e nada mais que a verdade, não há problema. Mas eles nunca verão a *nós* – (pelo menos) – compactuando com, ou protegendo os preconceitos públicos. Você qualifica isso como "sincero" e *honesto "de um ponto de vista europeu"*? Leia a carta dele e julgue. A verdade, meu caro amigo, é que apesar da grande maré de misticismo que está invadindo agora uma parte das classes intelectualizadas da Europa, os povos ocidentais até este momento dificilmente aprenderam a reconhecer aquilo que nós qualificamos como *sabedoria*

[3] As epístolas de Paulo eram cartas circulares divulgadas amplamente. O fato de que fossem conhecidas em Éfeso, cidade da Ásia Menor, ampliava o horizonte do cristianismo, que passava a ir além do mundo judaico. (N. ed. bras.)

[4] *Tífon* é o aspecto inferior e sombrio do deus egípcio *Osíris*. *Ahriman* é o aspecto escuro e negativo de *Ahura Mazda*, a divindade do zoroastrismo e dos parsis. (N. ed. bras.)

no seu sentido mais elevado. Até hoje, só é considerado verdadeiramente sábio, em seu mundo, quem sabe conduzir as questões da vida da maneira mais hábil, de modo que possa obter a maior quantidade de ganhos materiais – honrarias ou dinheiro. A qualidade da sabedoria sempre foi, e ainda será durante um longo tempo – até o próprio final da quinta raça – negada a quem busca a riqueza da mente em si mesma e pelo seu próprio valor e seu resultado, sem o propósito secundário de usá-la para a obtenção de ganhos materiais. A maior parte dos seus compatriotas adoradores de ouro qualificariam os nossos fatos e teoremas como vôos da imaginação, sonhos de loucos. Deixe que os *Fragments* e mesmo as suas próprias magníficas cartas agora publicadas em *Light* caiam nas mãos e sejam lidas pelo público em geral – sejam materialistas, teístas ou cristãos – e há dez chances contra uma de que cada leitor médio contrairá seu lábio com desprezo; e com a observação, "tudo isso pode ser muito profundo e culto, mas que *utilidade* tem na vida prática?" – afastará cartas e *Fragments* do seu pensamento, para sempre.

Mas agora a sua posição em relação a C.C.M. parece estar mudando e você está atraindo-o gradualmente. Ele deseja sinceramente fazer outra tentativa com o Ocultismo e está "aberto à persuasão"; nós não devemos decepcioná-lo. Mas não posso dar fatos *novos* nem a eles nem a você até que tudo o que já transmiti seja preparado desde o início (*vide* os *Ensaios* do sr. Hume) e ensinado sistematicamente, e aprendido e assimilado por eles. Estou respondendo agora sua numerosa série de perguntas – científicas e psicológicas – e você terá material suficiente para um ou dois anos. Naturalmente estarei sempre à disposição para novas explicações, e portanto, inevitavelmente, acréscimos, – mas me recuso firmemente a ensinar qualquer coisa a mais antes que você haja entendido e aprendido tudo o que já foi dado. Nem quero que você imprima coisa alguma das minhas cartas a menos que o texto seja previamente *editado* por você, e colocado em ordem e forma. Não tenho tempo para escrever "ensaios", nem minha habilidade literária chega a tanto.

E agora, o que dizer da mente de C.C.M., que está com tantos preconceitos contra a autora de *Ísis* e contra nós próprios, porque ousamos tentar introduzir Eglinton nos sagrados recintos da S.T.I.[5] e chamar + de "Irmão"?[6] Nossos pecados e transgressões conjuntos "do

[5] Sociedade Teosófica na Inglaterra. (N. ed. bras.)

[6] "Irmão", aqui, tem o sentido de Adepto. (N. ed. bras.)

ponto de vista europeu" não serão tristes obstáculos para a confiança mútua, e será que eles não levarão a intermináveis suspeitas e compreensões errôneas? Não tenho condições neste momento de dar aos teosofistas ingleses uma prova da nossa existência em carne e osso, ou de que eu não sou apenas um "cúmplice" de H.P.B., porque tudo isso é uma questão de tempo e – *Carma.* Mas mesmo supondo que fosse muito fácil provar a veracidade da primeira ideia, seria bem menos fácil desmentir a segunda ideia. Um "K.H.", isto é, um mortal de aparência muito comum e com um conhecimento toleravelmente razoável da língua inglesa, do Vedanta e da filosofia budista, e ainda com algum conhecimento de *truques mágicos* de salão – pode ser facilmente descoberto e providenciado, de modo a demonstrar a sua experiência objetiva e afastar toda dúvida ou crítica capciosa. Mas e quanto a dar uma certeza moral e positiva de que o indivíduo que pode fazer sua aparição desse modo não é um *falso* K.H., um "cúmplice" de H.P.B.? St. Germain e Cagliostro, ambos cavalheiros da mais alta educação e das mais elevadas realizações, e presumivelmente europeus – não "negros" de espécie alguma, não foram vistos em sua época, e não são vistos até hoje pela posteridade como impostores, cúmplices, trapaceiros e tantas outras coisas? No entanto, tenho o compromisso moral de acalmar a mente dele – através da sua amável ajuda – em relação à possibilidade de que H.P.B. o tenha *enganado* e *iludido.* Ele parece pensar que obteve provas absolutamente *inquestionáveis* disso. Eu digo que *não.* O que ele obteve é simplesmente prova da maldade de alguns homens, e de ex-teosofistas como Hurrychund Chintamon, de Bombaim, agora de Manchester e outros lugares; o homem que roubou 4.000 rúpias dos fundadores e de Dayanand, enganando-os e iludindo-os desde o início (desde os tempos de Nova Iorque), e depois, quando foi descoberto e expulso da Sociedade, fugiu para a Inglaterra; desde então está sempre buscando e ambicionando sua vingança. E um outro tal como o dr. Billing, o marido daquela boa e honesta mulher, único caso de médium total e *realmente* confiável e *honesta* que conheço, a sra. M. Hollis-Billing; que se casou com ela por causa dos alguns milhares de libras que ela possuía, arruinou-a no primeiro ano do seu casamento, estabeleceu um concubinato com outra médium, e quando veementemente criticado por H.P.B. e Olcott – abandonou sua esposa, saiu da Sociedade e voltou-se com ódio cruel contra as duas mulheres; e desde então está sempre tentando envenenar as mentes dos teosofistas e espíritas ingleses contra sua esposa e H.P.B.

Que C.C.M. reúna todos estes fatos; que ele sonde o mistério e estabeleça a conexão entre seus *informantes* e os dois difamadores de duas mulheres inocentes. Que ele investigue completa e pacientemente, antes de acreditar em certos informes – e mesmo em *provas* apresentadas – para que ele não sobrecarregue seu carma com um pecado mais pesado que qualquer outro. Não há uma pedra que estes dois homens não tenham virado com o objetivo de obter êxito em seu plano maléfico. Hurrychund Chintamon não deixou uma só vez durante os últimos três anos de conquistar a confiança de cada teosofista que conheceu, derramando sobre seus ouvidos supostas notícias de Bombaim a respeito de duplicidade dos Fundadores; e espalhou informes entre os espíritas sobre os fenômenos *simulados* pela sra. B., descrevendo-os todos como simplesmente "truques descarados" – já que ela não tem uma ideia real sobre os poderes da Ioga; e também mostrando cartas dela, recebidas por ele enquanto ela estava na América; e nas quais supostamente ela o aconselha a *fingir* que é um "Irmão" e assim enganar melhor os teosofistas ingleses. Enquanto H.C. está fazendo tudo isso e muito mais, Billing está "trabalhando" os místicos de Londres. Ele toma diante deles a atitude de *vítima* do seu próprio excesso de confiança em uma esposa que descobriu ser uma médium falsa e cheia de truques, ajudada e apoiada nisso por H.P.B. e H.S.O.; ele lamenta seu destino cruel e jura por *sua honra* (!!) que ele só a abandonou porque descobriu que era uma impostora, e a *honestidade* dele fez com que se revoltasse contra tal união. Assim, é com base na força e na autoridade dos relatos de tais homens e das pessoas excessivamente confiantes que, acreditando neles, os ajudaram, que C.C.M. gradualmente veio a rejeitar e repudiar a imagem desagradável e deformada que foi colocada diante dele como sendo H.P.B. Acredite-me, não é verdade. Se ele disser a você que lhe foi mostrada prova *documental,* diga-lhe que uma carta com a letra dele e com a sua própria assinatura, que se colocada nas mãos da lei o levaria em 24 horas ao banco dos réus, pode ser forjada tão facilmente quanto qualquer outro documento. Um homem que foi capaz de forjar em um testamento falso a assinatura do testador e, em seguida, agarrando a mão do homem já morto, colocar nela uma pena e guiá-la sobre a assinatura já pronta, para dar às testemunhas a possibilidade de fazer seus juramentos de que viram o homem assinar – está pronto a fazer um trabalho mais sério do que simplesmente caluniar uma estrangeira impopular.

Quando H. Ch. chegou a Bombaim há três anos, sofrendo com sua desmoralização e buscando vingança, C.C.M. não queria recebê-lo nem vê-lo, e tampouco escutar suas justificativas, porque Dayanand – a quem ele reconhecia e aceitava naquela época como seu instrutor, lhe havia dito que não tivesse contato com o ladrão e traidor. Foi então que esse último e C. Carter Blake, o jesuíta expulso da Sociedade por caluniar na *Pall Mall Gazette* tanto o Swami como Hurrychund – tornaram-se rapidamente amigos. Carter Blake havia durante mais de dois anos movido céus e terra para ser readmitido na Sociedade, mas H.P.B. havia permanecido como uma muralha chinesa contra tal readmissão. Os dois *ex-membros* fizeram as pazes, uniram suas cabeças e trabalharam desde então em extrema harmonia. Isso criou o inimigo secreto – nº 3. A devoção de C.C.M. era um obstáculo para eles – que trabalharam para destruir o objeto daquela devoção, H.P.B., abalando a confiança que ele tinha nela. Billing, que jamais poderia obter sucesso naquela direção – porque C.C.M. o conhecia muito bem, já que havia defendido legalmente sua esposa arruinada e abandonada – conseguiu despertar suspeitas nele contra a sra. Billing *como médium* e contra a amiga dela, H.P.B., que a havia defendido e apoiado contra ele. Assim o terreno foi bem preparado para que qualquer tipo de semente fosse plantada nele. Então veio – como um raio e um trovão – o ataque inesperado do Swami contra os Fundadores, o que demonstrou ser um golpe mortal na amizade de C.C.M. Devido ao fato de que o Swami havia sido descrito por ela para eles como um chela adiantado, um iniciado, ele imaginou que *ele nunca havia sido tal coisa,* e que, com seu desejo desorientado de ajudar a causa, H.P.B. os havia enganado a todos! Depois da desordem de abril, os inimigos dele e dela fizeram dele uma presa fácil. Veja *Light;* compare as datas e os vários ataques cautelosos e encobertos. Veja a hesitação de C.C.M., e então o súbito ataque contra ela. Você não consegue ler nas entrelinhas, amigo?

Mas, e quanto a S. Moses? Ah, ele, pelo menos, é o homem que nunca lança uma falsidade deliberada, e muito menos repete uma afirmação caluniosa. Ele, pelo menos, assim como C.C.M., *é* um cavalheiro autêntico, e um homem *honesto.* Bem, e então? Você esquece a sua profunda, sincera irritação conosco e com H.P.B., na condição de um espírita que é o instrumento escolhido e da preferência de *Imperator?* C.C.M. ignora as leis e os mistérios da mediunidade e é amigo leal dele. Pegue novamente *Light* e veja como sua irritação cresce abertamente e

se torna mais sonora em suas *Notes By the Way.* Ele entendeu inteiramente mal o que você escreveu, ou melhor, trechos (desacompanhados de *explicações)* de uma carta minha para você, e, por sua parte, você nunca entendeu corretamente a situação. Repito agora o que eu disse então: – Há um abismo entre o grau mais alto e o mais baixo dos Planetários (isso com relação à sua pergunta, "será + um Espírito Planetário?"). E agora minha afirmativa de que "+ é um Irmão". Mas o que é um "Irmão", em realidade – você sabe? Não me considero responsável pelo que H.P.B. acrescentou, falando das profundezas da sua própria consciência, talvez; porque *ela não sabe nada com certeza total* sobre +, e frequentemente, "sonhando sonhos", ela tira deles suas próprias conclusões originais. *Resultado:* S.M. nos vê como *impostores* e *mentirosos,* a menos que sejamos apenas uma *ficção;* em cujo caso o elogio retorna para H.P.B.

Então, quais são os *fatos* e quais as acusações contra H.P.B.? Muitos são os pontos obscuros contra ela na mente de C.C.M. e a cada dia eles se tornam mais negros e feios. Darei um exemplo. Enquanto estava em Londres, na casa dos Billing, em jan. de 1879, H.P.B., que havia feito aparecer um pote de porcelana sob a mesa, ouviu um pedido de C.C.M. no sentido de dar-lhe, também, algum objeto produzido fenomenicamente. Concordando, ela fez com que um pequeno estojo de cartões gravados em Bombaim aparecesse no bolso de seu sobretudo pendurado no hall. Dentro – seja naquele momento ou mais tarde durante a noite – foi encontrada uma tira de papel com uma reprodução da assinatura de Hurrychund C. Naquele momento nenhuma suspeita entrou na sua mente, já que realmente não havia nenhuma base para tal. Mas agora, você vê, ele acredita que, se não foi tudo um *truque,* pelo menos foi um meio-engano. Por quê? Porque naquele momento ele considerava H.C. *um chela*, quase um grande adepto, conforme H.P.B. deixava supor e até sugeria; e agora ele *sabe* que H.C. *nunca* foi chela – já que *ele mesmo* o nega; que ele nunca teve quaisquer *poderes*, nega qualquer conhecimento ou crença neles; e diz a todos que mesmo Dayanand nunca foi um iogue mas é simplesmente "um impostor ambicioso" como Mohamet. Em resumo, um grande número de mentiras atribuídas aos Fundadores. E ainda as *cartas* dela, e os informes de testemunhas confiáveis em relação à cumplicidade dela com a sra. Billing. Portanto – cumplicidade entre ela e Eglinton. Fica comprovado de qualquer modo que ela é uma grande conspiradora, uma impostora, um caráter astucioso; ou isso, ou

uma lunática visionária, uma médium obcecada! Lógica europeia, ocidental. Cartas? É muito fácil alterar palavras, e assim todo o significado de uma frase, em cartas. Assim também o Swami tem cartas dela, que ele livremente traduz, cita e comenta na capa do *Suplemento* de julho[7]. Agora lhe peço, por favor, que leia outra vez, cuidadosamente, a "Defesa". Observe as mentiras escancaradas do "grande Reformador" da Índia. Lembre-se do que foi admitido a você e depois negado. E se a *minha* palavra de honra tem qualquer valor para você, então saiba que Swami D. *foi* um Yogue iniciado, um chela muito adiantado em Badrinath, dotado há alguns anos de grandes poderes e um conhecimento que lhe foi retirado, desde então, e que H.P.B. disse a você apenas a verdade, porque também H.C. foi um chela dele, que preferiu o "caminho esquerdo". E agora veja em que se transformou esse homem verdadeiramente grande, a quem todos nós conhecíamos e em quem colocávamos nossas esperanças. Lá está ele, uma ruína moral, destruído por sua ambição e perdendo o fôlego na sua última luta pela supremacia, que *ele sabe* que *não* deixaremos em suas mãos. E agora, se esse homem – dez vezes maior, moral e intelectualmente, que Hurrychund – pôde cair tanto, e recorrer a um recurso tão baixo, do que não será capaz seu ex-amigo e pupilo Hurrychund, para satisfazer *sua* sede de vingança! O primeiro tem pelo menos uma desculpa – sua feroz ambição, que ele confunde com patriotismo; seu um dia *alter ego* não tem desculpa, exceto o desejo de ferir aqueles que o desmascararam. E, para alcançar tal resultado, ele está disposto a *fazer qualquer coisa.* Mas talvez você pergunte por que *nós* não interferimos. Por que *nós*, os protetores naturais dos Fundadores,

[7] O Suplemento de julho de 1882 do *Theosophist* dedicou espaço considerável à controvérsia entre o Swami Dayanand e os teosofistas. O Swami havia ingressado à S.T. em 1878, quando Olcott e Blavatsky ainda estavam em Nova Iorque. No plano das ideias, a ruptura se deu, em parte, em torno do conceito de Deus. Em um longo artigo publicado um mês antes, no *Theosophist* de junho de 1882, um elevado adepto a quem H.P.B. se referia como "o velho senhor, Narayan", escreveu: "Os Fundadores, como todo o público sabe há sete anos, acreditam firmemente no Carma, que é apenas outro nome para aquela misteriosa lei de Absoluta Justiça que pune o pecado e recompensa a virtude. Mas eles se recusam a acreditar em um Deus *pessoal*, cuja única ocupação parece ser manter a si mesmo 'feliz' e 'contente'. (...) Os Fundadores acreditam no verdadeiro PRINCÍPIO Divino ensinado nos Vedas; naquele Princípio que é descrito no Rig Veda Sanhita como aquilo que não é 'nem entidade nem não-entidade', mas uma ENTIDADE ABSTRATA, que *não* é uma entidade descritível por palavras ou atributos." O conceito de Deus também é discutido profundamente nas cartas 30, 88 e 90 desta edição. (N. ed. bras.)

se não da Sociedade, não pusemos um ponto final nas vergonhosas conspirações? Uma pergunta pertinente; embora eu duvide que a minha resposta, com toda sua sinceridade, seja claramente entendida. Você está completamente desinformado sobre o nosso sistema, e se eu pudesse torná-lo claro para você, haveria dez chances contra uma de que os seus "melhores sentimentos" – os sentimentos de um europeu – ficariam perturbados, ou algo pior, com uma disciplina tão "chocante". O fato é que, até a última e suprema iniciação, todo chela – (e mesmo alguns adeptos) – é deixado com seus recursos e opinião próprios. Temos que enfrentar nossas próprias batalhas, e o adágio familiar – "o adepto faz a si mesmo, ninguém o faz" – é verdadeiro literalmente. Já que cada um de nós é o *criador* e produtor das *causas* que levam a este ou àquele resultado, temos que colher apenas aquilo que semeamos. *Nossos chelas são ajudados apenas quando são inocentes das causas que os colocaram em dificuldades;* quando tais causas são geradas por influências alheias, externas. A vida e a luta pelo adeptado seriam demasiado fáceis, se todos tivéssemos limpadores atrás de nós varrendo para longe os *efeitos* que geramos através da nossa imprudência e presunção. Antes de serem autorizados a ir para o mundo, os chelas são em todos os casos dotados de poderes mais ou menos clarividentes; e, com a exceção daquela faculdade que, se não fosse paralisada e vigiada, os levaria talvez a divulgar certos segredos que não devem ser revelados – eles são deixados com o completo exercício dos seus poderes, sejam esses quais forem: por que não os exercem? Assim, passo a passo, e depois de uma série de punições, o chela aprende pela amarga experiência a suprimir e guiar seus impulsos; ele perde sua imprudência, sua auto-suficiência, e nunca cai nos mesmos erros. Tudo o que agora está ocorrendo foi produzido pela própria H.P.B.; e a você, meu amigo e irmão, revelarei as falhas dela, porque você foi testado e experimentado, e só você até agora não falhou – pelo menos em um sentido – em relação à discrição e ao silêncio. Mas antes de revelar-lhe a única grande falha dela (uma falha, de fato, nos seus resultados desastrosos, embora em outros aspectos seja uma virtude), devo lembrar-lhe daquilo que você odeia tanto; isso é, que ninguém entra em contato conosco, ninguém mostra um desejo de conhecer mais sobre nós, sem que tenha de se submeter a testes e ser colocado por nós em provação. Assim, C.C.M., como qualquer outro, não pôde escapar do seu destino. Ele tem sido tentado e permitiu-se que ele fosse enganado pelas aparências, e que caísse como uma presa fácil da sua fraqueza

– a suspeita e a falta de autoconfiança. Em resumo, descobre-se que falta a ele o primeiro elemento de sucesso em um candidato – *fé inabalável*, uma vez que sua convicção tenha como base e como raiz o conhecimento, e não a simples crença em certos fatos. Bem, C.C.M. *sabe* que certos fenômenos dela são inegavelmente autênticos; a posição dele com relação a isso é precisamente a mesma sua e da sua esposa, em relação à pedra amarela de anel. Mesmo pensando que você tinha razões suficientes para acreditar que a pedra em questão fora simplesmente *trazida* (como a boneca), e não *duplicada* – como ela afirmava, e insatisfeito no fundo da sua alma com uma *fraude* tão inútil – conforme você sempre pensou – da parte dela, você não a repudiou por aquilo, nem a desmoralizou ou reclamou dela nos jornais como ele fez. Em resumo, mesmo quando recusaram a ela o benefício da dúvida em seus próprios corações, vocês não duvidaram do fenômeno, mas apenas da exatidão dela ao explicá-lo; e *embora estivessem completamente errados,* vocês foram inegavelmente corretos ao atuar com tamanha discrição naquela ocasião. Isso não ocorreu no caso dele. Depois de manter durante o período de três anos uma *fé cega* nela, que chegava quase a um sentimento de veneração, ao primeiro sinal de calúnia exitosa, ele, um amigo leal e um excelente *advogado*, cai vítima de uma conspiração maldosa, e sua consideração por ela se transforma em nítido desprezo e em uma *convicção* de que é culpada! Ao invés de agir como você teria feito em tal caso, ele nunca mencionou o fato a ela, nem pediu-lhe uma explicação, dando à acusada uma oportunidade de defender-se, e agindo assim de maneira coerente com sua natureza honesta; mas preferiu expressar seus sentimentos publicamente e por escrito, satisfazendo seu rancor contra ela e contra *nós* ao adotar um meio indireto de atacar as afirmações dela em *Ísis.* A propósito – e lhe peço desculpas por esta digressão – ele não considera "sincera", parece, a resposta dela no *Theosophist*! Lógica surpreendente, quando vem de um lógico tão exato. Se ele tivesse proclamado em todos os jornais e no seu mais alto tom de voz que a autora ou os autores de *Ísis* não haviam sido *sinceros* ao escrever o livro; que eles, frequente e propositalmente, desorientam o leitor ao omitir as explicações necessárias e que dão apenas partes da verdade; se ele tivesse até mesmo afirmado, como faz o sr. Hume, que a obra está cheia de "erros práticos" e afirmativas deliberadamente imprecisas, ele ficaria gloriosamente inocentado, porque estaria certo – "de um ponto de vista europeu", e seria firmemente desculpado por *nós,* novamente por causa do

seu modo europeu de fazer avaliações, algo inato nele e que ele *não pode evitar*. Mas chamar uma explicação correta e verdadeira de *não* "sincera" é algo que dificilmente posso compreender, embora eu esteja perfeitamente consciente de que a visão dele é compartilhada até mesmo por você. Ah, meus amigos, tenho muito receio de que os nossos padrões respectivos sobre o que é certo e errado nunca estarão em concordância um com o outro, já que *a motivação* é tudo para nós, e vocês nunca irão além das aparências. No entanto, retorno à questão principal.

Assim, C.C.M. *sabe*; ele é muito inteligente, é um observador demasiado agudo da natureza humana para haver permanecido sem saber do mais importante dos fatos, isto é, que a mulher *não tem nenhum motivo possível* para desejar o engano. Há uma frase na carta dele que, colocada com um estado de espírito mais amável, mostraria bastante bem como ele poderia apreciar e reconhecer os *reais motivos,* se sua mente não estivesse envenenada pelo preconceito, devido, em parte, mais à irritação de S. Moses que aos esforços dos três inimigos dela enumerados acima. Ele observa *en passant* que o sistema de enganos pode ser devido ao *zelo* dela, mas considera esse zelo *desonesto.* E agora, você quer saber até que ponto ela é culpada? Saiba, então, que se ela em algum momento se tornou culpada de um engano real, *deliberado,* devido ao seu "zelo", foi quando, na presença dos fenômenos produzidos, ela ficou negando constantemente – exceto no caso de ninharias como as batidas e os sinos – que tivesse qualquer coisa a ver com a sua produção, *pessoalmente.* Do seu "ponto de vista europeu", é um logro inequívoco, uma grande e trovejante *mentira*; do nosso ponto de vista *asiático*, embora seja um zelo imprudente e condenável, um exagero inverdadeiro, ou o que um ianque chamaria de "um descontrole flamejante" em função do objetivo de beneficiar os "Irmãos" – porém, se examinarmos *a motivação*[8] – um zelo sublime, de autonegação, nobre e meritório – não *desonesto.* Sim; nisso, e só nisso, ela tornou-se constantemente culpada de *enganar* a seus amigos. Nunca foi possível fazê-la compreender a completa inutilidade e o perigo de tal zelo; e quão errada ela estava ao pensar que aumentava nossa glória, quando, ao atribuir a nós com muita frequência fenômenos da natureza mais infantil, apenas nos rebaixava aos olhos do público e reforçava a acusação dos seus inimigos de que ela era "apenas uma médium"! Mas era inútil. De acordo com nossas regras, M. não tinha permissão para proibi-la claramente de fazer tal

---

[8] Aqui, com o travessão, o Mahatma parece deixar implícitas as palavras "veremos que é". (N. ed. bras.)

coisa. Ela tinha que ter total e inteira liberdade de ação, a liberdade de *criar causas* que se transformariam com o tempo no seu carrasco, seu pelourinho público. Ele podia, no máximo, proibi-la de produzir fenômenos, e ele recorria a este último recurso tão frequentemente quanto podia, para grande insatisfação dos amigos dela e dos teosofistas. Terá sido, ou melhor, será isso falta de percepção intelectual dela? Certamente não. É uma doença psicológica, sobre a qual ela tem pouco ou nenhum controle. Sua natureza impulsiva – como você deduziu corretamente em sua resposta – está sempre pronta para arrastá-la até além das fronteiras da verdade, para a região do exagero; no entanto, sem uma sombra de suspeita de que está assim enganando seus amigos, ou abusando da grande confiança que eles têm nela. A frase estereotipada: "*Não* sou eu; não posso fazer nada sozinha ... tudo é feito por eles – os Irmãos ... eu sou apenas sua escrava humilde e devotada, e seu instrumento" é pura *lorota.* Ela pode produzir e produziu fenômenos, devido a seus poderes naturais combinados com vários e longos anos de treinamento regular, e os fenômenos dela são às vezes melhores, mais maravilhosos e muito mais perfeitos que os de alguns chelas adiantados e iniciados, a quem ela supera em gosto artístico e na apreciação puramente ocidental da arte – como, por exemplo, na produção instantânea de retratos: veja o retrato que ela fez do "faquir" Tiravalla, mencionado em *Hints*[9], e o compare com o meu retrato feito por Djual Khool. Apesar de toda a superioridade dos poderes dele, se comparados com os dela; da juventude dele comparada com a idade avançada dela; e da inegável e importante vantagem que ele possui de jamais haver colocado seu magnetismo puro e sem imperfeições em contato com a grande impureza do mundo e da sociedade de vocês – faça o que fizer, ele nunca será capaz de produzir um *tal* retrato, simplesmente porque é incapaz de concebê-lo em sua mente e com seu pensamento tibetano. Assim, ao mesmo tempo que atribui a nós todo tipo de fenômenos tolos, frequentemente mal feitos e *suspeitos*, ela tem, sem dúvida alguma, nos *ajudado* em muitas ocasiões, permitindo que economizemos em alguns casos até dois terços da energia usada, e quando repreendida – porque frequentemente não podemos evitar que ela o faça na sua ponta da linha de comunicação – ela responde que não havia necessidade, e que sua única alegria era ser de alguma utilidade para nós. E assim ela continuou matando a si mesma centímetro por centímetro, disposta a dar – para nossa glória e nosso benefício, segundo pensava – o sangue da sua vida gota

[9] *Hints on Esoteric Theosophy,* texto de Allan O. Hume. (N. ed. bras.)

após gota, e no entanto negando invariavelmente diante de testemunhas que ela tivesse qualquer coisa a ver com isso. Você chamaria essa sublime, embora tola auto-abnegação de "desonesta"? Nós, não; nem jamais permitiremos que ela seja vista assim. Para ir ao ponto que interessa: movida por aquele sentimento, e acreditando firmemente naquela época (porque foi permitido que ela pensasse assim) que Hurrychund era um chela[10] digno do Iogue Dayanand, ela deixou que C.C.M. e todos aqueles que estavam presentes permanecessem com a impressão de que era Hurrychund quem havia produzido os fenômenos; e depois continuou tagarelando durante duas semanas sobre os grandes poderes do Swami e as virtudes de Hurrychund, seu profeta. Todos em Bombaim (assim como você mesmo) sabem bem quão terrivelmente ela foi punida. Primeiro, o "chela" mostrou-se um traidor do seu Mestre e seus aliados, e – um ladrão comum; depois, o "grande Iogue", o "Lutero da Índia" sacrificou Olcott e ela à sua ambição insaciável. De modo muito natural, a traição de Hurrychund – embora parecesse chocante na época para C.C.M. e outros teosofistas – não a atingiu, porque o próprio Swami, tendo sido roubado, assumiu a defesa dos "Fundadores". Já a traição do "Chefe Supremo dos Teosofistas de Arya Samaj" não foi vista em uma perspectiva verdadeira; não foi *ele* quem fez a falsidade, mas toda a culpa caiu sobre a mulher infeliz e excessivamente devotada, que, depois de exaltá-lo até o céu, foi obrigada em autodefesa a mostrar no *Theosophist* a má fé dele e as suas verdadeiras intenções.

Estes são a história e os *fatos* verdadeiros com relação à "fraude" dela, ou, na melhor das hipóteses, "zelo *desonesto*". Sem dúvida, ela mereceu parte das acusações; é completamente inegável que ela é dada a exageros em geral, e quando se trata de "inflar" aqueles a quem ela é devotada, seu entusiasmo não tem limite. Assim, ela transformou M. em um Apolo de Belvedere, e a inflamada descrição da sua beleza física fez com que ele tivesse mais de uma vez um ímpeto de raiva, quebrando seu cachimbo enquanto praguejava como um verdadeiro – cristão; e, assim, sob a eloquente fraseologia dela, eu próprio tive o prazer de ver-me metamorfoseado em um "anjo de pureza e luz" – desprovido de suas asas. Não podemos deixar de sentir raiva às vezes e, mais frequentemente, de rir dela. No entanto, o sentimento que causa toda essa ridícula efusão é

---

[10] **Isso ele realmente era, embora nunca muito "digno", porque sempre havia sido um velhaco egoísta e conspirador, recebendo dinheiro secretamente do falecido *Gaekwar*.** (Nota do Mahatma) *Gaekwar* era o título do governante do antigo estado de Baroda, no oeste da Índia colonial. (N. ed. bras.)

demasiado ardente, demasiado sincero e verdadeiro para que não seja respeitado ou mesmo para que seja tratado com indiferença. Eu não acredito que já tenha sido mais profundamente tocado por alguma coisa que vi em toda a minha vida do que fui pelo arrebatamento e êxtase da velha e pobre criatura ao encontrar recentemente a nós dois em nossos corpos naturais – um, depois de três anos, o outro, depois de quase dois anos de ausência e separação em pele e osso. Mesmo nosso fleumático M. foi arrancado do seu equilíbrio por tamanha demonstração – da qual ele era o principal herói. Ele teve que usar seu *poder*, e colocá-la em sono profundo. Caso contrário ela teria rebentado algum vaso sanguíneo, incluindo os rins, fígado e os seus "interiores" – para usar a expressão favorita do nosso amigo Oxley – com suas delirantes tentativas de achatar seu nariz de encontro ao manto de cavalgar dele, lambuzado com a lama do Sikkim! Nós dois rimos; no entanto, poderíamos não nos sentir tocados? Por certo, ela é completamente inadequada para ser um *verdadeiro adepto:* sua natureza é demasiadamente apaixonada e afetuosa, e nós não temos direito de ser indulgentes com apegos e sentimentos *pessoais*. Vocês nunca poderão conhecê-la como nós, portanto – nenhum de vocês jamais será capaz de julgá-la de modo imparcial ou correto. Vocês vêem a superfície das coisas; e o que vocês chamariam "virtude" se aplica apenas às aparências. Nós julgamos só depois de ter sondado o objeto em sua maior profundidade, e geralmente deixamos que as aparências cuidem de si mesmas. Na opinião de vocês, H.P.B. é, na melhor das hipóteses, para aqueles que gostam dela apesar dela mesma – uma mulher esquisita, estranha, um enigma psicológico; impulsiva e de coração amável, que, porém, não está livre do vício da inverdade. Nós, por outro lado, sob a aparência de excentricidade e tolice – vemos uma sabedoria mais profunda no Ser *interior* dela do que vocês jamais serão capazes de perceber. Nos detalhes superficiais da sua vida cotidiana de trabalho intenso e assuntos domésticos comuns, vocês enxergam apenas falta de espírito prático, impulsos femininos, muitas vezes absurdos e tolices; nós, ao contrário, vemos diariamente traços da natureza interior dela que são extremamente delicados e refinados, e que custariam, a um psicólogo não-iniciado, anos de observação aguda e constante, e muitas horas de análise detalhada e esforços para compreender a profundeza do mais sutil dos mistérios – a mente humana – e de uma das suas máquinas mais complicadas – a mente de H.P.B. – e assim aprender a conhecer o verdadeiro Ser *interior* dela.

Você está autorizado a dizer tudo isso a C.C.M. Tenho observado ele de perto, e tenho bastante certeza de que o que você dirá a ele causará muito mais efeito do que aquilo que uma dúzia de "K.H.s" poderiam dizer-lhe pessoalmente. "Imperator" permanece como um obstáculo entre nós dois, e receio que permanecerá assim para sempre. A lealdade dele em relação a um amigo europeu *vivo* e sua fé nas afirmativas dele nunca poderão ser abaladas por afirmações em contrário feitas por asiáticos que, para ele – se não são meras invenções, são "cúmplices" inescrupulosos. Mas, se possível, eu mostraria *para você* a grande injustiça dele, e o mal que ele causou a uma mulher inocente – no mínimo, *comparativamente* inocente. Embora possa ser uma entusiasta enlouquecida, dou-lhe minha palavra de honra como garantia de que ela nunca foi uma *impostora*; tampouco jamais disse de vontade própria uma inverdade, embora a posição dela às vezes fique insustentável, quando tem que ocultar um bom número de coisas, conforme é obrigada pelos seus votos solenes. E agora posso dar a questão por encerrada.

Vou enfocar agora mais uma vez um assunto, bom amigo, que sei que é muito repulsivo para sua mente, porque você disse e escreveu isso repetidamente. E no entanto, para tornar algumas coisas claras para você, sou compelido a falar sobre isso. Você tem levantado frequentemente a questão de "por que os Irmãos se recusam a dar atenção a teosofistas tão valiosos e sinceros como C.C.M e Hood, ou um *sujeito* tão precioso como S. Moses?" Bem, respondo agora a você muito claramente que fizemos isso – sempre, desde que os cavalheiros mencionados entraram em contato e comunicação com H.P.B. Todos eles foram colocados em experiência e testados de várias formas, e nenhum deles alcançou o nível desejado. M. deu uma atenção especial a "C.C.M." por razões que explicarei agora, e com resultados que você já conhece. Você pode dizer que esta maneira secreta de testar pessoas é *desonesta*; que nós deveríamos tê-lo alertado, etc. Bem, a única coisa que posso dizer é que isso pode parecer assim do seu ponto de vista europeu, mas que, sendo asiáticos, não podemos abandonar nossas regras. O caráter de um homem, sua verdadeira natureza interior, nunca pode vir totalmente para fora se ele acredita estar sendo observado ou se luta por um objetivo. Além disso, o coronel O. nunca manteve em segredo este nosso método, e todos os teosofistas ingleses *deveriam* saber – se não sabem – que a sua instituição estava, desde que nós a aprovamos, sob provação regular. Quanto a C.C.M., de todos os teosofistas ele foi o selecionado por M. e com um propósito definido, devido à insistência de H.P.B. e pela espe-

cial promessa dele. "Ele vai se voltar contra você um dia, *pumo!*"[11], disse M. a ela repetidamente, em resposta aos seus pedidos de que ele fosse aceito como chela regular, com Olcott. E ela exclamava, em resposta: "Isso ele nunca, *nunca* fará! C.C.M. é o melhor, o mais nobre, etc., etc., etc.! – com uma sequência de adjetivos laudatórios e de admiração. Dois anos mais tarde, ela disse o mesmo de Ross Scott. "Nunca tive dois amigos tão leais e devotados como eles!" – assegurou ela ao seu "Chefe", que apenas riu dentro de sua barba, e pediu-me que fizesse os arranjos para o casamento "teosófico". Bem, um foi testado e experimentado durante três anos, o outro por apenas três meses, com resultados que eu dificilmente necessitaria mencionar outra vez para você. Não só NENHUMA tentação foi jamais colocada diante de algum deles, mas o segundo obteve uma esposa amplamente suficiente para sua felicidade, além de conexões que se mostrarão benéficas para ele algum dia. C.C.M. teve apenas fenômenos objetivos, indubitáveis sobre os quais basear-se; R. Scott teve, além disso, uma visita em forma astral de M. No caso do primeiro, foi a vingança de três homens sem princípios; no do outro, foi a inveja de um tolo de mentalidade mesquinha que destruiu a propalada amizade, e mostrou à "V.S." qual o seu valor. Ah, pobre natureza crédula e confiante! Tire dela seus poderes clarividentes, coloque em certa direção suas intuições – como M. foi levado a fazer por uma questão de dever – e o que resta? Uma *mulher* indefesa e com o coração ferido!

Veja outro caso, o de Fern. O desenvolvimento dele, tal como ocorre diante de você, lhe possibilita um estudo útil e um vislumbre de métodos ainda mais sérios adotados em casos individuais para *testar* completamente as qualidades morais latentes no homem. Todo ser humano contém dentro de si vastas potencialidades, e é dever dos adeptos rodear o possível chela com circunstâncias que o capacitarão para tomar o "caminho da direita" – se ele tiver a capacidade dentro de si. Não temos o direito de retirar a chance de um postulante, assim como não podemos guiá-lo e dirigi-lo pelo caminho correto. Na melhor das hipóteses, podemos apenas mostrar a ele – depois que seu período de provação terminou exitosamente – que se ele fizer isso irá bem; se fizer aquilo, irá mal. Mas até que ele haja passado por esse período, nós deixamos que ele trave suas batalhas do melhor modo que puder; e temos que fazer o mesmo ocasionalmente com chelas mais adiantados e *iniciados*, como

[11] *Pumo* – possivelmente *bu-mo,* "filha" ou "mulher jovem", no idioma tibetano. (N. da 3ª edição)

H.P.B., uma vez que lhes é permitido trabalhar no mundo, o que todos nós evitamos mais ou menos. E além disso – e você faria bem em perceber o fato agora, se minhas cartas anteriores para você sobre Fern não abriram seus olhos suficientemente – nós deixamos que nossos candidatos *sejam tentados* de mil maneiras diferentes, de modo que venha para fora a totalidade da sua natureza interna, e deixamos a esta a possibilidade de vencer de uma maneira ou de outra. O que ocorreu com Fern ocorreu a todos os outros que o precederam, e ocorrerá com resultados variados a todos os que o sucederem. Todos nós somos testados dessa maneira; e enquanto um Moorad Ali[12] *fracassou,* eu tive êxito. A coroa do vencedor é apenas para aquele que comprovou ser digno de usá-la; para aquele que ataca *Mara*[13] com uma só mão e vence o demônio da luxúria e das paixões terrenas; e não *nós*, mas ele próprio a coloca sobre sua cabeça. Não é uma frase sem sentido do Tathagata a que diz; "aquele que domina o *Eu* é maior do que aquele que vence milhares em uma batalha": não há outra luta tão difícil quanto esta. Se não fosse assim, o adeptado seria apenas uma aquisição fácil. Assim, meu bom irmão, não fique surpreso e não nos acuse com tanta facilidade como você já tem feito, devido a qualquer nova evolução do nosso procedimento diante dos aspirantes passados, presentes ou futuros. Só aqueles que podem ver adiante as consequências muito remotas das coisas estão em condições de julgar sobre a conveniência das nossas próprias ações, ou das ações que nós permitimos em outros. O que pode parecer agora má fé pode, no final, comprovar que é a mais benevolente e verdadeira lealdade. Deixe que o tempo mostre quem estava certo e quem foi desleal. Alguém que é verdadeiro e recebe aprovação hoje pode, amanhã, sob uma nova concatenação de circunstâncias, revelar-se um traidor, um ingrato, um covarde, um imbecil. O junco, quando curvado até além do seu limite de flexibilidade, se quebrará em dois pedaços. Devemos culpá-lo? Não, mas porque podemos ter, e realmente temos piedade dele, não podemos selecioná-lo como parte daqueles juncos que já foram testados e

[12] Moorad Ali ou Murad Ali Beg, pseudônimo de G. Mitford, autor do texto *Elixir of Life* e de outros artigos publicados em *The Theosophist. Elixir of Life* pode ter sido inspirado por um adepto, segundo V. Hanson. Mais tarde, Moorad adotou práticas de magia com fins egoístas e morreu insano em 1884 ou 1885, conforme afirma V. Hanson em *Reader's Guide to The Mahatma Letters,* TPH, 1972. (N. ed. bras.)

[13] *Mara* – Em sânscrito, o deus da tentação, o sedutor, aquele que tratava de afastar Buda do Caminho. É um dos nomes de *Kama,* o deus do amor pessoal e da paixão. (N. ed. bras.)

considerados fortes e portanto adequados para serem aceitos como material para o templo indestrutível que estamos tão cuidadosamente construindo.

E agora – outras questões.

Nós temos uma mudança em mente, e minha expectativa é de que você me ajude. A interferência perturbadora e indiscreta do sr. H. na Sociedade Matriz, e a paixão dele por dominar tudo e todos nos fizeram chegar à conclusão de que valeria a pena tentar o seguinte. Que seja divulgado "a quem possa interessar", através do *Theosophist* e de circulares mandadas a todas as lojas, que até agora elas têm esperado demasiado frequentemente e sem necessidade pela orientação e pelo exemplo da Sociedade Matriz. Isso é completamente impraticável. Além do fato de que os Fundadores têm que se apresentar com frequência como se fossem, e tentar seriamente ser *tudo* e todas as coisas para todos – já que há tamanha variedade de credos, opiniões e expectativas por satisfazer – eles não podem de modo algum e ao mesmo tempo satisfazer a todos como gostariam. Eles tentam ser imparciais, e nunca recusam a uma tendência o que já concederam a outra. Assim, eles têm publicado repetidamente críticas sobre o Vedantismo, o Budismo e o Hinduísmo em suas várias ramificações, sobre o *Veda Bashya* de Swami Dayanand – o aliado mais firme e valioso deles naquele momento – mas, porque tais críticas foram todas dirigidas contra fés *não*-cristãs, ninguém jamais deu a menor atenção a elas. Por mais de um ano, o jornal saiu regularmente com um anúncio contrário ao anúncio de *Veda Bashya,* e foi impresso exatamente ao lado dele para satisfazer os vedantinos de Benares. E agora o sr. Hume vem com seu ataque público aos Fundadores e pretende proibir a divulgação de panfletos anticristãos. Eu quero que você, por favor, tenha presente e assinale esses fatos para o coronel Chesney, que parece imaginar que a teosofia é *hostil* apenas à cristandade, quando na verdade ela é apenas imparcial, e sejam quais forem os pontos de vista pessoais dos dois Fundadores, o jornal da Sociedade não tem nada a ver com eles, e *publicará* críticas contra o Lamaísmo com tanta boa vontade quanto críticas ao Cristianismo. De qualquer forma, embora ambos queiramos que H.P.B. sempre aceite com gratidão seu conselho sobre o assunto, fui eu quem a aconselhou a "protestar", como ela diz, contra as tentativas do sr. H. de assumir autoridade, e você está autorizado a informá-lo do fato.

Agora, em relação a consertar as coisas, o que você pensa da ideia de colocar as Lojas sobre uma base completamente diferente? Até

mesmo a Cristandade, com suas pretensões *divinas* de ser uma Fraternidade Universal, tem suas mil e uma seitas que, unidas, como todas podem estar, sob a bandeira única da Cruz, são no entanto essencialmente adversárias umas das outras, e a autoridade do Papa é reduzida a nada pelos protestantes, enquanto as resoluções dos Sínodos destes últimos são motivo de riso para os católicos romanos. Naturalmente, eu nunca aceitaria, nem mesmo no pior dos casos, um estado de coisas semelhante entre os organismos teosóficos. O que eu quero é simplesmente um texto sobre a possibilidade de remodelar a atual formação de Lojas e os seus privilégios. Que todas elas recebam suas Cartas Constitutivas e sejam credenciadas como até agora pela Sociedade Matriz, e que dependam nominalmente dela. Ao mesmo tempo, que cada Loja, antes de receber sua Carta, escolha algum objetivo pelo qual trabalhar, um objetivo, naturalmente, que esteja em sintonia com o princípio geral da S.T. – e no entanto um objetivo próprio, nítido e definido, seja na linha religiosa, educacional ou filosófica. Isso deixaria à Sociedade uma margem mais ampla para suas operações gerais; seria feito um trabalho mais real, mais útil; e, como cada Loja seria, digamos assim, independente no seu *modus operandi,* haveria menos espaço para reclamações e por consequência – para interferência. De qualquer modo, esse vago esboço encontrará, espero, um solo excelente para germinar e florescer em sua mente voltada para a ação prática; e se você pudesse escrever enquanto isso um texto baseado nas explicações acima sobre a verdadeira posição do *Theosophist*, dando todas as razões conforme mencionadas acima e muitas outras para o número de dezembro, se não para o número de novembro, você obteria, realmente, a gratidão minha e de M. É impossível, e perigoso, confiar um assunto como esse, que requer um manejo extremamente delicado, a qualquer um dos nossos Editores. H.P.B. jamais deixaria de quebrar as cabeças dos *padres* em uma oportunidade tão boa, nem H.S.O. de fazer um ou dois cumprimentos adicionais aos Fundadores, o que seria inútil, porque tento mostrar as duas entidades, do Editor e do Fundador, como completamente distintas e separadas uma da outra, embora estejam combinadas em uma só pessoa. Não sou um homem de assuntos práticos e, portanto, sinto-me completamente incapacitado para a tarefa. Você me ajudará, amigo?[14] Seria melhor, é claro, se o "texto experimental" aparecesse em *novembro,* como se fosse uma resposta à carta muito descortês do sr. Hume

---

[14] Sinnett de fato escreveu o texto, que foi publicado na primeira página do "Suplemento" do *Theosophist* de novembro de 1882. (N. ed. bras.)

que, naturalmente, não permitirei que seja publicada. Mas você pode tomá-la como base para sua resposta editorial. Voltando à reforma das Lojas, essa questão terá, é claro, de ser seriamente considerada e avaliada antes de uma decisão final. Não deve haver mais decepção em membros depois de eles ingressarem. Cada Loja tem que escolher sua missão bem definida, pela qual trabalhará, e deve haver o maior cuidado possível na escolha dos presidentes. Se a "Eclética" tivesse sido colocada desde o início sobre esta base de nítida independência, teria tido melhor sorte. Deve haver sempre solidariedade de pensamento e de ação, dentro do amplo limite dos princípios centrais e gerais da Sociedade, entre o organismo matriz e as lojas; no entanto, cada uma das lojas deve poder ter sua própria ação independente em tudo que não entrar em choque com aqueles princípios. Assim, uma loja composta de cristãos *moderados* que simpatizem com os *objetivos* da Sociedade poderia permanecer neutra na questão de qualquer outra religião, e completamente indiferente e despreocupada em relação às crenças pessoais dos "Fundadores", e o *Theosophist* abriria espaço, com igual boa vontade, para hinos ao Cordeiro e para *shlokas*[15] sobre o caráter sagrado da vaca. Se você pudesse trabalhar melhor essa ideia, eu a apresentaria ao nosso venerável Chohan, que agora gentilmente sorri com o canto de um olho, ao invés de franzi-lo como de costume – desde que ele viu você tornar-se presidente. Se no ano passado eu não tivesse, em consequência da truculência do ex-presidente, recebido ordens de afastar-me antes do previsto inicialmente, eu teria proposto isso. Tenho uma carta de arrogante censura, datada de 8 de outubro, do "Eu sou". Nela, ele manda buscá-lo dia 5, e explica sua "falta de disposição para continuar no cargo" e seu "grande desejo" de que você assumisse seu posto. Ele condena "completamente o sistema e o procedimento" da nossa ordem. Eles lhe parecem "completamente errados". E acrescenta que: "Naturalmente pedirei que você faça com que a V.S. desista de propor-me para o conselho da Sociedade". Não há perigo, nenhum perigo disso; ele pode dormir serenamente e sem perturbações, vendo-se em sonhos como o Dalai Lama dos teosofistas. Mas devo apressar-me para registrar meu indignado e enfático protesto contra a definição que ele faz do nosso sistema "defeituoso". Porque ele só consegue pegar umas poucas fagulhas dos princípios da nossa Ordem, e não poderia ter autorização para examinar e *remodelar* o conjunto dela, todos nós necessitamos ser conforme

[15] *Shloka* ou *Sloka* – em sânscrito, um conjunto de versos sagrados. O sentido de grafar com "Sh" é indicar a pronúncia correta. (N. ed. bras.)

ele nos descreve! Se pudéssemos sustentar as doutrinas que ele gostaria de atribuir-nos; se nos assemelhássemos em algo à imagem que ele faz de nós; se pudéssemos ficar mesmo que só por uma hora em silêncio sob a carga de acusações como as que ele lançou sobre nós na sua carta de *setembro*; realmente mereceríamos perder todo crédito junto aos teosofistas! Deveríamos ser rejeitados e expulsos da Sociedade e dos pensamentos das pessoas como charlatões e impostores – lobos em pele de cordeiro, que vêm roubar os corações humanos com promessas místicas, alimentando o tempo todo as mais despóticas intenções, buscando *escravizar* nossos chelas confiantes e afastar as massas da verdade e da "revelação divina da voz da natureza" para um "ateísmo lúgubre" e vazio; – isto é, uma completa descrença no "amável e piedoso Pai e Criador de tudo" (da maldade e da miséria, devemos supor?), que está ocioso desde a eternidade, reclinado com seu dorso sobre uma cama de meteoros incandescentes, e palitando seus dentes com a extremidade de um raio ...

De fato, de fato, já temos o suficiente desta música incessante na harpa judaica da revelação cristã!

M. pensa que o *Suplemento* deveria ser aumentado se necessário, abrindo espaço para a expressão dos pensamentos de todas as lojas, por mais diametralmente opostos que eles possam ser. Deve-se fazer com que o *Theosophist* assuma uma cor nítida e se torne um espécime único em si mesmo. Estamos dispostos a fornecer as somas extras necessárias para isso. Eu *sei* que você captará minha ideia embora possa estar expressa de modo vago. Deixo nosso plano inteiramente em suas mãos. *Um êxito nisso irá compensar os efeitos da crise cíclica.* Você pergunta o que pode fazer? Nada melhor nem mais eficiente que o plano proposto.

Não posso encerrar sem contar-lhe um incidente que, embora ridículo, levou a algo que me faz agradecer às minhas estrelas, e que também agradará a você. Sua carta, tendo anexa aquela de C.C.M., foi recebida por mim na manhã seguinte à data em que você a havia entregue ao "baixinho". Naquele momento eu estava nas cercanias de Phari-Jong, no gom-pa[16] de um amigo, e estava muito ocupado com questões importantes. Quando soube da sua chegada, estava exatamente cruzando o grande pátio interno do monastério. Esperando escutar a voz do Lama Töndhub Gyatcho, eu não tinha tempo para ler o conteúdo. Assim, depois de abrir mecanicamente o grosso pacote, apenas olhei para ele, e o coloquei, segundo pensava, na bolsa de viagem que uso atravessada no ombro. Na realidade, no entanto, ele havia caído no chão; e como

[16] *Gom-pa* – no idioma tibetano, templo, mosteiro. (N. ed. bras.)

eu havia rompido o envelope e tirado dele seu conteúdo, o material espalhou-se ao cair. Não havia ninguém perto de mim naquele momento, e como minha atenção estava inteiramente absorvida pela conversa, eu já havia alcançado a escada que leva à porta da biblioteca quando ouvi a voz de um jovem *gelong* gritando de uma janela, e repreendendo alguém à distância. Voltando-me, compreendi a situação em um relance; de outro modo jamais teria lido sua carta, porque vi um velho e venerável bode no ato de transformá-la na sua refeição matinal. A criatura já havia devorado parte da carta de C.C.M., e estava preparando-se pensativamente para dar a primeira mordida na sua, mais delicada e fácil de mastigar com seus dentes velhos que o envelope e papel duros da epístola do seu correspondente. Para que eu resgatasse o que sobrava do material foi necessário apenas um curto instante, apesar do desgosto e da oposição do animal – mas restava muito pouca coisa! O envelope com o seu timbre havia quase desaparecido, o conteúdo das cartas já era ilegível – em resumo, eu estava perplexo com a visão do desastre. Agora você sabe *por que* eu me senti embaraçado: eu *não tinha direito de restaurar o material*, as cartas vindas da "Eclética" e conectadas diretamente com os infelizes "Pelings", por todos os lados. O que eu podia fazer para restaurar as partes que faltavam? Já havia decidido pedir humildemente autorização do Chohan para que pudesse ter um privilégio excepcional naquela dificuldade extrema, quando vi seu rosto sagrado diante de mim, com seus olhos cintilando de um modo fora do comum, e escutei sua voz: "Por que quebrar a regra? Eu mesmo farei isso". Essas simples palavras, *kam mi ts'har* – "eu farei isso", contêm um mundo de esperança para mim. Ele restaurou as partes que faltavam e também o fez com muita habilidade, como você vê, transformando um envelope amassado e rasgado, muito danificado, em um novo – com timbre e tudo. Agora você sabe que grande poder teve que ser usado para essa restauração, e isso me leva a ter esperança de uma diminuição da severidade um dia destes. Portanto agradeci de coração ao bode, e já que ele não pertence à raça Peling, colocada no ostracismo, para demonstrar minha gratidão fortaleci o que ainda restava de dentes em sua boca, e coloquei os restos dilapidados em suas cavidades, de modo que ele possa mastigar comida mais dura que cartas inglesas ainda por vários anos.

E agora algumas palavras sobre o chela. Naturalmente você suspeitou que, já que o Mestre estava proibido de fazer a menor exibição de *tamasha,* o discípulo também estaria. Por que iria você esperar, então, ou "sentir-se um pouco desapontado" com a recusa dele de enviar-me suas cartas *via* Espaço – em sua presença? O baixinho é um sujeito que promete, muito mais velho do que parece, mas jovem em matéria de

sabedoria e de costumes europeus, e portanto capaz de cometer várias indiscrições, as quais, como disse a você, me fizeram corar e sentir-me um idiota em nome dos dois selvagens. A ideia de pedir dinheiro a você foi extremamente absurda! Qualquer outro inglês, exceto você, os teria considerado, depois daquilo, dois charlatões viajantes. Espero que a esta altura você já tenha recebido de volta o empréstimo, que devolvi com profundo agradecimento.

Nath está certo com relação à pronúncia fonética (vulgar) da palavra "Kiu-te"; as pessoas costumam pronunciá-la *kiu-to*, mas isso *não* é correto; e ele está errado quanto aos Espíritos Planetários. Ele não conhece a palavra, e pensou que você queria dizer os "devas" – os servidores dos Dhyan-Chohans. São esses últimos os "Planetários", e naturalmente é *ilógico* dizer que os Adeptos são maiores que eles, já que todos nos esforçamos para tornar-nos Dhyan Chohans *no final.* Ainda assim, tem havido Adeptos "maiores" que os graus *inferiores* dos Planetários. Portanto, os pontos de vista de vocês *não* estão contra nossas doutrinas, como ele disse, mas estariam, caso você tivesse mencionado "devas" ou *anjos,* "pequenos deuses". O ocultismo certamente não é necessário para que um bom e puro Ego se torne um "Anjo" ou Espírito dentro ou fora do *Devachan,* já que a qualidade de anjo é o resultado do Carma. Acredito que você não reclamará alegando que minha carta é demasiado curta. Em breve ela será seguida de outra correspondência volumosa, "Respostas para as suas muitas perguntas". H.P.B. está *consertada*, se não completamente, pelo menos por algum tempo.

Com verdadeiro afeto,
atenciosamente,

K.H.

Carta nº 93A[1] (ML-23A) Recebida em outubro de 1882

Temos que considerar as próximas duas cartas em conjunto. O Mahatma K.H. mencionou nas duas cartas anteriores que estaria respondendo às perguntas de Sinnett em seguida, em outra carta. As perguntas e respostas são os textos que seguem.

Recebida em Simla, out. 1882.

[1] Os comentários de K.H. estão em negrito. (N. da 3ª edição)

Anexas – pedindo desculpas pelo seu número – mando algumas perguntas. Talvez você tenha a amabilidade de, conforme o lazer e o tempo permitirem, tomá-las de tempos em tempos, uma por uma ou duas a duas, e respondê-las.

Memorandum – Quando for oportuno, mande a A. P. S. aquelas notas inéditas de Eliphas Levi, com anotações de K.H.

Mandadas há muito tempo para nosso amigo de "Jako".[2]

(1) Há uma alusão muito interessante em sua última carta; ao falar de Hume, você menciona certas características que ele trouxe consigo *de sua última encarnação.*

(2) Você tem o poder de examinar as vidas anteriores das pessoas vivas atualmente, e de identificá-las?

(3) Nesse caso seria uma curiosidade pessoal inadequada perguntar por alguns detalhes da minha própria?

I

(1) Todos nós trazemos certas características de nossas encarnações anteriores. Isso é *inevitável.*

(2) Infelizmente, alguns de nós têm. Da minha parte, não gosto de exercê-lo.

(3) "Homem, conhece a ti mesmo", dizia o oráculo de Delfos. Não há nada "inadequado", certamente, em tal curiosidade. Mas não seria ainda mais adequado estudar sua própria personalidade atual antes de tentar saber alguma coisa do seu *criador,* predecessor e formador – o homem *que foi?* Bem, algum dia posso dar-lhe uma pequena história – não há tempo agora – apenas não prometo detalhes; um simples esboço, e uma sugestão ou duas para testar seus poderes intuitivos.

II[3]

(1) Há alguma maneira de explicar o que parece ser uma curiosa aceleração do progresso humano nos últimos dois mil anos, em relação às condições relativamente estagnadas das pessoas da quarta ronda, até o começo do progresso moderno?

---

[2] Hume. (Ed. C.)

[3] As respostas de K.H. a essas perguntas estão na Carta 93B (ML-23B). (N. da 1ª ed.)

(2) Ou será que houve em qualquer período anterior, durante a vida dos homens da quarta ronda na terra, civilizações tão grandes como a nossa em relação ao desenvolvimento intelectual e que desapareceram completamente?

(3) Mesmo a quinta raça (a nossa própria) da quarta ronda começou na Ásia há um milhão de anos. O que aconteceu com ela durante os 998.000 anos que precederam os últimos 2.000? Durante aquele período, surgiram e decaíram civilizações maiores que a nossa?

(4) A que época pertence a existência do Continente de Atlântida, e será que a mudança cataclísmica que produziu sua extinção veio em algum ponto designado na evolução da ronda – correspondendo ao lugar ocupado por obscurecimentos em toda a evolução manvantárica?

(5) Vejo que a pergunta mais comum feita sobre a filosofia oculta por pessoas bastante inteligentes que começam a pesquisar sobre ela é: "ela dá alguma explicação sobre a origem do mal?" Esse é um ponto que você antes prometeu abordar; e que poderia valer a pena abordar em breve.

(6) Estreitamente relacionada com essa questão há outra que é levantada frequentemente. "Qual é a vantagem de todo o progresso cíclico, se o espírito só emerge no final de todas as coisas puro e impessoal como era inicialmente, antes da sua descida à matéria?" **(E as porções retiradas do quinto?)** Minha resposta é que atualmente não me dedico a explicar, e sim a investigar as operações da Natureza. Mas talvez possa haver uma resposta melhor.

(7) Você pode, isto é, é permitido responder perguntas relativas às questões da ciência física? Nesse caso, aqui estão alguns pontos que eu gostaria muito de ver abordados.

(8) As condições magnéticas têm alguma coisa a ver com a precipitação de chuva, ou ela se deve inteiramente às correntes atmosféricas de diferentes temperaturas, que se encontram com outras correntes de diferentes umidades, e todo o conjunto de movimentações é estabelecido por pressões, expansões, etc., devido em primeiro lugar à energia solar? Se as condições magnéticas estão envolvidas, como elas operam e como poderiam ser testadas?

(9) O halo do Sol é uma atmosfera? Tem ele qualquer gás conhecido? E por que ele assume a forma de raios, sempre observada em eclipses?

(10) É o valor fotométrico da luz emitida pelas estrelas um indicador seguro da magnitude delas?[4] E será verdade, como a astronomia supõe, à

[4] Considerado, é claro, em relação à sua distância, calculada pelo paralaxe. (Nota de A.P.S., na carta para o Mahatma)

falta de algo melhor no campo teórico, que a superfície do sol emite tanta luz por quilômetro quadrado quanto pode ser emitida por qualquer corpo?

(11) Será Júpiter um corpo quente e ainda parcialmente luminoso, e a que causa devem ser atribuídas as violentas alterações da atmosfera de Júpiter, já que a energia solar provavelmente nada tem a ver com a questão?

(12) Há alguma verdade na nova teoria de Siemens da combustão solar, isto é, de que o sol, em sua passagem pelo espaço, reúne nos pólos gás combustível (que está difundido por todo espaço em condições altamente rarefeitas) e o expele novamente no equador depois que o intenso calor daquela região dispersou outra vez os elementos que a combustão havia unido temporariamente?

(13) Poderia ser dada alguma indicação das causas das variações magnéticas – as mudanças diárias em dados lugares, e a aparentemente caprichosa curvatura das linhas isogônicas que mostram declinações iguais? Por exemplo – por que há uma região na Ásia oriental onde a agulha não mostra variação do verdadeiro norte, embora as variações sejam registradas em todos os pontos ao redor daquele lugar? (Os seus Senhores têm alguma coisa a ver com essa situação peculiar de coisas?)

(14) Poderiam quaisquer outros planetas além dos que são conhecidos pela astronomia moderna (não penso, aqui, em meros planetoides) ser descobertos por instrumentos físicos, caso estes sejam adequadamente dirigidos?

(15) Quando você escreveu: "Você experimentou monotonia durante aquele momento que você considerava na época e considera hoje como o de maior bem-aventurança que já existiu?"

Você se referia a algum momento ou acontecimento específico em minha vida, ou estava apenas se referindo a uma quantidade X – o momento mais feliz, seja ele qual for?

(16) Você diz: – "Lembre-se de que nós criamos para nós próprios, nosso Devachan e nosso Avitchi, e principalmente durante os últimos dias e mesmo os últimos momentos das nossas vidas sensíveis."

(17) Mas será que os pensamentos em que a mente pode estar envolvida no último momento dependem *necessariamente* do caráter predominante da vida passada? Caso contrário pareceria que o caráter do Devachan ou Avitchi da pessoa poderia ser determinado caprichosa e injustamente pelo acaso que trouxe para uma posição dominante, no final, algum pensamento específico?

(18) "A completa lembrança de nossas vidas só virá no final do ciclo menor".

"Ciclo menor" significa aqui uma ronda, ou todo o manvantara da nossa cadeia planetária?

Isto é, nós lembramos nossas vidas passadas no Devachan do mundo Z, no final de cada ronda, ou só no final da sétima ronda?

(19) Você diz: "E mesmo as cascas daqueles homens bons cujas páginas não estarão faltando no grande livro das vidas – mesmo elas recuperarão suas lembranças e uma aparente autoconsciência só depois que o sexto e o sétimo princípios, com a essência do quinto, tiverem ido para o seu período de gestação".

(20) Um pouco mais adiante: "Quer o Ego pessoal tenha sido bom, mau ou indiferente, sua consciência o deixa tão subitamente quanto a chama deixa a mecha – suas faculdades perceptivas são extintas para sempre". **(Bem, poderá um cérebro físico, *uma vez morto,* reter suas faculdades perceptivas? Aquilo que perceberá, na *casca*, é algo que percebe com uma luz emprestada ou refletida. Veja as notas.)**

Então qual é a natureza da lembrança e da autoconsciência da casca? Isso toca uma questão sobre a qual tenho pensado com frequência – desejando mais explicações – a extensão da identidade pessoal nos elementários.

(21) O Ego espiritual vai fazendo círculos através dos mundos, retendo o que possui de identidade e de autoconsciência, sempre, nem mais nem menos. (*a*) Mas ele está continuamente produzindo personalidades, nas quais para todos os efeitos o sentido de identidade, enquanto ele permanece unido a elas, é bastante completo. (*b*) Bem, entendo que essas personalidades são em cada caso evoluções absolutamente novas. A. P. Sinnett é, para todos os efeitos, uma invenção absolutamente nova. Porém, ele vai deixar para trás uma casca que sobreviverá durante algum tempo. (*c*) Supondo que a mônada espiritual temporariamente envolvida nesta encarnação encontrará no quinto princípio aqui suficiente material adequado para utilizar. (*d*) Essa casca não terá consciência imediatamente após a morte, porque "ela necessita um certo tempo para estabelecer seu novo centro de gravidade e produzir sua própria percepção." (*e*) Mas quanta consciência ela terá quando tiver feito isso? (*f*) Ela ainda será o A. P. Sinnett no qual o Ego espiritual pensará, mesmo no final, como se fosse uma pessoa que tivesse conhecido – ou ela terá consciência de que a individualidade se afastou? Ela será capaz de raciocinar sobre si mesma, de algum modo, e de lembrar algo dos que foram um dia seus mais altos interesses? Lembrará do nome que tinha? (*g*) Ou ela fica inflada com recordações deste tipo apenas em presença de um médium, permanecendo adormecida nos outros momentos? (*h*) E será ela consciente de perder qualquer coisa que sente como vida, à medida que gradualmente se desintegra?

(22) Qual é a natureza da vida que continua no "Planeta da Morte"? É uma reencarnação física com lembrança da personalidade passada, ou uma

existência astral como em Kama Loka? É uma existência com nascimento, maturidade e decadência, ou uma prolongação uniforme da velha personalidade dessa terra sob condições penalizadoras?

(23) Que outros planetas, daqueles conhecidos pela ciência comum, além de Mercúrio, pertencem ao nosso sistema de mundos?

Os planetas mais espirituais – (A, B & Y, Z) – são corpos visíveis no céu ou todos aqueles conhecidos pela astronomia são do tipo mais material?

(24) Será o Sol (a) como Allan Kardec diz: uma morada de seres altamente espiritualizados? (b) Ele é o vértice da nossa cadeia manvantárica? E também de todas as outras cadeias nesse sistema solar?

(25) Você diz: – Pode acontecer "que o espólio espiritual do quinto princípio resulte ser fraco demais para renascer no Devachan, em cujo caso o seu sexto, ali e naquele momento, se revestirá então de um novo corpo – e ingressará em uma nova existência terrena, seja neste ou em qualquer outro planeta".

(26) Isso parece necessitar mais elucidação. São, esses, casos excepcionais nos quais duas vidas terrenas da mesma mônada espiritual podem ocorrer num período inferior aos mil anos indicados em certas cartas anteriores como o limite quase inevitável dessas vidas sucessivas?

(27) A referência ao caso de Guiteau causa perplexidade. Posso entender que ele está em um estado no qual o crime que cometeu fica sempre presente em sua imaginação, mas como ele "lança em confusão e desorienta os destinos de milhões de pessoas"?

(28) Obscurecimentos são um assunto atualmente mergulhado na escuridão.

Eles ocorrem depois que o último homem de qualquer ronda determinada passou para o planeta seguinte. Mas eu quero saber como surgirão as formas da próxima ronda superior. Quando as mônadas espirituais da quinta ronda chegarem, que habitações carnais estarão prontas para elas? Voltando à única carta anterior em que você abordou os obscurecimentos, eu percebo: (a) "Nós seguimos a trajetória do homem desde uma ronda até o estado nirvânico entre Z e A. 'A' havia sido deixado morto na última ronda. (Veja nota.) Quando a nova ronda começa, ela captura o novo influxo de vida, acorda novamente à vitalidade, e gera todos os seus reinos de uma ordem superior, até o último."

(29) Mas tudo tem que começar novamente do início, com cada ronda produzindo formas humanas das formas animais, formas animais das formas vegetais, etc. Neste caso, a que ronda pertencem os primeiros homens, imperfeitamente evoluídos? Hipoteticamente, à quinta, mas a quinta deveria ser uma raça mais perfeita em todos os aspectos.

Carta 93B[1] (ML-23B) Recebida em outubro de 1882

II[2]

[(1) Há alguma maneira de explicar o que parece ser uma curiosa aceleração do progresso humano nos últimos dois mil anos, em relação às condições relativamente estagnadas das pessoas da quarta ronda, até o começo do progresso moderno?]

(1) É a parte final de um ciclo muito importante. Cada Ronda, cada anel, como cada raça, tem seus ciclos maiores e menores, em cada planeta por que a humanidade passa.

Nossa humanidade da Quarta Ronda tem o seu grande ciclo, e suas raças e sub-raças têm os seus. A "curiosa aceleração" se deve ao efeito duplo do grande ciclo – no começo da sua trajetória descendente; – e do pequeno (o ciclo menor da sua "sub-raça") avançando para o seu ápice. Lembre-se, vocês pertencem à quinta Raça, no entanto vocês são apenas uma sub-raça *ocidental*. Apesar dos seus esforços, o que vocês chamam de civilização está confinado apenas a essa última e a suas derivações na América. Irradiando-se ao redor, sua luz ilusória pode parecer que lança seus raios por uma distância maior do que ocorre em realidade. Não há "aceleração" na China, e do Japão vocês fazem apenas uma caricatura.

Um estudante de ocultismo não deveria falar das "condições estagnadas dos povos da quarta Raça", já que a *História* sabe pouco mais do que nada de tais condições em outras nações além das ocidentais, "até o começo do progresso moderno". O que você sabe da América, por exemplo, antes da invasão daquele território pelos espanhóis? Menos de dois séculos antes da chegada de Cortés houve uma grande "aceleração" em direção ao progresso entre as sub-raças do Peru e do México, assim como há hoje na Europa e nos E.U.A. A sub-raça deles terminou em quase total aniquilação devido a causas geradas por ela própria; o mesmo ocorrerá com a sua no final do seu ciclo. Podemos falar apenas das "condições estagnadas" nas quais, obedecendo à lei do desenvolvimento, crescimento, maturidade e declínio, todas as raças e sub-raças caem durante os seus períodos de transição. É essa última condição que

---

[1] Respostas de K.H. às perguntas da carta 93A (ML-23A). (N. da 1ª edição)

[2] Para facilitar a leitura fluente, reproduzimos, sem negrito e entre colchetes, cada pergunta de Sinnett imediatamente antes da resposta do Mahatma. (N. ed. bras.)

a sua História *Universal* conhece, ao mesmo tempo que permanece esplendidamente ignorante das condições em que até mesmo a Índia estava há cerca de dez séculos atrás. As suas sub-raças estão agora avançando em direção ao ápice dos seus respectivos ciclos, e a História não retrocede além dos períodos de declínio das poucas outras sub-raças, a maior parte das quais pertence à quarta Raça anterior. E qual é a área e o período de tempo abrangido por essa visão *Universal?* No máximo ela alcança algumas poucas e miseráveis dúzias de séculos. Um poderoso horizonte, de fato! Além dele – tudo é escuridão, nada exceto hipóteses...

[**(2)** Ou será que houve em qualquer período anterior, durante a vida dos homens da quarta ronda na terra, civilizações tão grandes como a nossa em relação ao desenvolvimento intelectual e que desapareceram completamente?]

(2) Houve, sem dúvida. Os registros egípcios, arianos e, especialmente, nossas tábuas astrológicas, dão-nos provas totais disso, além do nosso conhecimento *interior.* A civilização é uma herança, um patrimônio que passa de raça para raça ao longo dos caminhos dos ciclos ascendentes e descendentes. Durante a infância de uma sub-raça, ela é preservada pela sua predecessora, que desaparece e morre geralmente quando ela "chega à idade adulta". No início, a maior parte delas desperdiça e administra mal sua propriedade, ou a deixa intocada nos cofres dos seus ancestrais. Rejeitam desdenhosamente o conselho dos mais velhos e preferem, como crianças, brincar nas ruas a estudar e fazer o melhor uso possível da riqueza intocada guardada para elas nos registros do Passado. Assim, durante o período de transição de vocês – a idade média – a Europa rejeitou o testemunho da antiguidade, chamando sábios como Heródoto – e outros gregos cultos – de Pai das Mentiras, até saber mais e mudar o nome para "Pai da História". Em vez de negligenciar, vocês agora acumulam e acrescentam a sua riqueza. Como todas as outras raças vocês tiveram seus altos e baixos, seus períodos de honra e desonra, sua escura meia-noite e – estão aproximando-se agora do seu brilhante meio-dia. Sendo os mais jovens da família da quinta raça, durante longas eras vocês não tiveram amor ou cuidados, foram a Cinderela em seu lar. E agora, quando tantas das suas irmãs morreram e outras ainda estão morrendo, enquanto as poucas velhas sobreviventes, já em sua segunda infância, esperam apenas pelo seu Messias – a sexta raça – para que as faça ressurgir para uma nova vida e começar de novo, com a sua vinda, mais fortes ao longo do caminho de um novo ciclo – agora que a Cinderela Ocidental subitamente se tornou uma rica e orgulhosa Princesa, a *beleza* que todos nós vemos e admiramos – como

ela se comporta? Com o coração menos amável que a Princesa da história, ao invés de oferecer à sua irmã mais antiga e menos favorecida, a mais velha agora, na realidade, já que ela tem quase "um milhão de anos de idade" e é a *única* que nunca a maltratou, embora possa havê-la ignorado – em vez de oferecer-lhe, digamos, "o beijo da paz", ela lhe aplica a "lei do talião" com uma vingança que não contribui para sua natural beleza. Isso, meu bom amigo, não é uma alegoria forçada, mas – *história.*

[(3) Mesmo a quinta raça (a nossa própria) da quarta ronda começou na Ásia há um milhão de anos. O que aconteceu com ela durante os 998.000 que precederam os últimos 2.000? Durante aquele período, surgiram e decaíram civilizações maiores que a nossa?]

(3) Sim; a quinta raça – a nossa – começou na Ásia um milhão de anos atrás. O que aconteceu com ela durante os 998.000 anos antes dos últimos 2.000? Uma questão pertinente; levantada, além disso, em um espírito completamente cristão, que se recusa a acreditar que qualquer coisa boa possa jamais ter acontecido *antes* e *fora* de Nazaré. O que aconteceu? Bem, ela estava cuidando dos seus assuntos bastante bem, do mesmo modo como faz agora – e peço o perdão do sr. Grant Allen, que colocaria nosso ancestral primitivo, o homem "ouriço", na parte inicial da era eocênica![3] Deveras, vejo que os escritores científicos de vocês cavalgam sobre suas hipóteses de modo extremamente destemido. Será realmente uma pena ver seus flamejantes cavalos de batalha coiceando e quebrando suas cabeças algum dia; algo que está inevitavelmente à espera deles. Na era eocênica, mesmo no seu "primeiro início", o grande ciclo dos homens da quarta Raça, os atlantes, já havia atingido o seu ponto mais alto, e o grande continente, pai de quase todos os continentes atuais, mostrava os primeiros sintomas de afundamento, um processo que durou até 11.446 anos atrás, quando sua última ilha, que, traduzindo seu nome vernacular, podemos chamar corretamente de Poseidonis, afundou com um estrondo. A propósito, *seja quem for* que escreveu o comentário sobre *Atlantis*, de Donnelly, está certo: Lemúria não pode ser confundida com o continente Atlântico assim como a Europa não pode ser confundida com a América. Ambas afundaram e se afogaram com suas elevadas civilizações e seus "deuses", no entanto, entre as duas catástrofes houve um curto período de cerca de 700.000 anos; "Lemúria" floresceu e terminou sua trajetória exatamente naque-

---

[3] *Eoceno* – época em que se acelera o desenvolvimento dos mamíferos. (N. ed. bras.)

le pequeno período anterior à primeira parte da era eocênica[4], já que sua raça era a *terceira.* Veja os restos daquela nação que foi grande um dia em alguns dos aborígines de cabeça chata da sua Austrália! O comentário não está menos correto ao rejeitar a amável tentativa do autor de povoar a Índia e o Egito com o refugo de Atlântida. Sem dúvida os seus geólogos são muito eruditos; mas por que não levar em conta que, sob os continentes sondados e explorados por eles, em cujas entranhas eles encontram a "era eocênica" e a forçaram a entregar seus segredos, pode haver, escondidos na profundeza dos insondáveis, ou melhor, dos *insondados* solos oceânicos, outros continentes muito mais velhos cujos extratos nunca foram explorados geologicamente; e que eles podem algum dia derrubar completamente suas teorias atuais, ilustrando assim o caráter simples e sublime da verdade, conectada com a "generalização" indutiva, em contraste com as conjecturas visionárias deles? Por que não admitir – a verdade é que nenhum deles jamais pensou nisso – que os nossos continentes atuais, como "Lemúria" e "Atlântida", *já foram várias vezes* submersos e tiveram tempo de reaparecer de novo, produzindo seus novos grupos humanos e civilizações; e que, na primeira grande transformação geológica, no próximo cataclismo – na série de cataclismos periódicos que ocorre desde o começo até o final de cada Ronda – os nossos continentes que já passaram por uma *autópsia* afundarão, e as Lemúrias e Atlântidas se reerguerão? Pense nos geólogos futuros da sexta e da sétima raças. Imagine-os cavando profundamente nas entranhas do que foi o Ceilão e Simla, e encontrando instrumentos dos *veddhas*[5]; ou do remoto ancestral dos Pahari[6] civilizados – cada objeto dos setores civilizados da humanidade que habitaram essas regiões tendo sido pulverizado, transformado em pó, pelas grandes massas de geleiras em deslocamento durante o próximo período glacial – imagine-os encontrando apenas implementos grosseiros como os que são encontrados agora entre aquelas tribos selvagens; e declarando em seguida que durante aquele período o homem *primitivo* subia nas árvores e dormia nelas, e sugava o tutano dos ossos dos animais depois de quebrá-

---

[4] As grandes eras geológicas começam com a arqueozoica, 5 bilhões de anos atrás. O eoceno faz parte do período terciário e corresponde, segundo a ciência atual, a cerca de 60 a 40 milhões de anos atrás. Caracteriza-se pela presença dos mamíferos modernos. Antes do eoceno há o paleoceno, com o surgimento dos pássaros e dos primeiros mamíferos (70 a 60 milhões de anos atrás). (N. ed. bras.)

[5] *Veddhas* – aborígines do antigo Ceilão, atual Sri Lanka. (N. ed. bras.)

[6] *Pahari* – povos montanheses que habitam a área sudoeste do rio Ganges, na Índia. (N. ed. bras.)

los – como europeus civilizados, tanto quanto os *veddhas* o fazem frequentemente – e saltando consequentemente para a conclusão de que, no ano 1882 d.C., a humanidade era composta de "animais semelhantes ao homem", de face escura, com barba, "com mandíbulas proeminentes e grandes dentes caninos pontiagudos". Verdadeiramente, um Grant Allen da sexta raça pode não estar muito afastado da verdade em sua conjectura de que durante o "período de Simla" esses dentes *eram* usados nos combates dos "machos" por mulheres casadas cujos maridos estavam ausentes, mas a metáfora tem muito pouco a ver com antropologia e geologia. Essa é a ciência *de vocês.* Volto às suas perguntas.

Naturalmente a 4ª raça teve seus períodos de mais alta civilização. As civilizações grega, romana e mesmo egípcia não são nada, comparadas às civilizações que começaram com a 3ª raça. Os homens da segunda *não* foram selvagens, mas não poderiam ser chamados civilizados. E agora, lendo uma das minhas primeiras cartas sobre as raças (uma questão abordada pela primeira vez por M.), por favor, não acuse nem a ele nem a mim de cometer algumas novas contradições. Leia-a novamente e veja que ela deixa de lado completamente a questão das civilizações e menciona apenas os remanescentes decadentes da quarta e da terceira raça, e dá a você como corroboração as últimas conclusões da sua própria ciência. Não encare a condição inevitável de algo *incompleto* como incoerência. Você agora me faz uma pergunta direta, e eu a respondo. Gregos e romanos foram pequenas *sub-raças,* e os egípcios foram parte integrante da nossa própria estirpe "caucasiana". Olhe para esses últimos e para a Índia. Havendo alcançado a mais alta civilização e, ainda, o mais alto *conhecimento* – ambos caíram. O Egito, como uma sub-raça definida, desapareceu inteiramente (os coptas são remanescentes híbridos). A Índia, como um dos primeiros e mais poderosos ramos da Raça mãe, e composta de um certo número de sub-raças, dura até os tempos atuais, e luta por tomar uma vez mais seu lugar na história algum dia. Essa História alcança apenas uns poucos e isolados vislumbres do Egito de cerca de 12.000 anos atrás, quando, havendo já atingido o ápice do seu ciclo milhares de anos antes, o país começou a decair. O que a História sabe, ou *pode* saber da Índia de 5.000 anos atrás, ou dos caldeus – que ela confunde de modo fascinante com os assírios, transformando-os um dia em "acadianos", outro dia em turanianos e sabe-se lá o que mais? Digo, então, que a História *de vocês* está inteiramente desorientada.

O *Journal of Science* nega a nós – com palavras repetidas por M.A. (Oxon), com um arrebatamento digno de um grande médium – a

possibilidade de qualquer reivindicação de um "conhecimento mais elevado". Diz o comentarista: "Suponha que os Irmãos dissessem: 'aponte seu telescópio para tal e tal ponto no céu, e encontrará um planeta ainda desconhecido para você; ou cave na terra, ... etc. e você encontrará um mineral', etc." Deveras excelente, de fato, mas supondo que isso fosse feito, qual seria o resultado? Pois bem, uma acusação de plágio – já que tudo desse tipo, cada "planeta e mineral" que existe no espaço ou dentro da terra, é conhecido e está registrado em nossos livros há milhares de anos; e mais; muitas hipóteses verdadeiras foram timidamente formuladas pelos próprios cientistas deles, e de modo igualmente constante foram rejeitadas pela maioria, cujas preconcepções eram questionadas. A *intenção* que você tem é elogiável, mas nada que eu possa lhe dar em resposta jamais será aceito, vindo de nós. Sempre que for descoberto que "é realmente assim", a descoberta será atribuída àquele que corroborou a evidência, como no caso de Copérnico e Galileu[7], o último dos quais apenas se utilizou dos manuscritos pitagóricos.

Mas voltemos às "civilizações". Você sabe que os caldeus estavam no ápice da sua glória oculta *antes* do que vocês chamam de "idade do Bronze?"[8] Que os "Filhos de Ad" ou os filhos da Névoa de Fogo precederam por centenas de séculos a Idade do Ferro, que já era uma era antiga quando o que vocês agora chamam de Período Histórico[9] havia apenas começado – provavelmente porque o que é conhecido dele não é história, mas ficção. Nós sustentamos – mas, então, que prova você poderia dar ao mundo de que nós estamos certos? – que "civilizações muito maiores que a nossa própria surgiram e decaíram". Não é suficiente dizer, como fazem alguns dos seus escritores modernos, que uma civilização extinta existiu antes de Roma e Atenas serem fundadas. Nós afirmamos que *uma série* de civilizações existiu *antes*, assim como depois do

[7] Nicolau Copérnico (1473-1543) formulou a teoria heliocêntrica baseado, em parte, em textos gregos clássicos. Galileu Galilei (1564-1642) comprovou a teoria heliocêntrica, foi processado pelo Vaticano, obrigado a *arrepender-se* oficialmente e a passar os últimos oito anos de sua vida em prisão domiciliar. (N. ed. bras.)

[8] *Idade do Bronze* – Primeira divisão da idade dos metais, a idade do bronze é definida como o período entre 3.500 a.C. e 1.000 a.C. Antes dela, há o neolítico. Depois dela, a idade do ferro. (N. ed. bras.)

[9] Para a História atual, o que define a pré-história é a inexistência de documentos escritos. O período histórico, do ponto de vista convencional, começa com as evidências de linguagem escrita, datadas de cerca de 4.000 a.C. e coincidindo com a idade do bronze e do ferro. (N. ed. bras.)

Período Glacial[10], e que elas existiram em vários pontos do Globo, atingiram o ápice da glória e – morreram. Todos os vestígios e a memória das civilizações dos assírios e fenícios haviam sido perdidos até que alguns anos atrás começaram a ser feitas descobertas. E agora elas abrem uma nova página, embora não seja, de modo algum, uma das primeiras páginas da história da humanidade. E no entanto, até que ponto do passado vão essas civilizações em comparação com as mais antigas? – e mesmo elas, a história hesita em aceitar. A arqueogeologia demonstrou suficientemente que a memória humana alcança muito mais atrás do que a história tem estado disposta a aceitar, e os registros sagrados de nações antes poderosas, preservados por seus herdeiros, são muito mais dignos de confiança. Nós falamos de civilizações do período pré-glacial; e (não só na opinião vulgar e dos profanos mas mesmo na opinião do geólogo altamente capacitado) a tese soa absurda. O que você diria, então, da nossa afirmação de que os chineses – falo agora do continente, do verdadeiro chinês, não da mistura híbrida entre a quarta e a quinta raça que agora ocupa o trono – os aborígines, que pertencem, em sua nacionalidade sem misturas, inteiramente à mais alta e última ramificação da quarta Raça, atingiram sua mais alta civilização quando a quinta raça mal havia aparecido na Ásia, e sua primeira ramificação ainda era uma coisa do futuro? Quando foi isso? Calcule. Você não pode pensar que nós, que temos obstáculos tão tremendos contra a aceitação da nossa doutrina, iríamos *inventar* deliberadamente Raças e sub-raças (na opinião do sr. Hume) se elas não fossem fatos inegáveis. O grupo de ilhas que ficam afastadas da costa da Sibéria, descobertas por Nordenskjold do "Vega", estavam, viu-se, cobertas de fósseis de cavalos, ovelhas, bovinos, etc., entre ossos gigantescos de elefantes, mamutes, rinocerontes e outros monstros pertencentes a períodos em que o homem – segundo sua ciência – ainda não havia aparecido na terra. Como pode ser que cavalos e ovelhas tenham sido descobertos em companhia dos enormes "antediluvianos"? O cavalo, aprendemos nas escolas, é uma invenção bastante moderna da natureza, e *nenhum homem* jamais viu o seu ancestral pedáctil. O grupo das ilhas siberianas pode desmentir a confortável teoria. Será comprovado em breve que a região agora presa nos grilhões do inverno eterno e desabitada pelo homem – um dos animais mais frágeis que há – teve não só um clima tropical, algo que a sua ciência sabe e não discute, mas foi também o local de uma das mais antigas civilizações da

[10] Um longo período glacial terminou, calcula-se, cerca de 10.000 anos atrás. (N. ed. bras.)

quarta raça, cujos remanescentes mais altos encontramos hoje nos chineses decadentes, e cujos remanescentes mais baixos estão, infelizmente (para o cientista profano), misturados com os remanescentes da terceira. Eu disse a você antes que os povos mais elevados que há agora na terra (espiritualmente) pertencem à primeira sub-raça da quinta raça-raiz, e estes são os asiáticos arianos; a raça mais elevada (intelectualidade física) é a última sub-raça da quinta, vocês mesmos, os conquistadores brancos. A maior parte da humanidade pertence à sétima sub-raça da quarta *raça-raiz* – os chineses mencionados acima e as suas ramificações e derivações (malaios, mongóis, tibetanos, javaneses, etc., etc., etc.) e os remanescentes de outras sub-raças da quarta – e a sétima sub-raça da terceira. Todas estas imagens decaídas e degradadas da humanidade são os descendentes diretos de nações altamente civilizadas, das quais nem os nomes nem a lembrança sobrevivem exceto em livros como o *Popol Vuh*[11] e alguns outros, desconhecidos da ciência.

[(4) A que época pertence a existência do Continente de Atlântida, e será que a mudança cataclísmica que produziu sua extinção veio em algum ponto designado da evolução da ronda – correspondendo ao lugar ocupado por obscurecimentos em toda a evolução manvantárica?]

(4) Aos tempos do Mioceno.[12] Tudo ocorre no tempo e no lugar designados na evolução das Rondas. Caso contrário seria impossível para o melhor vidente calcular a hora e o ano exato em que tais cataclismos, grandes ou pequenos, têm de acontecer. Tudo o que um adepto poderia fazer seria predizer um momento *aproximado;* enquanto que agora os acontecimentos que resultam em grandes mudanças geológicas podem ser previstos com tanta certeza matemática quanto os eclipses e outras revoluções no espaço. O afundamento de Atlântida (o grupo de continentes e ilhas) começou durante o período do Mioceno – assim como se observa agora que certos continentes *de vocês* estão afundando gradualmente – e o processo culminou, *em primeiro lugar,* com a desaparição final do maior continente, um evento que coincidiu com a elevação dos Alpes; *e em segundo lugar,* com a desaparição da última das belas ilhas mencionadas por Platão.[13] Os sacerdotes egípcios

---

[11] *Popol Vuh* – livro sagrado da tradição dos maias, na América Central. Obra épica que contém a filosofia cósmica da cultura quiché. (N. ed. bras.)

[12] *Mioceno* – época pertencente ao período terciário, e caracterizado pela presença dos mamíferos que se alimentam de pastagens. Segundo a geologia convencional, corresponde a algo entre 10 milhões e 25 milhões de anos atrás. (N. ed. bras.)

[13] Veja os diálogos *Timeu* e *Crítias,* de Platão. (N. ed. bras.)

de Sais[14] disseram a seu ancestral Sólon que Atlântida havia sido destruída 9.000 anos antes da sua época. Essa não foi uma data fantasiosa, já que eles haviam preservado seus registros durante milênios de modo extremamente cuidadoso. Mas, então, como eu disse, eles falaram apenas de "Poseidonis" e não aceitaram revelar nem mesmo para o legislador grego a sua cronologia secreta. Como não há razões geológicas para duvidar, mas, pelo contrário, existe uma grande quantidade de evidências que levam a aceitar a tradição, a ciência finalmente aceitou a existência do grande continente e do arquipélago, e assim legitimou a veracidade de mais uma "fábula". Agora a ciência ensina, como você sabe, que Atlântida, ou os restos dela, permaneceu até o período pós-terciário, e que sua submersão final ocorreu dentro das eras paleozoicas[15] da história americana! Bem, a verdade e os fatos deveriam sentir-se gratos até mesmo por favores tão pequenos como este, depois da ausência total deles durante tantos séculos. As explorações feitas nas camadas profundas do oceano – especialmente as do *Challenger* – confirmaram plenamente os relatos da geologia e da paleontologia. O grande acontecimento – o triunfo dos nossos "Filhos da *Névoa de Fogo*", os habitantes de "Shamballah" (quando ainda era uma ilha no Mar da Ásia Central), sobre os *magos* egoístas mas não inteiramente maldosos de Poseidonis, ocorreu há exatamente 11.446 anos.[16] Veja o que diz a tradição em relação a isso, de modo incompleto e parcialmente velado, em *Ísis*, Volume I, pp. 588-594[17], e certas coisas poderão ficar ainda mais claras para você. Considero a corroboração da tradição e da história trazida à luz por Donnelly basicamente correta, mas você encontrará tudo isso e muito mais em *Ísis.*

---

[14] Antiga cidade no delta do rio Nilo; antiga capital do baixo Egito. (N. ed. bras.)

[15] Aqui parece haver uma contradição no texto, ou um erro na transmissão/precipitação da carta. O período pós-terciário ou quaternário inicia um milhão de anos atrás e vem até hoje. Já a era paleozoica se estende de 600 milhões até 200 milhões de anos atrás. São duas épocas distantes. A expressão "era paleozoica" pode ter sido erradamente colocada em lugar de "*época do pleistoceno*", que se refere ao período entre um milhão e 10.000 anos atrás. Veja *História Ecológica da Terra,* Maria Léa Salgado – Labouriau, Ed. Edgard Blucher, SP, 307 pp., especialmente p. 28. (N. ed. bras.)

[16] Como o Mahatma escreveu esta carta em 1882, está afirmando que o fato ocorreu em 9.564 a.C. (N. ed. bras.)

[17] Ver pp. 261-267, vol. II, da edição brasileira (Ed. Pensamento) de *Ísis Sem Véu.* (N. ed. bras.)

[(5) Vejo que a pergunta mais comum feita sobre a filosofia oculta por pessoas bastante inteligentes que começam a pesquisar sobre ela é: "ela dá alguma explicação sobre a origem do mal?" Esse é um ponto que você prometeu abordar, e que poderia valer a pena abordar em breve.]

(5) Certamente, e abordei o assunto há muito tempo atrás. Em minhas notas sobre o manuscrito do sr. Hume, "Sobre Deus" – que ele amavelmente acrescenta à nossa filosofia, algo que esta jamais havia pensado antes – o assunto é amplamente mencionado. Ele não permitiu que você as visse? Para você, eu posso ampliar minhas explicações, mas antes você deve ler o que digo da origem do bem e do mal naqueles comentários. O que eu disse é suficiente para nossos objetivos atuais. Estranhamente, descobri um escritor europeu – o maior materialista em sua época, o barão d'Holbach[18] – cujos pontos de vista coincidem inteiramente com os da nossa filosofia. Ao ler o seu *Système de la Nature,* eu poderia ter imaginado que tinha o nosso livro de *Kiu-te*[19] diante de mim. Por uma questão natural e de temperamento, nosso Pandit Universal tentará pegar aqueles pontos de vista e destroçar todos os seus argumentos. Até agora ele só me ameaça alterar o *Prefácio* dele e não publicar a filosofia com seu próprio nome figurando como autor. *Cuneus cuneum tradit*[20]: pedi a ele que não publique parte alguma dos seus ensaios.

M. pensa que, *em função dos objetivos que você tem,* devo dar-lhe mais alguns detalhes sobre Atlântida, já que este tema está muito relacionado com o *mal,* se não com a sua origem. No próximo *Theosophist* você encontrará uma ou duas notas acrescentadas à tradução de Hume do Prefácio[21] de Eliphas Levi em relação ao continente perdido. E agora – já que estou decidido a transformar estas respostas em um livro – carregue sua cruz com ânimo cristão e então, talvez, depois de ler o conjunto, você durante algum tempo não pedirá por mais. Mas o que posso acrescentar ao que já foi dito? Não posso dar-lhe informação puramente científica, já que nós nunca conseguimos concordar inteiramente com

---

[18] George Linton e Virginia Hanson informam, no livro *Reader's Guide to the Mahatma Letters:* "O barão d'Holbach foi um filósofo francês (1723-1789) do iluminismo. É lembrado principalmente por ter sido um forte oponente de toda religião organizada. O homem, dizia ele, é naturalmente moral, mas a educação o perverte". O barão tinha esse ponto em comum com o também francês Jean-Jacques Rousseau. (N. ed. bras.)

[19] *Kiu-te* – escrituras esotéricas orientais, nas quais as Estâncias de Dzyan, de *A Doutrina Secreta*, se baseiam. (N. ed. bras.)

[20] Em latim, figuradamente, "força gera força". (N. ed. bras.)

[21] Veja *The Theosophist,* novembro de 1882. (N. da 3ª ed.)

as conclusões ocidentais; e as nossas conclusões são rejeitadas como "não-científicas". Porém, tanto a geologia como a paleontologia dão testemunho de muitas coisas que temos a dizer. Naturalmente a sua ciência está certa em muitas das suas generalidades, mas suas premissas estão erradas, ou, pelo menos, têm muitas falhas. Por exemplo, ela está certa ao dizer que enquanto a nova América estava sendo formada a velha Atlântida estava afundando e sendo gradualmente levada pelas águas; mas ela não está certa nem nas épocas que apresenta nem nos cálculos da duração daquele afundamento. Esse último – é o futuro das suas ilhas britânicas, as primeiras na lista das vítimas que têm de ser destruídas por fogo (vulcões submarinos) e água; a França e outras terras se seguirão. Quando elas reaparecerem novamente, a sétima e última sub-raça da sexta raça-raiz da atual humanidade estará em pleno desenvolvimento em "Lemúria" e "Atlântida", as quais também terão reaparecido (sua reaparição ocorrerá imediatamente depois da desaparição das atuais ilhas e continentes), e haverá então muito poucos mares e *grandes águas* em nosso globo; as águas e terras aparecem e desaparecem, trocando de lugar periodicamente, cada uma por seu turno.

Tremendo diante da possibilidade de novas acusações de "contradições" em alguma futura afirmação incompleta, prefiro explicar o que quero dizer com isso. A aproximação de cada novo "obscurecimento" é sempre assinalada por cataclismos – de fogo ou de água. Mas, além disso, cada "Anel" ou raça raiz tem que ser cortado em dois, digamos assim, por um ou outro destes meios. Assim, havendo atingido o ápice do seu desenvolvimento e glória, a quarta Raça, dos atlantes, foi destruída *por água*; você encontra hoje apenas seus remanescentes decadentes e caídos, cujas sub-raças, no entanto – ah, cada uma delas teve seus dias prósperos, gloriosos e de relativa grandeza. O que elas são agora – vocês serão algum dia, porque a lei dos ciclos é única e imutável. Quando a sua raça – a quinta – houver alcançado o seu zênite de intelectualidade *física*, e desenvolvido a civilização mais elevada (lembre da diferença que nós estabelecemos entre civilizações *físicas* e *espirituais),* incapaz de elevar-se em mais nada em seu próprio ciclo, seu avanço em direção ao mal *absoluto* será interrompido (como seus antecessores, os lemurianos e atlantes, foram interrompidos em sua marcha no mesmo rumo) por uma destas mudanças cataclísmicas; sua grande civilização será destruída, e todas as sub-raças *desta* raça serão vistas decaindo ao longo dos seus respectivos ciclos, depois de um curto período de glória e aprendizado. Veja os remanescentes dos atlantes – os antigos gregos e romanos (os modernos pertencem todos à quinta raça); veja quão grandiosos e curtos, quão passageiros foram os seus dias de fama e glória! Porque eles eram apenas sub-raças das sete ramificações da "raça-raiz". Nenhuma raça mãe, assim como nenhuma das suas sub-raças e ramificações, é autorizada pela Lei Governante única a ultrapassar os limites e atingir as prerrogativas da Raça ou Sub-raça que a seguirá; e muito menos tomar conta do conhecimento e dos poderes que estão reservados para sua sucessora. "Não comerás do fruto do Conhecimento do Bem e do Mal, da árvore que está crescendo para teus herdeiros", nós podemos dizer, com mais legitimidade do que nos seria reconhecida de bom grado pelos Hume da sua sub-raça. Essa "árvore" está em segurança sob nossa guarda, confiada a nós pelos Dhyan Chohans, que são os protetores da nossa Raça e os patronos daquelas que estão vindo. Tente entender a alegoria, e nunca perder de vista o indício dado a você por minha carta sobre os Planetários.[22] No começo de cada *Ronda*, quando a humanidade reaparece sob condições completamente diferentes daquelas que lhe são dadas para o nascimento de cada nova raça e suas subraças, um "Planetário" tem que se misturar a esses homens primitivos, reavivar suas memórias e revelar a eles as verdades que eles sabiam durante a Ronda anterior. Daí as tradições confusas sobre Jeovás, Ormazds, Osíris, Brahmas, e *tutti quanti.* Mas isso ocorre apenas para o benefício da *primeira* raça. É dever desta última escolher os recipientes adequados entre os seus filhos, que são "colocados à parte" para usar a expressão bíblica – como os receptáculos que conterão *todo o estoque de conhecimento* a ser dividido entre as futuras raças e gerações até o encerramento da Ronda. Por que iria eu dizer mais, se você *deve* entender toda a questão; e não *ouso* revelá-la completamente? Cada uma das raças teve os seus adeptos; e a cada nova raça nós temos autorização para dar do nosso conhecimento tanto quanto merecerem os homens daquela raça. A última e sétima raça terá seu Buddha, assim como o teve cada uma das suas predecessoras; mas seus adeptos serão muito mais elevados que qualquer um da raça atual, porque entre eles estará o futuro Planetário, o Dhyan Chohan cujo dever será instruir ou "reavivar a memória" da primeira raça dos homens da quinta Ronda, depois do futuro obscurecimento deste planeta.

En passant, para mostrar-lhe que não só as "raças" não foram inventadas por nós, mas que elas são um *dogma* cardinal para os Lamas Budistas e todos os que estudam nossa doutrina esotérica, mando a você

---

[22] A carta em resposta à sua, creio, em que você perguntava a mim sobre C.C.M., S.M. e a Sra. K. (Nota do Mahatma)

uma explicação sobre uma ou duas páginas de *Buddhism,* de Rhys Davids – que de outro modo seriam incompreensíveis, destituídas de significado e absurdas. Isto foi escrito com a permissão especial do Chohan (*meu* Mestre) e – para seu benefício. Nenhum orientalista jamais suspeitou das verdades contidas ali, e – você é o primeiro homem ocidental (fora do Tibete) a quem isso é explicado.

[(6) Estreitamente relacionada com essa questão há outra que é levantada frequentemente. "Qual é a vantagem de todo o processo cíclico, se o espírito só emerge no final de todas as coisas puro e impessoal como era inicialmente, antes da sua descida à matéria? **(E as porções retiradas do quinto?)** Minha resposta é que atualmente não me dedico a explicar, e sim a investigar as operações da Natureza. Mas talvez possa haver uma resposta melhor.]

(6) O que emerge ao final de todas as coisas não é apenas o "espírito puro e impessoal", mas o conjunto das lembranças "pessoais", retiradas de cada novo quinto princípio[23] na longa série de existências. E se ao final de todas as coisas – digamos, dentro de alguns milhões de anos, o Espírito tiver que descansar em sua pura e *impessoal não*-existência, como o UNO e o Absoluto, ainda deve haver "algum bem" no processo cíclico, já que cada *Ego* purificado tem a possibilidade, nos longos intervalos entre as existências objetivas sobre os planetas, de *existir* como um Dhyan Chohan – desde o mais inferior "habitante do Devachan" até o mais alto Planetário – gozando dos frutos das suas vidas coletivas.

Mas o que é o "Espírito" puro e impessoal *em si?* Será possível que você não tenha compreendido o que queremos dizer? Bem, tal *Espírito* é uma não-entidade, uma pura abstração, um absoluto vazio para os nossos sentidos – até mesmo para o mais espiritual deles. Ele se torna *algo* apenas em união com a matéria – daí que ele é sempre *alguma coisa,* já que a matéria é infinita e indestrutível e não-existente sem o Espírito, o qual, na matéria, é Vida. Separado da matéria, ele se torna a negação absoluta da *vida* e do *ser,* embora a matéria seja inseparável dele. Pergunte àqueles que fazem objeção a isso se eles conhecem qualquer coisa da "vida" e da "consciência" além do que eles agora sentem na terra. Que concepção podem eles ter – a menos que sejam clarividentes desde o nascimento – do estado e da consciência da individualidade de alguém depois que ela se separou do corpo terrestre grosseiro? *Qual é a*

[23] "Quinto princípio" é Manas, a mente, um princípio dual, que pode gravitar para baixo em direção a *Kama,* o quarto princípio, sede das paixões animais, ou para cima em direção ao sexto princípio, *Buddhi,* o eu espiritual. (N. ed. bras.)

vantagem **de todo o processo da vida na terra – você pode perguntar a eles, então, por sua vez – se nós somos tão bons quanto entidades "puras" e *inconscientes* antes do nascimento, durante o sono, e no final da nossa carreira? De acordo com os ensinamentos da Ciência, a morte não é seguida pelo mesmo estado de inconsciência que antecede o *nascimento?* A vida, quando abandona o corpo, não se torna tão *impessoal* como era antes de animar o feto? A vida, afinal de contas, o maior problema dentro do alcance da concepção humana, é um mistério que o maior dos seus cientistas jamais resolverá. Para ser corretamente compreendida, ela deve ser estudada em toda a série das suas manifestações; de outro modo ela jamais poderia ser não só penetrada, mas sequer compreendida na sua forma mais fácil – a vida como um estado do *ser* nesta terra. Ela nunca poderá ser compreendida enquanto for estudada separadamente e à parte da vida universal. Para resolver o grande problema a pessoa tem que se tornar um ocultista; analisar e experimentar o problema pessoalmente em todas as suas faces, como a vida na terra, a vida além do limite da morte física, vida mineral, vegetal, animal e espiritual; a vida em conjunção com a matéria concreta, assim como a vida presente no átomo imponderável. Que eles tentem examinar ou analisar a vida separada do organismo; o que restará dela? Apenas um modo de movimento; o qual, a menos que a nossa doutrina da Vida infinita que tudo permeia, onipresente, seja aceita – mesmo que seja aceita apenas em termos de uma hipótese um pouco mais razoável que as hipóteses *científicas* deles, que são todas absurdas – terá de permanecer sem solução. Eles objetarão? Bem, nós responderemos a eles usando suas próprias armas. Diremos que está demonstrado – e permanecerá eternamente demonstrado – que, já que o movimento permeia tudo e o repouso absoluto é inconcebível, seja qual for a forma ou *máscara* com que o movimento possa aparecer, como luz, calor, magnetismo, afinidade química ou eletricidade – todas elas têm de ser apenas fases da Única e mesma Força universal onipotente, um Proteu[24] diante de quem elas se curvam como o Grande "Desconhecido" (veja Herbert Spencer), e que nós simplesmente chamamos de "Vida Una", "Lei Una" e "Elemento Uno". Os que possuem as mentes maiores e mais científicas da terra têm estado pressionando fortemente no sentido de abrir caminho para uma solução do mistério, sem deixar nenhuma trilha lateral inexplorada, nenhum fio frouxo nem fraco neste que é para eles o mais escuro dos**

24 *Proteu* – Deus marinho que conhecia passado, presente e futuro e assumia todas as formas imagináveis. (N. ed. bras.)

labirintos, e todos tiveram de chegar à mesma conclusão – aquela dos Ocultistas quando expressada apenas parcialmente – isto é, de que a vida em suas manifestações concretas é o resultado legítimo e a consequência da afinidade química; quanto à vida em seu sentido abstrato, a vida pura e simples – bem, eles não sabem mais sobre ela hoje do que sabiam na etapa incipiente da *Royal Society* deles. Eles só sabem que, em certas soluções previamente destituídas de vida, organismos surgem espontaneamente (apesar de Pasteur e sua piedade bíblica) – devido a certas composições químicas de tais substâncias. Se, como espero, dentro de poucos anos eu for inteiramente dono de mim mesmo – talvez eu tenha o prazer de demonstrar a você sobre a sua própria mesa de trabalho que a vida, *como vida,* é não só transformável em outros aspectos ou fases da Força que tudo permeia, mas que ela pode ser de fato transmitida a um homem artificial. Frankenstein é um mito apenas enquanto ele for o herói de uma narrativa mística; na natureza, ele é uma possibilidade; e os físicos e médicos da última sub-raça da sexta Raça irão inocular vida[25] e reviver cadáveres assim como eles agora inoculam varíola, e frequentemente doenças menos atrativas. Espírito, vida e matéria não são princípios naturais existentes independentemente uns dos outros, mas sim efeitos de combinações produzidas pelo movimento eterno no Espaço; e eles farão bem em aprender isso.

[**(7)** Você pode, isto é, é permitido responder perguntas relativas às questões da ciência física? Neste caso, aqui estão alguns pontos que eu gostaria muito de ver abordados.]

(7) Tenho permissão, sem a menor dúvida. Mas então surge o ponto mais importante; até que ponto minhas respostas parecerão satisfatórias, mesmo para você? O fato de que nem toda nova lei trazida à luz é aceita como um novo elo na cadeia do conhecimento humano fica demonstrado pela má vontade com que cada fato por alguma razão indesejável para a ciência é recebido pelos seus professores. No entanto, *sempre que* eu puder responder a você – tratarei de fazê-lo, esperando apenas que você não envie o material como contribuição minha para o *Journal of Science.*

[**(8)** As condições magnéticas têm alguma coisa a ver com a precipitação de chuva, ou ela se deve inteiramente às correntes atmosféricas de diferentes temperaturas, que se encontram com outras correntes de diferentes umidades, e todo o conjunto de movimentações é estabelecido por pressões,

[25] Os avanços recentes da Biologia, inclusive as experiências com clonagem, já começam a confirmar estas palavras do Mahatma, escritas em 1882. (N. ed. bras.)

expansões, etc., devido em primeiro lugar à energia solar? Se as condições magnéticas estão envolvidas, como elas operam e como poderiam ser testadas?]

(8) Têm, sem dúvida alguma. A chuva pode ser trazida para uma área espacial pequena – artificialmente e sem nenhuma alegação de milagre ou poderes super-humanos, embora seu segredo não seja propriedade minha, e não possa divulgá-lo, portanto. Estou tentando obter autorização para fazê-lo. Não conhecemos fenômeno algum na natureza que esteja inteiramente desconectado do magnetismo ou da eletricidade – já que, onde há movimento, calor, atrito, luz, ali o magnetismo e o seu *alter ego* (de acordo com a *nossa* humilde opinião), a eletricidade, sempre aparecerão, seja como causa ou como efeito – ou melhor, nas duas condições, bastando para perceber isso que investiguemos a origem da manifestação. Todos os fenômenos das correntes terrestres, do magnetismo terrestre e da eletricidade atmosférica se devem ao fato de que a terra é um condutor de eletricidade, cujo potencial está sempre mudando devido à sua rotação e ao seu movimento orbital anual, ao esfriamento e aquecimento sucessivos do ar, à formação de nuvens de chuva, tempestades e ventos, etc. Isso você talvez possa encontrar em algum manual. Mas a ciência não estaria disposta a admitir que todas essas mudanças se devem ao magnetismo *akáshico,* que gera incessantemente correntes elétricas tendentes a restaurar o equilíbrio perturbado. Ao dirigir a mais poderosa das baterias elétricas, o corpo humano eletrificado por um determinado processo, você pode *parar* a chuva em determinado ponto ao fazer "um buraco na nuvem de chuva", como dizem os ocultistas. A chuva pode ser produzida artificialmente pelo uso de outros instrumentos fortemente magnetizados dentro, digamos, de uma área isolada. Lamento a impossibilidade de explicar-lhe o processo mais claramente. Você conhece os efeitos produzidos por árvores e plantas nas nuvens de chuva; e como a natureza fortemente magnética delas atrai e faz aumentar aquelas nuvens sobre a copa das árvores. A ciência explica o fenômeno de outro modo, talvez. Bem, não posso evitar isso, porque esse é o nosso conhecimento, fruto de milênios de observação e experiência. Se essa carta caísse em mãos de Hume, ele certamente alegaria que estou justificando a acusação levantada publicamente por ele contra nós: "Sempre que são incapazes de responder aos seus argumentos (?), eles (nós) calmamente replicam que as regras deles (nossas) não permitem isso ou aquilo". Apesar da acusação, sou compelido a responder que, considerando que o segredo não é meu, não posso transformá-lo em mercadoria comercializável. Que alguns físicos calculem a quantidade

de calor necessária para evaporar uma certa quantidade de água. Que eles calculem, depois, a quantidade de chuva necessária para cobrir uma área – digamos, de uma milha quadrada até a profundidade de uma polegada. Para essa quantidade de evaporação eles irão necessitar, naturalmente, uma quantidade de calor igual a pelo menos cinco milhões[26] de toneladas de carvão. Bem, a quantidade de energia equivalente a esse consumo de calor corresponde (como qualquer matemático pode dizer) àquilo que seria necessário para erguer um peso de mais de dez milhões de toneladas à altura de uma milha. Como pode *um homem* gerar tal quantidade de calor e energia? Ilógico, absurdo! – somos todos lunáticos, e vocês que prestam atenção a nós serão colocados na mesma categoria se alguma vez se aventurarem a repetir esta proposição. No entanto, digo que *um só homem pode fazer isso,* e muito facilmente, bastando que ele conheça uma certa alavanca "físico-*espiritual*" em si mesmo, muito mais poderosa que aquela de Arquimedes. Até uma simples contração muscular é sempre acompanhada de fenômenos elétricos e magnéticos e há uma conexão extremamente forte entre o magnetismo da terra, as mudanças climáticas e o *homem,* que seria o melhor barômetro vivo, se soubesse, ao menos, decifrar o seu funcionamento adequadamente; e de novo, o estado do céu sempre pode ser determinado pelas variações demonstradas pelos instrumentos magnéticos. Passaram-se vários anos desde que eu tive uma oportunidade de ler as deduções da ciência sobre esse tema; portanto, a menos que eu me dê ao trabalho de reunir aquilo que posso ter ignorado, não saberei as últimas conclusões da ciência. Mas entre nós é um fato estabelecido que é o magnetismo da terra que produz o vento, as tempestades e a chuva. O que a ciência parece conhecer sobre isso são apenas sintomas secundários, sempre induzidos por aquele magnetismo, e a ciência pode descobrir muito brevemente seus erros atuais. A atração magnética terrestre de poeira meteórica, e a influência direta desta última sobre as súbitas mudanças de temperatura, e especialmente nas questões de calor e frio, até hoje não é um ponto estabelecido, creio.[27] Foram levantadas dúvidas sobre se o fato de a nossa terra passar por regiões do espaço em que haja mais ou menos quantidade de massas meteóricas possui qualquer influência sobre o aumento ou diminuição da altura da nossa atmosfera,

[26] Parece que a expressão correta seria "cinco mil", e não "cinco milhões de". (N. da 3ª edição)

[27] **O dr. Phipson, em 1867, e Cowper Ranyard, em 1879, defenderam essa teoria, mas ela foi rejeitada nas duas oportunidades.** (Nota do Mahatma)

ou mesmo sobre a situação climática. Mas nós pensamos que podemos facilmente comprová-lo; e já que eles aceitam o fato de que a distribuição e a proporção relativas de terra e água em nosso globo *podem ser devidas* à grande acumulação sobre ele de poeira meteórica, e a neve – especialmente em nossas regiões ao norte – é cheia de ferro meteórico e partículas magnéticas; e já que depósitos dessas últimas substâncias são encontrados até no fundo de mares e oceanos, eu me pergunto como a ciência não compreendeu até agora que toda mudança ou perturbação atmosférica é devida ao magnetismo combinado das duas grandes massas entre as quais a nossa atmosfera está comprimida. Chamo esta poeira meteórica de "massa" porque ela é uma massa, de fato. A uma grande altitude acima da superfície da nossa terra, o ar está impregnado e o espaço *cheio* de poeira magnética ou meteórica, que nem sequer pertence ao nosso sistema solar. A ciência felizmente descobriu que, à medida que a nossa terra é levada com todos os outros planetas através do espaço, recebe uma proporção maior daquela matéria de poeira no seu hemisfério norte do que no hemisfério sul, e sabe que a isso se deve o número preponderante de continentes no hemisfério norte, assim como a maior abundância de neve e umidade. Milhões destes meteoros e mesmo das partículas mais finas nos atingem anualmente e diariamente, e todas as facas de nossos templos são feitas deste "ferro celestial", que chega a nós sem ter passado por qualquer alteração – porque o magnetismo da terra os mantém em coesão. Continuamente é acrescentada matéria gasosa à nossa atmosfera pela queda incessante de matéria meteórica fortemente magnética, e no entanto ainda parece para eles uma questão aberta se as condições magnéticas *têm* ou não qualquer coisa a ver com a precipitação de chuva! Eu não sei de nenhum "conjunto de movimentos estabelecidos por pressões, expansões, etc., *devido em primeira instância à energia solar"*. A ciência ao mesmo tempo exagera e subestima a "energia solar" e inclusive o próprio Sol; e o Sol não tem nada a ver com a chuva e muito pouco com o calor. Eu tinha a impressão de que a ciência estava consciente de que os períodos glaciais, assim como aqueles períodos em que a temperatura é "como a da era carbonífera" são devidos ao decréscimo e acréscimo, ou melhor, à expansão da nossa atmosfera, expansão esta que é, ela própria, devida à mesma presença meteórica. De qualquer modo, *todos* nós *sabemos* que o calor recebido pela terra por radiação do sol é no máximo *um terço*, se não menos, da quantidade recebida por ela diretamente dos meteoros.

[(9) O halo[28] do Sol é uma atmosfera? Tem ele qualquer gás conhecido? E por que ele assume a forma de raios, sempre observada em eclipses?]

(9) Quer ele seja chamado de cromosfera ou atmosfera, nenhuma denominação é correta; porque ele é simplesmente a aura magnética e sempre presente do Sol, vista pelos astrônomos *somente* por poucos e breves momentos durante o eclipse, e por alguns dos nossos chelas sempre que eles querem – naturalmente quando estão em certo estado induzido. Uma contraparte do que os astrônomos chamam de chamas vermelhas na "coroa" pode ser vista nos cristais de Reichenbach ou em qualquer outro corpo fortemente magnético. A cabeça de um homem, em uma condição de êxtase intenso, quando toda a eletricidade do seu sistema está centrada ao redor do cérebro, possui – especialmente na escuridão – uma semelhança perfeita com o Sol durante estes períodos. O primeiro artista que desenhou as auréolas em torno das cabeças do seu Deus e dos seus Santos não foi inspirado a fazer isso, mas pintou com base nas pinturas de templos e na tradição dos santuários e câmaras de iniciação em que o fenômeno ocorria. Quanto mais próxima da cabeça ou do corpo emissor da aura, mais forte e brilhante a emanação (devido ao hidrogênio, afirma a ciência, no caso das chamas): por isso as chamas vermelhas irregulares ao redor do Sol ou "coroa *interna*". O fato de que estas não estão sempre presentes em igual quantidade apenas demonstra a constante flutuação da matéria magnética e da sua energia, do que depende também a variedade e o número de manchas[29]. Durante períodos de inércia magnética as manchas desaparecem, ou melhor, permanecem invisíveis. Quanto mais a emanação se afasta mais ela perde intensidade, até que cedendo gradualmente ela desaparece; por isso a "coroa externa", tem uma forma que inclui raios devido inteiramente a este último fenômeno, cujo brilho surge da natureza magnética da matéria e da energia elétrica e não – de forma alguma – de partículas intensamente quentes, como dizem alguns astrônomos. Tudo isso é terrivelmente anticientífico, no entanto são *fatos*, aos quais eu poderia acrescentar outro, lembrando-o de que o Sol que nós vemos não é de modo algum o astro central do nosso pequeno Universo, mas apenas o seu véu ou o seu *reflexo*. A ciência enfrenta tremendos obstáculos no

---

[28] *Halo* é o círculo luminoso em volta do Sol ou da Lua. (N. ed.bras.)

[29] O astrônomo Carl Sagan escreveu, em seu livro *Pálido Ponto Azul* (Cia. das Letras, 1996), que a coroa solar é um "halo de gás ionizado que circunda o sol" e que os "clarões solares" são "ejeções maciças de elétrons e prótons da coroa solar". (N. ed. bras.)

estudo deste astro, os quais felizmente nós não temos; sobretudo os constantes tremores da nossa atmosfera que impedem os cientistas de julgar corretamente o pouco que podem ver. Esse obstáculo nunca dificultou o trabalho dos antigos astrônomos caldeus e egípcios; nem é um empecilho para nós, porque temos meios de impedir, ou compensar, tais tremores – devido ao nosso conhecimento de todas as condições *akáshicas.* Assim como o segredo da *chuva,* esse segredo – supondo que nós o divulgássemos – não teria utilidade alguma para os seus cientistas a menos que eles se tornassem ocultistas e dedicassem longos anos à aquisição de poderes. Apenas imagine um Huxley ou um Tyndall estudando *Yog-vidya!* Assim surgem os muitos erros em que eles caem e as hipóteses conflitantes das suas melhores autoridades. Por exemplo: o Sol está cheio de vapores de ferro – um fato que foi demonstrado pelo espectroscópio, tendo sido mostrado que a luz da coroa consistia em grande parte de uma linha na parte verde do espectro, coincidindo quase exatamente com uma linha de ferro. No entanto, os professores Young e Lockyer rejeitaram a ideia, com o gracioso pretexto, se lembro bem, de que se a coroa fosse composta de partículas minúsculas, como uma nuvem de poeira (e é isso que nós chamamos de "matéria magnética"), essas partículas – (1) cairiam dentro do corpo do sol; (2) foi registrada a passagem de cometas através deste vapor sem qualquer efeito visível sobre eles; (3) o espectroscópio do professor Young mostrou que a linha da coroa não era idêntica à linha do ferro, etc. A razão por que eles chamam essas objeções de "científicas" está além do que nós podemos compreender.

(1) O motivo pelo qual as partículas – já que eles as chamam assim – *não* caem no corpo do sol é evidente por si mesmo. Essas forças são inerentes a um sistema de gravitação do qual eles não conhecem nada, além daquele outro fato de que não há gravitação propriamente dita, mas apenas atração e repulsão. (2) Como os cometas poderiam ser afetados pela passagem mencionada, já que a sua "passagem através" é uma simples ilusão ótica? Eles não poderiam passar dentro da área de atração sem ser imediatamente aniquilados por aquela força, da qual nenhum *vril* pode dar uma ideia adequada, já que não pode haver nada na terra comparável àquilo. Como os cometas passam através de um "reflexo", não é surpresa alguma que o dito *vapor* "não tenha efeito visível sobre estes corpos leves". (3) A linha da coroa pode não *parecer* idêntica através do melhor "espectroscópio reticulado", no entanto, a *coroa* contém tanto ferro como outros vapores. Dizer-lhe do que ela consiste é inútil, já que sou incapaz de traduzir as palavras que uso para

isso, e porque matéria semelhante a esta só existe (em nosso sistema planetário, pelo menos) no Sol. O fato é que aquilo que você chama de Sol é simplesmente o reflexo do enorme "reservatório" do nosso Sistema, onde TODAS as suas forças são geradas e preservadas; como o Sol é o coração e o cérebro do nosso pequeno Universo, podemos comparar e ver as suas *fáculas* – aqueles milhões de corpúsculos intensamente brilhantes de que é feita a superfície solar em torno das manchas – como os corpúsculos do sangue daquele luminar, embora alguns deles, segundo foi corretamente conjecturado pela ciência, sejam tão grandes como a Europa. Estes corpúsculos do sangue são a matéria elétrica e magnética em seu sexto e sétimo estados. O que são aqueles longos filamentos brancos, torcidos como muitas cordas, que formam a *penumbra* do Sol? O que são a parte central, vista como uma enorme chama terminando em espirais de fogo, e as nuvens transparentes, ou melhor, os vapores formados de delicados fios de luz de prata, que estão suspensos sobre aquelas chamas – o que são, exceto a aura eletromagnética – o *flogisto* do Sol?[30] A ciência pode continuar especulando por todo o sempre, mas, enquanto ela não renunciar a dois ou três dos seus erros cardinais, ela se verá tateando sempre no escuro. Algumas das concepções mais erradas da ciência estão nas suas noções limitadas sobre a lei da gravitação; a sua negativa de que a matéria pode ser *imponderável*[31]; o novo termo inventado por ela, "força", e a ideia absurda, tacitamente aceita, de que a força é capaz de existir por si mesma, ou de agir, tanto quanto a vida, *fora,* independentemente da matéria, ou de alguma forma a não ser *através* da matéria; em outras palavras, a ideia de que *força seja qualquer coisa exceto matéria* em um dos seus estados mais elevados, dos quais os últimos três, na escala ascendente, só são negados porque a ciência nada conhece sobre eles; e a total ignorância dela em relação ao Proteu universal, suas funções e sua importância na economia da natureza – magnetismo e eletricidade. Diga à ciência que mesmo naqueles dias da decadência do Império Romano, quando o britânico tatuado costumava oferecer ao imperador Cláudio o seu *nazzur*[32] de

---

[30] *Flogisto* – veja nota de pé de página na Carta 88, à altura do item nº 3, após o subtítulo "A Mente Universal". *Flogisto* é um nível de Akasha. (N. ed. bras.)

[31] "Matéria pode ser imponderável" – o Mahatma aqui parece antecipar questões abordadas pela física quântica no século 20, que descobriu o caráter *imponderável* do comportamento das partículas subatômicas, ora como ondas, ora como partículas. Veja a parte 7 do livro *Helena Blavatsky,* de Sylvia Cranston (Ed. Teosófica), especialmente o capítulo 3, pp. 470 e seguintes. (N. ed. bras.)

[32] *Nazzur* – oferta de tributos. (N. da 3ª edição)

"eléctron" na forma de um cordão de contas de âmbar – mesmo naquela época havia homens que permaneciam afastados das massas imorais, que sabiam mais sobre eletricidade e magnetismo do que eles, os cientistas, sabem agora; e a ciência rirá de você tão duramente quanto ela já ri da sua amável dedicação pessoal a mim. Realmente, quando os seus astrônomos, falando da *matéria-do-sol,* denominam aquelas luzes e chamas de "nuvens de vapor" e "gases desconhecidos para a ciência" (sem dúvida!), perturbados por numerosos furacões e ciclones – quando nós sabemos que se trata simplesmente de matéria magnética em seu estado normal de atividade – nos sentimos inclinados a sorrir diante de suas expressões. Será possível imaginar "os fogos do Sol alimentados com matéria *puramente mineral",* com meteoritos altamente carregados de hidrogênio dando ao "Sol uma atmosfera que alcança até muito longe, feita de gás incandescente"? Nós *sabemos* que o sol *invisível* é composto *daquilo* que não tem nome nem pode ser comparado a qualquer coisa conhecida pela sua ciência – na terra; e que o seu "reflexo" nada contém de qualquer coisa semelhante a "gases", matéria mineral, ou *fogo*, embora mesmo nós, quando falando do tema em sua língua civilizada, sejamos compelidos a usar expressões como "vapor" e "matéria magnética". Para encerrar o assunto, as mudanças no halo não têm efeito sobre o clima da terra, embora as *manchas* tenham – e o professor N. Lockyer está extremamente equivocado em suas deduções. O Sol não é um globo *sólido,* nem *líquido*, nem tampouco gasoso, mas uma bola gigantesca de forças eletromagnéticas, um reservatório de *vida* e de *movimento* universais, a partir do qual esse último pulsa em todas as direções, alimentando tanto o menor átomo quanto o maior gênio com o mesmo material, até o final do *Maha Yug*[33].

[**(10)** É o valor fotométrico da luz emitida pelas estrelas um indicador seguro da magnitude delas?[34] E será verdade, como a astronomia supõe, à falta de algo melhor no campo teórico, que a superfície do sol emite tanta luz por quilômetro quadrado quanto pode ser emitida por qualquer corpo?]

(10) Acredito que não. As estrelas estão pelo menos 500.000 vezes mais distantes de nós que o Sol, e algumas muito mais que isso. A forte acumulação de matéria meteórica e os tremores atmosféricos estão sempre colocando obstáculos. Se os seus astrônomos pudessem subir até

---

[33] *Maha-Yug* – grande era. (N. ed. bras.)

[34] Considerado, é claro, em relação à sua distância, calculada pelo paralaxe. (Nota de A. P. S. na carta para o Mahatma). Paralaxe é a diferença aparente na localização de um corpo quando observado de diferentes ângulos. (N. ed. bras.)

a altura daquela *poeira* meteórica com seus telescópios e *havanas*[35], eles poderiam confiar mais do que agora em seus fotômetros. Como poderão fazer isso? Tampouco o grau de intensidade daquela luz pode ser conhecido na terra – portanto, não pode haver nenhuma base confiável para calcular magnitudes e distâncias – nem eles comprovaram até aqui em um só caso (exceto na questão de uma estrela em Cassiopeia)[36] quais estrelas brilham por luz reflexa e quais por sua própria luz. O trabalho dos melhores fotômetros duplos para estrelas é enganoso. Obtive certeza disso já na primavera de 1878, enquanto acompanhava as observações de um fotômetro Pickering. A discrepância nas observações de uma estrela (perto de Gamma Ceti) chegava às vezes à metade da magnitude. Um só planeta foi descoberto até agora fora do sistema solar, com todos os fotômetros deles, enquanto que, com a ajuda da nossa visão espiritual *sem instrumentos,* nós conhecemos um grande número deles; cada estrela-sol *completamente amadurecida,* assim como no nosso sistema, tem, na verdade, vários planetas companheiros.[37] O famoso teste de "polarização de luz" é, em termos gerais, tão confiável como todos os outros. Naturalmente, o mero fato de que eles começam de uma falsa premissa não pode distorcer nem suas conclusões nem suas profecias astronômicas, já que ambas são matematicamente corretas em suas correlações mútuas, e há correspondência com o objeto dado. Nem os caldeus nem tampouco os nossos antigos Rishis tinham os telescópios ou fotômetros de vocês; e no entanto as predições astronômicas deles eram impecáveis; os erros, muito pequenos na verdade, atribuídos a eles pelos seus rivais modernos – procedem dos equívocos destes últimos.

Você não deve reclamar das minhas respostas demasiado longas às suas perguntas bastante breves, já que respondo para sua instrução como estudante de ocultismo, meu "chela leigo", e de modo algum pensando em responder ao *Journal of Science.* Não sou cientista, do ponto de vista do – e em relação ao – conhecimento moderno. Meu contato com as suas Ciências ocidentais é *muito* limitado de fato; e você, por favor, levará em conta que todas as minhas respostas são baseadas em nossas doutrinas esotéricas orientais e derivam delas, independentemen-

---

35 *Havanas* no original. Possivelmente *habanos,* charutos. A edição espanhola de 1994 (Barcelona) corrige o texto para "puros habanos". (N. ed. bras.)

36 *Cassiopéia* – constelação situada entre Cefeu e Perseu. (N. ed. bras.)

37 Até os primeiros meses de 2001, astrônomos haviam localizado dezenas de planetas de outras estrelas, e alguns deles previam a descoberta de centenas de planetas extrasolares, em um prazo de dez anos. (N. ed. bras.)

te de estarem de acordo ou não com as respostas da ciência exata. Portanto, eu afirmo:

– "A superfície do Sol emite tanta luz (*proporcionalmente*) por quilômetro quadrado quanto poderia ser emitida por qualquer outro corpo". Mas o que você entende, neste caso, por "luz"? Esta última não é um princípio independente, e fiquei contente com a introdução do "espectro de difração" com o objetivo de facilitar os meios de observação, já que, "abolindo todas estas imaginárias existências independentes, tais como calor, actinismo[38], luz, calor, etc., prestou-se um enorme serviço à Ciência Oculta, ao resgatar-se aos olhos da sua irmã moderna nossa teoria muito antiga segundo a qual cada fenômeno é apenas o efeito de diversos movimentos daquilo que nós chamamos de Akasha (não é o éter de vocês), e portanto há na verdade um só elemento, o princípio causativo de tudo. Mas já que a sua pergunta é formulada com o objetivo de resolver uma questão discutida pela ciência moderna, tentarei respondê-la da maneira mais clara possível. Digo então, *não*, e lhe darei minhas razões para isso. Eles não podem saber, pela simples razão de que até agora não encontraram na realidade nenhum meio seguro de medir a velocidade da luz. As experiências feitas por Fizeau e Cornu, considerados os dois melhores pesquisadores da luz no mundo científico, apesar da satisfação geral com os resultados obtidos, não dão dados confiáveis nem sobre a velocidade com que a luz do sol viaja nem sobre a sua quantidade. Os métodos adotados por estes dois franceses estão produzindo resultados corretos (pelo menos *aparentemente* corretos, já que há uma variação de 227 milhas por segundo entre o resultado das observações dos dois pesquisadores, embora feitas com o mesmo aparelho) apenas com relação à velocidade da luz entre a nossa terra e as regiões superiores da sua atmosfera. A roda dentada deles, girando a uma velocidade *conhecida*, registra, naturalmente, o forte raio de luz que passa através de uma das divisões da roda, e depois tem seu ponto de luz obscurecido sempre que um dente passa – de modo bastante exato. O instrumento é muito engenhoso e dificilmente pode deixar de dar resultados esplêndidos em uma viagem de alguns milhares de metros para lá e para cá; porque não há entre o observatório de Paris e as fortificações daquela cidade nenhuma atmosfera ou massas meteóricas que impeçam o progresso do raio; e como aquele raio encontra em sua viagem um tipo de meio completamente diferente do éter do Espaço, o éter entre o

[38] *Actinismo* – propriedade que tem a energia radiante de provocar transformações químicas. (N. ed. bras.)

Sol e o *continente* meteórico que está sobre nossas cabeças, a velocidade da luz naturalmente parece ser um pouco mais de 185.000 milhas por segundo[39], e os seus físicos gritam "Eureka"! E nenhum dos outros aparelhos criados desde 1878 para medir aquela velocidade dá qualquer resposta melhor. Tudo o que eles podem dizer é que os seus cálculos estão corretos *até agora.* Se eles pudessem calcular *acima* da nossa atmosfera eles logo veriam que estão errados.[40]

[**(11)** Será Júpiter um corpo quente e ainda parcialmente luminoso, e a que causa devem ser atribuídas as violentas alterações da atmosfera de Júpiter, já que a energia solar provavelmente nada tem a ver com a questão?]

(11) Sim – até agora; mas isto está mudando rapidamente. A ciência de vocês tem uma teoria, creio, segundo a qual, se a terra fosse subitamente colocada em regiões extremamente frias – por exemplo, se ela trocasse de lugar com Júpiter – todos os nossos mares e rios se transformariam subitamente em montanhas sólidas; o ar – ou melhor, uma parte das substâncias aeriformes que o compõem – iria metamorfosear-se do seu estado de fluidez invisível, devido à ausência de calor, em certos líquidos (que agora existem em Júpiter, mas dos quais os homens não têm ideia na terra). Perceba, ou tente imaginar a situação inversa, e ela será a de Júpiter no momento atual.

Todo o nosso sistema está mudando imperceptivelmente sua posição no espaço. A distância relativa entre planetas permanece sempre a mesma, e não é afetada de modo algum pelo deslocamento do sistema inteiro; e como a distância entre este sistema e as estrelas e outros sóis é tão incomensurável que o deslocamento produzirá uma mudança pequena, talvez totalmente imperceptível nos próximos séculos e milênios, nenhum astrônomo perceberá o fato *telescopicamente* até que Júpiter e alguns outros planetas, cujos pequenos pontos luminosos escondem atualmente da nossa vista milhões e milhões de estrelas (cerca de 5000 a 6000 milhões), nos permitam subitamente dar uma olhada em alguns dos Raja-Sóis[41] que agora estão ocultando. Há uma tal estrela-rei exatamente atrás de Júpiter, que nenhum olho mortal jamais viu durante essa nossa Ronda. Se ela pudesse ser vista, ainda pareceria, através do

---

[39] Isto é, cerca de 300.000 quilômetros por segundo. (N. ed. bras.)

[40] O cientista Rupert Sheldrake, refletindo sobre a ciência do final do século 20, mostra as significativas incertezas científicas sobre a velocidade da luz no seu livro *"Seven Experiments That Could Change The World",* Riverhead Books, N. Iorque, 1995, pp. 193 e seguintes. (N. ed. bras.)

[41] *Raja-Sóis* – reis-sóis. (N. ed. bras.)

melhor telescópio, dotado do poder de aumentar dez mil vezes seu diâmetro, um ponto pequeno e sem dimensões, lançado à sombra pelo brilho de qualquer planeta; no entanto, esse mundo é milhares de vezes maior que Júpiter. A violenta perturbação da atmosfera deste último, e mesmo aquela mancha vermelha que tanto intriga a ciência ultimamente são devidos – (1) àquele deslocamento e (2) à influência daquela Raja-Estrela. Em sua posição atual no espaço, embora seja imperceptivelmente pequena, as substâncias metálicas que são seu principal componente estão expandindo-se e transformando-se gradualmente em fluidos aeriformes (o estado da nossa própria terra e de seus seis globos irmãos antes da primeira Ronda) e tornando-se parte da sua atmosfera. Tire disso suas conclusões e deduções, meu caro chela "leigo", mas tenha cuidado para, ao fazê-lo, não sacrificar seu humilde instrutor e a própria doutrina oculta no altar da sua Deusa colérica – a *ciência moderna.*

[**(12)** Há alguma coisa de verdade na nova teoria de Siemens da combustão solar, isto é, de que o sol, em sua passagem pelo espaço, reúne nos pólos gás combustível (que está difundido por todo espaço em condições altamente rarefeitas) e o expele novamente no equador depois que o intenso calor daquela região dispersou outra vez 'os elementos que a combustão havia unido temporariamente?]

(12) Receio que não haja muita, já que o nosso Sol é apenas um reflexo. A única grande verdade expressada por Siemens é que o espaço interestelar está preenchido por matéria altamente rarefeita, tal como a que pode ser colocada em tubos de vácuo de ar, e que ela se estende de um planeta a outro e de uma estrela a outra. Mas essa verdade não tem influência sobre os principais fatos alegados por ele. O sol dá *tudo* e não recebe *nada* do seu sistema. O Sol nada recolhe "nos pólos" – que estão sempre livres até mesmo das "chamas vermelhas", em todos os momentos, e não só durante os eclipses. Como é que, com seus potentes telescópios, eles não puderam perceber nenhuma destas "coletas", já que suas lentes lhes mostram até as "nuvens extremamente felpudas" da fotosfera? Nada pode chegar ao sol de *fora* das fronteiras do seu próprio sistema na forma de matéria tão *grosseira* como "gases rarefeitos". Cada porção de matéria, em todos os seus *sete* estados, é necessária à vitalidade dos vários e inúmeros sistemas – mundos em formação, sóis que estão despertando novamente para a vida, etc., e eles nada têm sobrando, nem sequer para os seus melhores vizinhos e parentes mais próximos. São mães, e não mães adotivas; não tirariam nem uma migalha do alimento dos seus filhos. A recente teoria da energia radiante, que mostra que não há na natureza – propriamente – uma coisa tal como a luz química,

ou raios de calor, é a única aproximadamente correta. Porque de fato há apenas uma coisa – energia radiante que é *inesgotável* e não sofre nem acréscimo nem diminuição, e prosseguirá com seu trabalho autogerador até o final do manvantara Solar. A absorção das Forças Solares pela terra é tremenda; entretanto está demonstrado ou pode ser demonstrado que esta última mal recebe 25 por cento da força química dos seus raios, porque estes são despojados de 75 por cento durante a sua passagem vertical através da atmosfera, no momento em que eles atingem a fronteira externa do "oceano aéreo". E mesmo estes raios perdem cerca de 20 por cento do seu poder iluminador e calórico, segundo nos é dito. Qual, então, com tamanha *perda,* pode ser o poder de recuperação do nosso Pai-Mãe Sol? Sim; use o nome "Energia Radiante" se quiser; nós a chamamos de Vida – a vida que tudo permeia, onipresente, sempre trabalhando em seu grande laboratório – o SOL.

[(13) Poderia ser dada alguma indicação das causas das variações magnéticas – as mudanças diárias em dados lugares, e a aparentemente caprichosa curvatura das linhas isogônicas[42] que mostram declinações iguais? Por exemplo – por que há uma região na Ásia oriental onde a agulha não mostra variação do verdadeiro norte, embora as variações sejam registradas em todos os pontos ao redor daquele lugar? (Os seus Senhores têm alguma coisa a ver com essa situação peculiar de coisas?)]

(13) Nenhuma pista pode ser dada pelos seus cientistas, cuja "arrogância" os faz declarar que só quem considera que a palavra "magnetismo" designa um agente misterioso pode pensar que a ideia de que o Sol seja um imenso ímã explica a produção, por aquele corpo, de luz, de calor e das causas das variações magnéticas tal como são percebidas em nossa terra. Eles estão decididos a ignorar e assim rejeitar a teoria sugerida a eles por Jenkins, da R.A.S., sobre a existência de fortes pólos magnéticos *acima* da superfície da terra. Mas essa é a teoria correta, apesar disso; e um desses pólos gira em torno do pólo norte em um ciclo periódico de várias centenas de anos. Halley e Flamsteed – além de Jenkins – foram os únicos cientistas que alguma vez suspeitaram disso. Respondo a sua pergunta também pedindo que lembre de outra suposição *desmentida.* Jenkins fez o melhor que pôde, três anos atrás, para provar que é o extremo norte da agulha da bússola que constitui o verdadeiro pólo norte, e não o oposto, como a teoria científica predominante afirma. Ele foi informado de que o local em Boothia onde sir James Ross colocou o pólo norte magnético era puramente imaginário; *ele não*

---

[42] *Isogônica* é a linha que liga os pontos de igual declinação magnética na superfície terrestre. (N. ed. bras.)

***é lá.* Se ele está errado (e *nós* com ele), então a teoria magnética de que pólos semelhantes se repelem e pólos opostos se atraem também deve ser declarada uma falácia; já que se a extremidade norte da agulha de inclinação *é um pólo sul,* então o fato de ela apontar para o solo em Boothia – como vocês chamam o local – *deve ser devido à atração?* E se há qualquer coisa lá capaz de atraí-la, por que motivo a agulha em Londres não é atraída nem para o solo de Boothia nem para o centro da terra? Como foi argumentado de modo muito correto, se o pólo norte da agulha apontava quase perpendicularmente para o solo de Boothia, é simplesmente porque ele era repelido pelo verdadeiro pólo norte magnético, quando sir J. Ross esteve lá cerca de meio século atrás.**

Não; nossos "Senhores" nada têm a ver com a inércia da agulha. Ela se deve à presença de certos metais em estado de fusão naquele local. O aumento de temperatura diminui a atração magnética, e muitas vezes uma temperatura suficientemente alta a destrói por completo. A temperatura de que falo é, no caso, mais precisamente uma aura, uma emanação, do que qualquer coisa que a ciência atual conheça. Naturalmente, esta explicação *nunca* será válida de acordo com o conhecimento científico atual. Mas nós podemos esperar e ver. Estude magnetismo com ajuda das doutrinas ocultas, e então aquilo que hoje parece incompreensível, *absurdo* à luz da ciência física, se tornará completamente claro.

[**(14)** Poderiam quaisquer outros planetas além dos que são conhecidos pela astronomia moderna (não penso, aqui, em meros planetoides) ser descobertos por instrumentos físicos, caso estes sejam adequadamente dirigidos?]

(14) Eles têm que ser. Nem todos os planetas intramercuriais, e nem aqueles que estão na órbita de Netuno, foram ainda descobertos, embora haja fortes suspeitas sobre a existência deles.[43] Nós sabemos que eles existem e *onde* eles estão; e que há inúmeros planetas "consumidos

[43] Esta carta é de outubro de 1882. Quase cinco décadas depois, em 1930, foi descoberto o planeta Plutão. A lua de Plutão, Caronte, foi descoberta apenas em 1978. O diâmetro de Caronte, de cerca de 1.200 quilômetros, é igual a cerca da metade do diâmetro do próprio Plutão, que forma com ela praticamente um "par dinâmico de planetas". Por outro lado, a menção a "planetas na órbita de Netuno" é bastante valiosa. Há uma íntima relação entre as órbitas de Netuno e Plutão: este último dá duas voltas em torno do Sol exatamente no mesmo tempo em que Netuno dá três voltas, e esta sincronicidade "não é coincidência", segundo os cientistas atuais. Plutão demora 248 anos, aproximadamente, para girar em torno do Sol. Ele está mais distante do Sol que Netuno durante esse giro, com a exceção de um período de 20 anos. De 1979 a 1999, por exemplo, Netuno esteve mais distante do Sol que Plutão. (N. ed. bras.)

pela queima", como eles dizem – em *obscurecimento,* segundo nós dizemos – planetas em formação e ainda não luminosos, etc. Mas dizer "nós sabemos" tem pouco utilidade para a ciência, quando os espíritas não admitem nosso conhecimento. O tasímetro[44] de Edison, ajustado ao seu grau máximo de sensibilidade e anexado a um grande telescópio, poderá ser muito útil quando aperfeiçoado. Anexado deste modo, o "tasímetro" terá a possibilidade de medir não só o calor da mais remota das estrelas visíveis, mas de detectar, por suas vibrações invisíveis, estrelas que nunca foram vistas e que se não fosse por isso seriam impossíveis de detectar, e portanto também planetas. O seu inventor[45], membro da S.T., e bastante protegido por M., pensa que se em qualquer ponto no espaço vazio dos céus – um espaço que parece vazio mesmo para um telescópio da maior potência – o *tasímetro* indica um acréscimo de temperatura e o faz invariavelmente, essa será uma prova adequada de que o instrumento tem dentro de seu campo de observação um corpo estelar, mesmo que ele seja não-luminoso ou tão distante que fica fora do alcance da visão telescópica. Seu *tasímetro,* diz ele, "é afetado por um espectro mais amplo de ondulações etéricas do que as que o olho pode perceber". A ciência *ouvirá* sons de certos planetas antes de vê-los. Isso é uma *profecia.*[46] Infelizmente, eu não sou um Planeta, nem sequer um "planetário". Se fosse, eu lhe aconselharia conseguir um *tasímetro* com ele, evitando assim o meu trabalho de escrever a você. Então eu trataria apenas de permanecer dentro do seu "campo de observação".

---

[44] *Tasímetro* – aparelho elétrico usado para determinar minúsculas mudanças de temperatura através das mudanças de pressão provocadas por sólidos que se expandem ou contraem. (N. ed. bras.)

[45] Thomas Edison, membro honorário da S.T. (N. da 3ª ed.)

[46] A profecia cumpriu-se a partir de 1960. Até a primeira metade do século vinte, não havia evidências de que os astros emitissem outras ondas além das ondas luminosas. Desde então, a radioastronomia, que trabalha com ondas eletromagnéticas cuja frequência se converte em som, adquiriu grande importância nas pesquisas astronômicas. Em 1960, a radioastronomia descobriu os Quasares, objetos cósmicos muito distantes, relativamente pequenos, mas extremamente luminosos. Considera-se que os quasares consistem de buracos negros "engolindo" estrelas e gás. O violento processo do "engolir" gera a luz. Em 1965, os físicos Arno Penzias e Robert Wilson descobriram pelo mesmo processo a radiação cósmica de fundo. Em 1967, a radioastronomia descobriu os Pulsares, que são estrelas de nêutrons, um estágio da vida das estrelas que é posterior ao da Supernova. (N. ed. bras.)

[(15) Quando você escreveu: "Você experimentou monotonia durante aquele momento que você considerava na época e considera hoje como o de maior bem-aventurança que já sentiu?"

Você se referia a algum momento ou acontecimento específico em minha vida, ou estava apenas se referindo a uma quantidade X – o momento mais feliz, seja ele qual for?]

(15) Não, meu amigo; não sou tão indiscreto assim, simplesmente deixei você com suas próprias reminiscências. Cada criatura mortal, mesmo a menos favorecida pela Fortuna, tem tais momentos de relativa felicidade em algum momento de sua vida. Por que você não teria?

Sim, eu me referia a uma quantidade X.

[(16) Você diz: – "Lembre-se de que nós criamos a nós próprios, nosso Devachan e nosso Avitchi, e principalmente durante os últimos dias e mesmo os últimos momentos das nossas vidas sensíveis."]

(16) Segundo uma crença amplamente difundida entre todos os hindus, o futuro estado pré-natal e o nascimento de uma pessoa são moldados pelo último desejo que ela pode ter no momento da morte. Mas este último desejo, dizem eles, depende necessariamente da forma que a pessoa tenha dado a seus desejos, paixões, etc., durante a sua vida passada. É por essa mesma razão, isto é, para que nosso último desejo não seja desfavorável ao nosso progresso futuro – que devemos observar nossas ações e controlar nossas paixões e desejos ao longo de toda nossa trajetória terrena.

[(17) Mas será que os pensamentos em que a mente pode estar envolvida no último momento dependem *necessariamente* do caráter predominante da vida passada? Caso contrário pareceria que o caráter do Devachan ou Avitchi da pessoa poderia ser determinado caprichosa e injustamente pelo acaso que trouxe para uma posição dominante, no final, algum pensamento específico?]

(17) *Não pode* ser de outro modo. A experiência de homens que estavam morrendo – por afogamento ou outros acidentes – e são trazidos de volta à vida tem corroborado nossa doutrina em quase todos os casos. Tais pensamentos são *involuntários* e não temos mais controle sobre eles do que teríamos sobre a retina do olho para impedir que ela percebesse aquela cor que mais a afeta. No último momento, toda a vida é refletida em nossa memória e emerge em todos os ângulos e detalhes, imagem após imagem, um acontecimento depois do outro. O cérebro moribundo expele a memória com um forte impulso supremo, e a memória devolve fielmente cada impressão confiada a ela durante o período da atividade cerebral. A impressão – e o pensamento – que foi mais

forte naturalmente se torna a mais vívida e sobrevive, digamos, a todo o resto que agora se desvanece e desaparece para sempre, para reaparecer apenas no Devachan[47]. Nenhum homem morre insano ou inconsciente – ao contrário do que dizem alguns fisiólogos. Mesmo um *louco,* ou alguém que esteja sob um ataque de *delirium tremens* terá seu instante de perfeita lucidez no momento da morte, embora seja incapaz de dizer isso aos presentes. O homem pode frequentemente parecer morto. No entanto desde a última pulsação, entre a última batida do seu coração e o momento em que a última fagulha de calor animal deixa o corpo – *o cérebro pensa* e o *Ego* revive de novo naqueles poucos e breves segundos toda a sua vida. Que falem em sussurros vocês que assistem a um leito de morte e se encontram na presença solene da Morte. Devem permanecer quietos especialmente logo após a Morte colocar sua mão fria e úmida sobre o corpo. Falem em sussurros, digo, para que não perturbem a calma vibração do pensamento, prejudicando o trabalho ativo do Passado que lança seu reflexo sobre o Véu do Futuro.

[**(18)** "A completa lembrança de nossas vidas só virá no final do ciclo menor".

"Ciclo menor" significa aqui uma ronda, ou todo o manvantara da nossa cadeia planetária?

Isto é, nós lembramos nossas vidas passadas no Devachan do mundo Z, no final de cada ronda, ou só no final da sétima ronda?]

(18) Sim, a lembrança "completa" de nossas vidas (vidas *coletivas)* voltará no final *de todas as sete Rondas,* no limiar do longo, longo Nirvana que nos espera depois que deixarmos o globo Z. No final das Rondas isoladas, lembramos apenas a soma total das nossas últimas impressões, aquelas que nós houvermos selecionado, ou melhor, que se houverem *imposto* sobre nós e seguido conosco ao *Devachan.* Aquelas vidas são todas "probatórias", com grandes indulgências e novas oportunidades oferecidas a nós a cada novo nascimento. Mas ao final do ciclo menor, depois de completar todas as sete Rondas, não haverá *outra* misericórdia além do fato de que o prato das boas ações, do *mérito,* pese mais que o prato dos *maus* atos e do *demérito* na balança da Justiça Compensatória. Mau, irreparavelmente mau, deve ser aquele *Ego* que não produz coisa alguma de bom com seu quinto princípio, e *tem* que ser aniquilado, para desaparecer na *Oitava Esfera.* Qualquer coisa de bom,

47 **Pela graça divina! Se eu tivesse esquecido, em minha pressa, de acrescentar as últimas cinco palavras, eu não teria sido acusado de entrar em uma *flagrante* contradição?** (Nota do Mahatma)

como digo, extraída do Ego Pessoal, é suficiente para salvá-lo do Destino melancólico. Não é assim depois de completado o grande ciclo; haverá um longo Nirvana de Bem-Aventurança (embora ele possa ser inconsciente, de acordo com as suas concepções grosseiras); depois do que, a vida como um Dhyan Chohan durante todo o Manvantara, ou então o *"Nirvana de Avitchi"* e um Manvantara de sofrimento e Horror como um — você não deve ouvir a palavra nem eu pronunciá-la ou escrevê-la. Mas "estes" nada têm a ver com os mortais que passam pelas sete esferas. O Carma *coletivo* de um futuro Planetário é tão encantador quanto o Carma coletivo de um — é terrível. Suficiente. Eu já disse demasiado.

[**(19)** Você diz: "E mesmo as cascas daqueles homens bons cujas páginas não estarão faltando no grande livro das vidas – mesmo elas recuperarão suas lembranças e uma aparente autoconsciência só depois que o sexto e o sétimo princípios, com a essência do quinto, tiverem ido para o seu período de gestação."]

(19) É verdadeiramente assim. Até que comece a luta entre a díade superior e a díade média – *(com a exceção dos suicidas, que não estão mortos, mas mataram apenas sua tríade física, e cujos elementais parasitas, portanto, não estão naturalmente separados do Ego como na morte real)* – até que aquela luta, digo eu, tenha começado e terminado, nenhuma casca pode compreender sua situação. Quando o sexto e sétimo princípios tiverem ido, levando consigo as partes mais finas e espirituais daquilo que certa vez foi a consciência *pessoal* do quinto princípio, só então a casca gradualmente desenvolve uma espécie de vaga consciência própria a partir do que permanece na sombra da personalidade. Não há contradição aqui, meu caro amigo – apenas falta de nitidez nas suas próprias percepções.

[**(20)** Um pouco mais adiante: "Quer o Ego pessoal tenha sido bom, mau ou indiferente, sua consciência o deixa tão subitamente quanto a chama deixa a mecha – suas faculdades perceptivas são extintas para sempre". **(Bem, poderá um cérebro físico, *uma vez morto,* reter suas faculdades perceptivas? Aquilo que perceberá, na *casca,* é algo que percebe com uma luz emprestada ou refletida. Veja as notas.)**

Então qual é a natureza da lembrança e da autoconsciência da casca? Isso toca uma questão sobre a qual tenho pensado com frequência – desejando mais explicações – a extensão da identidade pessoal nos elementários.]

(20) Tudo aquilo que pertence aos atributos e às sensações psicológico-materiais dos cinco skandhas inferiores; tudo aquilo que será posto fora como rejeito pelo Ego recém-nascido no Devachan; como indigno e como não tendo suficientes relações com as percepções, emo-

ções e os sentimentos puramente espirituais do sexto princípio, que são fortalecidos e, digamos, *cimentados* por uma parte do quinto princípio, aquela parte que é necessária no Devachan para a retenção de uma noção divina, espiritualizada, do "Eu" na *Mônada* – que de outro modo não teria consciência alguma em relação a objeto e sujeito – tudo isto *"se extingue para sempre"*, isto é, no momento da morte física, para retornar outra vez, reunindo-se diante da visão do novo Ego no limiar do Devachan para ser rejeitado por ele. Isso retornará pela *terceira* vez *completamente* ao final do ciclo menor[48], depois de completadas as sete Rondas, quando a *soma total* das existências coletivas será pesada – o "mérito" em um prato, o "demérito" no outro prato da balança. Mas naquele indivíduo, no Ego – "bom, mau ou indiferente" na *personalidade* isolada – a consciência se afasta tão subitamente como "a chama deixa a mecha". Apague sua vela, bom amigo. A chama abandonou *aquela* mecha "para sempre"; mas as partículas que se movimentavam, e cujo movimento produzia a chama *objetiva,* são aniquiladas ou dispersas por isto? *Nunca.* Acenda novamente a vela e as mesmas partículas, atraídas pela afinidade mútua, retornarão à mecha. Coloque uma longa fila de velas sobre sua mesa. Acenda uma e a apague; depois acenda a outra e faça o mesmo; a terceira, e a quarta, e assim por diante. A mesma matéria e as mesmas partículas gasosas – representando em nosso caso o Carma da personalidade – serão chamadas à frente pelas condições dadas a elas pelo seu fósforo, para produzir uma nova luminosidade; mas nós podemos dizer que a vela nº 1 não teve sua chama extinta para sempre? Nem mesmo no caso das "falhas da natureza", da reencarnação *imediata* de crianças e deficientes mentais congênitos, etc., que tanto provocaram a indignação de C.C.M., nós podemos chamá-las de ex-personalidades *idênticas; embora o conjunto do mesmo princípio vital e identicamente o mesmo MANAS (quinto princípio) reentrem em um novo corpo* e possam ser verdadeiramente chamados de "uma reencarnação da personalidade" – enquanto que, no renascimento dos Egos dos *devachans* e *avitchis* para a vida cármica, são apenas os atributos espirituais da Mônada e seu Buddhi que renascem. Tudo o que podemos dizer das "falhas" reencarnadas é que elas são *Manas* reencarnando, o quinto princípio do sr. Smith ou da senhorita Grey, mas certamente não podemos dizer que estas são as reencarnações do sr. S. e da senhorita G. Portanto, a explicação clara e concisa (embora talvez menos literária do

---

48 O "ciclo menor" mencionado aqui é o conjunto das sete rondas, conforme reforça e esclarece a resposta 2 da Carta nº 104. (N. ed. bras.)

que seria se fosse feita por você) dada a C.C.M. no *Theosophist,* em resposta ao ataque malévolo dele em *Light,* é não só correta mas também *sincera;* e tanto você como C.C.M. foram injustos com Upasika e mesmo comigo, que havia dito a ela o que escrever; já que até mesmo *você* entendeu mal minha queixa e lamentação em relação às explicações confusas e tortuosas em *Ísis* (por cujo *caráter incompleto* ninguém é responsável exceto nós, os inspiradores dela) e minha reclamação por ter tido que usar toda minha "habilidade"[49] para tornar a coisa clara, foi tomada como *habilidade*[50] no sentido de esperteza e astúcia, enquanto que eu queria significar *habilidade*[51] no sentido de um profundo desejo (embora muito difícil de realizar-se) de corrigir e esclarecer o mal-entendido. Desde o início da nossa correspondência, não sei de nada que tenha desagradado o *Chohan* tanto quanto isto. Mas não devemos voltar mais ao assunto.

Mas você pergunta qual é, então, "a natureza da lembrança e da autoconsciência da casca". Como eu disse em sua nota, nada mais que uma luz refletida ou emprestada. "Memória" é uma coisa, e "faculdades perceptivas" algo completamente diferente. Um louco pode lembrar muito claramente algumas partes de sua vida passada; no entanto ele é incapaz de perceber qualquer coisa de modo adequado porque a parte mais elevada de seu *Manas* e o seu *Buddhi* estão paralisados nele, o deixaram. Se um animal – um cachorro, por exemplo – pudesse falar, ele poderia provar para você que a memória dele, que está em relação direta com sua personalidade canina, é tão boa quanto a que você tem; no entanto, a memória e o instinto dele não podem ser chamados de "faculdades perceptivas". Um cachorro lembra que seu dono bateu nele quando vê este pegar a vara. Em todos os outros momentos ele não lembra disso. O mesmo ocorre com uma casca; uma vez na aura de um médium, tudo o que ela percebe, através dos órgãos emprestados do médium e daqueles que estão em simpatia magnética com este último, é percebido por ela muito claramente – mas nada *além* do que a casca pode encontrar nas faculdades perceptivas e memórias do *círculo* e do médium – daí frequentemente as respostas racionais e às vezes altamente inteligentes; daí também o completo esquecimento de coisas sabidas por todos mas ignoradas por aquele médium e aquele círculo. A casca de um homem altamente inteligente, culto, mas nada espiritualizado e

---

49 *Ingenuity,* no original. (N. ed. bras.)

50 *Ingeniousness,* no original. (N. ed. bras.)

51 *Ingenuousness,* no original. (N. ed. bras.)

que teve uma morte natural, durará mais tempo e, com a ajuda da *sombra* da sua própria memória – aquela sombra que é o rejeito do sexto princípio deixado no quinto –, ele pode fazer discursos através de oradores em transe e repetir como um papagaio aquilo que ele sabia e pensava com frequência durante sua vida. Mas encontre-me *um só* exemplo nos anais do Espiritismo em que uma casca de um Faraday ou de um Brewster (porque até mesmo eles foram levados a cair na armadilha da atração mediúnica) disse uma só palavra a mais do que sabia durante sua vida! Onde está aquela casca científica que alguma vez deu provas do que alega em nome do "*Espírito* desencarnado" – isto é, que uma Alma livre, o Espírito libertado dos grilhões do seu corpo, percebe e vê o que é oculto para os olhos vivos e mortais? Desafie sem medo os espíritas, digo eu! Desafie os melhores, os mais confiáveis entre os médiuns – Stainton Moses por exemplo – a dizer, através daquela alta casca desencarnada que ele confunde com o "Imperator" dos primeiros tempos da sua mediunidade, a dizer-lhe o que você tem oculto em sua caixa, se S.M. não sabe o que é; ou a repetir a você uma linha de um manuscrito sânscrito desconhecido do médium dele, ou qualquer coisa semelhante. Pro pudore![52] Eles os chamam *Espíritos?* Espíritos com lembranças *pessoais?* Do mesmo modo pode-se chamar de lembranças pessoais as frases cantadas por um papagaio. Por que você não pede que C.C.M. teste +? Por que não deixar a mente dele e a sua em repouso, sugerindo a ele que peça a um amigo ou conhecido dele, que seja desconhecido de S.M., para que escolha um objeto cuja natureza permanecerá por seu turno desconhecida de C.C.M., e então ver se + será capaz de descrever aquele objeto – algo que é possível até mesmo para um bom clarividente? Que o "Espírito" de Zöllner – agora que ele está na "quarta dimensão do espaço", e já fez aparições com vários médiuns – diga a eles a última palavra da sua descoberta, e complete sua filosofia astrofísica. Não; Zöllner, quando estiver palestrando através de um médium inteligente, rodeado de pessoas que lêem seus livros e estão interessadas neles – repetirá em vários tons aquilo que é conhecido de outros (nem sequer aquilo que só ele sabia, muito provavelmente), enquanto o público crédulo e ignorante confunde o *post-hoc* com o *propter-hoc*[53] e fica firmemente convencido da identidade do *Espírito.* De fato, valerá a pena que

[52] *Pro pudore:* Em latim, "Pelo pudor!", isto é, "que vergonha!". (N. ed. bras.)

[53] *Post-hoc* e *propter-hoc* – literalmente, "depois disso" e "por causa disso". Uma versão informal dessa expressão poderia ser "*confunde alhos com bugalhos".* (N. ed. bras.)

você estimule investigações nesta direção. Sim; a consciência pessoal realmente abandona a todos no momento da morte; e mesmo quando o centro de memória é restabelecido na casca, esta só lembrará e falará das suas recordações através do cérebro de algum ser humano *vivo.* Portanto –

[**(21)** O Ego espiritual vai fazendo círculos através dos mundos, retendo o que possui de identidade e de autoconsciência, sempre, nem mais nem menos. *(a)* Mas ele está continuamente produzindo personalidades, nas quais para todos os efeitos o sentido de identidade, enquanto ele permanece unido a elas, é bastante completo. *(b)* Bem, entendo que essas personalidades são em cada caso evoluções absolutamente novas. A.P. Sinnett é, para todos os efeitos, uma invenção absolutamente nova. Porém, ele vai deixar para trás uma casca que sobreviverá durante algum tempo. *(c)* Supondo que a mônada espiritual temporariamente envolvida nesta encarnação encontrará no quinto princípio suficiente material adequado para utilizar. *(d)* Essa casca não terá consciência imediatamente após a morte, porque "ela necessita um certo tempo para estabelecer seu novo centro de gravidade e produzir sua própria percepção". *(e)* Mas quanta consciência ela terá quando tiver feito isso? *(f)* Ela ainda será o A.P. Sinnett no qual o Ego espiritual pensará, mesmo no final, como se fosse uma pessoa que tivesse conhecido – ou ela terá consciência de que a individualidade se afastou? Ela será capaz de raciocinar sobre si mesma, de algum modo, e de lembrar algo dos que foram um dia seus mais altos interesses? Lembrará do nome que tinha? *(g)* Ou ela fica inflada com recordações deste tipo apenas em presença de um médium, permanecendo adormecida nos outros momentos? *(h)* E será ela consciente de perder qualquer coisa que sente como vida, à medida que gradualmente se desintegra?]

(21) Uma lembrança mais ou menos completa, mas ainda assim vaga, de sua personalidade e da sua vida puramente *física.* Como nos casos de completa insanidade, a separação final das duas díades mais elevadas (7º e 6º, e 5º e 4º), no momento em que a primeira delas vai para gestação, cria entre as duas um golfo impossível de atravessar. Não é nem mesmo uma parte do quinto princípio que é levada, muito menos 2 princípios e meio, como o sr. Hume diz de modo inadequado em *Fragments,* que vão para o Devachan, deixando apenas um princípio e meio para trás. O *Manas,* destituído de seus melhores atributos, fica como uma flor da qual todo aroma afastou-se subitamente, uma rosa esmagada, da qual retirou-se toda sua essência para a fabricação de perfume; o que é deixado para trás é apenas o cheiro de grama em decomposição, terra e podridão.

(a) Acredito que a segunda questão está suficientemente respondida (seu segundo parágrafo). O Ego Espiritual continua produzindo personalidades, nas quais "o senso de identidade" é *muito completo* enquanto estiverem vivas. Depois da separação delas do Ego *físico,* aquele sentido retorna bastante vago, e pertence inteiramente às lembranças do homem *físico*. A casca pode ser um perfeito Sinnett quando inteiramente envolvida em um jogo de cartas em seu clube, enquanto perde ou ganha uma grande soma de dinheiro – ou um Babu Smut Murky Dass, tentando roubar algumas rúpias de seu patrão. Nos dois casos, para qualquer um que tenha o privilégio de conversar durante uma hora com estes ilustres anjos desencarnados, o ex-editor e o Babu iriam parecer, como cascas, muito mais internos de um asilo de lunáticos, levados a desempenhar papéis em um exercício de teatro como meio de recreação, que os Césares e Hamlets que eles representariam. O menor choque os tiraria do equilíbrio e os lançaria em delírios.

(b) Um erro. A. P. Sinnett *não* é "uma invenção absolutamente *nova*". Ele é filho e produto do seu eu pessoal anterior; o descendente *Cármico*, em tudo o que ele sabe, de Nonius Asprenas, Consul do Imperador Domiciano (94 D.C.) junto com Arricinius Clemens[54], e amigo do *Flâmine Dialis* daquele momento (o alto sacerdote de Júpiter e chefe dos *Flâmines*[55] ou do próprio Flâmine – o que poderia explicar o súbito surgimento do amor de A.P. Sinnett pelo misticismo. A.P. Sinnett, o editor e o homem que joga tênis, o Dom Juan *moderado* nos prósperos dias de "Santos, Pecadores e Cenários", identificando-se através da menção a certa verruga ou cicatriz normalmente coberta – estará, talvez, falando mal dos Babus, através de um médium, para algum velho amigo na Califórnia ou Londres.

(c) Ela *encontrará* "suficiente material adequado", e de sobra. Alguns anos de Teosofia produzem isto.

(d) Definido de modo perfeitamente correto.

(e) Tanta consciência quanto há consciência da *personalidade* – na imagem de A.P. Sinnett no espelho – do A.P.S. real e vivo.

(f) O Ego Espiritual não pensará em A.P.S., *casca*, mais do que pensará no último conjunto de roupas que usou; nem será consciente de que a personalidade se foi, já que a única *individualidade* e *personalidade Espiritual* que verá, então, estará somente em si mesmo. *Nosce te*

---

54 Deve ser Clemens Arretinus. (N. da 3ª ed.)

55 *Flâmine* – na antiga Roma, sacerdote dedicado ao culto de um deus específico. (N. ed. bras.)

ipsum[56] **é a ordem direta do oráculo à *mônada Espiritual* no Devachan; e a "heresia da Individualidade" é uma doutrina proposta pelo *Tathagata***[57] **pensando na Casca. Essa última, cuja arrogância é tão proverbial quanto a do médium, quando for lembrada de que *é* A.P.S. – dirá, como num eco: "Claro, não há dúvida, me passe alguns pêssegos em conserva que eu devorei com tanto apetite no café da manhã, e uma taça de vinho tinto!" e, depois disso, quem, entre aqueles que conheciam A.P.S. em Allahabad, ousará duvidar da sua identidade? E, quando deixada sozinha por um curto instante por alguma perturbação no círculo, ou pelo fato de o pensamento do médium desviar-se por um momento para alguma outra pessoa – aquela casca começará a hesitar em seus *pensamentos* sobre se é A.P.S., S. Weeler, ou Ratigan; e terminará por assegurar a si mesma que é Júlio César, *(g)* – e finalmente "permanecendo adormecida".**

***(h)* Não; ela não é consciente desta perda de coesão. Além disso, como um sentimento assim é completamente inútil para os propósitos da natureza, ela dificilmente compreenderia algo que nunca poderia ser sequer sonhado por um médium ou seus congêneres. Ela tem uma vaga consciência da sua própria morte física – embora depois de um considerável período de tempo – isso é tudo. As poucas exceções a esta regra – os casos de feiticeiros parcialmente bem-sucedidos, de pessoas muito más, apaixonadamente apegadas ao Eu – criam um real perigo para os vivos. Essas cascas bastante materiais, cujo último pensamento ao morrer foi "Eu – Eu – Eu, e viver, viver!" frequentemente o sentem de modo instintivo. Também o sentem certos suicidas – embora não todos. O que acontece então é terrível, porque isso se torna um caso de licantropia pós-morte**[58]**. A casca se apega tão tenazmente à sua aparência de vida que prefere buscar refúgio em um novo organismo, em qualquer animal – um cachorro, uma hiena, um pássaro, quando não há nenhum organismo humano disponível – para não se submeter à aniquilação.**

[**(22)** Qual é a natureza da vida que continua no "Planeta da Morte"? É uma reencarnação física com lembrança da personalidade passada, ou uma existência astral como em Kama Loka? É uma existência com nascimento, maturidade e decadência, ou uma prolongação uniforme da velha personalidade dessa terra em condições penalizadoras?]

(22) Uma pergunta que não tenho o direito de responder.

---

[56] *Nosce te ipsum* – Em latim, "conhece a ti mesmo". (N. ed. bras.)

[57] *Tathagata* – o senhor Buda. (N. ed. bras.)

[58] *Licantropia* – Suposta metamorfose de um homem em lobo; em psicologia, doença mental em que o enfermo se julga transformado em lobo. (N. ed. bras.)

[**(23)** Que outros planetas, dos conhecidos pela ciência comum, além de Mercúrio, pertencem ao nosso sistema de mundos?

Os planetas mais espirituais – (A, B & Y, Z) – são corpos visíveis no céu ou todos os conhecidos pela astronomia são do tipo mais material?]

(23) Marte e outros quatro planetas sobre os quais a Astronomia ainda nada sabe. Nem A, B nem Y, Z são conhecidos; tampouco podem ser vistos por meios físicos, mesmo aperfeiçoados.

[**(24)** Será o Sol (a) como Allan Kardec diz: uma morada de seres altamente espiritualizados? (b) Ele é o vértice da nossa cadeia manvantárica? E também de todas as outras cadeias neste sistema solar?]

(24) Decididamente não. Nem mesmo um Dhyan Chohan dos níveis inferiores poderia aproximar-se dele sem ter o seu *corpo* consumido, ou melhor, aniquilado. Só os mais elevados "Planetários" podem examiná-lo de perto. (b) Não, a menos que o consideremos como o vértice de um ângulo. Mas é o vértice de todas as "cadeias" coletivamente. Todos nós, moradores das cadeias, teremos de evoluir, viver e avançar pela escala ascendente e descendente daquela última e mais elevada das cadeias setenárias (na escala da perfeição), antes que o Pralaya Solar absorva nosso pequeno sistema.

[**(25)** Você diz: – Pode acontecer "que o espólio espiritual do quinto princípio resulte ser fraco demais para renascer no Devachan, em cujo caso o seu sexto, ali e naquele momento, se revestirá então de um novo corpo – e ingressará em uma nova existência terrena, seja neste ou em qualquer outro planeta".

(26) Isso parece necessitar mais elucidação. São, esses, casos excepcionais nos quais duas vidas terrenas da mesma mônada espiritual podem ocorrer com distância inferior aos mil anos indicados em certas cartas prévias como o limite extremamente inevitável dessas vidas sucessivas?]

(25 e 26) "Em cujo caso o seu" – o "seu" se refere aos sexto e sétimo princípios, não ao quinto, porque *manas* terá que permanecer como casca em cada caso; só neste caso específico ela não terá tempo de visitar médiuns: porque ela começa a afundar quase imediatamente em direção à oitava esfera. "Ali e naquele momento" na eternidade pode ser um período extremamente longo. Isso significa apenas que, como a mônada não tem corpo *Cármico* para orientar o seu renascimento, cai na não-existência durante um certo período e depois reencarna – certamente não antes de mil ou dois mil anos. Não, não se trata de um "caso excepcional". Salvo algumas poucas exceções no caso de iniciados tais como nossos Teshu-Lamas e os Bodhisatwas e alguns outros, nenhuma mônada reencarna antes do seu ciclo designado.

[**(27)** A referência ao caso de Guiteau causa perplexidade. Posso entender que ele está em um estado no qual o crime que cometeu fica sempre presente em sua imaginação, mas como ele "lança em confusão e desorienta os destinos de milhões de pessoas"?]

(27) "Como ele lança em confusão" ... Se, ao invés de fazer hoje algo que você tem de fazer, você o posterga para o dia seguinte – por acaso isso não lança em confusão – inicialmente de modo invisível e imperceptível, no entanto, poderosamente – muitas coisas e, em alguns casos, embaralha o destino de milhões de pessoas, para o bem ou para o mal, ou simplesmente em conexão com uma mudança – que pode não ter importância em si mesma, mas ainda assim é uma *mudança?* E você pretende dizer que um assassinato tão inesperado e horrendo não influenciou milhões de pessoas?

[**(28)** Obscurecimentos são um assunto atualmente mergulhado na escuridão.

Eles ocorrem depois que o último homem de qualquer ronda determinada passou para o planeta seguinte. Mas eu quero saber como surgirão as formas da próxima ronda superior. Quando as mônadas espirituais da quinta ronda chegarem, que habitações carnais estarão prontas para elas? Voltando à única carta anterior em que você abordou os obscurecimentos, eu percebo: (a) "Nós seguimos a trajetória do homem desde uma ronda até o estado nirvânico entre Z e A. 'A' havia sido deixado morto na última ronda. (Veja nota.) Quando a nova ronda começa, ela captura o novo influxo de vida, acorda novamente à vitalidade, e gera todos os seus reinos de uma ordem superior, até o último".]

(28) Aqui estamos, novamente. De fato, desde que eu cometi a tolice de abordar este assunto – isto é, de colocar a carreta na frente dos bois – minhas noites têm sido destituídas do seu sono até então inocente! Em nome dos céus, leve em consideração os seguintes fatos e os veja em conjunto, se puder. (1) As unidades individuais da humanidade permanecem 100 vezes mais tempo nas esferas transitórias de *efeitos* do que nos globos; (2) Os poucos homens da quinta Ronda não geram filhos da quinta mas sim da sua quarta Ronda. (3) Que os "obscurecimentos" não são *Pralayas*, e que eles duram em uma proporção de 1 para 10, isto é, se um Anel, seja qual for o nome que queiramos dar-lhe, ou seja, o período durante o qual sete raças raízes têm de se desenvolver e alcançar sua última aparição em um globo durante *aquela* Ronda dura, digamos, 10 milhões de anos (naturalmente ele dura muito mais), então o "obscurecimento" não durará mais que *um* milhão de anos. Quando o nosso globo, havendo-se libertado dos seus últimos homens da quarta Ronda e de alguns poucos, muitos poucos, da quinta, for dormir, durante o período do seu descanso, os homens da quinta Ronda estarão descansando

em seus devachans e lokas Espirituais – durante muito mais tempo, de qualquer modo, que os "anjos" da quarta Ronda nos seus, já que são *muito mais perfeitos.* Uma contradição, e um *"lapsus calami*[59] de M.", diz Hume; porque M. escreveu algo perfeitamente correto, embora ele não seja mais infalível do que eu e possa ter se expressado, mais de uma vez, muito descuidadamente.

"Quero compreender como as formas da próxima Ronda superior são produzidas". Meu amigo, tente compreender que você está fazendo perguntas para mim que são pertinentes às mais altas iniciações. Que eu posso dar a você uma visão *geral,* mas que não ouso entrar e não entrarei em detalhes – embora eu o faria se pudesse satisfazê-lo. Você não sente que este é um dos *mistérios mais altos,* acima dos quais não há nenhum outro?

(a) "Morto" apenas para ressuscitar em maior glória. Não é claro o que digo?

[(29) Mas tudo tem que começar novamente do início, com cada ronda produzindo formas humanas das formas animais, formas animais das formas vegetais, etc. Neste caso, a que ronda pertencem os primeiros homens, imperfeitamente evoluídos? Hipoteticamente, à quinta, mas a quinta deveria ser uma raça mais perfeita em todos os aspectos.]

Claro que não, já que ela *não* é destruída, mas permanece cristalizada, digamos – no seu *statu quo.* Em cada Ronda há menos e menos animais – porque estes últimos evoluem para formas mais elevadas. Durante a primeira Ronda *eles* é que foram os "reis da *criação".* Durante a sétima os homens terão se tornado *Deuses,* e os animais – seres inteligentes. Faça suas deduções. Começando com a segunda Ronda, já a evolução prossegue em um plano completamente diferente. Tudo está evoluído e tem apenas que prosseguir em sua jornada cíclica e aperfeiçoar-se. É apenas na primeira Ronda que o homem se transforma, de humano no Globo B, em um mineral, uma planta, e um animal no Planeta C.[60] O método muda inteiramente desde a segunda Ronda; mas – aprendi a ser prudente com você; e *nada direi* antes que tenha chegado o tempo certo para dizer. E agora, você tem um volume; quando você absorverá isto? Serei suspeito de quantas contradições antes que você entenda o todo corretamente?

Apesar disso, e muito atenciosamente,

K.H.

---

[59] *Lapsus calami* – em latim, "lapso da pena", erro que escapou à pena de quem escreve. (N. ed. bras.)

[60] Isto é, a mônada tem trabalho dobrado, nos primeiros globos da primeira Ronda. Ela será recompensada mais tarde. (N. ed. bras.)

Carta nº 94 (ML-117) Recebida em outubro de 1882

Este é um texto de apresentação de Mohini Chatterjee, um dos chelas indianos. Mohini, como ele era conhecido, havia nascido em Calcutá, de casta brâmane, e era descendente de Ram Roy, um famoso reformador do hinduísmo.

Não há como saber precisamente qual era a "missão" de Mohini junto a Sinnett, mas parece haver indícios de que ela se referia ao final do ciclo mencionado várias vezes nas cartas de setembro a novembro de 1882. Este final de ciclo era o término dos primeiros sete anos da Sociedade Teosófica.

Isto apresentará a meu Chela (leigo) nº 1, o meu "Chela leigo nº 2" – Mohini Babu. As experiências deste último e o que ele tem a dizer interessarão o sr. Sinnett. Mohini Babu é mandado por mim com uma certa missão que diz respeito ao próximo e bastante ameaçador fim de ciclo (teosófico) – e não tem tempo a perder. Por favor, receba-o imediatamente e recolha seu testemunho.

Atenciosamente,
K.H.

Carta nº 95 (ML-72) Recebida em novembro de 1882

As cartas nº 95 e nº 96 formam, na verdade, uma carta; a carta nº 96 é um pós-escrito da carta nº 95.

Meu bom Irmão – o pequeno doutor e o chela Mohini explicarão a você o objetivo da visita deles e de uma *séria conferência* que eu acredito ser necessária. As objeções do ano passado estão ressurgindo, também; você tem uma carta minha em que explico *por que* nós nunca *guiamos* nossos chelas (mesmo os mais avançados); nem os avisamos antecipadamente, mas deixamos que os efeitos produzidos pelas causas criadas por eles ensinem-lhes uma melhor experiência. Por favor, leve em conta aquela carta em especial. Antes que o ciclo termine, cada concepção errônea deveria ser eliminada. Eu confio e dependo de você para esclarecê-las inteiramente nas mentes dos membros de Prayag.[1] Eles formam

[1] Teosofistas de Allahabad, que ficavam importunando os Mahatmas para que se correspondessem com eles. (Ed. C.)

um grupo importuno – especialmente Adityaram, que influencia todo o conjunto. Mas o que eles dizem da noite passada está certo. Você foi carregado um pouco longe demais pelo seu entusiasmo em relação ao ocultismo e o misturou de modo muito imprudente com Fraternidade Universal. Eles explicarão tudo a você.

Atenciosamente,

K.H.

Carta nº 96 (ML-92) Recebida em novembro de 1882

O conteúdo da Carta nº 96 foi discutido nas notas sobre a Carta nº 83 (ML-125).

23.11.82.

P.S. – Pode ocorrer que em função de objetivos próprios nossos médiuns e seus fantasmas sejam deixados à vontade e livres não só para personificar os "Irmãos", mas até mesmo para *forjar nossa letra manuscrita.* Tenha isto presente e esteja preparado para o fato em Londres. A menos que a *mensagem* ou comunicação ou seja o que for esteja *precedida* pelas três palavras "Kin-t-an, Na-lan-da, Dha-ra-ni", *saiba que não sou eu, nem é de mim.*

K.H.

Carta nº 97 (ML-70) Recebida em 7 de dezembro de 1882

Não há certeza sobre a data desta carta, e portanto não há como dizer quais eram as reais circunstâncias. Talvez o lugar exato desta carta na cronologia seja menos importante que o fato de que, aparentemente, Sinnett continuava ansiando por um contato pessoal com o Mahatma, e este tinha que dizer: "ainda não".

Você já terá percebido, meu amigo, que não fui surdo ao seu apelo a mim, embora não pudesse responder a ele como você – e também eu – poderia haver desejado, levantando por um momento o véu cada vez mais fino entre nós. "Quando?", você pergunta. Posso apenas respon-

der, "ainda não". A sua provação não terminou, tenha um pouco mais de paciência. Ao mesmo tempo, você conhece o caminho da jornada, ele está claramente diante de você agora, embora a opção por um caminho mais fácil ainda que mais longo possa esperar por você no futuro distante.

Adeus, meu Irmão.
Sempre com simpatia,

K.H.

Carta nº 98 (ML-105) Recebida em dezembro de 1882

Esta carta é uma resposta a uma carta de Sinnett para o Mahatma K.H., na qual, aparentemente, ele havia contado um acontecimento de sua vida que teria grandes consequências.

Convém lembrar que durante a viagem de Sinnett à Inglaterra, em 1881, foi lançado o seu primeiro livro, O Mundo Oculto. *A obra, conhecida por muitos teosofistas, aborda amplamente fenômenos produzidos por H.P.B. e inclui informação sobre os Mahatmas, com os quais Sinnett havia iniciado correspondência através de H.P.B.* O Mundo Oculto *teve profunda repercussão pública naquela época, mas fez com que Sinnett enfrentasse o desagrado da comunidade anglo-indiana e o afastamento dos proprietários do jornal* The Pioneer, *do qual ele era o editor. Sua relação com eles, a partir deste momento, ficou instável. Pouco depois houve uma mudança administrativa: um inglês de nome Rattigan comprou o jornal. Ele tinha ainda menos simpatia por Sinnett e aparentemente não tinha dúvidas a respeito da ideia de ver-se livre dele (ou talvez tivesse menos inibições).*

Finalmente, em novembro de 1882, Sinnett foi notificado do término dos seus serviços como editor deste importante jornal, embora a decisão só devesse ser cumprida após o prazo de um ano. Essa parecia ser uma decisão bastante benévola, já que dava a Sinnett tempo para reorganizar-se.

Presumivelmente ele escreveu ao Mahatma K.H. sobre os acontecimentos, e pode haver sugerido a criação de outro jornal para promover a liberdade política na Índia. Naturalmente não temos a carta de Sinnett, mas a correspondência subsequente indica que esse era o caso. Assim, temos o início do que tem sido chamado de "A Tentativa do Phoenix."[1]

---

[1] Em inglês, *The Phoenix Venture*. *"Venture"* significa também empreendimento arriscado, especulação, aventura. (N. ed. bras.)

O procedimento desagradável mencionado no segundo parágrafo foi uma reunião da Sociedade Teosófica Eclética em Simla, provavelmente quando H.P.B. e Sinnett estavam lá visitando os Hume em 1881, para avaliar uma carta de um homem chamado S.K. Chatterji. A carta estava endereçada para Hume e continha afirmações depreciativas sobre a Teosofia e H.P.B.

Aparentemente Hume mandou a carta para o Mahatma K.H., para que a lesse, e ele a devolveu através de H.P.B. Ao devolvê-la a Hume, ela disse que o Mahatma havia dado ordens "através dela para o Conselho Geral" para que convidasse o sr. Chatterji a renunciar à S.T. Isso desagradou a Hume, que declarou que o Mahatma não era um cavalheiro*; e que a carta era privada. O Mahatma diz que a carta* não *era privada, já que Hume a havia feito circular entre os membros. O Mahatma soube disse tudo através de Djual Khul, "que o escutou ele mesmo e tem uma memória excelente". Isso significa que Djual Khul estava lá em seu corpo sutil, já que ele não está entre os que são mencionados pelo Mahatma como presentes.*

Meu caro amigo –

Antes de dar-lhe qualquer resposta definitiva sobre sua carta de negócios, quero consultar nosso venerável Chohan. Nós temos, como você diz, um prazo de 12 meses pela frente. De momento tenho um pequeno assunto para resolver que é muito importante, já que está ligado a uma série de outras inverdades deliberadas, cujo verdadeiro caráter já é, quase, hora de comprovar. Somos chamados literalmente de "mentirosos" (sic) e acusados de "mesquinha ingratidão". A linguagem é forte, e embora estejamos dispostos a adotar muitas coisas boas dos ingleses, não será a cortesia, receio, que nós gostaríamos de aprender com o tipo de cavalheiro representado pelo sr. Hume. Visto em si mesmo, o assunto que agora abordo com você pode parecer muito pouco importante; confrontado com outros fatos, ele tende a tornar-se uma *causa* que produzirá efeitos desagradáveis e arruinará toda a estrutura – a menos que, com base em um testemunho bom e irretorquível, seja reconhecido como, pelo menos, uma adulteração dos fatos. Não se detenha, portanto, eu lhe peço, para alegar a total falta de importância desta pequena lembrança, mas, confiando em que nós vemos algo do futuro que permanece oculto para você, por favor, responda à minha pergunta, como amigo e irmão. Quando você tiver feito isso, saberá por que esta carta foi escrita.

H.P.B. acaba de discutir com Djual Khool, que sustentava que o procedimento desagradável *não* foi incluído na ata por Davison, enquanto ela afirmava que sim. É claro que ele estava certo e ela errada.

No entanto, embora a memória dela tenha falhado neste caso particular, funcionou bem quanto ao fato propriamente dito. Você lembra, naturalmente, do fato. Encontro da Eclética na sala de bilhar. Testemunhas – você, o casal Hume, o casal Gordon, Davison e H.P.B. Assunto: S.K. Chatterji, a carta dele para Hume expressando desprezo pela teosofia e suspeitas sobre a boa fé de H.P.B. Entregando a carta que eu havia devolvido a ela para o sr. Hume, ela disse que eu havia dado ordens através dela para que o Conselho Geral convidasse o Babu a renunciar. Imediatamente, o sr. Hume disse de modo extremamente enfático: "Neste caso o seu Koot Hoomi *não é um cavalheiro.* A carta é privada, e nestas circunstâncias nenhum cavalheiro jamais pensaria em fazer o que ele deseja". Bem, a carta não era privada, já que o sr. Hume fez com que ela circulasse entre os membros. Na ocasião, não dei qualquer atenção ao ataque. Nem fiquei sabendo dele por H.P.B., mas por D. Khool, que o escutou ele mesmo e tem uma memória excelente.

Então, você me fará o favor de escrever duas linhas dizendo-me como *você* lembra do fato? As palavras "não é um cavalheiro" foram aplicadas ao seu humilde servidor ou em geral? Peço isso a você como um *cavalheiro*, não como um amigo. Isto tem uma grande importância para o futuro. Uma vez feito, deixarei que você veja o último resultado da infinita "abundância de recursos" sob controle do nosso amigo comum. Pode ser que sob quaisquer outras circunstâncias as fanfarrices do sr. H. em relação ao alto conceito de lorde Ripon sobre a teosofia de Hume, e sua "fala grandiosa" sobre os serviços literários, monetários e outros prestados a nós poderiam passar desapercebidas, porque todos nós conhecemos as fraquezas dele; mas, neste caso, essas fraquezas devem ser tratadas de modo que ele não tenha sequer uma palha para agarrar-se, porque a última carta dele para mim (que você verá) – é contrária a todas as regras conhecidas de boa educação, e também porque, se a falsidade das suas afirmativas não for comprovada, ele passará a partir de agora a se jactar de haver desmentido diretamente nossa Fraternidade, e isso nenhum membro dela poderia jamais permitir. Você não pode deixar de perceber o absurdo contraste entre a aparente confiança dele em seus poderes e superioridade maravilhosos, e a irritabilidade que ele demonstra à menor observação feita a ele por mim. Ele deve ser levado a compreender que se fosse realmente tão grande como afirma, ou mesmo se ele estivesse completamente convencido da sua grandeza e da infalibilidade do poder da sua memória, qualquer coisa que os próprios adeptos pensassem o deixaria indiferente, ou, pelo menos, não seria agressivo de modo tão vulgar como tem sido. Sua sensibi-

lidade é, em si mesma, uma comprovação das dúvidas que se ocultam em sua mente sobre as pretensões que ele expressa de modo tão fanfarrão; daí sua irritabilidade, despertada por tudo e por qualquer coisa que tenha a possibilidade de perturbar suas auto-ilusões.

Espero que você não se recuse a dar uma resposta direta e clara à minha pergunta direta e clara.

Sempre atenciosamente,

K.H.

Carta nº 99 (ML-78) Recebida em dezembro de 1882

Esta carta se refere em grande parte ao informe do Mahatma K.H. sobre a visão do Mahachohan em relação à tentativa do Phoenix. *O último parágrafo se refere a Hume, que aparentemente está escrevendo cartas corrosivas sobre H.P.B., os Mahatmas, a Sociedade Teosófica, etc., para C.C. Massey e Stainton Moses em Londres.*

Meu caro amigo, não me acuse de indiferença, ou de esquecer – depois que eu mesmo a iniciei – a nossa pequena especulação. O Chohan não deve ser consultado a todo momento sobre questões tão "mundanas", e essa é a razão da inevitável demora.

E agora tenho a permissão do meu venerável Chefe para transmitir a você um memorando com os pontos de vista e ideias Dele sobre o futuro e o destino de um certo jornal sobre o qual foi solicitada a *antevisão* dele por este humilde amigo seu e servidor dele. Colocando o material em forma concreta, anotei o seguinte.

I. O estabelecimento de um novo jornal do tipo descrito é desejável e muito viável – se houver o esforço adequado.

II. Este esforço deve ser feito pelos seus amigos no mundo, e por todo teosofista hindu que deseje em seu coração o bem do seu país e não tenha demasiado medo de perder tempo e energia. O empreendimento tem que ser feito por *gente de fora*, isto é, por aqueles que não pertencem irrevogavelmente à nossa Ordem; quanto a nós –

III. Podemos dirigir e guiar os esforços e o movimento em geral. Embora separados do seu mundo de ação, nós não estaremos inteiramente afastados dele enquanto a Sociedade Teosófica existir. Portanto, embora não possamos inaugurá-lo publicamente e de modo que todos os teosofistas e demais interessados o saibam, nós podemos, e *iremos*, até

onde for praticável, ajudar o empreendimento. Na verdade, já começamos a fazer isso. Além disso, temos a permissão de recompensar aqueles que tiverem ajudado de modo mais efetivo a realizar esta grande ideia (que promete, no final, mudar o destino de toda uma nação, se for conduzida por alguém como você).

IV. Ao propor aos capitalistas, especialmente aos nativos, o risco (como eles provavelmente pensarão) de uma soma tão grande, estímulos especiais deveriam ser oferecidos. Portanto, pensamos que você não deve pedir mais compensações do que as que está recebendo agora, até que seus esforços tenham feito do jornal um claro sucesso – algo que *deve* ocorrer e *ocorrerá*, se eu sirvo para alguma coisa. Assim, durante algum tempo, é desejável que o caso seja destituído aos olhos de futuros acionistas de todo aspecto objetável. Agora, capital pode ser investido de várias maneiras de modo a garantir ganhos moderados com pouco ou nenhum risco. Mas para o especulador comum, há muito risco em fundar um novo jornal de altos custos, que deverá favorecer os justos interesses nativos naqueles casos demasiado frequentes de injustiça (que dificilmente podem ser comprovados para você em circunstâncias comuns, mas que serão) – que sempre ocorrem quando um país é dominado por conquistadores estrangeiros. Casos que, no que tange à Índia, tendem a se multiplicar com a entrada gradual de funcionários de uma origem social inferior sob o regime competitivo de nomeação; e um atrito aumentado devido a um ressentimento egoísta pela admissão de nativos ao Serviço Civil. Aos seus capitalistas, no entanto, você deveria oferecer como estímulo o fato de que você trabalhará generosamente pela mesma remuneração que recebe agora – para fazer o empreendimento deles mais lucrativo do que o normal, e reivindicará apenas uma participação nos lucros, tal como delineado por você com uma pequena alteração – quando este ponto for alcançado. Estou disposto a oferecer a mim mesmo como garantia de que ele será alcançado rapidamente.

V. Minha sugestão é, portanto, de conformidade com a opinião do Chohan, de que você deveria aceitar o pagamento mensal consolidado que você menciona (com as despesas pessoais normais e necessárias de viagens, quando forem feitas a serviço do jornal), até que o capital esteja rendendo 8 por cento. Dos ganhos entre 8 e 12 por cento você deveria ganhar uma quarta parte. De tudo, acima de 12 por cento, a metade.

VI. Você deve ter certamente completo controle sobre o jornal, com algumas cláusulas tranquilizadoras de que o poder não poderá ser transferido a um sucessor sem o consentimento da maioria do capital representado na propriedade; e que ele deveria cessar se ficar claro que o jornal esteja sendo usado contra os interesses para cuja defesa ele foi fundado. Sem algumas reservas como estas, meu venerável Chohan pensa (e *nós* também) que os preconceitos e as suspeitas profundamente arraigados fariam com que os capitalistas nativos – especialmente os rajás – hesitassem, não por medo de correr os grandes riscos deste empreendimento, mas devido a dúvidas sobre o seu êxito. Toda a comunidade anglo-europeia sofre agora, junto à opinião dos nativos, pelos pecados comerciais de casas desonestas que têm abusado da confiança dos capitalistas; e há vários Rajas que agora seguem com olhar pensativo a figura muito distante de sir Ashley Eden, que se afasta com um bolso cheio de promessas nunca cumpridas, e o outro carregado com as lembranças de várias centenas de milhares de rúpias tomadas emprestadas e nunca devolvidas a seus amigos – os rajás. Ao mesmo tempo, estas cláusulas devem ser estipuladas *de modo a proteger igualmente os seus interesses.* Alguma oferta da sua parte, espontânea é claro, convidando à inspeção ocasional dos livros e papéis em períodos razoáveis, para verificação das contas prestadas, deveria ser feita, já que a sua integridade pessoal não pode garantir a de todos os seus funcionários. Mas isso não deve diminuir sua autoridade sobre a administração do jornal em todos os departamentos.

VII. É melhor que todo o capital seja pago antes do lançamento do jornal, já que é sempre desagradável e difícil reunir recursos quando ocorrem perdas iniciais. Mas deve ser garantido que tudo o que não for necessário de imediato seja mantido em depósito com juros; e que se crie um Fundo de Amortização com os rendimentos do jornal, para atender a qualquer necessidade imprevista. O capital excedente, assim como os lucros, deve ser distribuído de tempos em tempos.

VIII. Os papéis usuais de contratos e co-participação devem entrar em vigor desde o início, mas depositados confidencialmente em mãos escolhidas de comum acordo, e sua natureza deve ser mantida em segredo até que ocorra alguma eventualidade especificada. Isso mostraria boa fé de ambos os lados e *inspiraria confiança.*

IX. Nenhuma observação parece necessária sobre os outros aspectos do seu programa. Portanto – outro tema, agora.

Duas ou três noites atrás, a seguinte conversa, ou melhor, declaração de opinião independente foi escutada por mim mesmo, e aprovada, enquanto raciocínio mudano. Olcott estava falando com vários teosofistas interessados e preocupados com nossas futuras operações jornalísticas. O colega e irmão de você, o bom e sincero Norendro Babu, do *Mirror,* disse sábias palavras a este respeito:

"Dos vários príncipes que os amigos do sr. Sinnett têm em vista na Índia, provavelmente nenhum seria levado a investir capital por motivos patrióticos. O Nizam quer os Berars, e espera que a Inglaterra seja tão generosa com ele quanto ela é com Cetewayo. Holkar quer cem por cento ou o que for mais próximo disso. Kashmir receia a *Gazeta dos C. e M.*[1] e a cobiça, alimentada há muito, de anexar sua rica província (a isso meu amigo A.P.S., conservador e patriótico, certamente objetará); Benares é ortodoxo e gastaria generosamente para abolir a matança de *vacas* (não de *bois*). Baroda é um garoto, muito inquieto e ainda sem uma ideia clara sobre a vida. Com agentes adequados e negociações discretas, as 5 *lakhs*[2] *podem*(?) ser levantadas, mas não se pode dizer em quanto tempo; (está certo, nisso, especialmente aquele que tem pouca ou nenhuma fé em *nossa* ajuda a eles).

Desde então, H.P.B. passou-me a sua carta. Caso meu conselho seja solicitado, recomendarei (1) manter os seus Proprietários em suspense quanto às reais chances suas, de modo que você tenha a opção de fazer o que possa surgir como a melhor alternativa. Da minha parte, confesso que tenho duas cordas em meu arco. Quando o novo capital for levantado, mesmo no caso de que isso ocorra em seguida – não fará grande diferença se o seu jornal for lançado na próxima estação fria ou na seguinte, na medida em que *você* estiver à frente do *Pioneer.* Você estaria dirigindo-o até novembro e, enquanto isso, seus amigos teriam tempo de levar a cabo as suas difíceis e delicadas negociações, e poderiam ser tomadas providências para que você recebesse uma justa proporção de salário enquanto estivesse aperfeiçoando seus preparativos na Inglaterra, para começar na estação fria de 1884. De outro lado, se o capital puder ser obtido em pouco tempo, você poderia colocá-lo para render juros, e não retirar nenhum pagamento até que deixe o *Pioneer.* Naturalmente, sem forçar os acontecimentos – o que é uma violação das nossas leis, exceto com a permissão do Chohan – tudo isso é uma incerteza e de certa forma um dilema. No entanto, *posso* ajudar os seus amigos, e eles descobrirão isso muito rapidamente, tão logo comecem. Não, eu *não* prometeria, se fosse você, que não iria lançar outro jornal; porque, em primeiro lugar, você não sabe o que pode ocorrer; e assim é sempre útil ter uma espada de Dâmocles pendurada sobre cabeças como as de Rattigan e Walker. *Eles estão mortalmente assustados* – acredite-me. Eles poderiam até tornar agradável e lucrativo que você continuasse dirigindo o *Pioneer, com poderes editoriais e salário aumentados,* porque isso

---

[1] *C. e M.* – Possivelmente "cristãos e missionários". (N. ed. bras.)

[2] 5 lakhs: 500.000 rúpias. (N. ed. bras.)

seria melhor para eles do que ter de competir com você enquanto você tem 500.000 rúpias à sua disposição. Se uma tal coisa é recomendável, o tempo mostrará. Como é aconselhado neste momento, eu ainda fico com o programa original. Você deve ter a direção única e total de um jornal devotado aos interesses dos meus compatriotas mergulhados na ignorância. A "nação indo-britânica" é o pulso que me guia. Mais – em breve.

Estou anexando uma carta amavelmente emprestada a mim – embora sem que ele saiba – pelo coronel. Nosso amigo está espumando de raiva de maneira extremamente *anti-ióguica,* e a opinião de Subba Row sobre ele está certa. Cartas como esta, *e piores*, serão recebidas por C.C.M., S.M. e outros. E este é o homem que empenhou sua palavra de honra, outro dia, no sentido de que ele *nunca* prejudicaria a Sociedade, fosse qual fosse sua opinião pessoal sobre nós! O fim do ciclo, bom amigo – os últimos esforços... Quem vencerá a batalha? Os *Dugpas,* sob cuja influência ele agora se colocou completamente, a quem ele atrai de todos modos e maneiras, ou — Mas já é o suficiente!

Atenciosamente,

K.H.

Carta nº 100 (ML-79) Recebida em dezembro de 1882

A primeira frase desta carta deixa implícito que Sinnett havia respondido à carta do Mahatma que continha as sugestões do Mahachohan, e colocado mais algumas ideias suas.

Já que você não "abordou exaustivamente o caso" na sua nota anterior, eu disse apenas o que disse, porque não sou empresário. Alguém acostumado a assuntos comerciais teria sem dúvida deduzido todo o plano mesmo de fragmentos menores do que você fez. Mas agora que você abriu a questão, posso dizer (embora eu dê muito pouca importância à minha opinião de amador) que o seu esquema parece razoável e justo. O sr. Dare deveria ser substancialmente recompensado, tanto quanto você, pelos seus serviços valiosos e devotados. A proposta feita por você de que os 4 doze avos de ações transferíveis não participem dos lucros até que os seus respectivos donos tenham feito os restantes 8 doze avos produzirem uma boa remuneração para o capital é justa para as duas partes.

Quer você faça ou não, finalmente, um jornal *duplo* ou quádruplo, penso que, se for possível, deveria ser buscada a quantidade maior de capital, porque, quando você estiver completamente equipado para qualquer emergência, poderá adotar deliberadamente o plano que um julgamento sereno e o cálculo de todas as possibilidades indiquem como o melhor.

E agora, antes de renunciar à minha nova ocupação de consultor empresarial, devo repetir que, ao mesmo tempo que nós iremos ajudar a empresa do início ao fim e tão intensamente quanto for possível dentro das nossas regras, a iniciativa *deve* ser tomada por seus amigos e *deveria* ser guiada e vista com simpatia por você, e direi exatamente por quê. Embora deva resultar grande bem da criação de um jornal como este, a estrita lei da justiça nos proíbe fazer qualquer coisa que diminua, no menor grau que seja, o mérito pertencente àquele que fizer do sonho uma realidade. Poucos são os que conhecem seu próprio futuro ou sabem o que é melhor para si mesmos. Sem dúvida, a vida no continente europeu e na Inglaterra possui encantos ausentes na pobre e entorpecida Índia. Mas esta última pode, de outro lado, oferecer privilégios e atrativos jamais sonhados por um místico comum. Não ouso dizer mais; mas você está errado, *muito* errado, meu amigo, ao aceitar ficar aqui APENAS por *minha* causa. Eu, pelo menos, não me sinto suficientemente egoísta para aceitar o sacrifício[1], se eu não soubesse o que sei.

Receba nossos *melhores* agradecimentos por sua amável aceitação dos nossos desejos de que você estivesse presente na celebração do aniversário. Os efeitos da sua presença e do seu discurso serão maiores e melhores do que você é capaz, agora, de perceber. E, como todas as boas ações, isso trará ampla recompensa para você – aqui, e – depois. Que lhe sirva de compensação saber que você ajudou em um grau importante a neutralizar as más influências que os inimigos da Verdade haviam concentrado sobre a Sociedade. O ponto-morto do ciclo recorrente passou: um novo ciclo começa para a Sociedade Teosófica – no dia 17 de dezembro. Observe e veja. Seu amigo de sempre,

K.H.

---

[1] Aqui, para que a frase fique completa, parecem faltar as palavras *"e não o aceitaria (...)"*. (N. ed. bras.)

Carta nº 101 (ML-57) Recebida em 6 de janeiro de 1883

Chegamos agora a outra longa carta. No original que está no Museu Britânico, a carta consiste de nove pequenas folhas de papel dobradas. Algumas palavras foram eliminadas com riscos, e em um lugar há algo escrito nas entrelinhas em letra vermelha. Em uma das folhas, parte do escrito está em tinta vermelha desbotada, embora na maior parte da carta o texto tenha a cor azul habitualmente usada pelo Mahatma K.H. Está anexa uma carta de C.C. Massey, de Londres, para o Mahatma.

Na Carta o Mahatma diz que Massey é o terceiro na lista de fracassos. Um pouco mais adiante ele afirma que "quatro europeus foram colocados em provação doze meses atrás..." Eles eram Massey, Hume, Sinnett e Fern. Até aquele momento, só Sinnett "comprovou ser digno da nossa confiança."

A Sociedade Teosófica em Londres estava quase destruída, e estavam sendo feitos esforços para revitalizá-la sob a liderança de Anna Kingsford. Ela havia aceitado o posto de presidente "condicionalmente", embora houvesse alguma demora na sua posse. Anna era uma vegetariana e antivivisseccionista, e em um trecho o Mahatma afirma que por esta razão os fenômenos dela eram mais confiáveis que os da maior parte dos espíritas bem conhecidos. H.P.B. não tinha uma opinião muito boa da sra. Kingsford. De acordo com uma carta de H.P.B. para Sinnett (Letters of H.P. Blavatsky to A.P. Sinnett, p. 22), *foi Massey quem propôs em primeiro lugar o nome dela para a presidência da Sociedade Teosófica inglesa.*

Recebida em 6/1/83.

Meu caro amigo,

Vou abordar um assunto que tenho deliberadamente evitado durante vários meses, até receber provas que possam ser consideradas conclusivas até mesmo do seu ponto de vista. Nós não pensamos sempre do mesmo modo – como você sabe –; e tampouco aquilo que *para nós* é FATO tem qualquer peso na sua opinião, a menos que não viole de modo algum os métodos ocidentais de julgamento. Mas agora chegou para nós o momento de tentar conseguir que você, pelo menos, nos compreenda melhor do que até agora tem ocorrido com alguns dos melhores e mais dedicados teosofistas ocidentais – como por exemplo C.C. Massey. E embora o que eu menos gostaria que ocorresse é que você me seguisse como seu "profeta" e "inspirador", eu, apesar de tudo, lamentaria mui-

to se você em algum momento fosse levado a ver-me como um "paradoxo moral", tendo que me suportar seja como culpado de uma falsa pretensão de poderes que nunca tive, ou de um uso inadequado deles para proteger objetivos indignos e pessoas igualmente indignas. A carta do sr. Massey explica a você o que quero dizer; o que para ele é uma prova conclusiva e uma evidência inquestionável não é nenhuma das duas coisas para mim – que conheço toda a verdade. Neste último dia deste seu ano de 1882, o nome dele vem em terceiro lugar na lista de fracassos – algo (apresso-me a dizer por receio de outra má interpretação) que nada, absolutamente, tem a ver com o atual acordo em relação à proposta de uma nova loja em Londres, mas tudo a ver com o progresso pessoal dele. Lamento profundamente, mas não tenho o direito de ligar-me a qualquer pessoa ou pessoas por laços de simpatia e estima pessoal tão fortes que meus movimentos fiquem paralisados e eu seja incapaz de levar o resto das pessoas até algo maior e mais nobre do que a sua fé atual. Portanto, decido deixá-lo com os erros atuais dele. O resumo do que isso significa é o seguinte: o sr. Massey trabalha a partir das concepções mais estranhas e equivocadas, e (literalmente) "sonha sonhos" – embora não seja médium como o amigo dele, sr. S. Moses. Apesar de tudo, ele é um dos mais nobres, puros, em uma palavra, um dos melhores homens que já conheci, embora às vezes confie demais no que não deveria. Mas ele é inteiramente destituído de intuição correta. Ela virá a ele mais tarde, quando nem H.P.B. nem Olcott estiverem ao alcance. Até lá – lembre, e diga a ele o seguinte: nós não exigimos nem obediência, nem reconhecimento (seja público ou privado) nem teremos relação alguma com a loja inglesa – *exceto através de você.* Quatro europeus foram colocados em provação dozes meses atrás; dos quatro só um, você, comprovou ser digno da nossa confiança. Este ano serão as *Sociedades,* ao invés dos indivíduos, que passarão por um teste. O resultado dependerá do trabalho coletivo, e o sr. Massey erra quando espera que eu esteja disposto a juntar-me à multidão heterogênea dos "inspiradores" da sra. K. Que eles permaneçam atrás de suas máscaras de São João Batistas e como aristocratas bíblicos. Uma vez que *nossas doutrinas* sejam ensinadas – mesmo que misturadas com material estranho – um grande avanço terá sido feito. C.C.M. quer *luz* – ele é bem-vindo a ela, *através de você.* Já que é somente isso que ele quer, que importa se *ele* vê o *portador da luz* passando sua tocha para você – como um homem de mãos limpas ou não limpas, enquanto a *luz* em si mesma não for afetada? Deixe-me apenas fazer-lhe uma advertência. Uma questão agora trivial que parece apenas a expressão inocente da vaidade feminina pode, a menos que seja corrigida, produzir consequências muito más.

Em uma carta da sra. Kingsford para o sr. Massey, aceitando condicionalmente a presidência da loja inglesa da S.T., ela expressa sua opinião – mais ainda, aponta como fato inegável – que até a aparição de *The Perfect Way* ninguém "sabia o que a escola Oriental realmente pensava sobre a reencarnação"; e acrescenta que "vendo quanto foi dito naquele livro, os adeptos estão se apressando a revelar os seus próprios tesouros, tão 'relutantemente distribuídos até agora' (como H.X.[1] afirma)". O sr. Massey, diante disso, manifesta em resposta uma completa adesão a esta teoria, e evolui para um hábil elogio à senhora que não ficaria mal para um plenipotenciário. "Provavelmente", diz ele, "é percebido (pelos Irmãos) que uma comunidade na qual uma obra como 'The Perfect Way' pode ser produzida e encontrar aceitação está pronta para a luz!" Bem, deixe esta ideia circular, e ela tenderá a converter numa seita a escola desta autora altamente estimável que, embora seja *da quinta ronda*, não está isenta de uma dose bastante considerável de vaidade e despotismo, e portanto – de fanatismo. Assim, eleve a má interpretação a uma importância indevida, desequilibre portanto a própria condição espiritual dela ao alimentar o sentido latente de messianismo; e você terá obstruído a causa da pesquisa livre, geral e independente que os "Iniciadores" dela, tanto quanto nós, gostaríamos de ver promovida. Escreva, então, bom amigo, a verdade ao sr. Massey. Diga a ele que você teve acesso aos pontos de vista orientais sobre reencarnação vários meses antes do aparecimento da obra em questão, já que foi em julho (18 meses atrás) que você começou a receber ensinamento sobre a diferença entre Reencarnação *à la* Allan Kardec, ou renascimento pessoal – e reencarnação da Mônada Espiritual; uma diferença assinalada a você pela primeira vez em 5 de julho, em Bombaim. E para afastar outra inquietação dela, diga que não se espera qualquer submissão dela aos "Irmãos" (nem sequer se aceita, *caso* seja oferecida) na medida em que não temos qualquer intenção, atualmente, de fazer outras experiências *com europeus* e não usaremos qualquer outro canal além de você para transmitir nossa filosofia dos Arhats. A experiência tentada com o sr. Hume em 1882 falhou do modo mais lamentável. Temos mais direito que o seu Wren ao lema *festina lente*![2]

E agora, por favor, você me seguirá por águas ainda mais profundas. Uma candidata inconstante, oscilante, suspicaz, em um extremo da

---

[1] *H.X.* – A.O. Hume. (N. ed. bras.)

[2] *Festina lente* – "Apressa-te devagar", em latim; frase atribuída ao imperador romano Augusto. No Brasil, há o ditado popular "devagar se vai ao longe". A palavra *Wren* é uma menção a sir Christopher Wren, segundo G. Linton e V. Hanson em *Reader's Guide to the Mahatma Letters*. (N. ed. bras.)

linha; um inimigo declaradamente *sem princípios* (digo isso e o sustento) e vingativo no outro extremo; e você concordará que entre Londres e Simla não temos muitas possibilidades de ser vistos com muita simpatia ou de um modo que se pareça em algo à verdade. Pessoalmente esta situação dificilmente poderia nos tirar o sono; em relação ao futuro da S.T. inglesa e de alguns outros teosofistas, a corrente de inimizade que viaja entre os dois lugares certamente afetará todos aqueles que estiverem no seu alcance – inclusive você, a longo prazo, talvez. Quem de vocês poderia descrer das afirmações explícitas de dois "cavalheiros" conhecidos por sua superioridade intelectual, e um dos quais, pelo menos, é tão incapaz de dizer uma inverdade quanto de voar pelo espaço? Assim, apesar do final do ciclo, há grande perigo pessoal tanto para você como para a S.T. inglesa. Nenhum mal pode ocorrer agora para a Sociedade; muito prejuízo aguarda a loja que foi proposta e os que a apoiam, a menos que você e o sr. Massey tenham acesso a certos fatos e a uma chave para a verdadeira situação. Bem, se por certas razões muito sólidas eu tenho que deixar C.C.M. com suas ilusões de que H.P.B. é culpada, e em relação à minha própria *instabilidade moral,* o tempo está maduro para mostrar a você o sr. Hume como ele é, ao abrir caminho deste modo com uma falsa testemunha contra nós, enquanto lamento profundamente o fato de que estou proibido pelas regras da nossa Ordem e pelo meu próprio sentido de honra (por menor que seja o seu valor aos olhos de um europeu) de divulgar agora certos fatos que iriam mostrar a C.C.M., de imediato, quão profundamente equivocado ele está. Talvez eu não lhe diga uma novidade se contar que foi a atitude do sr. Hume, quando a *Eclética* foi fundada, que fez com que os nossos chefes aproximassem o sr. Fern e o sr. Hume. Este último criticou-nos veementemente por nos recusarmos a aceitar como chelas a ele próprio e àquele garoto amável, elegante, espiritual e aspirante da verdade – Fern. Ele nos transmitia leis diariamente, e era censurado também diariamente por ser incapaz de compreender nossos próprios interesses. E não será novidade, embora possa desagradar e chocar você, saber que os dois foram levados a ter um relacionamento mais próximo para que colocassem para fora mutuamente os seus defeitos e as suas virtudes – para que cada um brilhasse de acordo com a sua própria e verdadeira luz. Assim são as leis da *provação* oriental. Fern era um psíquico extraordinário, naturalmente muito inclinado à espiritualidade, mas corrompido por instrutores jesuítas, e com seus sexto e sétimo princípios completamente adormecidos e paralisados. Nenhuma ideia sobre o que é certo e errado; em resumo, *irresponsável* em relação a qualquer coisa exceto as ações

diretas e voluntárias do *homem animal.* Eu não teria assumido o fardo de um sujeito destes sabendo por antecipação que ele certamente falharia. M. aceitou, porque os chefes quiseram assim; e ele considerou o fato útil e bom para mostrar a você a força e o valor moral de alguém que você via como amigo e o chamava assim. O sr. H. ____ você pensa, embora careça dos sentimentos melhores e *mais finos* de um cavalheiro, ainda é um cavalheiro tanto por seus instintos como por sua educação. Não tenho a pretensão de estar totalmente a par do código de honra das nações ocidentais. No entanto, tenho dúvidas sobre se um homem que, durante a ausência do proprietário de certas cartas privadas, agarra a chave do bolso de um casaco deixado descuidadamente na varanda durante o trabalho, abre com ela a gaveta de uma escrivaninha, lê as cartas privadas daquela pessoa, toma notas sobre o conteúdo delas e depois usa seu conteúdo como arma para satisfazer seu ódio e sua sede de vingança contra quem as escreveu – tenho dúvidas, dizia eu, sobre se mesmo no ocidente um homem como este pode ser considerado como o ideal, ainda que para um cavalheiro médio. Isso e muito mais, *eu afirmo,* foi feito pelo sr. Hume. Se eu tivesse contado isso a você em agosto passado *você jamais teria acreditado.* E agora estou disposto a comprová-lo com a própria assinatura dele. Tendo ele sido surpreendido na mesma atividade honesta *duas vezes* por M., o meu Irmão escreveu deliberadamente (ou melhor, fez com que Damodar escrevesse deliberadamente) uma certa carta a Fern anexando cópia de uma carta de H. para mim. O conhecimento do conteúdo delas deveria trazer à luz, quando chegasse a ocasião, os verdadeiros instintos de cavalheiro e a honestidade de alguém que se coloca tão acima da humanidade. Ele agora está preso em sua própria rede. O ódio e o desejo irresistível de agredir e difamar em uma carta para Olcott alguém que está tão imensamente acima de todos os seus detratores levaram o sr. Hume a fazer uma confissão imprudente. Quando apanhado e colocado contra parede, ele recorre a uma MENTIRA nua e crua.

Depois desta *entrée en matière*[3] e necessária explicação, farei com que você conheça certos trechos de cartas particulares que não eram destinadas à sua leitura, e no entanto estão "longe de ser confidenciais", já que em quase todas elas o sr. Hume pede ao destinatário que as mostre a outros teosofistas. Espero que isso não seja motivo para que você me atribua "instintos pouco cavalheirescos". Quanto a qualquer outro homem, como hoje em dia um homem reconhecido universalmente co-

---

[3] *Entrée en matière* – introdução ao assunto, em francês. (N. ed. bras.)

mo um "cavalheiro" é muitas vezes um completo patife, e frequentemente o aspecto exterior cavalheiresco esconde a alma de um vilão – ele pode perfeitamente me ver de qualquer ponto de vista que preferir. Passo-lhe estes trechos porque se torna absolutamente necessário que você esteja corretamente informado sobre a verdadeira natureza daquele que agora passa seu tempo escrevendo cartas para os teosofistas e candidatos a membros em Londres – com o objetivo deliberado de colocar todo e qualquer místico do ocidente contra uma Fraternidade de "ateus, hipócritas e feiticeiros". Isso lhe ajudará a guiar sua ação no caso de possíveis emergências e de prejuízos causados por seu amigo, que deseja o nosso bem e que, enquanto chama meu mais que amigo, meu Irmão, de larápio, covarde, mentiroso, e de encarnação da infâmia, me insulta com palavras de comiseração, considerando-me suficientemente traidor para aceitá-las e suficientemente idiota para não compreender o valor delas. Lembre-se – diante de um *amigo* como este deve-se ter o mesmo cuidado que se tem em relação a um duelista que usa uma armadura sob a camisa. Suas boas ações são muitas, seus erros são muito mais numerosos; as boas ações têm sido em grande parte controladas e promovidas pelo seu desordenado amor próprio e sua agressividade; embora ainda não esteja definido qual impulso finalmente controlará o ímpeto cuja consequência será o próximo nascimento dele, nós podemos profetizar com um grau de perfeita segurança que ele nunca se tornará um adepto nem *nesta* vida nem na sua vida futura. Suas aspirações "espirituais" tiveram uma completa oportunidade para desenvolver-se. Ele foi testado, como todos têm de ser – como foi a pobre mariposa que se queimou na vela do Castelo Rothney[4] e seus associados – mas o vencedor na luta pelo adeptado foi sempre o *Eu* e só o Eu. Suas visões cerebrais já pintaram para ele a imagem de um novo Regenerador da Humanidade em lugar dos "Irmãos", cuja ignorância e cujos procedimentos de magia negra ele descobriu. Este novo Avatar não vive em Almorah mas em Jakko[5]. E assim o demônio – a Vaidade – que arruinou Dayanand está arruinando o nosso antigo "amigo" e preparando-o para fazer um ataque contra nós e a S.T. muito mais brutal do que o do Swami. O futuro, no entanto, pode resolver os seus próprios problemas; só terei que perturbar você, agora, porque eu fui levado a reunir provas da natureza astuta e insincera dele em outubro passado. Nada, meu

---

[4] O Castelo Rothney era o lugar de residência do sr. Hume em Simla. (N. ed. bras.)

[5] Jakko era o nome do morro onde ficava a casa de Hume. (N. ed. bras.)

amigo – nem mesmo ações aparentemente absurdas e repreensíveis – é feito por nós sem um propósito.

No dia 1º de dezembro, o sr. H., escrevendo para Olcott, disse de nós: "Quanto aos Irmãos, tenho um sincero afeto por K.H. e sempre terei, e quanto aos outros *não tenho dúvidas de que são homens muito bons*, e que agem de acordo com suas consciências. Mas quanto ao sistema deles, eu sou, é claro, completamente contrário, ... mas isso nada tem a ver com os objetivos exotéricos práticos da S.T., em função dos quais e da sua implementação eu posso cooperar com os *seus bons Irmãos* tão cordialmente quanto, etc., etc."

Oito dias *antes* (22 de novembro) – ele havia escrito a P. Sreenevas Row, Juiz da S.C.C.[6] em Madras – "eu vejo a Fraternidade como um conjunto de *homens maus e egoístas,* preocupados, como corporação, apenas com seu próprio desenvolvimento espiritual (veja, neste aspecto K.H. é uma exceção, *mas é, creio, a única)* e o sistema deles é um sistema enganoso e *amplamente influenciado pela feitiçaria* (!), na qual eles usam fantasmas, isto é, elementais, para produzir seus fenômenos. Quanto ao engano, uma vez que um homem tornou-se um chela e comprometeu-se pelos votos que eles exigem, *não se pode mais acreditar em uma palavra que ele diz;* ... ele mentirá sistematicamente; quanto à feitiçaria, o fato é que até a época de Sonkapa,[7] ... eles eram um grupo de feiticeiros inflexíveis e vis ... Todo chela é um escravo – um escravo da mais abjeta descrição – escravo tanto em pensamento quanto em palavra e ação... ; nossa Sociedade ... é um edifício nobre na aparência externa – mas que não foi construído sobre a rocha das idades, e sim sobre as areias móveis do ateísmo, um sepulcro caiado e brilhante... internamente cheio de engano e dos ossos mortos *de um sistema pernicioso, jesuítico...* Você está *autorizado a usar livremente esta carta dentro da Sociedade*", etc.

No dia 9 do mesmo mês, ele escreveu ao sr. Olcott sobre "o claro egoísmo da Fraternidade, interessada apenas em seu desenvolvimento espiritual".

Dia 8 de setembro, em uma carta para 12 chelas (exatamente os mesmos a quem ele se referia como *mentirosos* e *escravos atados* na carta de 22 de novembro para o juiz Sreenevas Row, depois de haver recebido deles uma resposta conjunta exasperadoramente sincera à diplomática carta) ele disse, como você sabe, que "não poderia ter esperado que qualquer europeu lesse nas entrelinhas" da sua trama na carta de

---

[6] *S.C.C.*– Isto é, juiz do Tribunal Civil Superior *(Superior Civil Court).* (N. ed. bras.)

[7] *Sonkapa:* Tsong-kha-pa, reformador religioso do Tibete no século 14. (N. ed. bras.)

HX no *Theosophist;* mas "um grupo de brâmanes... as mentes mais sutis, no mundo ... não brâmanes comuns, *mas homens da educação mais elevada e nobre,* etc."(!!). Eles – "podem ter certeza de que eu (ele) nunca direi ou farei qualquer coisa exceto para beneficiar os Irmãos, a Sociedade e todos os seus objetivos." ... (Assim, parece que as acusações de feitiçaria e desonestidade são para "beneficiar" os adeptos *asiáticos.*) Nesta mesma carta, você deve lembrar, ele acrescenta que essa "é a arma mais eficiente já criada para a conversão dos infiéis em nosso país", e que ele "naturalmente esperava" (ao escrever esta carta para o *Theosophist)* *"atrair a nossa querida velha senhora – eu não poderia incluí-la na trama",* etc. etc.

Apesar de toda sua astúcia e diplomacia, ele realmente parece sofrer de uma perda de memória. Não só ele havia incluído a "querida velha senhora" na trama, em uma longa carta privada escrita a ela algumas horas depois que a dita "arma eficiente" fora mandada para publicação (uma carta mandada por ela para você e que você perdeu ao fazer as malas em Simla para voltar), mas ele havia de fato se dado ao trabalho de colocar algumas palavras de explicação *no verso da mencionada "Carta".* Está guardada como qualquer outro manuscrito por Damodar e a nota diz o seguinte ... "Por favor, publique este texto cuidadosamente e sem alterações. Ele responde admiravelmente as cartas de Davison e outras da Inglaterra." ... (Trechos destas cartas estavam incluídos no manuscrito dele) ... "Nós não podemos resistir muito tempo, receio, mas *sugestões* como esta ajudarão a interromper a queda", etc. ...

Havendo deste modo forjado ele mesmo esta arma extremamente eficaz para a conversão de infiéis em seu país, *em relação à nossa real existência,* e sendo incapaz de negá-la daquele momento em diante, que antídoto seria melhor do que acrescentar, às *sugestões* ali contidas, acusações completas e bem definidas de *feitiçaria,* etc.?

Quando acusado pelos 12 chelas, na resposta conjunta deles à carta que ele lhes havia mandado, de falsificar deliberadamente os fatos em relação à "querida velha senhora", que ele havia, apesar de tudo o que pudesse dizer em contrário, "incluído na trama", ele escreve em uma carta a Subba Row que *jamais o havia feito.* E que a carta dele à "senhora", explicando a ela os porquês e as razões daquela "carta" sua, assinada "HX" – fora escrita e mandada a ela muito depois da dita carta de denúncia "estar já *impressa*". A isso, Subba Row, que recebera uma carta dele agredindo e caluniando duramente M., respondeu reproduzindo para ele as mesmas palavras que ele havia escrito no verso

do manuscrito, e assim mostrando-lhe quão inútil era qualquer outra falsidade. E agora você pode avaliar o afeto dele por Subba Row!

E agora vem o *bouquet*[8]. Escrevendo em 1º de dezembro para o sr. Olcott (a primeira carta mencionada acima), ele claramente alega ter poderes de adepto. "Lamento não poder estar fisicamente com você em Bombaim – mas – *se autorizado poderei talvez ajudá-lo lá...*" No entanto, no caso de Fern ele diz que "é um perfeito caos e *ninguém sabe* o que é real e o que não é", e várias cartas sobre o mesmo tema estão repletas de admissões de que ele não tinha capacidade de ver o que estivera acontecendo "durante os últimos seis meses". Bem pelo contrário, pareceria, já que em uma carta a mim neste período ele descreve a si mesmo como "não no mesmo nível, espiritualmente, que ele (Fern), Sinnett" e outros. Ele não ousou fanfarrear *comigo* sobre a sua clarividência espiritual; mas agora, tendo "rompido para sempre com os Feiticeiros Tibetanos", seus poderes de adepto em potencial assumiram subitamente proporções monstruosas. Eles devem ter sido maravilhosamente grandes desde o seu nascimento, já que ele informa Olcott (mesma carta) de que "uma certa quantidade de *pranayama,* durante alguns meses (um total de seis semanas) foi necessária para assegurar concentração – no início ... Eu *passei deste estágio* e – EU SOU UM IOGUE".

A acusação que pesa sobre ele agora é de um caráter tão grave que eu jamais teria pedido a você que acreditasse nela com base na minha simples afirmativa. Por isso – esta longa carta, e a prova que segue, a qual, por favor, você deve ler com o máximo cuidado e tirar as suas conclusões *unicamente* com base nesta prova.

Na carta dele de julho para mim, ele atribui a nós a culpa pelas *falsidades* de Fern, por suas *alegadas visões* e pretendidas inspirações vindas de nós; e na carta para o sr. Olcott (1º de dezembro) ele acusa Morya, meu amado irmão, de agir "de maneira extremamente desonrosa", acrescentando que ele "nunca, desde então, o considerou um cavalheiro, por haver feito com que Damodar ... mandasse a Fern uma transcrição do meu relatório confidencial a ele ..." Isso é visto por ele como "uma quebra desonrosa de confiança" tão *grosseira* que *"Morya tinha medo* (!!) até mesmo de deixar K.H. saber como ele havia roubado e feito mau uso da minha carta para ele. K.H. é um *cavalheiro,* penso eu, e desprezaria um ato vil como este." Não há dúvida de que eu o desprezaria, se ele não tivesse sido feito com meu conhecimento, e se não fosse absolutamente necessário – em vista dos *acontecimentos claramente pre-*

[8] *Bouquet* – buquê. (N. ed. bras.)

vistos – fazer com que o sr. Hume se traísse e assim neutralizar a influência e a força da sua natureza vingativa. A carta transcrita *não* estava assinalada como confidencial, e estão nela as palavras: "Estou disposto a dizer isto diretamente a Fern, a qualquer momento". No entanto, a desmedida agressão e sua verdadeiramente santa e *cavalheiresca* indignação diante da *traição* de M. são acompanhadas destas palavras de confissão[9], muito surpreendentes, como você verá: "... Fern *não sabe*, quero fazer esta justiça a ele, *até hoje, que eu sei disso"*, isto é, da carta furtada por M. e enviada a Fern através de Damodar. Em resumo, então, o sr. Hume tinha meios de ler o conteúdo de uma carta privada endereçada a Fern e *registrada,* mandada aos cuidados dele (Sr. Hume), guardada em uma gaveta dentro da casa. A prova é completa já que ele mesmo a dá. Como, então? Naturalmente, ou lendo seu conteúdo físico com seus olhos naturais, ou vendo sua essência astral por um poder transcendente. Neste último caso, por que rápido sistema forçado foi despertado, floresceu e frutificou tão completamente o poder psíquico deste "iogue" que, em julho passado, não estava "no mesmo nível espiritualmente" que você, nem mesmo que Fern, quando é necessário mesmo para nós, "feiticeiros" treinados, dez ou quinze anos para adquiri-lo? Além disso, se esta e outras cartas para Fern tivessem sido apresentadas a ele na "luz astral" (como ele alega em sua carta em resposta à pergunta do coronel O., anexada aqui), como pode ser que o benevolente gênio de Almorah (através de cuja ajuda ele subitamente adquiriu poderes tão tremendos) poderia fazer com que ele tomasse nota do conteúdo, lesse *palavra por palavra e lembrasse SOMENTE* as cartas que eram guardadas por Fern – *de acordo com as claras instruções de M.* – em sua escrivaninha na casa do sr. Hume? Ao mesmo tempo que NÓS O DESAFIAMOS a repetir uma palavra de outras cartas (para ele) muito mais importantes, mandadas por seu Irmão para o "chela probatório", no qual este último era proibido de guardá-las no Castelo Rothney, devendo guardá-las com toda segurança em uma escrivaninha fechada em sua própria casa? Quando estas perguntas surgiram devido à vontade de M. na cabeça de Olcott, este colocou a questão diretamente ao sr. Hume. Como chela de M., reverenciando-o, naturalmente, como um Pai e como um Instrutor, ele muito apropriadamente fez a este *Censor Elegantiarum*[10] a pergunta direta sobre se ele próprio era culpado da

---

[9] **Fern estava em Bombaim e ele temia a justa negativa, mesmo de um "velhaco".** (Nota do Mahatma)

[10] *Censor Elegantiarum* – magistrado do bom gosto, em latim. (N. ed. bras.)

mesma quebra "desonrosa" de conduta *cavalheiresca* da qual ele reclamava no caso de M. (E reclamava injustamente como você agora vê, porque Morya tinha minha aprovação para fazer o que fez, já que era uma parte necessária de um plano preconcebido para revelar a partir de uma situação infeliz, produzida pelos apetites perversos, pelas loucuras e pelo carma de vários homens fracos – não só a *verdadeira* natureza do sr. Hume, mas algo de bom em última instância, como você verá.)

Não temos um só *cavalheiro* no Tibete – agora, pelo menos, e que obedeça aos padrões de Simla – embora tenhamos muitos homens honestos e sinceros. A resposta dada à pergunta do sr. Olcott veio tão envenenada com *falsidade deliberada e crua,* tola vaidade, e foi uma tentativa tão infeliz de fugir da única teoria possível, de que ele havia lido a correspondência privada de alguém sem conhecimento, que eu pedi a Morya para obtê-la para que você a lesse. Depois disso, você a devolverá, por favor, para mim, através de Dharbagiri Nath, que estará em Madras durante esta semana.

Fiz uma tarefa desagradável e de mau gosto, mas algo importante será obtido se isto ajudar você a conhecer-nos melhor – quer o seu padrão europeu do que é certo e errado faça inclinar-se a balança da sua opinião em favor de um ou de outro lado. Talvez você se veja na situação de C.C.M., lamentando ver-se obrigado a aceitar ou rejeitar definitivamente um "inquietante paradoxo moral" como eu. Ninguém lamentaria isso mais do que eu; mas nossas *Regras* têm demonstrado serem sábias e benéficas para o mundo a longo prazo, e o mundo em geral e as suas unidades individuais em particular são tão terrivelmente maus que *é preciso* enfrentar cada um com suas próprias armas.

Tal como a situação está atualmente, e embora nós não pretendamos permitir demasiada "procrastinação", parece de fato desejável que você vá para a Inglaterra por alguns meses – digamos até junho. Mas a menos que você vá a Londres e, com ajuda de C.C.M., explique a verdadeira situação e organize a Sociedade *você mesmo,* as cartas do sr. Hume causarão demasiado dano – tornando o prejuízo irreversível. Assim, a sua ausência temporária terá permitido alcançar um propósito duplo e bom, a fundação de uma verdadeira Sociedade Teosófica oculta, e a salvação de alguns poucos indivíduos promissores para momentos futuros, mas que agora correm risco. Além disso, sua ausência da Índia não será um mal destituído de compensações, já que os amigos do país sentirão sua perda, e talvez fiquem ainda mais interessados em sua volta: especialmente se o "Pioneer" mudar sua linha editorial. Pode ser agradável para você aplicar parte do seu tempo de férias escrevendo sobre Teosofia de uma forma ou de outra. Você tem agora um grande estoque de material, e se conseguisse cópia dos materiais didáticos dados ao sr. Hume, seria uma precaução oportuna. Ele é um redator prolífico de cartas, e agora que se viu livre de todas as restrições, terá que ser observado de perto. Lembre-se da profecia do Chohan.

Atenciosamente como sempre,

K.H.

Carta nº 102 (ML-56) Recebida em janeiro de 1883

Recebida em janeiro de 1883, em Allahabad.

É a minha vez, amável amigo, de interceder por um tratamento brando, em especial muito *prudente,* para com o sr. Hume, e peço que me dê sua atenção. Você não deve subestimar um elemento que tem muito a ver com a torpeza moral dele, e que certamente não justifica, mas mitiga em certa medida seu erro. Ele é empurrado para adiante e quase enlouquecido por más energias que ele atraiu para si mesmo e às quais se submeteu através da sua turbulência moral inata. Perto dele vive um faquir que tem em torno de si uma aura animalizante; as maldições do sr. Fern ao afastar-se – não ouso dizer que tenham sido injustas ou não-provocadas – produziram seus efeitos; e embora seu próprio autocriado adeptado seja inteiramente imaginário, ele, no entanto, através da prática imprudente de *pranayama,* desenvolveu em si mesmo até certo ponto uma mediunidade – e está marcado para o resto da vida por ela. Ele abriu amplamente a porta para influências do tipo errado, e está, desde então, quase insensível às influências corretas. Portanto, ele não deve ser julgado impulsivamente como alguém que pecou com intenção total e consistente. Evite-o, mas não o enlouqueça ainda mais, porque agora ele é mais do que perigoso para alguém que, como você, é incapaz de combatê-lo com as mesmas armas dele. É suficiente que você o conheça – como ele é, e assim esteja advertido de antemão e seja prudente no futuro, já que neste momento ele conseguiu estragar os nossos planos junto aos setores mais promissores. Ele agora está em uma fase – que durará semanas e talvez meses – de uma vaidade e combatividade extremamente egoístas – durante a qual ele é capaz de fazer coisas das mais desesperadas. Deste modo, pense duas vezes, meu bom amigo, antes de precipitar uma crise cujos resultados podem, assim, ser muito severos.

Em relação à ligação dele com questões teosóficas, ele é em grande parte seu chela, e prisioneiro da sua lança e do seu arco; mas, desde que você agiu deste modo sob minhas instruções – assumo a culpa como minha – *toda* a *culpa,* entenda-me bem, e eu não deixaria que uma só partícula dos desastrosos resultados atuais manchasse o *seu* carma. Mas isso é uma coisa do futuro, e enquanto isso ele pode jogar sujo contra você e a Sociedade. Não deu pouco trabalho atraí-lo, e agora deve ter o cuidado de não afastá-lo prematuramente. Porque você viu pela correspondência dele de que malícia ele é capaz, e quão laboriosamente ele pode trabalhar para produzir suspeita e descontentamento de modo a concentrar o interesse e a lealdade em torno de si mesmo. A S.T. acaba de passar com segurança por uma tempestade criada por outro descontente vaidoso e cheio de ambição – S. Dayanand – e se a questão teve desfecho favorável é porque S.D. teve uma memória curta e *foi levado* a esquecer tudo com relação aos documentos que havia emitido. É prudente, portanto, esperar, observar e preparar material para a defesa necessária quando este novo iconoclasta "atacar suas trincheiras" – se o fizer em algum momento, o que até este momento não é certo, mas que seria quase inevitável se ele fosse subitamente atacado por você. Não lhe peço que demonstre amizade por ele (não, eu o aconselharia fortemente a nem mesmo escrever-lhe durante algum tempo, e quando for pressionado por uma explicação pedir à sua esposa, *a quem ele teme,* e a quem ele é forçado a respeitar, que lhe diga abertamente e com honestidade a verdade, do modo que só as mulheres sabem fazer), mas simplesmente postergar uma ruptura ostensiva até que chegue o momento a partir do qual qualquer demora seria imperdoável. Nenhum de nós deve colocar em perigo, em função de preocupações pessoais, uma causa cuja promoção é de suprema importância.

Não devo concluir esta carta com esta imagem negra, mas sim contando a você que em Madras há perspectivas de êxito melhores que em Calcutá[1]. Dentro de alguns dias você conhecerá os resultados do trabalho de Subba Row.

O que você pensa de "Mr. Isaacs"?[2] Como verá (porque você deve ler o livro e comentá-lo), o livro é o eco ocidental do "mundo oculto"

[1] Isto se refere à obtenção de fundos para o projeto do *Phoenix.* (Ed. C.)

[2] Um romance ocultista escrito por F. Marion Crawford, ex-editor do *Indian Herald,* e sobrinho de Sam Ward, empresário norte-americano que será mencionado em cartas subsequentes. (Ed. C.)

anglo-indiano. O ex-editor do "Indian Herald" não atingiu bem a estatura do editor do *Pionneer,* mas algo está sendo feito na mesma direção. O cruel inimigo de 1880-81 está quase transformado em um admirador, em 1882. Acho um tanto difícil que as pessoas vejam K.H. "Lal Singh" refletido em "Ram Lal" – o Adepto "todo gris" do sr. Marion Crawford. Se o livro tivesse sido escrito um ano atrás, eu teria dito que o próprio autor estava *gris* ao fazer "Ram Lal" falar de amor eterno e de bem-aventurança nos reinos do mundo do Espírito. Mas desde que uma certa visão foi dada a ele pelo famoso "Ski"[3], no qual o sr. C.C.M. não acredita, o homem abandonou completamente a bebida. Mais um que foi salvo. Eu o perdôo pela minha aparência "cinzenta" e também por Shere-Ali!

Sincera e fraternalmente,

K.H.

Carta nº 103A (ML-91A) Recebida em janeiro de 1883

A pessoa a quem esta carta está dirigida não foi identificada, mas trata-se, quase certamente, do cel. Olcott. Na verdade isto é indicado na carta 103B. Esta carta é em grande parte difícil de entender; não parece haver mais dados sobre os incidentes a que o Mahatma se refere de modo apenas indireto, embora eles envolvam, pelo menos em parte, a honestidade da sra. Billing.

Recebida em Allahabad, estação fria, 1882-83.

Leia o texto anexo de C.C.M.; evoque suas lembranças e depois conte a Sinnett toda a verdade sobre a mensagem que mandei a você em Londres sobre as 100 libras na presença da sra. Billing e de Upasika. Não esqueça de dizer as condições nas quais eu falei. Não deixe que H.P.B. veja a carta de C.C.M., mas devolva-a a Allahabad com seus comentários.

K.H.

---

[3] O espírito que se manifestava através da médium sra. Hollis-Billing. (Ed. C.)

Carta nº 103B (ML-91B) Recebida em janeiro de 1883

Recebi as cartas de C.C.M. e a sua e dei a primeira delas ao sr. Olcott para que a respondesse. Assim, metade das acusações "prejudiciais" está destruída e desmentida de modo bastante natural. Pobre mulher! Intensa e incessantemente ocupada por uma ideia sempre em movimento – a CAUSA e a Sociedade – até mesmo o jeito descuidado e sua falta de memória, seus esquecimentos e distrações são vistos como atos criminosos. Agora novamente "fiz osmose" com a resposta dele para devolvê-la com mais algumas palavras de explicação que deveriam vir de mim.

A dedução do sr. Massey de que "a capacidade de previsão do adepto não estava disponível" é, em diversos casos notáveis de fracasso teosófico, apenas a reafirmação do velho erro de pensar que a seleção de membros e as ações dos Fundadores e dos Chelas são controladas por nós! Isto tem sido frequentemente negado, e foi – segundo creio – suficientemente explicado a você em minha carta de Darjeeling[1], mas os objetores se agarram à sua teoria apesar de tudo. Não *guiamos os acontecimentos em geral,* nem nos preocupamos com eles: no entanto, pegue a série de nomes que ele cita e veja como cada homem foi um fator útil para produzir o resultado final. Hurrychund levou o grupo a Bombaim – embora eles estivessem preparados para ir a Madras, o que teria sido fatal naquele momento do movimento Teosófico; Wimbrigde e a srta. Bates deram um aspecto inglês ao grupo e desde o início causaram muito bem ao provocar um duro ataque jornalístico contra os Fundadores, o que produziu uma reação; Dayanand carimbou o movimento com o selo da nacionalidade ariana; e finalmente o sr. Hume – que já é inimigo secreto e bem pode tornar-se inimigo ostensivo da causa – ajudou-a grandemente com sua influência e a promoverá mais ainda apesar de si mesmo, pelos resultados posteriores do seu afastamento. Em cada exemplo, o traidor e inimigo individual teve sua chance, e se não fosse por suas falhas morais poderia haver produzido a partir dela um bem incalculável para seu carma pessoal.

A sra. Billing é uma médium, e com isso está tudo dito. Exceto isso: que, dos médiuns, ela é a mais honesta, se não a melhor. Será que o sr. Massey viu a resposta *dela* dizendo à sra. Simpson, a médium de Boston, que as perguntas – muito comprometedoras, sem dúvida, para a

[1] Aparentemente, uma referência à Carta nº 92, segundo indica Virgínia Hanson em *Reader's Guide to M. Letters.* (N. ed. bras.)

profetiza e vidente de *New England* – deveriam ser apresentadas como prova da culpa dela? Por que – se é honesta – ela não desmascarou *pro bono publico*[2] todos estes falsos médiuns? – é uma questão que pode ser levantada. Ela tentou advertir seus amigos repetidamente; resultado: os "amigos" a abandonaram e ela foi vista como caluniadora, uma "Judas". Ela tentou fazer o mesmo, indiretamente, no caso da srta. Cook (a jovem). Peça ao sr. Massey para lembrar quais eram os sentimentos dele em 1879, na época em que ele estava investigando os fenômenos de *materialização* daquela jovem dama, quando ele ouviu da sra. Billing – dito com cautela, e de H.P.B., abruptamente, que ele estava confundindo uma peça de musselina branca com um "espírito". No mundo de vocês, de *maya* e de mudanças caleidoscópicas de sentimentos, a verdade é um artigo raramente procurado no mercado; ela tem suas temporadas, mas elas são muito curtas. A mulher tem, em seu dedo mínimo, mais virtudes e honestidade legítimas do que muitos dos médiuns *de quem nunca se desconfiou,* somados. Ela tem sido um membro leal da Sociedade desde o tempo em que ingressou nela, e suas instalações em Nova Iorque são um centro de reunião dos nossos teosofistas. A lealdade dela, além disso, lhe custa a perda da simpatia de muitos protetores. Ela também, a menos que seja observada de perto por "Ski", pode *tornar-se uma traidora,* precisamente porque é uma médium, embora não seja provável que o faça – de qualquer modo, ela é incapaz de uma falsidade ou um engano quando está em seu estado normal.

Não posso evitar um sentimento de repugnância ao entrar em detalhes sobre esse, aquele, e aquele outro fenômeno que podem ter ocorrido. Eles são os brinquedos do iniciante, e embora tenhamos satisfeito às vezes a ânsia por eles (como no caso do sr. Olcott e em um grau menor no seu próprio caso, no começo, já que sabíamos que um bom crescimento espiritual decorreria disso), nós não nos sentimos obrigados a estar continuamente explicando e mostrando as aparências enganosas, devido à combinação de displicência com credulidade, ou com ceticismo cego, conforme o caso. Neste momento nós oferecemos nosso conhecimento – ou pelo menos algumas partes dele – para que seja aceito ou rejeitado por seus próprios méritos, de modo inteiramente independente da fonte da qual emana. Em troca, nós não pedimos obediência, lealdade, nem mesmo simples cortesia – não, nós preferiríamos que nada deste tipo nos fosse oferecido, porque teríamos de recusar a amável oferta. Nós temos em vista o bem de toda a associação de teosofistas ingleses

---

2 *Pro bono publico* – para o bem público, em latim. (N. ed. bras.)

dedicados, e damos pouca importância a opiniões individuais ou à consideração deste ou daquele membro. Nossa experiência de quatro anos já delineou o futuro das *melhores* relações *possíveis* entre nós e os europeus, de modo suficiente para que sejamos ainda mais prudentes e menos liberais em matéria de favores *pessoais*. Assim, é suficiente para mim dizer que "Ski" tem servido mais de uma vez como mensageiro e ainda porta-voz para vários de nós; e que no caso a que o sr. Massey alude, a carta de "um Irmão escocês" era autêntica, e nós – inclusive o Irmão "Escocês" – nos recusamos de modo terminante a entregá-la misteriosamente a ele, apesar das súplicas apaixonadas de Upasika no sentido de que se fizesse algumas exceções em favor de C.C. Massey, o "melhor e mais querido amigo" dela, *alguém por quem ela tinha tanto afeto*, e em quem ela confiava tão implicitamente que, de fato, ofereceu-se para aceitar por mais um ano o seu longo e melancólico exílio, trabalhando longe da sua meta final, se nós consentíssemos em satisfazê-lo com nossa presença e ensinamentos – apesar de tudo isto, eu digo, não nos foi permitido desperdiçar nossos poderes tão radicalmente. Restava à sra. Blavatsky mandá-la por correio, ou, se ela preferisse, através de "Ski" – já que M. a havia proibido de usar seus próprios meios ocultos. Certamente nenhum crime pode ser atribuído a ela – a menos que uma devoção absoluta e frenética a uma grande Ideia e àqueles que ela vê como seus melhores e mais verdadeiros amigos possa ser vista, agora, como transgressão. E agora espero poder ficar livre da necessidade de entrar em uma explicação detalhada do famoso caso da carta Massey-Billing. Deixe-me apenas assinalar a você que impressão teria qualquer um dotado de uma mente justa e sem preconceitos que lesse por acaso a carta do sr. Massey e as falsas provas contidas nela.[3]

(1) *Nenhuma médium esperta,* decidida a executar um plano de fraude preparado previamente, teria a ideia idiota de *fazer aparecer e colocar diante* dele com suas próprias mãos qualquer objeto (no caso dela um livro de anotações) no qual o "fenômeno" fraudulento deveria ocorrer. Se ela tivesse sabido que "Ski" havia colocado a carta dentro daquele livro, haveria 99 entre 100 chances de que ela não a teria trazido para ele pessoalmente. Há mais de 20 anos que ela transformou a mediunidade em sua profissão. Se foi impostora e enganou inescrupulosamente em uma coisa, deve ter feito o mesmo em muitas outras. Entre centenas de inimigos e entre céticos ainda mais numerosos, ela passou

[3] Para maior clareza na leitura, abrimos parágrafos independentes para os três itens numerados que se seguem. (N. ed. bras.)

triunfantemente e incólume pelos testes mais cruciais, produzindo os fenômenos mediúnicos mais maravilhosos. O marido dela é o *único* – ele que a arruinou para agora desonrá-la – que a acusa de ser falsificadora com provas documentais em mãos. H.P.B. escreveu a ele as mais violentas cartas de reprovação e insistiu na expulsão dele da Sociedade. Ele a odeia. Para que procurar por mais motivos?

(2) O sr. Massey é apenas meio profeta ao dizer que ele supõe que "será dito a você que estas coisas foram falsificações ocultas (!)". Não; a mensagem no verso da carta do sr. Wyld está com a própria letra dela, como também a primeira parte da carta copiada e agora citada por ele para seu uso – a parte mais *danosa* na opinião dele – e não há mal nela até onde eu vejo, e como já foi explicado. Ela não quer que ele saiba que ela usou "Ski", entidade da qual sabidamente ele desconfiava, já que as falhas e crimes de outros "Ski" caíram sobre o *verdadeiro* "Ski", e o sr. Massey é incapaz de distinguir um dos outros. Do seu modo livre e descuidado ela diz: "que ele pense *o que quiser, mas ele não deve suspeitar que você esteve perto dele* com Ski sob suas ordens". Logo após a sra. B., a "impostora esperta", endurecida e "experimentada no engano" faz exatamente aquilo *que lhe é pedido que não faça, isto é,* vai até perto dele e passa-lhe o mesmo livro em que Ski havia colocado a carta! Muito esperta; completamente.

(3) Ele argumenta que "mesmo que em outros aspectos seja concebível (a falsificação oculta) os conteúdos finais da carta eram incoerentes em relação ao suposto objetivo, porque a carta seguia falando da S.T. e dos adeptos com uma devoção tão claramente autêntica, etc., etc." O sr. Massey, constato eu, não vê diferença entre um falsificador "oculto" e um falsificador *comum*, do tipo que sua experiência legal deve ter tornado familiar a ele. Um falsificador "oculto", um *dugpa,* teria *forjado* a carta precisamente neste tom. Ele nunca teria cometido o erro de deixar-se levar por seu rancor pessoal, privando sua carta da sua característica mais inteligente. A S.T. não seria descrita por ele como "uma superestrutura baseada em fraude", e é "a impressão exatamente oposta" que *é* a sua coroação. Digo *é* porque metade da carta *é* uma falsificação, e uma falsificação *muito oculta.* O sr. Massey talvez possa acreditar em mim, já que não é aquela parte que diz respeito a ele que é negada (toda, com exceção das palavras "misterioso" e "ou em algum outro lugar ainda mais misterioso") – mas "a última parte", exatamente aquela que "o próprio Billing relutantemente admitiu" que dá "a impressão exatamente oposta". "L.L." não é ninguém, vivo ou morto. Certamente não é "lorde Lindsay", já que ele não era conhecido por H.P.B., e tampouco ela tinha na época nem teve desde então o menor interesse pelo

"lorde". Esta parte dá tamanha impressão de uma desajeitada fraude, ao vê-la, que só poderia enganar alguém cuja mente já estivesse bem preparada para ver fraude na sra. Billing e no seu "Ski". Terminei, e você pode mostrar esta ao seu amigo, o sr. Massey. Seja qual for a opinião pessoal dele sobre mim e sobre os Irmãos, ela não pode influenciar de modo algum os prometidos "ensinamentos" através da sua amistosa ajuda.

Atenciosamente,

K.H.

Carta nº 104 (ML-25) Recebida em 2 de fevereiro de 1883

A primeira carta sobre o Devachan foi a Carta nº 68. As Cartas 70A, 70B e 70C também abordaram o assunto. Os dois ingleses fizeram mais perguntas ao Mahatma K.H. Esta carta responde a eles.

Deve-se ter presente que Sinnett havia assumido a tarefa iniciada por Hume de escrever a série intitulada Fragments of Occult Truth (Fragmentos da Verdade Oculta) *que foi publicada em* The Theosophist. *Estes artigos estavam baseados no ensinamento dado pelos dois Mahatmas, K.H. e M., através das cartas.*

Notas sobre o Devachan, últimos acréscimos. Recebidos em 2 de fevereiro de 1883.

RESPOSTAS ÀS PERGUNTAS.

(1) Por que se deveria supor que o *Devachan* é uma condição monótona, apenas devido a que um momento de sensação terrena é perpetuado indefinidamente – esticado, digamos assim, ao longo de eras? Não é, *não pode* ser assim. Isso seria contrário a todas as analogias e antagônico à lei dos efeitos, de acordo com a qual os resultados são proporcionais às energias antecedentes. Para deixar isto bem claro, você deve ter presente que há dois campos de manifestação causal, a saber, o objetivo e o subjetivo. Assim as energias mais grosseiras, aquelas que operam nas condições mais pesadas ou densas de matéria, se manifestam objetivamente na vida física, e sua consequência é a nova personalidade de cada nascimento, incluída no grande ciclo da individualidade em evolução. As atividades morais e espirituais encontram sua esfera de efeitos no "Devachan". Por exemplo: os vícios, as atrações físicas, etc. – digamos, de um filósofo, podem resultar no nascimento de um novo filósofo,

um rei, um comerciante, um rico epicurista, ou qualquer outra personalidade cuja formação fosse inevitável a partir das inclinações preponderantes do ser no nascimento imediatamente anterior. Bacon, por exemplo, que um poeta considerou –

> **"O mais sábio, o maior e o *mais mesquinho* da humanidade" –**

poderia reaparecer em sua próxima encarnação como um ganancioso que busca dinheiro, com uma capacidade intelectual extraordinária. Mas as qualidades morais e espirituais do Bacon anterior também teriam que encontrar um campo em que suas energias pudessem expandir-se. O Devachan é esse campo. Portanto – todos os grandes planos de reforma moral, de pesquisa intelectual e espiritual sobre os princípios abstratos da natureza, todas as aspirações divinas, se realizariam no Devachan, e o ser abstrato previamente conhecido como o grande chanceler[1] se dedicaria a este mundo interno preparado por ele mesmo, vivendo – se não uma existência que chamaríamos de completamente *consciente* – pelo menos um sonho de uma intensidade tão realística que nenhuma das realidades da vida poderia jamais se igualar a ele. E este "sonho" dura até que o Carma fique satisfeito nesta direção, a ondulação da força atinja o limite do seu dique cíclico e o ser avance para a nova área de causas. Ele pode encontrá-la no mesmo mundo de antes, ou em outro, de acordo com seu estágio de progresso ao longo dos necessários anéis e rondas do desenvolvimento humano.

Então – como pode você pensar que "mas *somente* um momento de sensação terrena é selecionado para perpetuar-se"? É completamente verdade que aquele "momento" dura do princípio ao fim; mas ele dura apenas como a nota-chave de toda a harmonia, o tom definido de um diapasão apreciável, ao redor do qual se agrupam e se desenvolvem em variações progressivas de melodia e como variações infinitas de um tema, todas as aspirações, desejos, esperanças e sonhos que, em relação àquele momento particular, alguma vez cruzaram o cérebro do *sonhador* durante sua vida, sem que tenham jamais tido sua realização na terra, os quais ele agora vê completamente realizados em toda sua intensidade no Devachan, sem jamais suspeitar que toda esta realidade abençoada é apenas o resultado da sua própria fantasia, são os efeitos das causas mentais produzidas por ele mesmo. Aquele *momento* único e particular que será o mais intenso e o mais elevado nos pensamentos do seu cérebro moribundo, no momento da dissolução, regulará, natural-

[1] Francis Bacon (1561-1626) foi chanceler da Inglaterra. (N. ed. bras.)

mente, todos os outros "momentos"; ainda assim estes últimos, embora sejam menores e menos vívidos – também estarão lá, e têm seu lugar designado neste desfile fantasmagórico de sonhos passados, e devem dar variedade ao conjunto. Todo homem na terra tem uma predileção definida se não uma paixão dominante; nenhuma pessoa, por mais humilde e pobre que seja, deixa de ter sonhos e desejos – e frequentemente os tem por causa disso – mesmo que insatisfeitos. Isso é monotonia? Você chamaria estas variações *ad infinitum* sobre o mesmo tema – com este tema tomando como modelo, e adquirindo cor e forma definidas a partir daquele grupo de desejos que foi o mais intenso durante a vida – você chamaria isso de "uma destituição completa de todo conhecimento na mente devachânica" – algo que parece "em certa medida *ignóbil*"? Então, verdadeiramente, ou você não conseguiu, como diz, compreender o que eu pretendia dizer, ou eu é que devo ser culpado. Devo ter falhado de modo lamentável na transmissão do significado correto, e tenho de confessar minha incapacidade de descrever o – *indescritível.* Esta última é uma tarefa difícil, bom amigo. A menos que as percepções intuitivas de um chela treinado possam ajudar, nenhuma quantidade de descrições – por mais vívidas que sejam – será suficiente. De fato, não há palavras adequadas para expressar a diferença entre um estado mental na terra e um estado mental fora da sua esfera de ação; não há termos em língua inglesa que equivalham aos nossos; não há *nada* – exceto preconceitos inevitáveis (porque devidos à educação ocidental na infância), portanto, linhas de pensamento em direção equivocada – *nada* na mente do aprendiz, que nos ajude nesta inoculação de ideias inteiramente novas! Você está certo. Não só as "pessoas comuns" – seus leitores – mas até mesmo unidades idealistas e altamente intelectuais como o sr. C.C.M. não poderão, receio eu, compreender a verdadeira ideia, *nunca* a explorarão em suas profundezas. Talvez você possa algum dia compreender, melhor do que consegue agora, que esta é uma das principais razões da nossa pouca vontade de transmitir *nosso* conhecimento para candidatos europeus. Basta que você leia as indagações e diatribes do sr. Roden Noel[2] em *Light!* De fato, de fato, você deveria ter respondido a elas como foi aconselhado por mim através de H.P.B. O silêncio de você é um breve triunfo para o piedoso cavalheiro, e parece uma *deserção* do pobre sr. Massey.

---

[2] Roden Noel – Poeta inglês. Autor de *Behind the Veil* e outros poemas. (Ed. C.)

"Um homem no caminho do aprendizado de algo dos mistérios da natureza parece estar em um estado de existência mais elevado ao começar na terra do que naquele estado que a natureza aparentemente lhe dá como recompensa por suas melhores ações".

Talvez "aparentemente", e não em *realidade*, uma vez que o *modus operandi*[3] da natureza seja compreendido corretamente. E então aquela outra má compreensão: "Quanto mais mérito, maior o período de Devachan. Mas no Devachan ... perde-se todo sentido da passagem do tempo; um minuto é como mil anos... *à quoi bon*,[4] então, etc."

Esta observação e esta maneira de olhar as coisas pode aplicar-se de igual modo a toda a Eternidade, ao Nirvana, ao Pralaya, a tudo. Diga pois que todo o sistema de ser, da existência separada e coletiva, da natureza objetiva e subjetiva, é apenas uma série de fatos idiotas que não levam a nada, uma fraude gigantesca daquela natureza que, tendo pouca simpatia por parte da filosofia ocidental, tem, ainda, a cruel desaprovação do melhor "chela leigo". *À quoi bon,* neste caso, esta pregação das nossas doutrinas, todo este trabalho contra a maré, e este nadar *in adversus flumen?*[5] Por que o Ocidente deveria estar tão ansioso, então, por aprender alguma coisa do Oriente, já que é evidentemente incapaz de digerir aquilo que nunca poderá atender as exigências dos gostos específicos da sua estética? Triste perspectiva para nós, já que nem *você* consegue absorver toda a magnitude da nossa filosofia, ou mesmo abarcar de uma só vez um pequeno aspecto – o devachan – daqueles horizontes sublimes e infinitos do "após a morte". Eu não quero desencorajá-lo. Apenas chamaria sua atenção para as formidáveis dificuldades encontradas por nós em cada tentativa que fazemos de explicar nossa metafísica para mentes ocidentais, mesmo as mais inteligentes. Ah, meu amigo, você parece tão incapaz de assimilar nosso modo de pensar, quanto de digerir nossa comida ou de gostar de nossas músicas!

Não; não há relógios, nem medidores de tempo no Devachan, meu estimado chela, embora todo o Cosmo seja um gigantesco cronômetro, em certo sentido. Tampouco nós, mortais – *ici bas même*[6] – tomamos muito conhecimento, se é que tomamos algum conhecimento, do *tempo* durante períodos de felicidade e bem-aventurança, e sempre os consideramos demasiado curtos; um fato que não nos impede em nada de aproveitar aquela felicidade – quando ela vem. Você já pensou na pequena possibilidade de

---

[3] *Modus operandi* – maneira de funcionar. (N. ed. bras.)

[4] À quoi bon – em tradução livre do francês, "para que serve". (N. ed. bras.)

[5] *In adversus flumen* – contra a correnteza, em latim. (N. ed. bras.)

[6] *Ici bas même* – "aqui embaixo, mesmo", em francês. (N. ed. bras.)

que, talvez, seja porque sua taça de felicidade esteja cheia até à borda que o "devachanista" perde "todo sentido da passagem do tempo", e que isso é algo que os que aterrizam em *Avitchi* não experimentam, embora o *avitchista,* tanto quanto o *devachanista,* não tenha conhecimento do tempo – *isto é,* dos nossos cálculos terrenos de períodos de tempo? Posso também lembrar-lhe, a propósito disso, que o *tempo é algo criado inteiramente por nós próprios;* que enquanto um curto segundo de agonia intensa pode parecer, mesmo na terra, uma eternidade para um homem, para outro, com mais sorte, as horas, os dias e, em alguns casos, anos inteiros podem parecer passar como se fossem um breve momento; e que, finalmente, de todos os seres sensíveis e conscientes sobre a terra, o homem é o único animal que tem qualquer conhecimento do tempo, embora isso não o faça nem mais feliz nem mais sábio. Como, então, posso explicar a você aquilo que *não pode* ser sentido, já que você parece incapaz de compreendê-lo? Imagens finitas são inadequadas para expressar o abstrato e o infinito; tampouco pode o objetivo jamais refletir o subjetivo. Para compreender a bem-aventurança do *Devachan,* ou as aflições do *Avitchi,* você deve assimilá-las – como nós fazemos. O idealismo crítico ocidental (tal como se mostra nos ataques do sr. Noel) ainda tem de aprender a diferença que há entre o *ser real* dos objetos super-sensíveis e a subjetividade da sombra das ideias a que eles foram reduzidos. O *tempo* não é um conceito estabelecido e portanto não pode nem ser provado nem analisado de acordo com os métodos da filosofia superficial. E, a menos que nós aprendamos a compensar os resultados negativos daquele método de chegar a conclusões de acordo com os ensinamentos do chamado "sistema da razão pura", e a distinguir entre a matéria e a forma do nosso conhecimento dos objetos sensíveis, nunca poderemos chegar a conclusões corretas e definidas. Este ponto, defendido por mim contra a sua (muito natural) concepção errônea, é uma boa prova da superficialidade e mesmo da falácia daquele "sistema de razão (materialista) pura". O espaço e o tempo podem ser – como Kant afirma – não o produto, mas os reguladores das sensações na *terra,* não das sensações no *Devachan.* Lá nós não encontramos as ideias *a priori* deste "espaço e tempo" controlando as percepções do habitante do *Devachan* com relação aos objetos do *seu* sentido; mas, ao contrário, descobrimos que é o próprio *devachanista,* absolutamente, que tanto os cria como os aniquila ao mesmo tempo. Assim, os chamados "estados posteriores"[7] nunca podem ser corretamente julgados pela razão prática, já que esta última só pode ter existência ativa na esfera das causas ou fins *últimos*, e dificilmente pode ser vista, conforme Kant (para quem ela significa razão em uma página e, na outra –

[7] Isto é, os estados posteriores à morte. (N. ed. bras.)

VONTADE) como o poder espiritual mais elevado no homem, tendo como sua esfera aquela VONTADE. O que está acima não é trazido – como você pode pensar – em função de um argumento (muito forçado, talvez), mas antevendo uma futura discussão "em casa", segundo sua expressão, com estudantes e admiradores de Kant e Platão que você terá de encontrar.

Em uma linguagem mais clara, eu agora direi a você o que segue, e não será culpa minha se você não conseguir compreender todo o significado. Assim como a existência física tem a sua intensidade acumulativa desde a infância até a plenitude, e sua energia diminui desde então até a senilidade e a morte, assim também a vida-sonho do Devachan é vivida de modo correspondente. Portanto, você está certo ao dizer que a "Alma" nunca pode perceber seu erro e descobrir-se "enganada pela natureza" – tanto mais que, estritamente falando, toda a vida humana e as suas decantadas realidades não são em nada melhores que este "engano". Mas você está errado ao aceitar os preconceitos e as ideias preconcebidas dos leitores ocidentais (nenhum asiático jamais concordará com você neste ponto) quando você acrescenta que "há um sentido de *irrealidade* em todo o assunto que é doloroso para a mente", já que você é o primeiro a sentir que isso se deve sem dúvida muito mais a "uma compreensão imperfeita da natureza da existência" no Devachan – que a qualquer defeito em nosso sistema. Daí as minhas ordens a um chela para reproduzir, como apêndice ao seu artigo, trechos desta carta e explicações com o objetivo de esclarecer o leitor e obliterar, tanto quanto possível, a dolorosa impressão que esta sua confissão certamente produzirá nele. Todo o parágrafo é perigoso. Não sinto que seja correto cortá-lo, já que é evidentemente expressão dos seus sentimentos reais, amavelmente disfarçados, embora – perdoe-me por dizê-lo – não muito bem disfarçados com uma aparente defesa deste (em sua opinião) ponto *fraco* do sistema. Não é assim, acredite-me. A natureza não engana o *devachanista* mais do que ela engana o homem fisicamente vivo. A natureza dá a ele muito mais bem-aventurança e felicidade *reais lá* do que *aqui,* onde todas as condições do mal e do acaso estão contra ele, e seu desamparo inerente – o desamparo de uma palha atirada violentamente para cá e para lá pelo vento implacável – transformou a pura felicidade nesta terra em uma completa impossibilidade para o ser humano sejam quais forem suas oportunidades e condições. Diga que esta vida é um pesadelo feio, horrível, e você estará mais correto. Qualificar a existência no Devachan como um "sonho" em qualquer outro sentido exceto no sentido convencional do termo, adequado para seus idiomas tão cheios de equívocos – é renunciar para sempre ao conhecimento da doutrina esotérica

– a única guardiã da verdade. Deixe-me, então, tentar outra vez explicar a você alguns dos muitos estados no Devachan e – no Avitchi.

Assim como na vida terrena real, assim também há para o Ego no Devachan – a primeira palpitação da vida psíquica, a chegada à plenitude, a gradual exaustão da força, que leva à semi-inconsciência, o gradual esquecimento e letargia, total esquecimento e – não morte, mas nascimento: nascimento em outra personalidade, e o reinício da ação, o que gera diariamente novos conjuntos de causas, que devem ser trabalhadas em outro período de Devachan, e ainda em outro renascimento físico como uma nova personalidade. O que as *vidas* no *Devachan* e na Terra serão, respectivamente, em cada caso, é determinado pelo Carma. E esta ronda cansativa de nascimento após nascimento deve ser percorrida sempre e sempre, até que o ser alcance o final da sétima ronda, ou – atinja neste ínterim a sabedoria de um Arhat, depois a de um Buddha, e assim fique livre durante uma ou duas rondas – tendo aprendido como irromper através dos círculos viciosos – e passar periodicamente ao Paranirvana.

Mas suponha que não se trate do caso de um Bacon, um Goethe, um Shelley,[8] um Howard,[9] e sim de alguma pessoa medíocre, uma personalidade descolorida, sem distinção, que nunca se chocou contra o mundo com força suficiente para deixar sua marca: o que ocorre, então? Simplesmente o seu estado devachânico é tão descolorido e débil quanto foi sua personalidade. Como poderia ser diferente, se causa e efeito são iguais? Mas imagine o caso de um monstro de maldade, sensualidade, ambição, avareza, orgulho, falsidade, etc., mas que, apesar disso tem um germe ou germes de algo melhor, faíscas de uma natureza mais divina – para onde irá ele? A faísca mencionada, em combustão lenta sob uma pilha de sujeira, anulará, no entanto, a atração da oitava esfera, na qual caem apenas absolutas *não-entidades;* "falhas da natureza" que serão inteiramente remodeladas, cujas mônadas divinas se separaram dos cinco princípios durante sua vida (seja durante o nascimento imediatamente anterior ou em vários nascimentos anteriores, já que também há casos assim em nossos registros), e que viveram como seres humanos *sem alma*[10]. Quanto a estas pessoas, cujo sexto princípio

---

[8] Shelley – Percy Shelley (1792-1822), poeta romântico inglês. (N. ed. bras.)

[9] Howard – Possivelmente sir Robert Howard (1626-1698), dramaturgo inglês. (N. ed. bras.)

[10] **Veja *Ísis*, vol. 2, pp. 368 a 369 – a palavra *alma* significa lá a alma "espiritual", naturalmente, a qual, sempre que deixa uma pessoa "sem alma", faz com que o quinto princípio (alma animal) escorregue para a oitava esfera.** (Nota do Mahatma) (N. ed. bras.: Veja p. 23, vol. IV, *Ísis Sem Véu,* H.P. Blavatsky, Ed. Pensamento, SP)

as abandonou (enquanto o sétimo, tendo perdido seu *vahan* (ou veículo) não pode mais existir *independentemente),* o seu quinto princípio ou alma animal naturalmente desce para o "poço sem fundo". Isso talvez faça as sugestões de Eliphas Levi ainda mais claras se você ler outra vez o que ele diz e minhas observações à margem do texto dele (veja *The Theosophist,* outubro de 1881, artigo intitulado *Morte)*[11], e refletir sobre as palavras usadas, como *zangões,* etc. Bem, a primeira entidade mencionada não pode, então, apesar de toda sua maldade, ir para a oitava esfera – já que sua maldade *é de um tipo demasiado refinado, espiritual.* É um *monstro.* Não um mero animal sem alma. Não deve ser apenas *aniquilada*, mas *PUNIDA*; porque a aniquilação, isto é, total esquecimento, e o fato de ser *assoprada* para fora da existência consciente não constituem *em si* um castigo, e como afirmou Voltaire: *"le néant* ne laisse pas d'avoir du bon"[12]. Aqui não há uma vela bruxuleante que um vento suave pode apagar, mas uma força maléfica forte e definida, alimentada e desenvolvida pelas circunstâncias, algumas das quais podem realmente ter estado além do seu controle. Deve haver, para uma tal natureza, um estado correspondente ao *Devachan,* e ele é encontrado em *Avitchi* – a perfeita antítese do *Devachan* – vulgarizados pelas nações ocidentais como Inferno e Céu, e que você ignorou inteiramente em seu *"Fragment".* Lembre-se: "Para ser imortal no bem, o indivíduo deve identificar-se com o bem (ou Deus); para ser imortal no mal – com o mal (ou Satã)". Ideias erradas sobre o real significado de termos como "Espírito", "Alma", "individualidade", "personalidade" e "imortalidade" (especialmente esta) – provocam guerras de palavras entre numerosos debatedores idealistas, além dos srs. C.C.M. e Roden Noel. E, para completar o seu *Fragment* sem arriscar cair de novo sob os dentes destroçadores da crítica deste último honrado cavalheiro – considero necessário acrescentar ao Devachan, o Avitchi, como seu complemento, e aplicando a este último as mesmas leis que ao Devachan. Isto é feito, com sua permissão, no *Apêndice*[13].

Tendo explicado suficientemente a situação, posso agora responder diretamente à sua pergunta número 1. Sim, certamente há "uma mudança de atividade", uma contínua mudança no Devachan, e tanto quanto – e até muito mais do que – há na vida de qualquer homem ou mulher que exercem durante *toda sua vida* uma só atividade, seja qual

---

[11] Texto incluído no Anexo II da presente edição das *Cartas*. (N. ed. bras.)

[12] Em francês, "o nada não deixa de ter algo de bom". (N. ed. bras.)

[13] O *Fragment* e o seu apêndice estão em *The Theosophist,* março de 1883, pp. 131-137. (N. ed. bras.)

for; com uma diferença, que para o *devachanista* a sua ocupação especial é sempre agradável e preenche a sua vida de êxtase. Deve haver portanto mudança, porque aquela vida-sonho é apenas o aproveitamento, o tempo de colheita daqueles germes-sementes psíquicos caídos da árvore da existência física em nossos momentos de sonhos e esperanças, visões imaginárias de bem-aventurança e felicidade sufocadas em um solo social ingrato, mas que desabrocham na aurora rosada do Devachan, e amadurecem em seu céu sempre frutífero. Não há fracassos *lá,* nem decepções! Se o homem tivesse *um* só momento de felicidade e experiência ideais durante sua vida – ainda assim, se o Devachan existe, não poderia ser, como você erroneamente supõe, a prolongação indefinida daquele "único momento", mas sim os desenvolvimentos infinitos, os vários incidentes e acontecimentos que têm como base e origem aquele "único momento" ou momentos, conforme seja o caso; em resumo, tudo o que surgisse na imaginação do "sonhador". Aquela nota única, como eu disse, emitida pela lira da vida, formaria apenas a nota-chave do estado subjetivo do ser, e seria trabalhada em inúmeros tons e semitons harmônicos de fantasmagoria psíquica. Lá – todas as esperanças, as aspirações e os sonhos não realizados são plenamente realizados, e os *sonhos* da existência objetiva se tornam as *realidades* da existência subjetiva. E lá, atrás da cortina de Maya, os seus vapores e suas aparências enganosas são percebidos pelo adepto, que aprendeu o grande segredo que é como penetrar com esta profundidade nos Arcanos da existência.

Sem dúvida, minha pergunta sobre se você havia experimentado monotonia durante o que você considera o momento mais feliz da sua vida desorientou-o completamente. Esta carta, assim, é o justo castigo pela minha preguiça de ampliar a explicação.

Pergunta (2) – De que ciclo se fala?

O "ciclo menor" mencionado é, naturalmente, o término da sétima *Ronda,* tal como foi convencionado e explicado. Além disso, ao final de cada uma das sete rondas vem uma lembrança *menos* "completa"; só as experiências devachânicas ocorrem entre os numerosos nascimentos, no final de cada vida *pessoal.* Mas a lembrança *completa* de todas as vidas, *a* onisciência (terrena e devachânica), em resumo – vem apenas no grande final das sete Rondas completas (a menos que o indivíduo tenha se tornado neste meio tempo um Bodhisatwa, um Arhat): o "limiar" do Nirvana significa um período indefinido. Naturalmente um homem da *sétima ronda* (que completa suas migrações terrenas no começo da última raça e anel) terá que esperar mais tempo naquele limiar que um homem das últimas daquelas Rondas. Aquela *Vida* do Eleito entre o

Pralaya menor e o Nirvana – ou melhor, *antes* do Pralaya – é a *Grande* recompensa, a maior, de fato, já que ela transforma o Ego (mesmo que ele nunca tenha sido um adepto, mas simplesmente um homem valioso e virtuoso na *maior parte* das suas existências) virtualmente em um Deus, um ser consciente, onisciente, um candidato – durante eternidades de eternidades – à condição de Dhyan Chohan... Basta – estou traindo os mistérios da iniciação. Mas o que o NIRVANA tem a ver com as lembranças das existências objetivas? Este é um estado ainda mais elevado e no qual todas as coisas objetivas são esquecidas. É um estado de absoluto Descanso e de unidade com Parabrahm – é o próprio Parabrahm. Ah, como é triste a ignorância das nossas verdades filosóficas no Ocidente, e que incapacidade, a dos seus maiores intelectos, quando se trata de compreender o verdadeiro espírito daqueles ensinamentos! O que vamos – o que podemos fazer?

Pergunta (3) **Você parece postular uma relação entre entidades no Devachan que é válida apenas para sua relação recíproca durante a existência física. Duas almas que simpatizem uma com a outra irão, cada uma, produzir suas próprias sensações devachânicas, fazendo da outra alguém que partilha da sua bem-aventurança subjetiva, mas cada uma está dissociada da outra no que se refere a um intercâmbio mútuo. Pois, que companheirismo poderia haver entre duas entidades subjetivas que não são nem sequer tão materiais quanto aquele corpo-de-sombra etéreo – o *mayavi-rupa?***

Pergunta (4) **O devachan é um estado, não um local. Kama-loka, Rupa-loka, e Arupa-loka são as três esferas de espiritualidade ascendente nas quais os vários grupos de entidades subjetivas encontram suas atrações. Em Kama-loka (esfera semifísica) ficam as cascas, as vítimas[14] e os suicidas; e esta esfera é dividida em inúmeras regiões e sub-regiões que correspondem aos estados mentais em que aqueles que vêm estavam no momento de suas mortes. Esta é a gloriosa "terra-de-verão" dos espíritas, a cujos horizontes está limitada a visão dos melhores videntes deles – uma visão imperfeita e enganosa porque não é treinada e não foi guiada por *Alaya Vijnana* (conhecimento oculto). Quem, no ocidente, sabe alguma coisa sobre *Sahalokadhatu,* o misterioso Chiliocosmo, de cujas muitas regiões só três podem ser reveladas ao mundo externo, os *Tribhuvana* (três mundos), isto é: Kama-loka, Rupa-loka e Arupa-loka? No entanto, veja a triste confusão produzida nas mentes ocidentais pela mera menção destes três! Veja *"Light"* de 6 de janeiro!**

[14] Vítimas de acidentes e/ou assassinatos. (N. ed. bras.)

Observe como seu amigo (M. A. Oxon) informa ao mundo dos seus leitores que segundo o ponto de vista de você, em sua "doutrina Secreta", "nenhuma acusação mais grave poderia ser levantada contra qualquer homem por seu pior inimigo" que aquela que você levanta contra nós – "este misterioso desconhecido". Não é este tipo de crítica amarga que irá, provavelmente, extrair mais conhecimento de nós, ou tornar o "desconhecido" ***mais conhecido.*** **E há o prazer de ensinar a um público que tem uma das suas grandes autoridades (Roden Noel) dizendo, poucas páginas mais adiante, que os teosofistas estão atribuindo às "cascas" consciência** ***simulada.*** **Veja a diferença que uma palavra faz. Se tivesse sido escrita a palavra "assimilada", em vez de "simulada", teria sido transmitida a verdadeira ideia, de que a consciência das cascas é** ***assimilada*** **do médium e das pessoas vivas presentes, enquanto que agora –! Mas, é claro, não são as exposições dos nossos críticos europeus, mas as dos nossos chelas asiáticos que "parecem absolutamente proteanas[15] em sua variedade sempre mutável". Tem que haver uma resposta ao homem, e ele deve ser corrigido, seja por você ou pelo sr. Massey. Mas, ah! este último sabe muito pouco, e você – você vê nossa concepção de Devachan com mais que "desconforto"! Mas, retomando.**

Do Kama-loka, então, no grande Chiliocosmo, uma vez despertadas do seu torpor pós-morte, as "Almas" recém-transladadas vão, todas ***(exceto as cascas),*** **de acordo com suas atrações, ou para o Devachan, ou para o Avitchi. E estes dois** ***estados*** **se diferenciam** ***ad infinitum*** **– os seus graus ascendentes de espiritualidade derivam seus nomes dos lokas a que são induzidos. Por exemplo: as sensações, percepções e ideações de um** ***devachanista*** **em Rupa-loka serão, é claro, de uma natureza menos subjetiva do que em Arupa-loka. Em ambas, as experiências devachânicas irão variar em sua apresentação ao sujeito-entidade, não só com relação a forma, cor e substância, mas também em suas potencialidades formativas. Porém, nem mesmo a mais exaltada experiência de uma mônada no mais elevado estado devachânico em** ***Arupa*****-loka (o último dos sete estados) é comparável àquela condição perfeitamente subjetiva de pura espiritualidade da qual a mônada emerge "para descer à matéria", e à qual, completado o grande ciclo, ela deve retornar. Nem o próprio Nirvana é comparável ao Para-Nirvana.**

Pergunta **(5) A revitalização da consciência começa depois da luta em Kama-loka, às portas do Devachan, e só** ***depois*** **do "período de ges-**

[15] Proteanas, isto é, de Proteu, deus marinho que assumia todas as formas e conhecia passado, presente e futuro. (N. ed. bras.)

tação". Por favor, veja minhas respostas sobre o assunto em seu texto "Famosas Contradições".[16]

***Pergunta* (6) Como as suas deduções quanto à prolongação indefinida no Devachan de um momento de bem-aventurança terrena não têm fundamento, não é necessário levar em conta a sua pergunta no último parágrafo deste questionário. A permanência no Devachan é proporcional aos impulsos psíquicos inacabados e originados na vida terrena: as pessoas cujas atrações foram preponderantemente materiais serão atraídas mais cedo de volta para o renascimento pela força de *Tanha*[17]. Como observa corretamente nosso oponente de Londres, estes assuntos (metafísicos) são destinados só em parte à compreensão. Uma percepção mais alta, que pertence à vida mais elevada, é que deve ver, e é verdadeiramente impossível impor isso ao entendimento de alguém – apenas com palavras. O indivíduo deve ver com a visão espiritual, escutar com o ouvido dharmacáico[18], sentir com as sensações do seu *Ashtavijnana* ("eu" espiritual), antes que possa compreender completamente esta doutrina; de outro modo, ela só pode aumentar o seu "desconforto", e acrescentará muito pouco a seu conhecimento.**

***Pergunta* (7) A "recompensa dada pela natureza aos homens que são benévolos de modo amplo e sistemático", e que não focalizaram sua afeição em um indivíduo ou uma particularidade, é que – se forem puros – eles passam mais rapidamente através de Kama-loka e Rupa-loka até a esfera mais elevada de *Tribhuvana,* já que, nesta, a formulação de ideias abstratas e a consideração de princípios gerais enchem o pensamento dos seus ocupantes. Personalidade é sinônimo de limitação, e quanto mais contraídas as ideias da pessoa, mais ela se agarrará às esferas inferiores da existência, mais tempo tardará no plano das relações sociais egoístas. O status social de um ser é, naturalmente, resultado do Carma; a lei é que "semelhante atrai semelhante". O ser renascente é conduzido à corrente gestatória, e é levado a assimilar-se a ela pelas atrações preponderantes que decorrem do último nascimento. Assim, alguém que morreu como camponês pode renascer como rei, e o sobe-**

---

[16] Veja as Cartas 85A e 85B. (N. ed. bras.)

[17] *Tanha* – termo do idioma páli que significa *sede,* especialmente *sede de viver,* desejo de viver na vida terrena. (N. ed. bras.)

[18] Ouvido de *dharmakaya.* Dharmakaya, explica H.P.B. em *A Voz do Silêncio,* é o corpo ou veículo sutil mantido por um adepto de grande desenvolvimento para ajudar a evolução humana. É o instrumento de um grande nirmanakaya, que não retém corpo físico, e o maior dos quais é Gautama Buddha. Cada adepto e cada iniciado compartem, de certo modo, esta consciência. (N. ed. bras.)

rano morto pode ver a luz, na próxima vez, na tenda de um coolie[19]. Esta lei de atrações se confirma em milhares de "acidentes de nascimento", expressão esta que não poderia ser mais inadequada. Quando você compreender pelo menos o seguinte – que os *skandhas*[20] são os elementos da existência limitada, então você terá compreendido também uma das condições do Devachan que têm agora uma aparência tão profundamente insatisfatória para você. As suas inferências (em relação ao bem-estar e à satisfação dos seres de tipo mais elevado serem devidos a um Carma melhor) tampouco são completamente corretas em sua aplicação geral. Elas têm um clima eudemonístico[21] ao seu redor que é dificilmente reconciliável com a Lei do Carma, já que o "bem-estar e satisfação" são mais frequentemente causas de um novo e sobrecarregado Carma que seu resultado ou efeito. Mesmo como uma "regra geral" a pobreza e a condição humilde na vida são uma causa menor de sofrimento do que a riqueza e o nascimento privilegiado – mas trataremos disso mais tarde. Minhas respostas estão novamente assumindo mais a forma de um livro do que o aspecto adequado de uma carta. "Escrevendo um novo livro, ou escrevendo para *The Theosophist*?" Bem, você não pensa que (já que o seu desejo é alcançar não meramente mais pessoas, mas as mentes *mais receptivas)* você deveria tanto escrever para um como para o outro? Você poderia colocar em *O Budismo Esotérico* – um excelente título, a propósito – materiais que seriam uma continuação ou uma amplificação do que apareceu no *Theosophist,* uma exposição sistemática, seriamente reflexiva, do que foi e será dado naquela publicação em curtos fragmentos isolados. Estou especialmente ansioso – por causa de M. – para que a revista tenha tanto êxito quanto possível; que passe a circular mais do que atualmente na Inglaterra. Com o seu novo livro chamando – como certamente chamará – a atenção do setor mais culto e reflexivo do público ocidental para o órgão *par excellence* do "Budismo Esotérico", isto faria um enorme bem, e os dois seriam mutuamente úteis. Não esqueça *Buddha and Early Buddhism,* de Lillie, quando você escrever. Apesar da sua grande quantidade de falácias, premis-

---

19 *Coolie* – trabalhador manual, sem instrução, na Ásia. (N. ed. bras.)

20 Os cinco *Skandhas* ou atributos que formam a personalidade humana são forma (rupa), percepção (vidana), consciência (sanjna), ação (samskara) e conhecimento (vidyana). (N. ed. bras.)

21 Para a filosofia grega, *eudaimônia* é a felicidade que surge como recompensa material pelas boas ações de uma pessoa. (N. ed. bras.)

sas falsas e distorções de fatos e até de palavras sânscritas e páli, este volume esnobe teve enorme sucesso entre os espíritas e mesmo entre cristãos com inclinações místicas. Vou providenciar para que ele seja brevemente comentado por Subba Row ou H.P.B., dando eu mesmo algumas notas a eles, mas voltarei ao tema em alguma carta futura. Você possui amplo material para trabalhar nas minhas notas e textos. Você abordou apenas alguns dos muitos pontos tocados por mim e ampliados e reampliados em pilhas de cartas, como estou fazendo agora. A partir delas você poderia produzir qualquer quantidade de novos artigos e *Fragments* para a revista, e você tem material suficiente para deixar de lado – e separar para o livro. E esse, por sua vez, pode ser seguido por um terceiro volume mais tarde. Pode ser recomendável manter sempre este plano em mente.

O seu "esquema radical" com Darjeeling, bom amigo, quanto a seu ponto objetivo, *não é radical,* mas simplesmente impraticável. O momento ainda não chegou. Mas o rumo das suas energias está levando-o firme, embora lentamente, na direção do contato pessoal. Não direi que desejo este contato tanto quanto você, porque, vendo-o quase todos os dias, dou muito pouca importância para um contato *objetivo*; mas para seu benefício eu aceleraria a entrevista, se pudesse. No entanto —? Enquanto isso, fique feliz ao saber que você tem feito mais bem real para a sua espécie nos dois últimos anos que em muitos anos prévios. E – para você, também.

Tenho completa certeza de que você não simpatiza com o sentimento egoísta que faz a Loja de Londres desejar retirar até mesmo sua pequena proporção de contribuição pecuniária – equivalente a alguns guinéus[22] por ano – para a Sociedade Matriz. Quem, entre os membros, jamais pensaria em recusar, ou em tentar evitar o pagamento de taxas para qualquer outra Sociedade, clube ou associação científica de que possa fazer parte? É esta indiferença e este egoísmo que têm permitido a eles permanecerem calmos e inativos desde o início, vendo os dois na Índia dando sua última rúpia (e Upasika de fato vendendo suas joias pela honra da Sociedade) embora muitos dos membros ingleses possam muito mais facilmente fazer os sacrifícios necessários do que eles. A irmã do sr. Olcott está de fato passando fome na América, e o pobre homem, que a ama profundamente, não separaria 100 rúpias do dinheiro da Sociedade, ou melhor, do fundo de *The Theosophist*, para ajudá-la

---

22 Antiga unidade monetária do Reino Unido, equivalente a 21 shillings. Também foi uma moeda de ouro no Reino Unido com valor de 20 shillings. (N. ed. bras.)

com suas seis crianças pequenas, se H.P.B. não tivesse insistido nisso, e M. não houvesse dado uma pequena soma.

No entanto, eu disse ao sr. Olcott para mandar autorização oficial para recolher as taxas ou fazer qualquer outro acordo financeiro que você considere mais adequado em Londres. Mas lembre-se, meu muito apreciado irmão, que se os pobres trabalhadores hindus com salários de 20 ou 30 rúpias devem pagar os gastos da Sociedade com esta taxa, é pura e simples injustiça isentar totalmente os membros de Londres, muito mais ricos. Faça *justiça,* "ainda que os céus desabem". No entanto, se forem necessárias concessões aos preconceitos *locais,* você está certamente melhor qualificado do que nós para ver e portanto para negociar de acordo com o que for adequado. Ponha, como for possível, "as relações monetárias em uma situação melhor" que agora, para que os ventos financeiros sejam moderados para o cordeiro-Peling[23] tosquiado. Tenho confiança em *sua* sabedoria, meu amigo, embora você tenha um certo direito de estar perdendo rapidamente sua confiança na minha sabedoria, levando em conta quão difíceis têm sido as negociações para o capital do *Phoenix.* Você deve ter entendido que ainda estou – apesar da aprovação do meu "chela leigo" por parte do Chohan – sob as restrições do ano passado, e não posso focalizar sobre os setores correspondentes todos os poderes psíquicos que normalmente seria possível. Além disso, as nossas leis e restrições com relação a dinheiro ou quaisquer operações financeiras, seja dentro ou fora da nossa Associação, são extremamente severas, e em alguns pontos inexoráveis. Temos de prosseguir muito cautelosamente; daí, o atraso. Mas espero que você mesmo leve em conta que algo já se fez neste sentido.

Sim; "K.H. realmente" quis dizer que o comentário sobre *"Mr. Isaacs* deveria aparecer no *Theosophist"*, e "pelo autor de *O Mundo Oculto*", assim, mande-o antes de ir. E, pelo bem do velho "Sam Ward" eu gostaria de vê-lo *registrado* no "Pioneer". Mas isso não tem demasiada importância, agora que você o deixa.

Consequentemente – Salam, e meus melhores votos. Estou extremamente ocupado com preparativos de iniciação. Vários dos meus chelas – Djual-Khool entre outros – estão esforçando-se para atingir "a outra margem".

Atenciosamente,
K.H.

---

[23] Peling – termo tibetano para "europeu" e "ocidental". (N. ed. bras.)

Carta nº 105 (ML-80) Recebida no final de fevereiro de 1883

Esta curta carta diz respeito à continuação dos esforços para recolher capital para a nova empresa The Phoenix, *na comunidade indiana de negócios. O coronel Olcott havia ido a Calcutá na segunda quinzena de fevereiro para obter apoio para o projeto. Desde o início ele havia sido um partidário entusiasmado da ideia, mas apesar da sua dedicação e entusiasmo, ele não era a pessoa mais hábil ou diplomática do mundo.*

Olcott era frequentemente mencionado como "filho" do Mahatma M. e, às vezes, afetuosamente, como "Morya Júnior".

Como a imagem das lentes convexas do "filho" de M.[1] ainda não está ajustada para uma superfície perfeita, ele coloca a questão de forma um pouco distorcida. M. não queria que ele dissesse que havia qualquer coisa como uma *possibilidade* de fracasso, mas apenas a possibilidade normal de *atraso* de qualquer transação de negócios deixada unicamente a cargo dos nossos compatriotas: além disso, a malévola (ou, se você preferir, excêntrica) interferência do Swedenborg de Rothney[2] e outros artistas da calamidade. Por tudo que sei da situação – e afirmo observá-la tão de perto quanto me é permitido – as chances são de que o dinheiro *será* levantado, pelo final de março; mas como o Acaso é um cavalo velho e vesgo, de acordo com as informações, o tempo de coleta ainda não está escrito no livro de registros do Destino. Muitas coisas dependem de casualidades, mas ainda mais coisas dependem de o Iogue de Simla deixar-nos em paz por algum tempo. Trezentas mil rúpias estão praticamente perdidas, devido a uma carta escrita por ele a um editor de Calcutá *com uma descrição do nosso verdadeiro caráter (jesuítas, feiticeiros, um bando de falsos, egoístas, etc.),* e que foi mostrada por aquele editor a um rajá até aquele momento bem disposto e inclinado a aceitar a proposta dos "Irmãos Mahatmas" – haverá pouco ou nada de patriotismo neste investimento. Em um ou dois dias eu lhe mandarei *fatos* que lhe mostrarão certas pessoas como elas são.

Enquanto isso, se eu o aconselho a agir inteiramente com base no seu próprio julgamento quanto à sua partida, é por causa do *falso* ponto de vista desde o qual quase todas as nossas ações são encaradas pelos europeus que, mesmo indiretamente, têm alguma relação conosco. Não

---

[1] H.S. Olcott usava óculos. Trata-se de uma metáfora irônica. (N. ed. bras.)

[2] Isto é, o Swedenborg (místico visionário da Suécia do século 18) que habitava o Castelo Rothney: A.O. Hume. (N. ed. bras.)

quero ser *mal-interpretado* por você nem por um momento. Mas por mais estranhos e *tortuosos* que nossos procedimentos possam parecer à primeira vista, espero que você nunca deixe sua mente europeia ser influenciada por seu amigo de Rothney. Bem, mais, em breve.

Sempre fiel e atenciosamente,

K.H.

Carta nº 106 (ML-103) Recebida em fevereiro de 1883

Esta carta é outro exemplo bastante notável de erro na definição de datas. Sinnett atribuiu a ela a data de 1880-81, quando na verdade ela se refere à proposta do jornal, The Phoenix. *Isso a coloca em 1883, embora seu lugar preciso na série de cartas esteja indefinido. Ela pode ter sido escrita, mas não recebida por Sinnett, antes da carta nº 105 (ML-80). Olcott, com a dedicação e o esforço costumeiros, ia a vários lugares solicitando fundos para o novo jornal.*

Não se sabe precisamente o que estava perturbando H.P.B. naquele momento, mas "M. vai cuidar dela".

Recebida em Allahabad, 1880-81.

Para realizar um plano como o que está em pauta, deve-se usar muitos meios, e a derrota em um aspecto põe em perigo os resultados, embora não possa derrotar o projeto. Temos tido vários contratempos e pode ser que tenhamos mais. Mas observe: *primeiro,* que dois pontos são auspiciosos, graças à boa Providência; Allen tornou-se amável, e um amigo de você (creio eu) é Residente em Cachemira. E, *segundo,* que enquanto o marajá de Cachemira – o príncipe que está em primeiro lugar no programa – não tenha sido sondado, o ponto vital não terá sido tocado. Ele, o primeiro, como digo, do programa, foi deixado por último! Não havia muita expectativa em relação aos outros, e até agora todos os que foram contactados evitaram dar uma resposta. Por que os *chelas* (?) não fazem o que lhes é dito? Se os *Chelas* negligenciam ordens, e um *exagerado sentido de delicadeza interfere,* como, sem um milagre, se poderá esperar bons resultados? Telegrafei a você para que espere a vinda de Olcott porque é melhor que vocês atuem em conjunto em Calcutá, para tentar colocar as coisas em movimento. Uma palavra de você para o Residente teria sido suficiente – mas você é orgulhoso, como toda sua raça. Olcott estará em Calcutá em torno do dia 20. Não

dê ouvidos à velha senhora – ela fica com a cabeça fraca quando é deixada sozinha. Mas M. vai cuidar dela.

Atenciosamente,

K.H.

Carta nº 107 (ML-77) Recebida em março de 1883

Desde o início de 1883, as cartas começam a ser mais espaçadas, e são cada vez menos numerosas. Esta carta foi recebida por Sinnett enquanto ele estava em Madras. Ele e sua família haviam ido lá em função dos seus planos de retornar para a Inglaterra, e também, provavelmente, para discutir a situação com relação a The Phoenix. *Adyar, onde estava o quartel-general, era um subúrbio de Madras (atual Chennai), e tanto H.P.B. como Olcott estavam lá na ocasião.*

Recebida em Madras, março de 1883.

Transmita, por favor, ao cel. Gordon a expressão da minha simpatia e amistosa estima. Ele é realmente um amigo leal e um aliado confiável. Diga a ele que apesar dos motivos dados e da calma modéstia dele, eu acredito que ele pode fazer grande bem com sua maneira despretensiosa. Uma Loja em Howrah[1] é realmente necessária e só ele pode criar o núcleo. Por que não tenta? Ele não dá importância ao Serviço[2] e está disposto a abandoná-lo a qualquer momento. Mas isto não é necessário e, enquanto durar, o trabalho lhe dará força e uma autoridade junto aos nativos que, de outro modo, ele não teria. De qualquer modo, então, ele será levado a Simla e terá muito tempo "sem nada para fazer". Por que não usar as oportunidades dele para colocar em ordem a *Eclética* e a *Himalaiana* – naturalmente em sua condição oficial de membro do Conselho e Vice-Presidente da *Eclética?* Providenciarei para que Olcott mande a ele um papel oficial sobre isso e escreverei eu mesmo instruções para ele. Estou ansioso por transferir a "Eclética" *Anglo-Indiana* para Calcutá, e fazer anunciar através do jornal que sua sede (embora isso possa ser nominal por algum tempo) está estabelecida na capital, com os membros nativos da Eclética incorporados na *Hima-*

---

[1] Howrah – cidade situada no oeste da Índia, junto ao rio Hooghly, oposta a Calcutá. (N. ed.bras.)

[2] Serviço – possivelmente o serviço civil, a administração pública. (N. ed. bras.)

laiana e um parágrafo inserido para notificar a todos que gostariam de fazer parte da Loja Anglo-Indiana que na sua ausência eles deverão dirigir-se ao cel. W. Gordon, presidente-em-exercício em substituição a você. Alguns nasceram para a diplomacia e para a intriga: eu tenho a tendência a pensar que esta não é exatamente minha área de atuação. Contudo, acredito que este acerto parece feito sob medida para impedir os efeitos desastrosos da intriga do sr. Hume e dos esforços dele para ver a Sociedade (Eclética) morta e enterrada, o que mostraria àqueles interessados nela que ele era seu Criador e Preservador, e que seu afastamento foi o toque de finados para ela. Obrigado pela carta do Cel. G.

Dia 30 é tão bom quanto qualquer outro, depois do dia 27. Não; uma loja em Madras não é absolutamente necessária desde o primeiro momento. Mas faz sentido pensar que se Madras fornecer a maior parte dos fundos, ela também terá a preferência, depois de Calcutá. Enquanto o dinheiro não estiver presente é inútil fixar quaisquer datas. Uma vez estabelecido nosso jornal, nunca mais me preocuparei com qualquer empreendimento mundano. Sim, tenho de fato preocupação e aborrecimento; mas isso era de se esperar, e nenhum peixe que faz uma excursão pela margem do rio e fora do seu próprio elemento deve reclamar de suas dores musculares. Estamos próximos do final, agora, seja de uma maneira ou de outra, e uma vez que eu salte de volta para a onda cristalina, poucos jamais terão a possibilidade de ver-me outra vez do lado de fora. Os seres humanos não são sempre o que parecem e perdi muito do meu otimismo com a última confusão. A humanidade foi descrita em algum lugar como a poesia da criação, e a mulher como a poesia da terra. Quando ela não é um anjo, tem que ser uma fúria.[3] É nesta última condição que eu a encontrei em meu caminho, quando rajás e zemíndares[4] estavam completamente dispostos a desembolsar os necessários fundos. Bem, a luta continua intensa, e nós ainda podemos vencer brilhantemente a batalha.

Atenciosamente,

K.H.

---

[3] Na mitologia clássica, as fúrias são divindades femininas encarregadas da punição dos crimes, e que agem a partir da instigação das vítimas. Uma delas, compreensivelmente, se chama Megera. (N. ed. bras.)

[4] Zemíndares – *zemindars* em inglês; na Índia colonial, senhores de terras que deviam pagar impostos aos ingleses. (N. ed. bras.)

Carta nº 108 (ML-58) Recebida em março de 1883

Esta é outra carta recebida enquanto os Sinnett estavam em Madras, preparando-se para embarcar para a Inglaterra. No livro Short History of the Theosophical Society (Breve História da Sociedade Teosófica), *p. 179, Josephine Ransom menciona que enquanto os Sinnett estavam em Adyar, já a caminho da Inglaterra, Sinnett começou a trabalhar em seu futuro livro* O Budismo Esotérico. *Ele anotou algumas questões para o Mahatma e pediu a sua esposa que as levasse a H.P.B. para que as transmitisse. Ela as levou, e H.P.B. lhe disse que as colocasse em um guarda-louças ornamental que ficava na parede entre seus dois quartos. (Este era o polêmico santuário mais tarde usado pela sra. Coulomb para atacar H.P.B.) As duas mulheres sentaram, conversando, e depois de cerca de dez minutos H.P.B. disse à sra. Sinnett para olhar de novo no guarda-louças, e lá ela encontrou a resposta do Mahatma junto ao papel com as anotações de Sinnett. Se esta carta é aquela resposta não se sabe, mas pode muito bem ser, já que a carta está obviamente respondendo algumas questões.*

Recebida em Madras, março de 1883.

Meu caro "protegido",

Nós não iremos, com sua concordância, lidar neste momento com a situação que se refere a "estrelas" e *obscurecimentos* – por razões colocadas muito claramente a você por H. P. B. esta manhã. A cada carta, minha tarefa se torna mais perigosa. Torna-se demasiado difícil ensinar a você e ao mesmo tempo manter-me estritamente dentro do programa original: "Iremos até aqui e não mais além". No entanto – *devemos* manter o limite e o *faremos*. Você se equivocou inteiramente quanto ao significado do meu telegrama. As palavras "mais, em Adyar" se referiam à verdadeira explicação da sua visão, e não, de modo algum, a uma promessa de algum experimento psicológico mais avançado feito por mim naquela direção. A visão se devia a uma tentativa de D.K., que está extremamente interessado no seu progresso. Embora ele tenha conseguido inteiramente tirar você do seu corpo, ele fracassou por completo no esforço por abrir a sua visão interna, por razões corretamente deduzidas na ocasião por você mesmo. Não tomei parte ativa, pessoalmente, na tentativa. Por isso a minha resposta – "deduções corretas – mais, em Adyar". Estou em uma posição muito difícil neste momento, e tenho –

para não colocar em perigo as possibilidades do futuro – de ser duplamente cauteloso.

A data provável da sua partida? Bem – dia 7 de abril ou em torno dele. Se a sua impaciência discorda deste desejo meu, você está livre para fazer como preferir. No entanto, eu o veria como um favor pessoal. Estou profundamente desgostoso com a apatia dos meus compatriotas em geral. Mais que nunca, confio apenas nos poucos trabalhadores leais da desafortunada e infeliz S. T. A carta do vice-rei teria sido da maior utilidade se tivesse pelo menos sido usada com sabedoria. Mas nestas questões, vejo que não sou juiz, como agora prevejo a partir da impressão deixada em sua mente por R. Srinivasa Rao e outros.

Com o incidente de 7 de fevereiro explicado, a sua pergunta sobre "restrições anteriores" já está respondida.

Posso pedir a você dois outros importantes favores pessoais? Primeiro – ter sempre em mente que *em qualquer ocasião, qualquer coisa* possível será feita por você sem que seja pedido; por isso, *nunca* peça ou sugira algo você mesmo – já que isso evitará para mim a tarefa extremamente desagradável de ter que recusar a solicitação de um amigo, sem, além disso, poder explicar o motivo, e segundo – lembrar que embora pessoalmente e *pelo seu bem* posso estar pronto a fazer muitas coisas, eu não me comprometi, de modo algum, a nada em relação aos membros da S. T. inglesa. Dei minha palavra a você no sentido de que lhes ensinaria nossa filosofia através da sua amável ajuda, para que a aceitem ou não. Mas nunca tentei convencer a qualquer um deles da extensão dos nossos poderes, e nem mesmo da nossa existência. A crença ou não deles em nossa existência é uma questão, na realidade, de muito pouca importância para nós. Se eles serão em algum momento beneficiados pela nossa promessa, deverá ser apenas através de você e dos seus próprios esforços pessoais. Tampouco você poderá jamais ver-me (fisicamente) – nem sequer em uma visão claramente definida – a menos que esteja disposto a dar sua palavra de honra de que nunca revelará o fato a ninguém, enquanto você viver (exceto recebendo permissão para fazê-lo). A consequência de um juramento como este será uma dúvida nunca resolvida e sempre recorrente nas mentes dos seus colegas ingleses – mas é *exatamente isso que nós queremos neste momento.* Coisas demais, ou coisas de menos, foram ditas e comprovadas sobre nós, como M. A. (Oxon) corretamente observou. *Recebemos ordens* de trabalhar para varrer os poucos vestígios – e você deve agradecer esta nova estratégia às incessantes intrigas *subterrâneas* do nosso ex-amigo, o sr. Hume – (agora inteiramente nas mãos dos Irmãos da Sombra) – e quanto mais

dúvidas houver sobre a nossa real existência, melhor. Quanto a experimentos e provas convincentes para os saduceus da Europa em geral e os da Inglaterra em particular – isso é algo que fica inteiramente de fora do nosso futuro programa. A menos que nos seja permitido usar nossos próprios critérios e meios – o rumo futuro dos acontecimentos não será, de modo algum, suave. Assim, você nunca deveria usar frases tais como "pelo bem da força dos amigos da Inglaterra", porque elas certamente não fariam bem algum e simplesmente irritariam mais os outros "poderes existentes" – para usar a expressão ridícula. Nem sempre é agradável, caro amigo, ser colocado, mesmo por aqueles de quem mais gostamos, no mesmo nível que *cascas* e médiuns – no que diz respeito a *experimentos*. Pensei que você havia, felizmente, passado deste estágio. Vamos fixar-nos, de momento, no aspecto simplesmente intelectual do nosso *intercâmbio*, e dedicar-nos apenas à filosofia e ao nosso futuro texto, deixando o resto para o *tempo* e seus *processos imprevisíveis.*

É precisamente porque sigo e percebo o trabalho *dual* da sua mente ao fazer estas perguntas que assino, invariavelmente,

Com afeição e amizade,

K .H.

Carta nº 109 (ML-119) Sem data

A pessoa a quem esta carta (ou melhor, estas duas notas curtas e um recorte de jornal) é endereçada não tem seu nome indicado, embora o destinatário possa ter sido H. P. B., Damodar ou Olcott, já que o Mahatma parece ter ocasionalmente mandado mensagens a Sinnett através de todas estas pessoas. Os dois bilhetes têm o objetivo de transmitir um recorte de jornal, e sugerem que ele seja dado ao sr. Sinnett.

Sir John Lubbock, mencionado no recorte, viveu de 1834 a 1913. Ele era um banqueiro e naturalista inglês. Foi o primeiro a usar os termos "era paleolítica" e "era neolítica". Procion é uma estrela brilhante da constelação Cão Menor, a oriente de Órion, perto da constelação de Gêmeos. Algol é uma brilhante estrela variável na constelação de Perseu. Ela perde a maior parte do seu brilho quando é eclipsada por sua companheira escura. Na mitologia grega, Medusa era uma das três górgonas[1] mortas por Perseu.

[1] Górgonas – mulheres repulsivas, com serpentes como cabelos. (N. ed. bras.)

Transmita ao sr. Sinnett minhas saudações – e peça a ele para comentar o recorte anexo. Ele pode saber o que eu gostaria que ele escrevesse, editorialmente, sobre o tema. Diga a ele que o tempo é pouco e precioso, e não deveria ser desperdiçado.

K. H.

O que segue pode levar mais tarde a uma curiosa confirmação da nossa doutrina dos "obscurecimentos" que tanto intriga meu amigo – o editor do "Phoenix".[2]

Tenha a bondade de comentá-la – e ficarei grato por isso.

Atenciosamente,

K. H.

RECORTE DE JORNAL

A opinião de sir John Lubbock confirma ou endossa a conclusão levantada há muito por alguns dos mais eminentes astrônomos, isto é, de que há agora no sistema solar ou firmamento muitos corpos escuros – ou seja, corpos que não emitem luz alguma, ou comparativamente pouca luz. Ele destaca, por exemplo, que no caso de Procion, a existência de um corpo invisível é demonstrada pelo movimento das estrelas visíveis. Outra ilustração que ele cita tem relação com os notáveis fenômenos apresentados por Algol, uma estrela brilhante na cabeça de Medusa. Esta estrela brilha sem alterações durante dois dias e treze horas; depois, durante três horas e meia, encolhe passando de uma estrela de segunda grandeza para uma de quarta grandeza; e então, em outras três horas e meia, retoma seu brilho original. De acordo com o ponto de vista defendido pelo professor Lubbock, estas alterações devem ser vistas como indicadoras da presença de um corpo opaco, que intercepta em intervalos regulares uma parte da luz emitida por Algol.

---

2 O Mahatma está destacando, quase profeticamente, um aspecto da pesquisa astronômica que ganharia importância crescente na segunda metade do século 20 e começo do século 21. A Astronomia atual considera que mais da metade da matéria do Universo é matéria escura. Sua presença é detectada pelos efeitos da sua força gravitacional sobre as trajetórias de galáxias e sobre os movimentos em aglomerados de galáxias. Uma parcela desta massa escura, segundo um grupo de cientistas liderado por Ben Oppenheimer, da Universidade da Califórnia, é constituída de estrelas em estágio terminal, que esfriaram depois de gastar toda sua energia e escureceram total ou parcialmente. A pesquisa de Oppenheimer foi revelada pela revista *Science* em março de 2001. Veja, também, *Introduction to Astronomy*, livro de Ian Ridpath, Ed. Todtri, Nova Iorque, 1999, p. 23. (N. ed. bras.)

Carta nº 110 (ML-67) Recebida em junho de 1883

Esta carta foi endereçada ao cel. Olcott e recebida por ele quando chegou a Adyar no dia 26 de maio de 1883, depois de um longo giro durante o qual havia realizado muitas curas. Os Sinnett haviam, de acordo com o plano, embarcado para a Europa no dia 30 de março, e é provável que o sr. Sinnett tenha recebido esta carta em torno da metade de junho. Deste modo, pode se ver que um bom tempo havia passado sem que ele recebesse qualquer notícia do Mahatma K. H.

Escrita ao coronel Olcott.

Você recebeu ordens de voltar para casa para um descanso que necessita – de modo que deve evitar quaisquer outras curas até receber notícias de M. O Maha-Chohan lhe indicará quando você deve ir ao Punjab. Como o correio inglês vai amanhã, você faria bem em dar ao sr. Sinnett um alerta solidário para que ele não fique surpreso se o projeto do jornal dele enfrentar um obstáculo após outro. A situação da Índia neste momento é comparável a um grande corpo de matéria seca em que há faíscas queimando. Agitadores de ambas as raças têm feito e estão fazendo tudo o que podem para produzir uma grande chama. No fanatismo louco do momento dificilmente há paciência suficiente para pensar com equilíbrio sobre qualquer assunto, e muito menos um assunto como este que é tão atrativo para os conservadores. Os capitalistas estão mais dispostos – como Holkar – a armazenar suas rúpias do que investi-las em ações de empresas. Então – como os "milagres" estão proibidos desde o início, como você e o sr. Sinnett sabem – eu vejo atrasos, decepções, testes para a paciência, mas (por enquanto) não vejo fracasso. A lamentável questão da rápida escalada de Bishenlal[1] pelos Himalaias como um possível chela complicou tristemente a situação. E o seu notável correspondente de Simla[2] fez com que as coisas piorassem. Embora seja inconsciente disso, ele ajudou a precipitar a insanidade de Bishenlal e (isso, conscientemente) está conspirando e armando esquemas vários para levar-nos todos a um holocausto de cujos vapores possa

---

[1] Um dos chelas que "fracassaram". Foi presidente da Loja de Bareilly da Sociedade Teosófica. (Ed. C.)

[2] Hume. (Ed. C.)

sair o fantasma do Jakko.[3] Ele já diz a você que Sinnett é um idiota crédulo puxado pelo nariz (perdoe, meu amigo, o mau gosto que me compeliu a reproduzir para meu "protegido" A. P. Sinnett aquela última longa carta do sr. H. para você, e que você tem no fundo da sua caixa de correspondências, e que *não pretendia* deixar que H. P. B. lesse em sua totalidade). Fiz com que ela fosse cuidadosamente copiada, e ele teve uma mina mortal preparada há muito para o seu colega veemente. O sr. Sinnett pode agora verificar minha velha advertência de que ele pretendia colocar todos os amigos de vocês em Londres contra a Sociedade. Chegou agora a vez do grupo Kingsford-Maitland. A maldade diabólica que transpira na carta atual dele vem diretamente dos *Dugpas* que estimulam sua vaidade e cegam sua razão. Quando você abrir a carta de M. de 1881, verá a chave para muitos mistérios – inclusive este. Apesar de você ser naturalmente intuitivo – o *chelado* ainda é um quebra-cabeças quase tão completamente desconhecido para você quanto para meu amigo Sinnett, e os outros dificilmente têm qualquer ideia dele, ainda. Por que devo eu, mesmo agora – (para colocar as suas ideias no rumo correto) – lembrá-lo dos três casos de *insanidade* em sete meses entre "chelas leigos", para não mencionar o fato de que um deles tornou-se um ladrão? O sr. Sinnett pode considerar-se feliz por seu *chelado leigo* estar apenas em "fragmentos", e porque eu desencorajei tão firmemente os seus desejos de um relacionamento mais estreito na condição de chela *aceito*. Poucos homens conhecem suas tendências inerentes – só a provação do áspero chelado as desenvolve. (Lembre-se destas palavras: elas têm um significado profundo.)

M. manda a você, através de mim, estes vasos como uma saudação.

Você faria bem em dizer claramente ao sr. Sinnett que o amigo dele de outros tempos em Simla[4] – não importa sob que influência – prejudicou fortemente o projeto de jornal não só junto ao marajá de Cachemira mas junto a muitos outros na Índia. Tudo o que ele sugere na carta dele para você, e ainda *mais*, ele já fez ou se prepara para fazer.

Esta é uma "carta de K.H." e você pode dizer isto para o sr. S., da parte de –

K.H.

---

[3] O Castelo Rothney, de Hume, ficava situado no morro Jakko. (N. ed. bras.)

[4] Hume. (Ed. C.)

Carta nº 111 (ML-59) Recebida em julho de 1883

Chegamos agora a duas cartas relativamente longas que provavelmente foram escritas e enviadas ao mesmo tempo. A carta nº 111 está destinada a ser lida pelo sr. Sinnett (se ele quiser) aos membros da Loja de Londres. A outra carta (nº 112) é mais pessoal.

O segundo livro de Sinnett, O Budismo Esotérico, *havia saído da gráfica dia 10 de junho.*

Recebida cerca de julho de 1883.

Sejam quais foram as falhas que o meu sempre tolerante "chela leigo" possa ter para atribuir-me, ele reconhecerá, creio, que lhe dei uma nova fonte de diversão. Porque mesmo a sombria profecia de sir Charles Turner (um recente *obscurecimento* dele) no sentido de que você cairia no catolicismo romano como resultado inevitável da sua incursão pela Teosofia e da sua crença em uma *maya* de "K. H." – não diminuiu o ardor da propaganda que você faz no mundo festeiro de Londres. Se este zelo for citado pelo Altruísta de Rothney como reforço para a declaração dele de que a matéria cinzenta de você está sobrecarregada com o *Akasha* de Shigatsé, será, sem dúvida, um bálsamo para seus sentimentos feridos saber que você está essencialmente ajudando a construir uma ponte pela qual os metafísicos ingleses possam chegar a uma distância de nós em que a comunicação pelo pensamento é possível!

É costume, entre algumas boas pessoas, olhar retrospectivamente para o caminho das suas vidas do alto dos pequenos morros do tempo que percorrem a cada ano. Assim, se minha esperança não me induziu a erro, você deve ter estado comparando mentalmente o seu atual "maior prazer" e "constante atividade" com aquele que ocupava este lugar em tempos anteriores, quando você percorria as ruas da sua metrópole, onde as casas são como que "pintadas com tinta indiana", e um dia de sol brilhante é um evento memorável. Você comparou-se consigo mesmo, e considerou o teosofista um "Anak" moralmente, se comparado com o "velho" (o *beau valseur*)[1]; não é assim? Bem, essa é, talvez, sua recompensa – o começo dela: o final dela você alcançará no Devachan, quando estiver "flutuando" no éter ao seu redor, ao invés de flutuar no Canal Britânico rodeado de lama – embora aquele ambiente agora pos-

[1] *Beau valseur* – bom bailarino de valsas, em francês. (N. ed. bras.)

sa parecer cheio de nevoeiro para sua visão mental. Só então você "se verá a si mesmo", e aprenderá o verdadeiro significado do *Atmanam, atmana pasya:* –

> "Conhecer a *si mesmo* como uma luz brilhante
> Não requer uma luz para que haja percepção..."

da grande Filosofia Vedanta.

Novamente e outra vez, foi feita uma tentativa de afastar algo daquela grande névoa que vejo no *Devachan* do sr. Massey. Aparecerá como uma colaboração no número de agosto de *The Theosophist,* e recomendarei o texto a você e ao sr. Massey. Muito possivelmente, mesmo assim, o "obscurecimento" não será removido e pode-se pensar que a tentativa de explicação nada explica, e que, ao invés de dar corda ao relógio, uma mão desajeitada apenas quebrou algumas engrenagens. Esta é nossa infelicidade, e tenho dúvidas de que possamos em algum momento ficar *completamente* livres destes obscurecimentos e supostas contradições; porque não há possibilidade de colocar frente a frente os perguntadores e os que respondem. Ainda assim, no mínimo deve ser reconhecido que existe *alguma* satisfação no fato de que há agora um lugar mais raso por onde se pode atravessar este rio, e você está construindo as bases para uma ótima ponte. É perfeitamente correto que você batize o novo bebê recém-nascido do seu cérebro nas águas da Esperança; e, dentro dos limites do possível, que através dele "um novo impulso, muito perceptível, seja transmitido ao movimento atual". Mas, amigo, mesmo o "queijo fresco" da brilhante lua é periodicamente devorado por *Rahu;* portanto, não se considere de modo algum livre da inconstância popular, que poderia apagar a sua luz em favor da reverência passageira por outro homem. A cultura da sociedade se inclina mais para a filosofia do jogo de tênis do que para a filosofia dos execrados "adeptos", cujo jogo maior usa mundos ao invés de bolas, e o espaço etérico em vez de gramado. O *prato* do seu primeiro livro foi temperado com fenômenos para estimular o paladar espírita; o segundo é um prato frio de filosofia, e em sua "grande seção da Sociedade de Londres" você dificilmente encontrará o vinho da simpatia em quantidade suficiente para que o alimento desça. Muitos, que agora o consideram um pouco enlouquecido, comprarão o livro para ver se não é o caso de declará-lo *lunático* para evitar que cause maior dano; mas de todos os seus leitores, poucos seguirão o seu rumo e se aproximarão do nosso *ashram.* Ainda assim, o dever do teosofista é como o do agricultor; abrir os sulcos e

semear os seus grãos da melhor maneira possível: o resto é com a natureza, e ela é a escrava da Lei.

Não vou desperdiçar minhas condolências com os pobres "chelas leigos" por causa das "armas delicadas com as quais só eles podem trabalhar". Seria um dia triste para a humanidade, aquele em que quaisquer armas mais mortais ou eficazes fossem colocadas em suas mãos despreparadas! Ah! Você concordaria comigo, meu fiel amigo, se, ao menos, pudesse ver a queixa que um deles acaba de fazer por causa dos dolorosos resultados das armas envenenadas cujo manejo ele assumiu, em má hora, com a ajuda de um feiticeiro. Moralmente esmagado por seu próprio egoísmo impetuoso; apodrecendo fisicamente devido a doenças geradas pelas gratificações animais que ele obteve com ajuda "demoníaca"; tendo atrás de si a negra memória de oportunidades perdidas e êxitos infernais; e tendo diante de si uma mortalha de escuro desespero – de *avitchi* –, este homem arruinado volta sua raiva impotente contra nossa "ciência das estrelas" e contra nós próprios, e lança suas maldições ineficientes contra aqueles que ele inutilmente pressionou buscando mais poderes no chelado, e que ele abandonou em troca de um "guru" partidário da necromancia e que agora deixa a vítima abandonada à sua própria sorte. Fique satisfeito, amigo, com suas "armas delicadas"; embora não sejam tão letais quanto o disco de Vishnu, elas podem destruir muitas barreiras se usadas com força. O pobre desgraçado em questão reconhece uma série de "mentiras, quebras de confiança, ódios, tentações ou enganos deliberados de outras pessoas, injustiças, calúnias, perjúrios, falsas pretensões", etc. Ele "assumiu voluntariamente o risco", mas ele acrescenta, "se *eles* (nós) tivessem sido bons e amáveis tanto quanto sábios e poderosos, *eles* (nós) *teriam certamente evitado* que eu empreendesse uma tarefa para a qual eles sabiam que eu não estava preparado". Em uma palavra, espera-se de nós, que obtivemos nosso conhecimento tal como ele é, pelo único método possível, e que não temos o direito de impedir que nenhum colega do reino humano faça uma tentativa (embora tenhamos o direito de advertir, e realmente nós advertimos cada candidato) – espera-se de nós que assumamos as penalidades por tal interferência, ou que tentemos salvar-nos destas penalidades transformando incompetentes em adeptos, apesar deles mesmos! Porque *nós* não fizemos isso, ele é "abandonado para viver uma existência arruinada na condição de um saco de veneno dotado de movimentos, cheio de corrupção mental, moral e física". Este homem, desesperado, tornou-se (?) um Cristão ou talvez um teísta, depois de ser um "pagão", um ateu e livre-pensador, e agora humildemente "se sub-

mete" a Ele (um Deus extra-cósmico, para quem ele agora descobriu um *lugar)* e a todos que receberam *Dele* a devida autoridade. E nós, pobres criaturas, somos "Traidores, Mentirosos, *Demônios,* e todos os meus (dele) crimes (enumerados acima) são como uma veste brilhante de glória se comparados com os Deles" – e cito aqui as palavras dele, com suas iniciais maiúsculas e suas palavras em destaque! Agora, amigo, deixe de lado aquela ideia de que eu não deveria comparar o seu caso com o dele, porque eu não comparo. Apenas lhe dei um vislumbre do inferno da alma perdida dele, para mostrar a você que desastre pode ocorrer com o "chela leigo" que agarra um poder proibido antes que sua natureza moral esteja desenvolvida e pronta para o seu exercício. Você deve pensar bem sobre o artigo "Chelas e Chelas Leigos", que encontrará no Suplemento do *Theosophist* de julho.

Então o grande sr. Crookes colocou um pé através do limiar com o objetivo de ler os papéis da Sociedade? Ato bom e sábio, e realmente corajoso da parte dele. Até aqui ele já foi bastante corajoso ao dar um passo semelhante e suficientemente leal à verdade para decepcionar seus colegas ao tornar públicos seus fatos. Quando ele estava vendo o ensaio dele, de valor inestimável, ignorado nas "Seções", e toda a *Royal Society* tentava silenciá-lo, metaforicamente, se não de fato, assim como sua Sociedade co-irmã nos Estados Unidos havia feito com aquele mártir, Hare – ele nem pensou em que perfeita vingança o Carma guardava para ele. Que ele saiba que o seu estoque não terminou, *e que a ciência ocidental ainda tem três estados adicionais de matéria por descobrir.* Mas ele não deveria esperar que nós nos condensássemos para o padrão do estetoscópio como a Katie dele fez; porque nós, homens, estamos sujeitos a leis de afinidade molecular e atração polar que aquela doce aparição não teve que enfrentar. Nós não temos favoritos, não quebramos regras. Se o sr. Crookes quiser penetrar os Arcanos que estão além dos corredores já abertos pelos instrumentos da ciência moderna, que ele – *tente.* Ele tentou e criou o radiômetro; tentou de novo, e descobriu a matéria radiante; pode tentar de novo e descobrir o *kama-rupa* da matéria – o seu *quinto* estado. Mas para encontrar o *Manas* da matéria ele teria que fazer um voto de segredo mais sério do que ele parece inclinado a aceitar. Você conhece nosso lema,[2] e sabe que sua aplicação prática

---

[2] O Mahatma K. H. terminou com as seguintes palavras uma carta dirigida a um discípulo indiano: "'Ousar, querer, agir e manter silêncio' é o lema nosso e de todo cabalista e ocultista." Veja a Carta 65, 2ª série, no volume *Cartas dos Mestres de Sabedoria,* Editora Teosófica, 1996. (N. ed. bras.)

tem apagado a palavra "impossível" do dicionário do ocultista. Se ele não cansar de tentar, pode descobrir o mais nobre de todos os fatos, seu verdadeiro EU. Mas terá que atravessar muitos níveis até chegar a Ele. E para começar, que ele se liberte da *maya* de que qualquer homem vivo pode fazer "exigências" aos Adeptos. Pode criar *atrações* irresistíveis e compelir a atenção deles, mas isso será espiritual, não mental ou intelectual. Este conselho se aplica e é dirigido a vários teosofistas ingleses, e pode ser útil a eles conhecê-lo. Uma vez separado das influências comuns da Sociedade, *nada* nos aproxima de estranho algum, exceto o desenvolvimento da sua espiritualidade. Pode ser um Bacon ou um Aristóteles em conhecimento, e, mesmo assim, a sua corrente não será sentida sequer como o peso de uma pluma por nós, se seu poder estiver confinado a *Manas*. A suprema energia reside em *Buddhi*; latente – quando está associada apenas a *Atman* – e ativa e irresistível quando galvanizada pela essência de "Manas" e quando nada da escória desta última se mistura com aquela pura essência para levá-la para baixo com sua natureza finita. *Manas*, puro e simples, é de um nível inferior, e da terra; e assim os seus maiores homens contam apenas como não-existências na arena onde a grandeza é medida pelo padrão de desenvolvimento espiritual. Quando os antigos fundadores das suas escolas filosóficas vinham ao Oriente para ter acesso ao conhecimento dos nossos antepassados, eles não tinham reivindicações, exceto uma única, seu sincero e altruísta desejo de alcançar a verdade. Se alguém aspira agora a fundar novas escolas de ciência e filosofia, o mesmo plano terá êxito – *se os buscadores tiverem em si mesmos os elementos de êxito.*

Sim; você está certo em relação à Sociedade Para Pesquisa Psíquica: o tipo de trabalho que ela faz alcança a opinião pública através da demonstração experimental das fases elementares da Ciência Oculta. H. S. Olcott tem estado tentando converter cada loja indiana em uma escola de pesquisas semelhante, mas a capacidade de manter estudos independentes pelo bem do conhecimento está faltando e deve ser desenvolvida. O sucesso da S. P. P. ajudará muito nesta direção e desejamos êxito a ela.

Também coincido com você quanto à escolha da nova presidente[3] da S. T. I.: na verdade eu apoiei, creio, a escolha antes de ela ser feita.

Não há razão para você *não* "tentar curas mesméricas", através da ajuda, *não* do seu medalhão, mas da sua própria vontade. Sem a função energética desta última, nenhum medalhão terá muita utilidade. O

---

[3] Anna Kingsford, que assumia a presidência da Loja de Londres. (N. ed. bras.)

cabelo no medalhão, em si mesmo, é apenas um "acumulador" da energia daquele a quem ele pertenceu, e não pode curar, por si mesmo, mais do que a eletricidade estocada poderia fazer girar uma roda antes de ser liberada e conduzida até o ponto objetivo. Coloque sua vontade em movimento e você atrairá imediatamente a pessoa sobre cuja cabeça o cabelo (não a vontade) cresceu, através da corrente psíquica que sempre corre entre a pessoa e o seu cacho de cabelo cortado. Para curar doenças não é indispensável, embora seja desejável, que o curador psíquico seja absolutamente puro; há muitos na Europa e em outros lugares que não o são. Se a cura for realizada sob o impulso de perfeita benevolência, sem mistura com qualquer egoísmo latente, o filantropo estabelece uma corrente que corre como uma fina palpitação pela *sexta* condição da matéria, e é sentida por aquele a quem você pede ajuda, se naquele momento não estiver dedicado a algum trabalho que o faça estar em um estado que repele todas as influências externas. A posse de um cacho do cabelo de qualquer adepto é naturalmente uma clara vantagem, assim como uma espada com metal melhor temperado é uma vantagem para um soldado em uma batalha; mas a medida da sua ajuda real ao curador psíquico estará determinada pelo grau de força de vontade que ele mobilizar em si mesmo, e pelo grau de pureza psíquica que ele tiver na sua motivação. O talismã e o *Buddhi* do curador estão em simpatia.

Agora que você está no centro da moderna exegese budista, tendo relações pessoais com alguns dos comentadores mais hábeis (que os santos Devas nos livrem deles!), quero chamar sua atenção para algumas coisas que são realmente tão desonrosas até mesmo para os *não*-iniciados como são enganosas para o público em geral. Quanto mais lemos especulações como as dos srs. Rhys Davids, Lillie, etc. – menos podemos acreditar que a mente ocidental não-regenerada poderá algum dia chegar ao centro das nossas abstrusas doutrinas. No entanto, mesmo que estes sejam casos perdidos, parece valer a pena testar a intuição dos seus membros de Londres – pelo menos de alguns deles – expondo em parte, através de você, um ou dois mistérios e deixando que eles completem a corrente sozinhos. Podemos tomar o sr. Rhys Davids como primeiro tema, e mostrar que, embora o tenha feito indiretamente, foi ele que reforçou as ideias absurdas do sr. Lillie, que imagina haver comprovado a existência de um Deus pessoal no budismo antigo. O texto *Buddhism,* do sr. Rhys Davids, está repleto de lampejos do nosso mais importante esoterismo; mas parece estar sempre além não só do alcance dele mas também aparentemente do seu poder de percepção intelectual. Para evitar "metafísica absurda" e as suas *invenções,* ele cria dificulda-

des desnecessárias e cai de cabeça em uma confusão irremediável. Ele é como os colonos do Cabo, que viviam sobre minas de diamantes sem ter suspeitas disso. Darei apenas o exemplo da definição de "Avalokitesvara" às pp. 202 e 203. Lá, vemos o autor dizer algo que para qualquer ocultista é um palpável absurdo:

"O nome Avalokitesvara, que significa 'o Senhor que olha de cima para baixo', é uma criação puramente metafísica. O uso curioso da partícula passiva no passado *avalokita* em um sentido ativo fica claramente evidente pelas traduções para o tibetano e o chinês."

Bem, ao dizer que a palavra significa "o Senhor que olha de cima para baixo", *ou*, como ele amavelmente explica mais adiante – "o Espírito dos Budas presente na igreja", ele inverte completamente o sentido. É equivalente a dizer "o sr. Sinnett olha de cima para baixo (com seus *Fragments of Occult Truth)* para a Sociedade Teos. Inglesa", quando na verdade é esta última que olha para cima, para o sr. Sinnett, ou mais precisamente para os seus *Fragments* como a (no caso deles, única *possível*) expressão e culminação do conhecimento buscado. Essa não é uma comparação feita ao azar, e define exatamente a situação. Em resumo, *Avalokita Ishwar*, interpretado literalmente, significa "O Senhor que *é visto*"; além disso, "Ishwara" implica menos o substantivo que o adjetivo "Senhorial", a auto-existente *dignidade de um Senhor*, e não um Senhor. Significa, quando corretamente interpretado, em um sentido "o Eu *divino* percebido ou visto pelo *eu*", o *Atman* ou sétimo princípio livre da sua diferenciação maiávica da sua Fonte Universal – que se torna objeto de percepção para e pela *individualidade* centrada em *Buddhi*, o sexto princípio, algo que só acontece no mais alto estado de *Samadhi*. Esta é sua aplicação ao microcosmo. No outro sentido, Avalokitesvara significa o sétimo Princípio Universal, o objeto percebido pelo *Buddhi* Universal, a "Mente" ou Inteligência que é uma agregação sintética de todos os Dhyan Chohans e de todas as outras inteligências, grandes ou pequenas, que alguma vez existiram, existem ou existirão. Ele tampouco é "o espírito dos Buddhas presente na Igreja", mas o Espírito Universal Onipresente no templo da natureza – em um caso – e o sétimo Princípio, o Atman no templo-homem, no outro. O sr. Rhys Davids poderia ter pelo menos lembrado da (para ele) bem conhecida imagem feita pelo Adepto Cristão, o cabalista Paulo: "Não sabeis que sois um templo de Deus, *e que o Espírito de Deus habita em vós?*"[4] – e assim teria evitado fazer confusão com o nome. Embora, como gramático, ele tenha detec-

---

[4] Veja a Primeira Epístola de S. Paulo aos Coríntios, 3: 16. (N. ed. bras.)

tado o uso da "partícula no passado", ainda assim ele fica longe de ser um inspirado "Panini" ao subestimar a verdadeira causa e poupar sua gramática estimulando a revolta contra a metafísica. E no entanto ele cita a *Catena* de Beal como sua autoridade para a invenção quando, na verdade, esta obra é a única em inglês que dá uma explicação *aproximadamente* correta da palavra, na página 374. "Auto-manifestado" – Como? Pergunto. "A Palavra ou *Vach* era vista como o Filho ou a manifestação do *Ser Eterno,* e adorada sob o nome de Avalokitesvara, o Deus manifesto". Isso mostra de modo muito claro que Avalokitesvara é tanto o *Pai* imanifestado como o *Filho* manifestado, sendo que este último procede do outro e é idêntico a ele; isto é, o *Parabrahm* e *Jivatman,* o sétimo princípio Universal e individualizado – o Passivo e o Ativo, este último sendo a Palavra, Logos, o Verbo. Chame-o por qualquer nome, mas deixe apenas que os infelizes cristãos saibam que o verdadeiro *Cristo* de todo cristão é *Vach,* a "Voz mística", enquanto o homem *Jeshu* foi apenas um mortal como qualquer um de nós, um adepto mais por sua pureza inerente e sua ignorância do verdadeiro Mal que pelo que ele tenha aprendido com seus Rabinos iniciados e os Hierofantes e sacerdotes egípcios, já (àquela época) em rápida degeneração. Beal também comete um grande erro ao afirmar: "Este nome (Avalokitesvara) tomou em chinês a forma de Kwan-Shai-yin, e a divindade adorada sob este nome (era) geralmente vista como feminina." (374) *Kwan-shai-yin* – ou a voz universalmente manifestada é ativo – *masculino*; e não deve ser confundido com *Kwan-yin,* ou *Buddhi,* a Alma Espiritual (sexto Princípio) e veículo do seu "Senhor". É *Kwan-yin* que constitui o princípio feminino ou o *passivo* manifestado, que se manifesta "a cada criatura do universo, com o objetivo de libertar todos os homens das consequências do pecado" – como expressado por Beal, esta vez de modo bastante correto (383), enquanto Kwan-shai-yin, "o Filho idêntico a seu Pai" é *atividade absoluta* – e portanto, não tem relação direta com objetos dos sentidos – é *Passividade.*

Que *astúcia* vulgar têm os seus aristotélicos! Com a persistência de cães de caça, eles seguem uma ideia até a beira do "abismo intransponível" e então, encurralados, deixam que os metafísicos sigam a trilha se puderem, ou que a percam. É muito natural que um teólogo cristão, um missionário, siga esta linha, já que, como se percebe facilmente mesmo no pouco que revelei acima – uma apresentação demasiado correta do nosso *Avalokitesvara* e de Kwan-shai-yin teria efeitos muito desastrosos. Seria simplesmente o mesmo que mostrar à cristandade a origem verdadeira e inegável dos mistérios "assombrosos e *incompreensíveis*" de

sua Trindade, Transubstanciação, Concepção Imaculada, e também de *onde vêm* as suas ideias de Pai, Filho, *Spiritus* e – Mãe. É mais difícil embaralhar *al piacere*[5] as cartas da cronologia budista que as de Krishna e Cristo. Eles *não podem* colocar – por mais que queiram – o nascimento de nosso Senhor Sangyas Buddha na era cristã, como manobraram para colocar a data de Krishna. Mas por que um ateu e materialista como o sr. Rhys Davids evitaria assim a apresentação correta dos nossos dogmas – mesmo quando ele os compreende, o que não *ocorre* todos os dias –, é uma questão extremamente curiosa! Neste exemplo, o cego e culpado Rhys Davids conduz o cego e inocente sr. Lillie até o fosso; onde este último, agarrando-se ao pouco que lhe é dado, fica contente com a ideia de que o budismo ensina em realidade sobre – um Deus pessoal!

A sua S. T. I.[6] sabe o significado dos triângulos, um branco e um preto, entrelaçados, da Sociedade Matriz, e que ela também adotou? Devo explicar? O duplo triângulo, visto pelos cabalistas judeus como o Selo de Salomão, é, como muitos de vocês certamente sabem, o *Sri-yantra*[7] do Templo Ariano antigo, o "mistério dos mistérios", uma síntese geométrica de toda a doutrina oculta. Os dois triângulos entrelaçados são os *Buddhangams*[8] da Criação. Eles contêm "a quadratura do círculo", a "pedra filosofal", os grandes problemas da Vida e da Morte, e – o Mistério do Mal. O *chela* que puder explicar este signo em cada um dos seus aspectos é *virtualmente um adepto.* Como é então que, a única pessoa entre vocês que chegou perto de descobrir o mistério é também a única pessoa que não retirou nenhuma das suas ideias de livros? Inconscientemente, ela revela – a quem tiver a chave – a primeira sílaba do *Nome Inefável!* Naturalmente vocês sabem que o triângulo duplo – o *Satkona Chakram* de Vishnu – ou a estrela de seis pontas, é o sete perfeito. Em todas as antigas obras sânscritas – *védicas* e *tântricas* – você vê o número 6 mencionado com mais frequência que o número 7. Este último, o ponto central, está implícito, porque é o germe e a matriz dos seis. Ele é assim, então...[9] – o ponto central representa o sete, e o círculo, o *Maha-*

---

[5] *Al piacere* – ao bel-prazer, em italiano. (N. ed. bras.)

[6] S. T. I. – Sociedade Teosófica Inglesa. (N. da 3ª edição)

[7] *Sri-yantra* – grande disco. *Yantra,* em sânscrito é roda, disco giratório. (N. ed. bras.)

[8] *Buddhangams* – O *Encyclopedic Theosophical Glossary* (Theosophical University Press) informa que esta palavra composta, sânscrita, significa órgãos ou partes componentes da luz, da sabedoria e do conhecimento. (N. ed. bras.)

[9] Neste ponto, no original da carta, há um esboço dos triângulos entrelaçados, incluídos em um círculo. (N. da 1ª edição)

kasha महाकाश – o espaço sem fim – representa o sétimo Princípio _Universal._ Em certo sentido, ambos são vistos como _Avalokitesvara_ porque são respectivamente o Macrocosmo e o microcosmo. Dos triângulos entrelaçados, o que aponta para cima é a sabedoria oculta, e o que aponta para baixo é a Sabedoria _revelada_ (no mundo fenomênico). O círculo indica a qualidade definidora de limites e perimetral, do _Todo_, do Princípio Universal que, de qualquer ponto, se expande e abarca todas as coisas, enquanto corporifica a potencialidade de cada ação no Cosmo. Como o ponto, portanto, é o centro ao redor do qual é traçado o círculo, os dois são idênticos e _um só;_ embora, do ponto de vista de _Maya_ e _Avidya_ – (ilusão e ignorância) – um esteja separado do outro pelo triângulo manifestado, cujos três lados representam os três _gunas_[10] – os atributos finitos. Em simbologia, o ponto central é Jivatma (o sétimo princípio) e portanto Avalokitesvara, o _Kwan-shai-yin,_ a "Voz" manifesta (ou _Logos_), o ponto germinal da atividade manifesta; e daí surge, na terminologia dos cabalistas cristãos, "o filho do Pai e da Mãe", e de acordo com a nossa terminologia – "o Ser manifestado no Ser – _Yi-hsin,_ a forma única de existência", gerada por _Dharmakaya_ (a essência universalmente difusa), ao mesmo tempo masculina e feminina. Parabrahm ou "Adi-Buddha", enquanto atua através daquele ponto germinal externamente e como força ativa, reage a partir da circunferência internamente como a Potência Suprema, mas latente. Os dois triângulos simbolizam o Grande Passivo e o Grande Ativo; o masculino e o feminino; Purusha e Prakriti. Cada triângulo é uma trindade porque apresenta um aspecto tríplice. O branco[11] representa, com suas linhas retas, _Jnanam_ (Conhecimento); _Jnata_ (o Conhecedor); e _Jneyam_ (aquilo que é conhecido). O triângulo preto representa a forma, a cor e a substância; também as forças _criativas, preservadoras_ e _destrutivas,_ e tudo está mutuamente correlacionado, etc., etc.

Você bem pode admirar – e deveria admirar mais – a maravilhosa lucidez daquela notável vidente, que, sem saber sânscrito ou páli, e deste modo alheia aos seus tesouros metafísicos, viu, no entanto, uma grande luz brilhante por detrás dos montes escuros das religiões exotéricas. Como foi – segundo você pensa – que os autores de _The Perfect Way_ vieram a saber que Adonai era o Filho e não o Pai; ou que a terceira Pessoa da Trindade Cristã é feminina? Realmente, naquela obra eles colocam suas mãos várias vezes sobre a chave do Ocultismo. Mas será

[10] A carta original tem aqui गुण depois da palavra "gunas". (N. da 3ª edição)

[11] O triângulo branco é o que aponta para cima. (N. ed. bras.)

que a dama – que insiste em usar sem explicação o enganoso termo "Deus" em seus escritos – sabe quão próximo ela chega da nossa doutrina ao dizer: – "Tendo como Pai o Espírito *que é Vida* (o círculo sem fim ou Parabrahm) e como Mãe a Grande Profundeza, que é Substância (Prakriti em sua condição indiferenciada) – Adonai possui a potência dos dois e usa os poderes duais de todas as coisas"? Nós deveríamos dizer poderes *tríplices,* mas no sentido em que está colocado está bem. Pitágoras tinha uma boa razão para nunca usar o número finito e inútil – o 2, e para descartá-lo completamente. O UM só pode, ao se manifestar, tornar-se 3. O imanifestado, quando é apenas uma dualidade, permanece passivo e oculto. A mônada dual (o sétimo e o sexto princípios), tem, para manifestar-se como um *Logos,* o "Kwan-shai-yin", que primeiro tornar-se uma *tríade* (o sétimo, o sexto e metade do quinto); depois, no seio da "Grande Profundeza", atraindo para dentro de si mesmo o *Círculo Uno*, formar com ele o Quadrado perfeito, fazendo assim "a quadratura do círculo" – o maior de todos os mistérios, meu amigo – e escrevendo dentro deste último a PALAVRA (o Nome Inefável) – ; de outro modo a dualidade jamais poderia permanecer como tal, e teria que ser reabsorvida no UM. A "Profundeza" é *Espaço* – ao mesmo tempo masculino e feminino. *"Purush* (como Brahma) respira na Eternidade; quando 'ele' inspira, Prakriti (como Substância manifestada) desaparece em seu interior; quando 'ele' expira, Prakriti reaparece como Maya", diz o shloka. A realidade Una é Mulaprakriti (Substância não-diferenciada) – a "raiz sem Raiz", a ... Mas temos de parar, caso contrário restaria muito pouco para você descobrir com sua própria intuição.

Bem pode o geômetra da R. S.[12] ignorar que o aparente absurdo de tentar a quadratura do círculo encobre um mistério inefável. Dificilmente ele seria encontrado entre as pedras do alicerce das especulações do sr. Roden Noel sobre o "corpo espiritual ... do nosso Senhor", nem entre os *débris*[13] de "A New Basis of Belief in Immortality"[14], do sr. Farmer; e de acordo com muitas mentes metafísicas como estas seria pior que inútil divulgar o fato de que o Círculo Imanifestado – o *Pai,* ou Vida *Absoluta – não existe fora do Triângulo e do Quadrado Perfeito, que só se manifesta no Filho*; e de que é quando reverte a ação e retorna ao seu estado absoluto de Unidade, e o quadrado se expande uma vez mais até o Círculo, que "o Filho retorna ao Pai". Lá ele fica até que seja

[12] R. S. – *The Royal Society.* (Nota da 3ª edição)

[13] *Débris* – Em francês, vestígios, restos, pedaços, sobras. (N. ed. bras.)

[14] *"Uma Nova Base Para a Crença na Imortalidade".* (N. ed. bras.)

chamado de volta por sua Mãe, a "Grande Profundeza", para remanifestar-se como uma *tríade* – com o *Filho* compartilhando ao mesmo tempo a Essência do Pai e a Essência da Mãe – a Substância ativa, *Prakriti* em condição diferenciada. "Minha Mãe – (Sofia, a Sabedoria manifestada) – me levou", diz Jesus em um tratado Gnóstico; e ele pede a seus discípulos para manterem-se *até que ele venha...* A verdadeira "Palavra" só pode ser encontrada investigando o mistério da passagem interna e externa da Vida Eterna pelos estados tipificados nestas três figuras geométricas.

A crítica de "Um Estudante de Ocultismo" (cujas faculdades mentais são aguçadas pelo ar das montanhas de onde mora) e a resposta de "S. T. K. ... Chary" (no *Theosophist* de junho) sobre uma parte das exposições feitas por você sobre anéis e círculos não devem perturbar ou distrair de modo algum a sua calma filosófica. Como diz, significativamente, o nosso *chela* de Pondichery, nem a você nem a qualquer outro homem do outro lado do limiar será jamais ensinada "toda a teoria" da Evolução; nem ele a obterá, a menos que a adivinhe por si mesmo. Se alguém puder desemaranhá-la a partir dos fios confusos que lhe são dados, muito bem; e esta seria uma ótima prova, de fato, da sua visão espiritual. Alguns chegaram *muito perto* disso. Mas sempre há, mesmo com os melhores deles, erros suficientes – distorção e má compreensão, a sombra de *Manas* projetando-se pelo campo de *Buddhi* – para comprovar a eterna lei segundo a qual só o Espírito livre de todos os grilhões verá as coisas do Espírito sem um véu. Nenhum amador destreinado poderia jamais comparar-se ao proficiente neste ramo de pesquisa; no entanto, os verdadeiros Reveladores do mundo têm sido poucos e os seus pseudo-Salvadores, inúmeros; e é uma felicidade quando os vislumbres parciais que eles obtêm da luz não são, como no caso do Islam, impostos com a ponta da espada; ou, como no caso da Teologia Cristã, entre as chamas das fogueiras e em salas de tortura. Os seus *Fragments* contêm alguns erros – embora muito poucos – devido exclusivamente aos seus dois preceptores de Adyar, um dos quais *não queria,* e o outro *não podia,* contar tudo a você. O resto não poderia ser chamado de erro – são mais precisamente explicações incompletas. Isto é devido em parte à sua própria instrução imperfeita no seu tema mais recente – me refiro aos sempre ameaçadores *obscurecimentos* – e em parte aos limitados instrumentos linguísticos à sua disposição, e ainda em parte à reserva imposta a nós por regra. No entanto, levando tudo em consideração, eles

são poucos e triviais; enquanto que em relação aos erros vistos por "Um Estudante, etc." (o Marco Aurélio de Simla) no seu número VII, você gostará de saber que todos eles, mesmo que agora pareçam contraditórios a você, podem ser (e se necessário *serão*) facilmente reconciliados com os fatos. O problema é que, (a) não podem ser dados a você números reais e a diferença nas Rondas, e (b) que você não abre espaço suficiente para os investigadores. A brilhante Estrela da S. T. I. e as Inteligências que a rodeiam (me refiro às encarnadas) podem ajudá-lo a ver as falhas; em todo caso: Tente. "Jamais se perdeu algo por tentar". Você compartilha com todos os iniciantes a tendência de extrair conclusões absolutamente fortes em demasia de sugestões parcialmente captadas, e de dogmatizar a respeito delas como se tivesse sido dita a última palavra a respeito. Você corrigirá isto no seu devido tempo. Você pode compreender-nos mal, e muito provavelmente o fará, porque a nossa linguagem deve ser sempre mais ou menos a linguagem da parábola e da sugestão, quando caminhamos sobre terreno proibido; nós temos nossos próprios modos peculiares de expressão e o que está por trás da cerca das palavras é ainda mais importante do que aquilo que você lê. Mas ainda assim – TENTE. Se o sr. S. Moses pudesse pelo menos saber o que se queria dizer com o que foi afirmado a ele, e sobre as Inteligências dele, talvez ele descobrisse que tudo é *estritamente verdadeiro*. Como ele é um homem de crescimento interior, pode ser que o dia dele chegue e que a sua reconciliação com os "Ocultistas" seja completa. Quem sabe?

Enquanto isso, eu fecho, com sua permissão, este *primeiro* volume.

K. H.

Carta nº 112 (ML-81) Recebida em julho de 1883

Esta é a carta de caráter mais privado que o Mahatma escreveu a Sinnett em meados de junho, e que provavelmente enviou junto com a Carta nº 111 (ML-59).

Nesta carta, o Mahatma se refere ao que ele chama de "infeliz inspiração do dia 17, publicada no Times*", inspiração de Sinnett e que, obviamente, prejudicou a causa. Tratava-se de uma carta escrita por Sinnett, embora a natureza da carta não fique clara.*

Recebida em Londres, cerca de julho de 1883.

Reservada mas não _muito_ Confidencial

Deixei, veja bem, para uma carta separada e reservada – para o caso de que você queira ler a outra para os seus "Irmãos e Irmãs" da Inglaterra – e para o final, qualquer referência à proposta de um novo jornal, sobre cujas perspectivas o cel. Gordon escreveu de modo tão encorajador. Eu pouco ou nada sabia, até começar a observar a evolução deste esforço por construir um bastião para os interesses indianos, até que ponto meu pobre povo se afundou. Como alguém que observa os sinais oscilantes de vida junto à cama de um moribundo, e conta as fracas pulsações para saber se ainda pode haver esperança, assim nós, arianos exilados em nossos retiros nevados, temos estado atentos a esta questão. Impedidos de usar quaisquer poderes anormais que possam interferir no _Carma_ da nação, embora tentando por todos os meios adequados e normais estimular o zelo daqueles que estão atentos para o que nos preocupa, temos visto as semanas transformarem-se em meses sem que a meta seja atingida. O êxito está mais próximo que nunca, e no entanto ainda é duvidoso. A carta de Govinda Lal, que pedirei a Upasika que lhe mande, mostra que há progresso. Dentro de alguns dias haverá um encontro de capitalistas nativos em Madras que pode produzir frutos e do qual participará o sr. Olcott. Ele verá o Geikwar em Baroda e Holkar em Indore, e fará o melhor que pode – como já fez em Behar e Bengala. Nunca a Índia necessitou mais que agora da ajuda de um homem como você. Nós previmos isso, como você sabe, e tentamos patrioticamente facilitar o seu caminho para um rápido retorno. Mas – lamentavelmente! – devemos confessar que a palavra patriotismo agora dificilmente possui qualquer força elétrica junto ao coração indiano. A "terra-berço das artes e das crenças" está fervilhando de seres infelizes, precariamente atendidos, e atormentados por demagogos que têm tudo a ganhar com tramoias e descaramentos. Nós sabíamos tudo isto em relação à massa, mas nenhum de nós, arianos, havia sondado as profundezas da questão indiana como fizemos ultimamente. Se for possível simbolizar coisas subjetivas com fenômenos objetivos, posso dizer que à visão psíquica a Índia parece encoberta por uma neblina cinzenta e sufocante – um meteoro moral[1] – a emanação ódica do seu estado social vicioso. Aqui e ali brilham pontos de luz assinalando uma natureza ain-

[1] Veja referência à poeira meteórica no item 8 da Carta nº 93B (ML-23B). (N. da 3ª ed.)

da de certo modo espiritual, uma pessoa que aspira e luta pelo conhecimento mais elevado. Para que o farol do ocultismo ariano possa em algum momento ser acendido outra vez, estas faíscas espalhadas devem ser combinadas para formar sua chama. E esta é a tarefa da S. T., esta é a parte agradável do seu trabalho, na qual nós ajudaríamos com grande satisfação, se não fôssemos impedidos nisso e lançados para trás pelos próprios *supostos chelas.* Pisei fora dos nossos limites normais para ajudar o seu projeto específico com base na convicção da sua necessidade e da sua utilidade potencial: tendo começado, continuarei até que o resultado seja conhecido. Mas nesta estranha tarefa de interferir em assuntos de negócios, aventurei-me até sentir o calor da fornalha do mundo. Sofri tanto com a inevitável percepção a curta distância da condição moral e espiritual do meu povo; e fiquei tão chocado por esta visão mais próxima da mesquinharia egoísta da natureza humana (sempre simultânea com a passagem da humanidade pelo nosso estágio do circuito evolucionário); vi tão claramente a certeza de que ela não pode ser ajudada – que de agora em diante me absterei de qualquer repetição insuportável da experiência. Quer o seu jornal tenha êxito ou não – e se não tiver será exclusivamente por causa *de você mesmo*, e da inspiração infeliz do dia 17, publicada no *Times* – nada mais terei a ver com o lado financeiro destes assuntos mundanos; mas irei limitar-me ao nosso dever primário de obter conhecimento e disseminar por todos os canais disponíveis os fragmentos dele que a massa da humanidade possa estar disposta a assimilar. Naturalmente, estarei interessado em sua carreira jornalística aqui – se eu for capaz de superar e acalmar os sentimentos amargos que você acaba de despertar naqueles que mais confiavam em você, com aquela infeliz e *INOPORTUNA* confissão, por mais *honesto* que *tenha sido seu objetivo* – e você pode sempre contar com minha simpatia prática; mas o talento do sr. Dare deve predominar no seu setor de contabilidade, tanto quanto o seu na área de edição. A grande dor que você me causou mostra claramente que ou eu não entendo nada sobre o que é adequado no terreno das obrigações políticas e, portanto, dificilmente poderia ser um bom "dirigente" *político* e de negócios, ou o homem que eu considero um verdadeiro amigo, embora seja honesto e tenha boa vontade, nunca se erguerá acima dos preconceitos ingleses e da pecaminosa antipatia em relação à *nossa raça* e à nossa cor. A "senhora" lhe dirá mais.

Embora você não "me peça para interferir outra vez no assunto", direi duas palavras mais sobre a dificuldade do sr. Massey em relação à carta do nosso Irmão H. – naquele momento na Escócia, e que foi man-

dada a ele indiretamente, através de "Ski". Seja justo e tolerante – pelo menos para com um europeu. Se o Sr. Massey tivesse "declarado aos espiritualistas ingleses que estava em comunicação *com os IRMÃOS* por meios ocultos", teria dito apenas a verdade. Porque ele teve uma tal comunicação oculta não só uma vez mas duas vezes – uma com a luva do pai dele, que M. mandou a ele através de "Ski", e outra vez com a nota em questão, para cuja entrega foi usado o mesmo mecanismo prático, embora sem o mesmo gasto de energia. O dele é mais um exemplo, como você vê, da facilidade com que até mesmo um intelecto superior pode enganar a si mesmo em questões ocultas, através de *maya* criada por si mesmo. E quanto ao outro caso, será que não se pode alegar – não sou advogado e portanto falo com reserva –, como uma circunstância atenuante em relação à pessoa acusada, que até hoje o sr. Massey não tem sequer certeza de que o dr. Billing não interceptou a carta de Simpson para sua esposa, guardando-a para usá-la contra ela em um momento adequado e de fato a usou nesta circunstância? Ou, mesmo admitindo que a carta tenha sido entregue à pessoa a quem estava endereçada, não sabia qual a resposta, se houvesse alguma? Será que ocorreu ao seu amigo observador a ideia de que naquele exato momento havia um despeito feminino – pior que isso – um despeito de médium, muito mais grave que o *odium theologicum* entre Simpson e Hollis-Billing, em relação a suas pretensões respectivas aos favores dados por Ski? Que a sra. Billing qualificou o Ski do "amigo" dela Simpson como "*falso* fantasma"; que o dr. Billing reclamou amargamente a Olcott e H. P. B. da fraude perpetrada pelos Simpson, que tentaram apresentar um falso *Ski* como o verdadeiro – o mais antigo e mais fiel "guia" da sua esposa? A briga chegou até aos jornais. É estranho que, no momento em que ela foi publicamente criticada pela sra. B. por pretender ser ocupada pelo Ski *dela,* a sra. S. a tivesse convidado para uma tarefa tão delicada e perigosa! Digo mais uma vez – falo com reserva – nunca olhei seriamente para a acusação, e sei dela por ter examinado rapidamente a situação na cabeça de Olcott quando ele lia a carta do sr. C. C. M. Mas a sugestão pode, talvez, ter certa utilidade. Uma coisa eu sei, e digo: a essência da questão é que o seu amigo suspeitou muito cedo, condenou *injustamente* uma inocente e prejudicou a si mesmo espiritualmente. Na verdade ele não tem direito de acusar nem mesmo H. P. B. de *engano deliberado.* Protesto do modo mais enfático diante de um tratamento tão *intolerante* contra a mulher. Ela não teve a intenção de enganar – a me-

nos que calar sobre um fato seja enganar diretamente e *mentir,* com base na teoria de que *supressio veri, suggestio falsi*[2] – uma máxima legal da qual ela nada sabe. Mas então, de acordo com esta teoria, todos nós (Irmãos e Chelas) deveríamos ser vistos *como mentirosos.* Ela recebeu ordens para fazer com que a carta fosse entregue; ela não tinha outro meio de fazer isso naquele momento a não ser através de "Ski". Ela não podia mandá-la *diretamente*, como a luva foi; M. *não* a ajudaria, por suas próprias razões, e muito fortes – como descobri mais tarde – ; ela sabia que o sr. C. C. M. não confiava em *Ski*; e foi suficientemente tola para acreditar que o sr. Massey distinguia o médium do "espírito" como fica claro na carta dela; ela estava ansiosa, por pura e altruísta devoção em relação a ele, para que ele visse que afinal havia recebido atenção de um verdadeiro Irmão. Assim – ela tentou esconder o fato de que *Ski* havia participado da questão. Além disso, uma hora depois de haver mandado a carta dela para a sra. B. para que fosse entregue por Ski, uma carta *lida naquele momento*, e não encontrada *casualmente* como foi alegado – ela esqueceu tudo aquilo como esquece todas as coisas. Jamais cruzou pela sua cabeça qualquer ideia, qualquer pensamento de causar o menor engano. Se o sr. Massey tivesse pedido a ela que lhe dissesse honestamente a verdade, depois que a carta tinha sido mostrada a ele, ela provavelmente o teria mandado para algum lugar extremamente quente, sem dizer nada, ou lhe teria confessado honestamente a verdade. Ela simplesmente pensou que seria melhor que o esperado efeito positivo da mensagem do Irmão não fosse anulado pelo despertar de uma disposição hostil na mente do sr. C. C. M., fruto de uma tal suspeita infundada. Nós, meus caros senhores, julgamos os homens sempre pelas suas intenções e pelos efeitos morais das suas ações: nós não respeitamos os falsos padrões e preconceitos do mundo.

K. H.

Carta nº 113 (ML-82) Recebida em agosto de 1883

Esta longa carta – bastante confusa para nós, a menos que estejamos familiarizados com a história política da Índia – é a tentativa final do

[2] Suprimir o verdadeiro é sugerir o falso. (N. ed. bras.)

Mahatma K. H. de fazer reviver o projeto Phoenix, *já aparentemente moribundo. A proposta que ele sugere a Sinnett é muito complicada, e está tão misturada com a complexa situação política então existente na Índia, que é difícil compreender o seu raciocínio. No entanto, o problema parece ter sido relativo às dificuldades entre os donos de terra e os camponeses (arrendatários). O projeto de lei de Arrendamentos de Bengala, que pretendia ajudar os camponeses, estava em questão, mas todo o assunto havia ficado complicado devido a outra legislação, a Ilbert Bill, uma tentativa do lorde Ripon, então vice-rei da Índia, de instituir algumas reformas para promover o autogoverno local; o sr. (mais tarde sir) Courtenay Ilbert, Membro do Conselho, havia proposto uma lei para fazer algumas mudanças na administração da justiça.*

Até aquele momento ninguém, exceto europeus, ou, em linguagem mais técnica, "súditos europeus ingleses", podia ser nomeado juiz de paz com jurisdição sobre pessoas da mesma categoria em distritos situados fora dos limites das cidades capitais. O projeto de lei propunha eliminar esta limitação do "Código de Procedimentos Criminais", de modo "imediato e completo", e consequentemente conferir a muitos magistrados nativos ou nascidos na Índia autoridade para julgar questões relativas a europeus como a qualquer outra pessoa. A proposta, embora aparentemente justa e razoável, despertou a mais violenta oposição entre os plantadores dos distritos em que predominavam o índigo (tintura de origem vegetal) e chá; e entre outros setores privados da população europeia em todas as regiões da Índia. Eles temiam, e não totalmente sem razão, que sua segurança ficasse em perigo em certas situações em lugares ao norte. Uma forte contra-agitação começou entre os indianos mais cultos, e o resultado foi o surgimento de fortes sentimentos raciais que não eram experimentados desde os tempos da Revolta. A agitação pública ficou tão ameaçadora que o governo foi obrigado a retirar o projeto de Lei, contentando-se com uma emenda muito menos drástica ao Código, que reservava aos europeus acusados o direito de pedir julgamento por um júri. Os sentimentos negativos despertados pelo projeto de lei perduraram longo tempo.

O Mahatma faz uma sugestão a Sinnett que, conforme ele diz antecipadamente, acredita que parecerá repulsiva ao inglês. A decisão deve ter sido difícil para Sinnett. Como veremos na próxima carta, ele de fato concordou com a sugestão do Mahatma, vencendo uma profunda revolta em sua consciência, mas no final foi liberado de sua promessa pelo Mahatma.

Carta nº 113

Estritamente Confidencial

Chegou o "quart d'heure de Rabelais".[1] Da sua resposta, consentindo ou recusando – depende a ressurreição do *Phoenix*, prostrado em um *samadhi* semelhante à morte, se não estiver realmente morto. Se você acredita na minha palavra e, deixando os Arrendatários a nosso cargo, está disposto a fazer um trabalho um pouco *sujo* – do ponto de vista europeu – e aceitar opor-se ao nosso trabalho, *aparentemente,* servindo aos nossos objetivos na realidade e assim salvando nossos dois países de um grande mal que ameaça a ambos – então aceite a proposta que lhe será feita da Índia.

Você pode trabalhar de todos os modos contra o projeto da Lei de Arrendamentos de Bengala, porque seja o que for que você e outros façam, nunca serão capazes de impedir nosso trabalho na direção oposta. Portanto, um escrúpulo a menos, e mais uma confiança *não*-permitida. Um enigma, realmente.

E agora, bom amigo, devo explicar. Só que você deve preparar suas noções europeias e cultivadas de *certo* e *errado* para receberem um choque. Um plano de ação de caráter puramente asiático será colocado diante de você; e já que não posso mover um dedo – e, neste caso, mesmo que pudesse, nada faria – para guiar o seu entendimento ou seus sentimentos, você pode considerá-lo demasiado *jesuítico* para seu paladar. Que lástima para todos, que você tenha tão pouca familiaridade com o conhecimento dos antídotos ocultos que não seja capaz de perceber a diferença entre o jesuítico "tout chemin est bon qui mène à Rome"[2], a que se acrescenta o astucioso e ladino "o fim justifica os meios", e a necessidade da aplicação prática destas palavras sublimes do nosso Senhor e Mestre: – "Oh, Bhikkhus e Arhats, sejam amáveis com a raça dos homens, nossos irmãos! Saibam todos vocês que aquele que não sacrifica sua *única* vida para salvar a vida do seu semelhante; e aquele que hesita em dar mais do que a vida – seu *bom nome e sua honra* para salvar o bom nome e a honra dos *muitos*, é indigno do Nirvana destruidor dos pecados, imortal e transcendente." Bem, é inevitável.

Permita-me explicar a situação. Ela é muito complicada, mas para alguém que, sem prévio treinamento, foi capaz de assimilar tão bem algumas das nossas doutrinas e escrevê-las em *O Budismo Esotérico*, as fontes *internas* que temos de usar devem ser inteligíveis.

---

[1] O momento decisivo. (N. ed. bras.)

[2] "Todos os caminhos que levam a Roma são bons", em francês. (N. ed. bras.)

(1) Os chefes de Behar[3] propõem *150.000 rúpias* para o *Phoenix*; a mesma quantia quando você voltar à Índia, se o projeto de lei de Arrendamentos de Bengala for combatido pelo novo jornal e você prometer dar seu apoio a eles. A menos que a proposta seja aceita por você, podemos preparar-nos para a incineração final do nosso *Phoenix* – definitivamente. Além desta soma – 150.000 rúpias – podemos contar apenas com 45.000 rúpias em ações, até o momento. Mas deixe que os *Raises*[4] coloquem dinheiro e todos farão o mesmo.

(2) Se você responder negativamente eles irão buscar outro editor; se houvesse qualquer perigo para os arrendatários e o projeto de lei, eles, os Raises ou Zemíndares, nada perderiam por isso, exceto o grau de habilidade do seu editor; mas eles têm esperança e estão totalmente inconscientes de que estão *condenados* – a longo prazo. Os únicos e reais perdedores no caso de recusa serão a Índia e, mais adiante, seu próprio país. *Esta é uma profecia.*

(3) A resistência e as intrigas armadas pelos Zemíndares contra o projeto de lei são *abjetas* em seu caráter, e no entanto muito naturais. Quem examina as coisas em sua essência percebe que o verdadeiro culpado é o lorde Cornwallis e a sua longa linha de sucessores. Por mais abjeto que possa ser, como eu digo, esta é a realidade e não pode ser evitada porque se trata da própria natureza humana; e não há mais desonra em apoiar as reivindicações deles do ponto de vista legal, para um Editor, do que há desonra para um advogado em defender seu cliente – um grande criminoso condenado à forca. Estou agora tentando argumentar de um ponto de vista europeu, por receio, e para evitar que você tente mas não consiga ver as coisas do nosso ponto de vista *asiático*, ou mais precisamente do modo como nós, que somos capazes de discernir os acontecimentos futuros – as vemos.

(4) Um editor conservador, cujo campo de ação se descobrirá que *corre em linhas paralelas com o de um* vice-rei *conservador,* irá descobrir que na verdade nada perdeu, devido a uma pequena oposição que não pode, afinal de contas, durar muito. Há muitas falhas no projeto de lei atual, nos seus aspectos legais, de letra-morta.

(5) Devido ao tolamente *extemporâneo* "projeto Ilbert", e o ainda mais tolo caso "Saligram-Surendro" por desobediência, a agitação está levando a população da Índia à beira da autodestruição. Não pense que estou exagerando se digo ainda mais: os ingleses, e especialmente os

[3] Behar – grafia alternativa de Bihar, estado situado a noroeste da Índia. (N. ed. bras.)
[4] *Raises* – grandes proprietários de terras. (N. da 3ª ed.)

anglo-indianos, estão correndo no mesmo rumo, desde direções opostas. Você tem toda a liberdade para rejeitar minha *advertência:* mas demonstrará ser sábio se não rejeitá-la. Para voltar ao nosso objetivo direto –

(6) Há vários ingleses de alto nível intelectual e habilidade que estão dispostos a defender – (e mesmo a aliar-se com) – os Zemíndares e opor-se ao projeto de lei, contrariando seus próprios sentimentos e princípios, simplesmente porque os Raises detestam e combatem o homem que o resto dos hindus declara, por enquanto, adorar, e que eles estão exaltando com todo o ardor de uma mente simples, de visão curta, típica de selvagens. Assim, os camponeses não poderão evitar seu destino dentro de mais alguns meses, quer você aceite a oferta ou não. Neste último caso, naturalmente, o plano do jornal chega ao fim.

(7) Ao mesmo tempo, é melhor que você esteja preparado para saber dos inevitáveis resultados: há noventa e nove chances contra uma de que – se a oferta dos Zemíndares for rejeitada – o *Phoenix* nunca chegará a existir; pelo menos enquanto a agitação atual prosseguir. E quando o projeto finalmente fracassar, como deve ocorrer a menos que obtenhamos o controle da situação, então *teremos de afastar-nos.* Para obter do Chohan autorização no sentido de defender os numerosos milhões de pobres e oprimidos da Índia, fazendo uso de todo o nosso conhecimento e poderes, tive de assumir o compromisso de que, no caso do fracasso do *Phoenix,* eu não interferiria mais em tais questões mundanas e daria um eterno adeus ao elemento europeu. M. e Djual Khool teriam de assumir meu lugar. Por outro lado, se você aceitasse a oferta, sua oposição ao projeto sobre Arrendamentos teria o mesmo efeito sobre nosso trabalho *pelos* camponeses que uma palha no sentido de impedir o naufrágio de um navio; enquanto que, se outro editor for selecionado, nós não teríamos pretexto para exercer nossa influência em benefício deles. Esta é a situação. É uma estranha confusão sem *raison d'être*[5], em sua opinião. Dificilmente podemos esperar que você veja com clareza, através da confusão atual, nem é muito provável que você julgue a situação com justiça devido a esta escuridão egípcia com propósitos transversos; tampouco há qualquer necessidade especial de que você o faça, se a oferta tem de ser abandonada. Mas, se sua resposta for favorável, posso acrescentar alguns detalhes. Saiba, pois, que apesar da oposição, e exatamente por causa dela, você levará a grande ebulição nacional ao máximo, antes do que seria de esperar. Assim, ao pôr em

---

[5] *Raison d'être* – razão de ser, em francês. (N. ed. bras.)

prática o seu programa e sua promessa feita aos Raises, você estará ajudando os acontecimentos que devem ser produzidos para salvar a infeliz população que tem sido explorada desde 1793 – o ano do grande erro do lorde Cornwallis. Ao mesmo tempo você pode estar fazendo um imenso bem em todos os outros aspectos. Lembre-se do passado e isso o fará ver mais claramente nossas intenções. Quando vocês tomaram Bengala dos seus governantes nativos, havia um certo número de homens exercendo a função de Coletores de Impostos sob o governo deles. Estes homens recebiam, como você sabe, uma porcentagem dos valores cobrados. O espírito da letra do dízimo e do tributo sob os governantes muçulmanos nunca foi compreendido pela Companhia da Índia Oriental; e muito menos os direitos dos camponeses de se oporem a uma mudança arbitrária da lei de *Wuzeefa* e *Mukassimah.* Bem, quando os Zemíndares descobriram que os ingleses não haviam compreendido claramente sua posição, eles tiraram proveito disso, assim como os ingleses haviam tirado proveito da sua força; e alegaram ser proprietários das terras. Com atitude bastante fraca, vocês reconheceram a reivindicação, e ao admiti-la apesar da advertência dos muçulmanos que entendiam toda a situação e não eram subornáveis, como era a maior parte da Companhia, vocês foram manipulados pelos poucos contra os muitos, e o resultado foram os documentos do "Convênio Perpétuo". Foi isso que levou a todos os males subsequentes em Bengala. Vendo como os infelizes camponeses são tratados pela sua orgulhosa nação em pleno século 19, e tendo à vista de vocês bem menos valor que um cavalo ou um animal bovino, não é difícil imaginar como eles eram vistos pelos seus compatriotas na época – um século atrás – em que todos os ingleses eram piedosos cristãos em seus corações e instruídos pela Bíblia no sentido de estabelecer uma grande distinção entre os descendentes de Cam[6] e eles próprios, os herdeiros do povo escolhido. O acordo estabelecido entre lorde Cornwallis e os *Raises,* que estipulava que o "gado humano de cor escura" deveria ser tratado amavelmente e com justiça pelos Zemíndares, e que eles não deveriam aumentar os tributos dos arrendatários, etc., era uma farsa legal. Na época, o Chohan estava na Índia e foi testemunha ocular do começo dos horrores. No mesmo momento em que garantiram o Acordo do Convênio Perpétuo, os Raises começaram a descumprir seus compromissos. Desrespeitando-os todos, a cada ano eles traziam mais ruína e fome aos camponeses miseráveis. Exigiam

[6] Cam – personagem bíblico, o segundo filho de Noé. Veja Gênesis, 9: 18-28. (N. ed. bras.)

tributos, colocavam suas coisas à venda judicialmente, e levantavam falsas acusações contra eles sob o nome de *Abwab.* Estas "portas" e "aberturas" os levavam onde quer que quisessem, e eles cobraram durante mais de 50 anos os impostos mais extraordinários. Os Zemíndares fizeram tudo isso e muito mais, e certamente eles terão que prestar contas por isso. Coisas demasiado horríveis para mencionar foram feitas diante dos olhos e com a aprovação dos servidores da Companhia quando a Revolta[7] colocou um certo obstáculo a isso ao produzir uma outra forma de governo. Foi para corrigir o grande erro cometido, para remediar o que agora é irremediável, que o lorde Ripon decidiu levar adiante o novo projeto. Não foi considerada boa ideia por seus conselheiros (não são aqueles que *você* conhece) esmagar o sistema dos Zemíndares sem garantir ao mesmo tempo popularidade junto à maioria em outro sentido: por isso o "projeto Ilbert" e outras ninharias. Dizemos, então, que segundo todas as aparências o objetivo do atual Projeto de Lei de Arrendamentos de Bengala é *corrigir* os erros do passado. Meu amigo, você é um editor notavelmente hábil e um político astuto e observador; e talvez ninguém em toda a Índia conheça tão profundamente como você a constituição interna dos *coups d'êtat*[8] anglo-indianos. Mesmo assim você não sabe o suficiente, e as camadas originais e primitivas do solo político como origem de alguns atos do nosso lorde Ripon têm sido, e são *terra incognita* para você e para muitos outros, talvez ainda mais experientes em política do que você. Nem lorde Ripon nem seus conselheiros (os dos bastidores) esperam qualquer grande resultado durante seu período de poder na Índia. Eles são mais *ocultistas* do que você pode imaginar. As reformas liberais deles não visam a Índia, em relação a cujos sofrimentos ou prosperidade eles são completamente indiferentes: eles olham para muito longe em função de *resultados futuros,* e os decretos sobre imprensa, os projetos de Ilbert, os projetos de Arrendamento de Bengala e o resto são feitos em função da Inglaterra Protestante, que, *em breve,* se alguém ou *Alguma Coisa* não interferir, se verá sufocada nos anéis invisíveis da Apófis romana[9]. Amigo e irmão, única pessoa da sua raça que eu vejo com cálido e sincero afeto, tenha

[7] A edição espanhola das *Cartas dos Mahatmas* assinala que se trata da Revolta de 1857. (N. ed. bras.)

[8] *Coups d'état* – golpes de estado, conspirações, em francês (N. ed. bras.)

[9] Isto é, do Vaticano. A edição espanhola das *Cartas dos Mahatmas* destaca que Apófis, na mitologia egípcia, é a grande serpente que dirige os ataques furiosos dos demônios contra o Sol. Mas o Sol os vence todos os dias, o que simboliza a vitória da luz sobre as trevas. (N. ed. bras.)

cuidado! Não rejeite demasiado rapidamente minha advertência, porque ela é feita solenemente, e só tenho permissão para fazer uma sugestão. O ceticismo político, como qualquer outro, despreza e ri das observações daqueles que não adotam seu ponto de vista. Ele percebe seus erros quando já está no fosso. Cuidado, porque já não é um simples fosso, mas um abismo, que está sendo preparado para você!

Mas vamos ver sobre que bases um inglês honesto pode opor-se ao Projeto de Arrendamentos. Embora seja grande a miséria dos camponeses atualmente, por mais que sejam justas as represálias que aguardam os Zemíndares, e ainda que em resumo o objetivo do Projeto de Lei de Arrendamentos seja humanístico e generoso na sua superfície, mesmo assim nenhum governo honesto, estritamente falando, tem o direito de quebrar à vontade e ao bel-prazer compromissos e obrigações formais. O fato de descobrir-se que os Raises não têm cumprido sua parte do Acordo não dá direito à outra parte de ignorar sua assinatura e reduzir a pedaços o acordo do Convênio Perpétuo. Os justos não podem pagar pelos pecadores. Há sérios erros no atual Projeto de Arrendamentos, assim como havia no antigo sistema; e não há cláusula, nos velhos documentos, estipulando que o Convênio se torna nulo se os ingleses o desejarem. Não analisarei as falhas do significado literal em nenhum deles, mas irei limitar-me a dizer a você que *há* falhas e que, até que sejam corrigidas, você tem todo direito de fazer objeção a elas. Não se espera que você faça o Projeto ser retirado, mas simplesmente que apoie a análise dos Zemíndares sobre os seus defeitos. E isso você pode prometer livremente. No entanto, deve ficar claro que não estou tentando influenciar você deste ou daquele modo. Algumas das pretensões dos Raises são infames e nenhum homem honesto pode ser convencido a apoiá-las; enquanto outras não deixam de ter uma forte base legal em seu favor. O poder governante, por exemplo, nunca e em caso algum foi proprietário da terra *Khirajee* – nem mesmo sob as leis e o poder muçulmanos. Assim, você tem para trabalhar o espírito de *Khiraj* e de *Ooshr,* para cumprir sua promessa aos proprietários rurais e entretê-los durante alguns meses, até o dia da "grande derrota" que os aguarda. A única coisa que se espera que você faça em benefício do meu (tanto quanto do *seu*) país é não pensar na fachada feia do edifício, prestando atenção apenas na natureza real da situação e nos bons resultados futuros, caso você supere seus escrúpulos, que são muito naturais. Dentro de alguns dias você pode receber uma proposta formal. Pense bem sobre ela. Não se permita ser influenciado por nenhuma consideração relativa aos meus desejos. Se você acreditar honestamente que a oferta é incom-

patível com as suas noções e o seu critério da verdade e da honra, recuse-se a aceitá-la sem a menor hesitação e deixe-me dar-lhe um triste, mas sempre grato e amistoso adeus. Não posso esperar que você veja as coisas do meu ponto de vista. Você olha *fora,* eu *vejo dentro.* Não é hora de sentimentalismo. Todo o futuro da "mais brilhante (!) joia" – ah, que escura sátira neste nome! – na Coroa da Inglaterra está em jogo, e sou obrigado a devotar todas as minhas energias, na medida em que o Chohan me permita, para ajudar meu país nesta undécima hora do seu sofrimento. Só posso trabalhar com aqueles q*ue queiram trabalhar conosco.* Não me faça acusações, meu amigo, porque você não sabe, você *não pode saber* a força das limitações dentro das quais estou colocado. Não pense que estou querendo colocar uma isca – algo que o induza a aceitar aquilo que recusaria em outras circunstâncias, porque não estou. Tendo dado minha solene palavra de honra Àquele a quem devo tudo o que sou e que sei, simplesmente nada posso fazer no caso da sua recusa e – teremos de separar-nos. Se o Projeto de Arrendamentos não tivesse sido acompanhado pelo estrondo e pelo estrépito do Projeto Ilbert e pelo "caso de desacato", eu teria sido o primeiro a aconselhá-lo a recusar. Do modo como a situação está agora, no entanto, proibido, como estou, de usar quaisquer poderes incomuns, nada posso fazer, e sou obrigado a escolher entre ajudar minha infeliz terra natal e o nosso futuro intercâmbio. Cabe a você decidir. E se esta carta estiver destinada a ser a última minha, peço-lhe que lembre – para o seu bem, não para o meu – da mensagem que mandei a Simla para você e para o sr. Hume através de H. P. B. – "lorde Ripon não é um agente autônomo; o verdadeiro vice-rei e governante da Índia não está em Simla, mas em Roma; e a arma eficaz usada por este último é – o confessor do vice-rei."[10]

Dê, por favor, meus melhores votos à sua esposa e ao "pequeno". Esteja certo de que, apesar de alguns poucos erros e omissões imperceptíveis, seu *O Budismo Esotérico* é a única exposição correta – embora incompleta – das nossas Doutrinas Ocultas. Você não fez erros centrais fundamentais; e qualquer coisa que lhe possa ser transmitida no futuro não se chocará com uma só frase do seu livro, mas, ao contrário, eliminará qualquer aparente contradição. O enorme erro da teoria do sr. Hume está demonstrado no *Theosophist.* Apesar de tudo isso, você pode ter certeza de que nem M. nem eu nos contradissemos em nossas respec-

---

[10] Lorde George Ripon havia sido convertido ao catolicismo romano em 1874. O primeiro-ministro inglês, Gladstone, o nomeara vice-rei da Índia em 1880. (N. ed. bras.)

tivas afirmações. Ele estava falando da Ronda *interna* – eu, da *externa.* Há muitas coisas que você não aprendeu mas pode aprender algum dia; e você tampouco será capaz de compreender jamais o processo dos *obscurecimentos* antes de haver dominado o progresso matemático das Rondas *interna* e *externa* e aprendido mais sobre a diferença específica entre as sete. E assim, de acordo com a conclusão filosófica do sr. Massey *nós não temos Deus?* Ele está certo, já que ele aplica o nome a uma anomalia extracósmica, e nós, que não conhecemos nada semelhante, encontramos em cada homem seu *Deus* – dentro de si mesmo, em seu próprio Avalokitesvara pessoal e ao mesmo tempo *impessoal.* E agora – adeus. Se for decidido que não devemos mais nos corresponder, lembre-se de mim com os mesmos sinceros bons sentimentos com que você sempre será lembrado por,

K. H.

Carta nº 114 (ML-83) Recebida em outubro de 1883

Esta carta soa como o toque de finados de todo o projeto Phoenix *e encerra a discussão sobre o assunto.*

Recebida em Londres, 8 de outubro de 1883.

Uma ausência temporária devido a assuntos imperativos impediu-me durante alguns dias até mesmo de saber qualquer coisa sobre seus assuntos, e só hoje tive tempo de pensar neles. Ao ler sua carta, a situação apresentou-se diante de mim de tal maneira que concluí que devia deixá-lo imediatamente livre, e assim enviei-lhe um telegrama. Ele tinha o objetivo de afastar da sua mente todo sentimento de compulsão, moral ou de outra ordem, e de deixar que aceite ou rejeite livremente outras propostas que possam ser feitas a você de qualquer parte da Índia. Se qualquer consideração pudesse ter alterado o rumo, ela teria sido inteiramente afastada pelo tom da sua carta de 16 de agosto. Você pensa que a defesa da medida de Bengala na situação atual arruinaria todas as perspectivas de sucesso comercial do jornal proposto; "Tal como concebido atualmente, o *Phoenix* não pode ter sucesso comercial. E um jornal que é um fracasso comercial pode ter muito pouco peso político". Persistir, portanto, seria, do seu ponto de vista, levar um significativo número de pessoas a desperdiçar inutilmente uma grande quantidade de

dinheiro. Porque "o projeto assim mutilado está muito efetivamente destituído das suas grandes possibilidades financeiras". Ainda assim e apesar de tudo, você está disposto a continuar se eu quiser, atirando a responsabilidade moral sobre mim, e está disposto a "engolir o compromisso de certo modo repulsivo".

Meu amigo, você não fará nada semelhante. A responsabilidade, apesar de tudo o que eu poderia e estou disposto a fazer, recairia sobre você já que lhe foi dada claramente a opção em minha última carta a você. Se, a partir de agora, você tiver qualquer coisa ainda a ver com este assunto infeliz, terá de ser inteiramente de acordo com o seu próprio critério e sua responsabilidade. Você compreendeu mal a Lei do Carma – (e a minha carta) – se imaginou que eu ousaria provocar as terríveis retaliações do Carma forçando você ou qualquer outro a seguir uma linha de ação com tais sentimentos no coração. Conhecendo você, era fácil prever a sua – (não só isso, os sentimentos de qualquer cidadão honrado tendo que enfrentar tal situação) – repulsa pelo trabalho que estava diante de si. Por isso, tive grande cuidado para deixar claro em minha carta que você estava inteira e absolutamente livre para decidir. Vejo um erro meu em apenas um ponto, isto é, em haver sugerido a provável consequência da sua recusa – implícita no voto que fiz ao Chohan de a partir de então me abster de colaborar com europeus até alguma ocasião futura e mais favorável. Foi isso, mais que qualquer outra coisa, que fez com que você "engolisse o compromisso repulsivo". Isso vai para meu Carma. Mas isso à parte, ao examinar minha última carta você perceberá que a necessidade de uma ação independente, imparcial, da sua parte, foi fortemente destacada. Eu esperava – ainda que isso fosse contrário à desanimadora situação moral dos meus compatriotas – e me forcei quase a *acreditar* na possibilidade de fundar um jornal que era tão obviamente necessário nesta grande crise, sobre uma base completamente satisfatória para você e para todos que pudessem estar envolvidos. Eu havia esquecido que a aparência *externa* é tudo no seu mundo e que eu estaria simplesmente sujeitando você à situação de ser visto com desprezo. Mas fique tranquilo; ainda que o dinheiro tivesse sido recolhido na tentativa inicial, e não tivesse sido feita nenhuma pressão sobre você para trabalhar em certa direção; e se você tivesse sido deixado inteiramente senhor de si na linha política a ser seguida, nesta hora de ódios amargos, de maldade e desprezo mútuos, o mero fato de que estaria defendendo a causa dos desprezados e agora mais que nunca odiados e massacrados "negros" – teria destituído o *Phoenix* até da sombra de qualquer "grande possibilidade financeira". Há nem bem um mês atrás

eu estava tão confiante – ao ver os sentimentos ainda profundos e fortes ocultos na alma nacional – que deixei que você ficasse tão confiante quanto eu, ou ainda mais. Outros, cuja intuição e presciência não haviam sido cegadas por seus superiores, pensavam de modo diferente, e alguns quiseram dissuadir-me; no entanto, como a meta era tão valiosa, e a possibilidade existia de fato, foi-me permitido observar o projeto e usar meios naturais externos para ajudar a sua realização. Se esperar indefinidamente fosse algo praticável para você, o esquema original poderia ser realizado; mas não é este o caso, e devo, portanto, retirar a última aparência de restrição sobre o seu livre julgamento, e agradecer-lhe por haver, de modo tão leal, apoiado a tentativa de fazer bem à Índia, mesmo com o sacrifício dos seus sentimentos e dos seus interesses materiais. Eu não estaria de modo algum disposto – mesmo à parte da regra da nossa Ordem com relação ao Carma – a colocar você em uma posição em que eu não pudesse recompensá-lo de alguma maneira pela perda de prestígio social ou por decepções financeiras. Fazer isso está além das minhas possibilidades. Não poderia olhá-lo se você estivesse a cada momento sentindo que era visto como um "patife" e que não tinha "peso político na sociedade em geral, devido à reputação do seu caráter". Se o seu destino devesse ser unido ao nosso, tais considerações não teriam pesado nem por um momento. Para todos que são trabalhadores compromissados entre nós, desde o Chohan até os chelas, a primeira e última consideração é se podemos fazer bem ao nosso próximo, por mais humilde que ele possa ser; e não nos permitimos pensar no perigo de qualquer ofensa, abuso ou injustiça feita contra nós. Estamos dispostos a ser "cuspidos e crucificados" diariamente – não uma vez – se disso resultar um real bem para o outro. Mas o seu caso é totalmente diferente, você tem um caminho a trilhar no mundo "prático", e a *sua* permanência nele não deve ser prejudicada.

Por outro lado, além de você, os contribuintes com capital devem ser tratados com justiça. Entre eles há ricos Zemíndares, mas há também patriotas pobres que fizeram grandes esforços para destinar seus pequenos investimentos movidos por uma pura reverência a nós e por amor à sua pátria-mãe. Pelo menos cinquenta deles estão esperando o resultado final dos acontecimentos, e reservando seus recursos até o último momento antes de mandá-los a Calcutá. Teosofistas devotados de várias partes da Índia têm estado pedindo assinaturas ativamente, com base na teoria de possíveis rendimentos do capital, colocada nas circulares do sr. Morgan; o projeto tem sido entusiasticamente promovido por Olcott, pelo coronel Gordon, por Norendro e outros, conhecidos e des-

conhecidos de você: um desastre financeiro do tamanho que você antecipa para *The Phoenix* comprometeria a influência pessoal de todos. Com tais perspectivas, além disso, o seu ajudante anterior, sr. Dare, não ajudaria você mesmo que o sr. Allen permitisse. E, finalmente, a menos que a sua confiança pessoal em mim fosse tão cega que engolisse até seu último instinto de prudência, você não arriscaria o seu próprio capital ganho com muito esforço em algo destinado ao fracasso, e também não poderia deixar que mais ninguém fizesse isso. Exceto – exceto se você fosse autorizado a "lançar a responsabilidade moral sobre mim"; em resumo, fazer-me forçar o êxito por milagre – como se isso fosse possível. Se isto tivesse sido permitido, o jornal já teria sido fundado, e a voz dele já se teria feito ouvir em meio ao estrondo dissonante dos assuntos contemporâneos da Índia.

Eu teria redigido meu telegrama de hoje de modo ainda mais enfático se, ao dizer-lhe para abandonar a questão, eu não estivesse também bloqueando o seu livre-arbítrio. É melhor que você dê ao grupo de Bengala a chance de afirmar definitivamente quais são as suas condições e, depois, responder "sim" ou "não" . Para economizar o seu tempo e evitar gastos da sua parte, pedi a Olcott que fizesse Norendro Babu mandar *a ele* as propostas dos Proprietários de Terras, para que ele possa, em seguida – conhecendo o ponto de vista e o caráter de você, dizer se elas são adequadas para lhe serem apresentadas ou não. E se não forem, que ele se comunique imediatamente com os seus agentes de Calcutá, como você solicitou.

Esta é a situação atual das questões, e ela é muito má para a Índia. Por enquanto seria prematuro contar-lhe mais sobre a influência secreta que a produziu, mas você poderá saber disso mais tarde.[1] Tampouco posso fazer previsões sobre o futuro, exceto chamar mais que nunca a sua atenção para as nuvens negras que se reúnem no céu político. Você sabe que eu lhe disse há bastante tempo para esperar muitas e grandes perturbações, de todo tipo, já que um ciclo estava terminando e outro começava suas atividades fatídicas. Você já pode observar uma comprovação nos fenômenos sismológicos que ocorreram recentemente; você verá muitas mais, e em breve. E embora nós tenhamos que lamentar o fracasso de um projeto humanitário, a severidade da sua decepção pode pelo menos ser suavizada pela percepção de que, em tempos ruins

[1] O Mahatma explica, em parte, o fracasso do *Phoenix* na Carta nº 126, de julho de 1884. (N. ed. bras.)

como estes, é preciso lutar contra influências visíveis e invisíveis do tipo mais hostil.

E agora uma palavra mais agradável antes de concluir. A sua decisão de seguir minha orientação na questão do *Phoenix* mesmo com a certeza, para você, da degradação das suas relações sociais e perda financeira, já teve sua recompensa cármica. Assim eu concluo, pelo menos a julgar pelos resultados. Embora não houvesse a intenção de *teste algum* – (algo tão repulsivo para você) – você se saiu tão bem quanto se houvesse sido testado e não desanimou. A possível decisão de interrupção do contato entre nós foi parcialmente revogada. A proibição em relação a *outros europeus* segue tão estrita como antes, mas no *seu* caso ela foi removida. E *este* consentimento, eu sei, tem uma relação direta com o *seu* consentimento – o grande sacrifício dos seus sentimentos pessoais na situação atual. "Este *Peling",* descobriu-se, tem *"qualidades* realmente *redentoras*!" Mas esteja alerta, meu amigo, porque esta não é a última das suas provações. Não sou eu quem as cria, mas *você mesmo* – por sua luta pela luz e pela verdade contra as escuras influências do mundo. Seja mais cuidadoso com o que você fala sobre temas proibidos. O mistério da "oitava esfera" é um assunto muito confidencial, e você está longe de compreender mesmo os seus aspectos gerais. Você foi repetidamente advertido e não deveria tê-lo mencionado. Sem querer, você lançou no ridículo um tema sagrado. Nada tenho a ver com as *respostas* ao sr. Myers, mas talvez você possa reconhecer nelas a brusca influência de M.

K. H.

Sou aconselhado a solicitar que, no futuro, as mensagens para mim sejam mandadas através de Damodar ou Henry Olcott. A prudência da sra. B. não está melhorando na proporção de seu debilitamento fisiológico.

Carta nº 115 (ML-129) **Datada de 25 de novembro de 1883**

Estes telegramas tratam de um assunto completamente diferente. Em lugar algum há uma explicação sobre como eles vieram a estar em poder de Sinnett.

Carta nº 115

Em outubro e novembro de 1883, Olcott, acompanhado por Damodar e W. T. Brown, estava viajando em um giro pelo Norte da Índia. Um bom número de fatos extraordinários ocorreu enquanto Olcott e seus colegas estavam nesta viagem. Eles são relatados em detalhes nos capítulos 2 a 5 de Old Dairy Leaves, volume 3.

Quando estavam em Lahore, Olcott e Brown receberam visitas do Mahatma K. H. Nesta visita, o Mahatma deixou com cada um deles uma carta envolta em tecido de seda. As cartas simplesmente se materializaram nas mãos deles. Muitas outras coisas interessantes aconteceram nesta viagem, mas foi em Jammar que Damodar desapareceu. Damodar era discípulo do Mahatma K. H. havia um bom número de anos. Havia muito tempo que ele tinha consciência do Mestre. Quando garoto, durante uma doença grave, foi visitado por ele e mais tarde pôde identificá-lo como o Mahatma K. H. Com Damodar, era "tudo ou nada". Ele tinha um temperamento singularmente intenso.

"A vinda dele conosco na atual viagem", diz Olcott, "ocorreu por ordem do seu Guru... e ao longo de toda a viagem tivemos muitas provas do progresso que ele estava fazendo em seu desenvolvimento espiritual". Damodar esteve envolvido em vários dos acontecimentos surpreendentes da viagem.

Quando acordou na manhã de 25 de novembro e viu que Damodar havia desaparecido – sem deixar pistas sobre onde havia ido ou quando voltaria – Olcott procurou pelo pequeno bangalô em que eles estavam hospedados, mas nada encontrou. Ao voltar ao seu próprio quarto, no entanto, havia bilhetes tanto do Mahatma K. H. como de Damodar sobre sua mesa. Olcott não revela especificamente o que diziam os bilhetes, mas o do Mahatma deve ter dado a notícia de que os Mahatmas haviam levado Damodar consigo, porque esta era a ideia central do telegrama que o coronel mandou imediatamente para H. P. B., o que, segundo se mostra aqui, ocorreu às 10h15min. As palavras embaixo, em tinta escura, são importantes: "Nós o mandaremos de volta. K. H."[1]

Tipo P.	TELÉGRAFOS DA ÍNDIA	Local nº 48
Para		De
Estação Adyar Madras		Estação Jummoo
Para Pessoa		Remetente
Senhora Blavatsky		Cel. Olcott

1 É possível deduzir que ao mandar o telegrama Olcott não sabia se Damodar iria voltar, e que o Mahatma esclareceu a questão materializando uma frase no telegrama. (N. ed. bras.)

Os Mestre levaram
Damodar. Volta
não prometida.

Nós o mandaremos de volta. K. H.

Adyar 25-11-83. Hora 10.15.

Carta nº 116 (ML-128) Datada de 25 de novembro de 1883

Poucas horas mais tarde, Olcott mandou um segundo telegrama com explicações mais detalhadas, incluindo a mensagem de Damodar que ele havia encontrado junto com a do Mahatma. Olcott contou como, mesmo antes de mandar o telegrama a H. P. B., ele tinha tido o impulso de recolher a bagagem de Damodar, sua mala e suas roupas de cama, e guardá-la à parte sob o seu próprio catre.

Naquela noite, ele recebeu um telegrama com a resposta de H. P. B. Ela afirmou que um Mestre lhe havia dito que Damodar retornaria. E acrescentou que o coronel não devia deixar a bagagem de Damodar, especialmente sua roupa de cama, ser tocada por qualquer outra pessoa. "Não era estranho", pergunta o coronel, "que ela, em Madras, isto é, a cerca de 2.000 milhas de distância, me recomendasse fazer exatamente a mesma coisa que havia sido meu primeiro impulso fazer ao saber da partida do rapaz?"

Em Old Dairy Leaves, *vol. 3, p. 54, Olcott faz os seguintes comentários:*

"Foi no dia 25 de novembro, durante o dia, que Damodar nos deixou: ele retornou na noite do dia 27 – depois de uma ausência de cerca de sessenta horas, mas como estava mudado! Ele saiu com o aspecto de um jovem de compleição física delicada, pálido, com a aparência de um estudante, frágil, tímido e respeitoso; e voltou com seu rosto bronzeado em vários tons mais escuros, aparentemente robusto, forte e resistente, com uma maneira de agir audaz e enérgica: nós tínhamos dificuldade em reconhecer que era a mesma pessoa."

Damodar descreve sua experiência com uma considerável reserva, embora ele tivesse permissão para contá-la. A descrição foi publicada em The Theosophist *de dezembro-janeiro de 1883-84, pp. 61-62. Ela faz parte, agora, do livro* Damodar, *de Sven Eek, pp. 333-336; e a história é narrada no livro* The Mahatmas and Their Letters, *de Geoffrey Barborka, pp. 247-250. Aqui está a parte pertinente:*

Carta nº 116

"... Eu tive a felicidade de ser buscado e de ter permissão para visitar um Ashram Sagrado, onde permaneci durante alguns dias na companhia abençoada de vários dos muito duvidados Mahatmas do Himavat[1] *e seus discípulos. Lá eu encontrei não só meu querido Gurudeva e o Mestre do cel. Olcott (Morya), mas vários outros da Fraternidade, inclusive Um dos Mais Elevados. Lamento que a natureza extremamente pessoal da minha visita àquelas regiões três vezes abençoadas me impeça de dizer mais sobre ela. Basta dizer que o lugar que me foi permitido visitar está nos Himalaias, e não em qualquer terra-de-verão fantasiosa, que eu O vi enquanto estava em meu próprio sthula sharira [corpo físico], e que constatei que meu Mestre era idêntico à forma que eu havia visto nos primeiros dias do meu discipulado."*

Assim, embora estes dois telegramas estejam entre os documentos de menor tamanho das Cartas dos Mahatmas, *eles revelam uma história de grande importância.*

TELÉGRAFOS DA ÍNDIA

Para	De
Estação Adyar Madras	Estação Jammoo
Para	De
Pessoa: Senhora Blavatsky	Pessoa: Coronel Olcott
Editora de The Theosophist	

Damodar partiu antes do amanhecer – ao redor das oito horas cartas dele e Koothumi encontradas em minha mesa – Não é dito se voltará ou não – Damodar nos dá adeus condicionalmente e diz irmãos teosofistas deveriam todos sentir-se encorajados sabendo que ele encontrou os mestres abençoados e foi chamado por eles. O desenvolvimento recente do querido garoto é assombroso. Homey[2] recomenda que eu aguarde ordens.

Madras 25-11-83 Hora 17.30.

[1] Himavat – a cordilheira do Himalaia. (N. ed. bras.)

[2] Assim no original. Presumivelmente transcrição fonética de Humi, feita por um funcionário dos correios e telégrafos. (N. da 3ª edição)

Cartas nº 117 (ML-93) Recebida em dezembro de 1883[1]

Para compreender esta carta, é necessário voltar à carta nº 12 (ML-6). Os Sinnett foram à Inglaterra em 1881, e enquanto estavam lá foi publicado O Mundo Oculto. *Antes de deixar a Índia, o Mahatma K. H. havia dito a Sinnett que podia usar qualquer coisa que desejasse em seu livro; o Mahatma tinha completa confiança na sua discrição e em seu critério. Consequentemente, Sinnett reproduziu de uma das cartas – a mencionada pouco acima – a passagem que começava com as palavras "Platão estava certo, as ideias governam o mundo..." Depois da sua publicação, o livro chegou às mãos de um espírita de nome Henry Kiddle, nos Estados Unidos. O sr. Henry Kiddle havia dado uma palestra em um encontro de espíritas em Lake Pleasant, Nova Iorque, e alegou que a passagem citada acima de* O Mundo Oculto *plagiava alguns comentários feitos por ele em sua palestra. Ele inicialmente escreveu a Sinnett – segundo suas alegações – através do seu editor. É possível que esta carta não tenha sido recebida. Então Kiddle escreveu para Stainton Moses (M. A. Oxon), editor de* Light, *a publicação espírita inglesa, alegando que a passagem impressa em* O Mundo Oculto *fora "tirada verbatim" do seu discurso em Lake Pleasant. Sua carta foi publicada na edição de 1º de setembro de 1883 de* Light. *Nesta época, os Sinnett estavam instalados permanentemente na Inglaterra. Sinnett respondeu imediatamente a esta carta. Disso surgiu uma grande quantidade de correspondência (e o episódio veio a ser conhecido como "o incidente Kiddle").*

Durante algum tempo o Mahatma não se deu ao trabalho de responder às acusações de plágio atribuindo, aparentemente, pouca importância a elas. Mas ao ver como Sinnett estava magoado com toda a questão, ele decidiu explicar. A carta nº 117 contém esta explicação.

Recebida em Londres em 1883-84.

Meu bom e fiel amigo – a explicação contida aqui nunca teria sido feita se, ultimamente, eu não tivesse percebido como você estava perturbado durante as suas conversas sobre o assunto do "Plágio" com alguns amigos – especialmente C.C.M. Ainda mais agora que recebi sua última carta, na qual menciona tão delicadamente "este desgraçado incidentezinho com Kiddle" – seria cruel deixar de revelar a verdade

[1] O leitor encontrará uma fascinante narrativa dos fatos a que esta Carta se refere no *Anexo à Quarta Edição Inglesa,* ao final da obra *O Mundo Oculto,* de A.P. Sinnett (Ed. Teosófica, 2000). (N. ed. bras.)

para você; no entanto, transmiti-la ao mundo dos espíritas preconceituosos e de má vontade seria uma completa loucura. Portanto, devemos chegar a um acordo: devo colocar você e o sr. Ward, que merece minha confiança, *sob um compromisso de nunca explicar sem especial permissão minha os fatos* aqui descritos por mim, a ninguém – nem mesmo a M. A. Oxon e C. C. Massey, inclusive por razões que irei mencionar agora e que vocês facilmente entenderão. Se for pressionado por qualquer um deles, você deve simplesmente responder que o "mistério psicológico" foi esclarecido a você e a alguns outros; e – SE ficarem satisfeitos – você pode acrescentar que as "passagens paralelas" não podem ser vinculadas a um "plágio" ou fatos semelhantes. Dou-lhe *carte blanche*[2] para dizer qualquer coisa que prefira – até revelar a razão pela qual eu prefiro manter os reais *fatos* desconhecidos do público geral e da maior parte dos membros em Londres – tudo exceto os detalhes que só você e alguns poucos saberão. Como você perceberá, eu nem sequer exijo que defenda minha reputação – *a menos* que se sinta convencido além de toda dúvida, e tenha compreendido bem, você mesmo, a explicação. E agora posso dizer-lhe por que prefiro ser visto por seus amigos como um "desagradável plagiador".

Tendo sido qualificado repetidamente como "sofista", um "mito", "uma sra. Harris" e uma "inteligência menor" pelos inimigos, prefiro não ser visto como um falsificador deliberado e um *mentiroso* por falsos amigos – me refiro àqueles que me aceitariam com relutância ainda que eu me erguesse até o nível do ideal de acordo com a avaliação deles, e não o contrário – como ocorre atualmente. Pessoalmente sou indiferente, é claro, a esta questão. Mas pelo *seu* bem e pelo bem da Sociedade posso fazer mais um esforço para retirar do horizonte uma das nuvens "mais negras". Recapitulemos, então, a situação, e vejamos o que os seus sábios ocidentais dizem dela. "K. H." – está estabelecido – é um *plagiador* – se é que se trata, afinal de contas, de K.H. e não dos "dois humoristas ocidentais". No primeiro caso, um pretenso "adepto", incapaz de produzir com seu "pequeno cérebro oriental" quaisquer ideias ou palavras dignas de Platão, voltou-se para aquele profundo reservatório de filosofia profunda, *Banner of Light,* e retirou dali as frases mais adequadas para expressar suas ideias um tanto confusas, frases que haviam saído dos lábios inspirados do sr. Henry Kiddle! Na outra alternativa, o problema fica ainda mais difícil de compreender, exceto pela teoria da mediunidade irresponsável da dupla de brincalhões ocidentais.

---

2 *Carte blanche* – "Carta branca", em francês. (N. ed. bras.)

Embora seja surpreendente e inviável a teoria de que duas pessoas que têm sido suficientemente espertas para realizar, sem serem desmascaradas, a personificação durante cinco anos de diversos adeptos – todos diferentes entre si – ; duas pessoas das quais uma, de qualquer modo, tem bom domínio da língua inglesa e dificilmente pode ser considerada suspeita de insuficiência de ideias originais, escolheriam para plagiar um jornal como *Banner,* amplamente conhecido e lido pela maior parte dos espíritas que conhecem a língua inglesa; e sobretudo, surrupiar frases do discurso de um notável novo convertido, cujas manifestações públicas estavam na época sendo lidas e bem recebidas por todos os *médiuns* e espíritas; embora seja improvável tudo isto e muito mais, ainda assim qualquer alternativa parece mais aceitável que a verdade. Está decretado; "K. H.", seja ele quem for, roubou trechos do sr. Kiddle. Não só isso, mas como foi demostrado por "Um Leitor Perplexo", ele omitiu palavras inconvenientes e assim *distorceu as ideias que ele pegou emprestadas* de modo a afastá-las da sua intenção original e adaptá-las ao seu próprio propósito, muito diferente.

Bem, quanto a isso, se eu tivesse qualquer desejo de argumentar, poderia responder que nada houve na realidade daquilo que constitui plágio, se plágio é o uso de *ideias*, mais do que de palavras e frases, e sou inocentado pelos meus próprios acusadores. Como disse Milton – "este tipo de empréstimo, se quem o faz *não melhora o texto,* deve ser considerado plágio". Tendo *distorcido* as ideias "de que me apropriei", e, segundo agora foi publicado – tendo-as afastado da sua intenção original para adaptá-las ao meu próprio "propósito, muito diferente", nestas condições a minha *apropriação indébita* no terreno literário não parece formidável, afinal de contas? E ainda assim, se não houvesse outra explicação, o máximo que se poderia dizer é que, devido à pobreza das palavras conhecidas pelo correspondente do sr. Sinnett, e devido à sua ignorância da arte da redação em inglês, ele adaptou algumas das inocentes manifestações do sr. Kiddle, algumas das suas frases de excelente construção – para expressar suas próprias ideias contrárias. Esta é a única linha de argumentação que adotei, e que permiti que fosse usada, em um editorial escrito pela "talentosa editora" do *Theosophist,* que tem estado fora de si desde a acusação. Realmente, as mulheres são uma calamidade terrível nesta quinta raça! No entanto, para você e alguns outros, que você está autorizado a selecionar entre os teosofistas mais confiáveis, tendo primeiro o cuidado de fazê-los dar a sua *palavra de honra* de que manterão para si mesmos a pequena revelação – explicarei agora os fatos reais deste mistério psicológico "muito intrigante". A solução é tão simples, e as circunstâncias tão divertidas, que confesso que ri quando elas chamaram minha atenção, há algum tempo. Mais que isso, mesmo agora ela me faria sorrir, se não soubesse do sofrimento que o episódio causa a alguns amigos sinceros.

A carta em questão foi produzida por mim enquanto estava em uma viagem, cavalgando. Ela foi ditada mentalmente para um jovem chela e "precipitada" por ele, que ainda não dominava este ramo da química psíquica, e teve de transcrever o texto a partir de impressões difíceis de enxergar. Portanto, metade dela foi omitida, e a outra metade mais ou menos distorcida pelo "artista". Na ocasião, quando ele perguntou se eu desejava olhá-la de novo e fazer correções, respondi – imprudentemente, confesso –, "assim está bem, meu garoto, não tem grande importância se você saltar umas poucas palavras". Eu estava fisicamente muito cansado por cavalgar 48 horas sem interrupção e (também, fisicamente) – meio adormecido. Além disso, tinha questões muito importantes para atender *psiquicamente* e, assim, pouco restava de mim para dedicar àquela carta. Era inevitável, suponho. Quando acordei, soube que ela já havia sido mandada e, como na época eu não estava prevendo a sua publicação, nunca mais pensei nela desde então. Bem, eu nunca havia evocado a fisionomia espiritual do sr. Kiddle, nunca havia ouvido falar da existência dele, nem tinha consciência do seu nome. Tendo sentido interesse pelo progresso intelectual dos fenomenalistas – devido à nossa correspondência, ao seu ambiente de Simla e seus amigos – progresso este, aliás, que senti que estava fazendo marcha atrás no caso dos espíritas norte-americanos – dirigi minha atenção em várias direções, inclusive ao Lago ou Monte Pleasant, cerca de dois meses antes do grande acampamento deles. Algumas das curiosas ideias e frases que representavam as esperanças e aspirações gerais dos espíritas norte-americanos permaneceram impressas em minha memória, e eu lembrava apenas estas ideias e algumas frases isoladas, completamente à parte das personalidades daqueles que as retinham consigo ou que as haviam expressado. Daí a minha completa ignorância em relação ao palestrante que eu inocentemente prejudiquei, segundo as aparências, e que agora faz um alarido. No entanto, se eu tivesse ditado minha carta da forma que agora ela aparece impressa, certamente pareceria suspeito, e embora estivesse longe do que geralmente se considera plágio, ainda assim, na ausência de quaisquer aspas, o fato seria criticável. Mas não fiz nada semelhante a isso, como a impressão original, agora diante de mim, mostra claramente. E antes de prosseguir, devo explicar-lhe algo sobre este modo de *precipitação*. As experiências recentes da Sociedade Para

Pesquisa Psíquica o ajudarão muito a compreender o mecanismo desta "telegrafia mental". Você observou, no *Journal* daquela organização, que a transferência do pensamento é efetuada acumulativamente. As imagens de figuras, geométricas ou outras, que o cérebro ativo tem impressas em si, são gradualmente impressas no cérebro recipiente do sujeito passivo – como mostra a série de reproduções ilustradas nos recortes. São necessários dois fatores para uma telegrafia mental perfeita e instantânea – forte concentração no operador e total passividade receptiva no "leitor". Quando há perturbação de qualquer uma destas condições, o resultado é proporcionalmente imperfeito. O "leitor" não vê a imagem como está no cérebro do "telegrafista", mas como ela surge em seu próprio cérebro. Quando o pensamento do "telegrafista" se distrai, a corrente psíquica se quebra, e a comunicação fica desarticulada e incoerente. Em um caso como o meu, o chela tinha, digamos, que pegar o que podia da corrente que eu estava mandando para ele e, como assinalado acima, emendar os pedaços rompidos da melhor maneira possível. Você não vê a mesma coisa no mesmerismo vulgar – em que a *maya* impressa na imaginação do sujeito pelo operador se torna em um momento mais forte, depois mais fraca, à medida que o operador mantém a imagem ilusória escolhida com maior ou menor firmeza diante da sua própria imaginação? E com que frequência os clarividentes criticam o magnetizador por afastar suas ideias do assunto em consideração! E o curador mesmérico sempre lhe dará seu testemunho dizendo que se ele se permite pensar em qualquer coisa diferente da corrente vital que está derramando sobre o paciente, é compelido imediatamente a restabelecer a corrente ou parar o tratamento. Assim, eu, neste caso, tendo naquele momento mais vividamente em minha mente o diagnóstico psíquico do atual pensamento espírita, do qual o discurso de Lake Pleasant foi um notável sintoma, transferi, involuntariamente, aquela lembrança mais nitidamente do que meus próprios comentários e deduções sobre ela. Podemos dizer que as palavras "desapropriadas da vítima" – o sr. Kiddle – surgiram com "destaque" e foram mais fortemente fotografadas (primeiro no cérebro do chela e depois no papel diante dele, um processo *duplo* e muito mais difícil que a simples " leitura de pensamento"), enquanto o resto, meus comentários e argumentos – conforme vejo agora –, está dificilmente visível e bastante obscuro nos fragmentos originais diante de mim. Ponha uma folha de papel em branco nas mãos de um sujeito mesmerizado, diga a ele que ela contém um certo capítulo de determinado livro que você leu, concentre seus pensamentos sobre as palavras, e veja como – *uma vez que ele próprio não tenha lido o capítulo,*

mas apenas o capte da memória de você **– a leitura dele refletirá a sua própria sucessão de lembranças, mais ou menos nítidas, da linguagem do autor. O mesmo ocorre com a precipitacão, por parte do chela, do pensamento transferido para a superfície do (ou melhor, *para dentro* do) papel; se a imagem mental recebida for fraca, sua reprodução visível será fraca. E assim por diante, em proporção à quantidade de atenção que ele der. Ele poderia – bastando para isso que fosse uma pessoa de temperamento verdadeiramente mediúnico – ser usado pelo seu "Mestre" como um tipo de *máquina impressora psíquica,* produzindo impressões litografadas ou psicografadas do que o operador tinha em mente; seu sistema nervoso é a máquina, e sua aura nervosa, o fluido impressor; as cores são tiradas daquele depósito inesgotável de pigmentos (como de tudo mais), o akasha. Mas o médium e o chela são diametralmente diferentes, e o chela age conscientemente, exceto em circunstâncias excepcionais, durante processos que não se deve, necessariamente, abordar aqui.**

Bem, assim que soube da acusação – a comoção dos meus *defensores* chegou até mim através das neves eternas – determinei que fosse feita uma investigação nos pedaços originais da precipitação. Logo à primeira vista vi que fui eu o principal e único culpado, e que o pobre pequeno garoto havia apenas seguido as instruções. Tendo agora restaurado as letras e as linhas – omitidas e borradas sem possibilidades de reconhecimento por qualquer outra pessoa além do seu *produtor* original – em suas cores e lugares originais, vejo que agora minha carta tem um texto bastante diferente, como você verá. Olhando *O Mundo Oculto* – na cópia mandada por você – na página citada (isto é, página 149 da primeira edição), fiquei surpreso, ao lê-la cuidadosamente, pela grande discrepância entre as frases. Uma diferença, digamos, de ideias, entre a parte 1 (da linha 1 à linha 25) e a parte 2, no trecho a que se atribui plágio. Parece não haver qualquer conexão entre as duas; porque, de fato, o que tem a decisão dos nossos chefes (de provar a um mundo cético que os fenômenos físicos estão sujeitos a leis, do mesmo modo que tudo o mais) a ver com as ideias de Platão que "governam o mundo" ou com a "Fraternidade prática da Humanidade"? Temo que tenha sido apenas devido à sua amizade pessoal pelo autor da carta que você ficou cego para a discrepância e a desconexão de ideias nesta "precipitação" falha, *inclusive até agora.* De outro modo você não poderia ter deixado de perceber que algo estava errado naquela página; que havia uma falha gritante na conexão. Além disso, tenho de assumir a *culpa* de outro pecado: jamais sequer olhei para minhas cartas impressas – até o dia da investi-

gação forçada. Li apenas o seu próprio texto original, sentindo que seria uma perda de tempo rever meus fragmentos e rascunhos de pensamentos. Mas agora tenho de pedir a você que leia as passagens tal como foram ditadas originalmente por mim, e que faça comparação com *O Mundo Oculto* diante de você.

Eu as transcrevo com minha própria mão, esta vez, enquanto que a carta que você possui foi escrita pelo chela. Também peço que você compare esta caligrafia com algumas das *cartas anteriores* que recebeu de mim. Tenha em mente, também, a enfática afirmação feita pela "V. S.", em Simla, de que a minha *primeira* carta não foi, em hipótese alguma, escrita *por mim mesmo.* Eu me senti aborrecido com o comentário indiscreto feito por ela *na época;* o comentário pode ser útil *agora.* Ah! De modo algum nós somos todos "deuses"; especialmente quando você lembra que desde os dias felizes das "impressões" e "precipitações" – K. H. renasceu em uma luz *nova* e *mais elevada,* e que mesmo ela não é, de modo algum, a mais deslumbrante que se pode adquirir nesta terra. Realmente a *Luz da Onisciência* e da previsão infalível nesta terra – esta brilha somente para o mais alto CHOHAN – e ainda está longe de mim!

Em anexo, a cópia *verbatim* a partir dos fragmentos restaurados, sublinhando em vermelho[3] as frases omitidas, para facilitar a comparação.

(Página 149 – primeira edição)

(.......) Elementos fenomênicos nunca pensados ..... revelarão, finalmente, os segredos do seu misterioso funcionamento. Platão estava certo *ao readmitir todos os elementos de especulação que Sócrates havia descartado. Os problemas do ser universal não são inalcançáveis, nem são destituídos de valor, quando alcançados. Mas só podem ser resolvidos através do domínio daqueles elementos que agora surgem vagamente nos horizontes do profano. Mesmo os espíritas, com suas visões e noções erradas e grotescamente deturpadas, estão compreendendo, de modo obscuro, a nova situação. Eles profetizam, e suas profecias nem sempre estão destituídas de um ponto de verdade, e de previsão intuitiva, digamos assim. Ouça alguns deles reafirmando o velho, muito velho axioma* "as ideias governam o mundo"; e à medida que as mentes dos homens receberem novas ideias, deixando de lado as ideias velhas e estéreis, o mundo avançará, poderosas revoluções surgirão, *instituições (ah, e mesmo* crenças e poderes, *eles podem acrescentar)* IRÃO cair por terra devido ao seu avanço, esmagados por *sua própria força inerente, não* pela força irresis-

[3] Estas passagens estão em *itálico.* (Ed. C.)

tível das "novas ideias" ***oferecidas pelos Espíritas! Sim, eles estão ao mesmo tempo certos e errados.*** **Será tão impossível resistir à sua influência, quando chegar o momento, quanto interromper o progresso das marés –** ***certamente. Mas o que os espíritas não percebem – vejo eu –, e o que os seus "Espíritos" não explicam (estes últimos não sabem nada além do que conseguem encontrar nos cérebros dos primeiros) é que*** **tudo isso ocorrerá gradualmente; e** ***que*** **antes que ocorra,** ***eles, tanto quanto*** **nós, temos todos um dever** ***a cumprir, uma tarefa*** **diante de nós: a de eliminar tanto quanto possível a escória deixada a nós pelos nossos piedosos antecessores. Ideias novas têm de ser plantadas em lugares limpos, porque estas ideias abordam os assuntos mais importantes. O que nós** ***temos que estudar*** **não são** ***precisamente*** **fenômenos físicos** ***ou a atividade chamada de espiritismo,*** **mas estas ideias universais;** ***o númeno[4], não o fenômeno,*** **porque, para compreender os fenômenos, é preciso primeiro compreender os númenos. Eles** ***realmente*** **dizem respeito à verdadeira posição do homem no universo, sem dúvida,** ***mas só*** **em relação aos seus nascimentos FUTUROS e** ***não*** **PASSADOS.** ***Não são fenômenos físicos, por mais maravilhosos que sejam, que podem explicar ao homem*** **sua origem,** ***muito menos*** **seu destino último,** ***ou como um deles afirma*** **– a relação do que é mortal com o que é imortal, do temporário com o eterno, do finito com o infinito;** ***etc., etc. Eles falam muito irrefletidamente do que chamam de novas*** **ideias "maiores",** ***mais gerais,*** **mais grandiosas, mais abrangentes,** ***e ao mesmo tempo eles reconhecem, ao invés*** **do reino eterno da lei imutável,** ***o reino universal da lei como expressão de uma vontade divina (!). Esquecidos de suas crenças anteriores, e de que "o Senhor se arrependia de haver criado o Homem", estes supostos filósofos e reformadores querem convencer seus ouvintes de que a expressão de tal Vontade divina "é inalterada e inalterável*** **– em relação à qual há apenas um ETERNO AGORA; enquanto que, para os mortais (não iniciados?), o tempo é passado ou futuro, conforme se relaciona à sua existência finita neste** ***plano*** **material" –** ***do qual eles sabem tão pouco quanto das esferas espirituais deles – e fizeram delas*** **um pedaço de barro** ***como a nossa própria terra, uma vida futura que o verdadeiro filósofo preferiria evitar e não buscar. Mas eu sonho com os olhos abertos..... De qualquer modo, este não é um ensinamento privilegiado deles próprios. A maior parte destas ideias são tomadas, trecho por trecho, de Platão e dos filósofos de Alexandria.*** **Isto é o que nós** ***todos*** **estudamos, e o que muitos já compreenderam .... etc., etc.**

---

[4] Númeno: objeto que se percebe pela inteligência, e não pelos sentidos físicos. (N. ed. bras.)

Esta é a cópia fiel do documento original agora restaurado – a "pedra de Rosetta"[5] do incidente Kiddle. E agora, se você entendeu minhas explicações sobre o processo, feitas nas palavras pouco mais acima, você não necessita perguntar-me como foi possível que, embora um pouco desconectadas, as frases transcritas pelo chela fossem, principalmente, as agora consideradas como plagiadas, enquanto os "elos que faltam" são precisamente aquelas frases que teriam mostrado que as passagens eram simples *reminiscências,* se não citações – a nota-chave ao redor da qual agruparam-se minhas próprias reflexões naquela manhã. Naquele momento você ainda estava hesitando em relação a ver no Ocultismo, ou nos fenômenos da V. S., qualquer coisa além de uma variedade do espiritismo e da mediunidade. Pela primeira vez em minha vida eu havia dado séria atenção aos "meios de comunicação" poéticos, a chamada oratória "inspiracional" dos palestrantes ingleses e norte-americanos, à sua qualidade e às suas limitações. Fiquei surpreso com todo aquele palavreado brilhante mas vazio, e reconheci pela primeira vez, totalmente, sua tendência intelectual perniciosa. M. sabia tudo a respeito deles – mas como eu nunca havia tido nada a ver com nenhum deles, eles me despertavam muito pouco interesse. Foi o seu materialismo grosseiro e de mau gosto, escondendo-se desajeitadamente sob um vago véu espiritual, que atraiu, na época, meus pensamentos. Enquanto ditava as frases citadas – uma pequena parte das muitas que eu havia estado avaliando durante alguns dias – foram estas as ideias projetadas com destaque, enquanto meus próprios comentários intercalados ficaram de fora e desapareceram na precipitação. Se eu tivesse olhado o *negativo* (?) impresso, teria havido mais uma arma quebrada nas mãos do inimigo. Como negligenciei este dever, meu Carma produziu o que os médiuns do futuro e o *Banner* podem chamar de "o triunfo de Kiddle". Os tempos que virão irão dividir a Sociedade, à maneira dos seus modernos Baconianos e Shakespeareanos, em dois grupos de ativistas oponentes, os "Kiddlistas"e os "Koothumistas", que disputarão em torno da importante questão literária – "qual dos dois plagiou o outro?" Posso ser informado de que enquanto isso os espíritas norte-americanos e os ingleses estão se regozijando com o *sedan* "Sinnett-K.H."? Que eles e o grande herói e campeão deles possam gozar do seu triunfo em paz e felicidade, porque nenhum "adepto" jamais lançará sua sombra dos Himalaias para obscurecer sua inocente felicidade. A você e a alguns outros amigos verdadeiros, sinto que é meu dever dar uma explicação.

---

[5] Pedra de Rosetta – antiga pedra egípcia com inscrições que, uma vez decifradas, levaram à compreensão dos hieróglifos. Foi encontrada em 1799. (N. ed. bras.)

A todos os outros eu dou direito de ver o sr. Kiddle – seja ele quem for – como inspirador deste seu humilde servidor. Terminei, e agora você, por sua vez, pode fazer o que preferir com estes fatos, exceto usá-los em forma impressa ou mesmo falar deles para os oponentes, a não ser em termos gerais. Você deve entender minhas razões para isto. Meu caro amigo, ninguém deixa inteiramente de ser um *homem,* nem perde sua dignidade, por ser um *adepto.* Na condição de *adepto*, sem dúvida, fica-se em todos os casos completamente indiferente à opinião do mundo externo. Já o homem sempre estabelece uma distinção entre *conjetura ignorante* e – *insulto pessoal* deliberado. Não se pode esperar, realmente, que eu aproveite a primeira condição para estar sempre escondendo o problemático "adepto" sob as roupas dos dois supostos "humoristas", e, como *homem*, tenho tido ultimamente demasiada experiência de insultos como os mencionados acima, com os senhores S. Moses e C. C. Massey, para que dê a eles qualquer outra oportunidade de duvidar da palavra de "K. H." ou de ver nele um réu vulgar, uma espécie de culpado, um Babu cheio de truques, diante de um painel de severos jurados e um juiz europeus.

Não tenho tempo de responder completamente agora sua última e longa carta de negócios, mas vou fazê-lo brevemente. Tampouco respondo ao sr. Ward – já que é inútil. Aprovo fortemente a vinda *dele* à Índia, mas desaprovo com igual força a sua fantasia de trazer aqui o sr. C. C. Massey. O resultado desta última ideia seria prejudicar a causa entre os ingleses. A desconfiança e o preconceito são contagiosos. A presença dele em Calcutá seria tão desastrosa quanto a presença do sr. Ward e seus serviços seriam benéficos e frutíferos, causando bons resultados para a causa em função da qual eu vivo. Mas gostaria de insistir em que ele passe algum tempo na Sede Geral antes de começar o seu planejado trabalho de fraternidade nos meios oficiais.

É certamente muito lisonjeador saber por intermédio dele que a sra. K. "fez o melhor que podia para tentar encontrar-me em um, ou mais de um, dos seus transes"; e muito triste saber que "embora ela tenha evocado a você (a mim) com toda sua intensidade espiritual – não pôde obter qualquer resposta". É extremamente lamentável, de fato, que esta "bela senhora" tenha passado pelo trabalho de uma viagem infrutífera pelo espaço, buscando encontrar meu ser insignificante. Evidentemente nós nos movimentamos em "círculos" astrais diferentes, e o dela não é o primeiro caso de pessoas que se tornam céticas quanto à existência de coisas externas ao seu próprio *milieu*[6]. Há, como você sabe,

[6] *Milieu* – meio, em francês. (N. ed. bras.)

"Alpes e Alpes", e não existem dois picos dos quais se veja a mesma paisagem! No entanto, é, como digo, lisonjeador vê-la evocando-me pelo nome, enquanto prepara um desastroso Waterloo[7] para mim e meus colegas. Para dizer a verdade, eu não sabia do primeiro fato, embora estivesse dolorosamente consciente deste último. No entanto, ainda que a pequena e sombria conspiração nunca tivesse entrado na mente espiritual dela, para ser honesto, penso que eu não poderia jamais ter respondido ao seu chamado. Como diria um espírita norte-americano – parece haver muito pouca *afinidade* entre as nossas duas naturezas. Ela é demasiado altiva e imperiosa, excessivamente contente consigo mesma, para mim; além disso, ela é demasiado jovem e "fascinante" para um pobre mortal como eu. Falando seriamente, a sra. Gebhard é um tipo inteiramente diferente de pessoa. Ela tem uma natureza autêntica, legítima; é uma ocultista nata em suas intuições, e já fiz algumas experiências com ela – embora esse seja mais um dever de M. do que meu próprio, e ainda que, como você diria, não tenha sido "pensado originalmente" que eu seria obrigado a visitar todas as profetisas e sereias do sistema teosófico. Minhas próprias inclinações fazem com que eu me mantenha no lado mais seguro dos dois sexos, quanto ao meu trabalho oculto, embora, por certas razões, mesmo tais visitas – em minha própria pele natural – tenham de ser extremamente restritas e limitadas. Estou anexando um telegrama do sr. Brown à "V. S." Esta semana estarei em Madras a caminho de Cingapura, Ceilão e Birmânia[8]. Responderei a você através de um dos chelas na Sede Geral.

A pobre "V. S." *em desgraça?* Oh, meu caro, não! Não temos nada contra a velha mulher, exceto o fato de que ela é tal. Para evitar que sejamos *insultados,* como ela diz, está disposta a dar nossos endereços reais e assim provocar uma catástrofe. A verdadeira razão é que a pobre criatura foi exposta a demasiadas dificuldades, insultada de modo excessivamente maldoso, devido à nossa existência. Tudo cai sobre ela e, portanto, é simplesmente correto que ela seja *protegida* de algumas coisas.

Sim; eu gostaria de ver você presidente, se possível. A menos que eu seja autorizado pelo Chohan (que manda a você Sua Bênção) a agir em outras linhas de trabalho – isto é, psicologicamente –, renuncio a confiar o renascimento do *Phoenix* à boa vontade dos meus compatriotas. O sentimento entre as duas raças é agora intensamente negativo, e qualquer iniciativa tomada pelos nativos *agora* certamente será rejeitada até o fim,

---

[7] *Waterloo* – batalha em que Napoleão teve derrota decisiva, em junho de 1815. (N. ed. bras.)

[8] *Birmânia:* atual *Mianmar.* O país é situado a leste da Índia e ao sul da China. (N. ed. bras.)

amargamente, pelos europeus na Índia. Vamos deixar isto por algum tempo. Responderei suas perguntas em minha próxima carta. Se você tiver tempo de escrever para o *Theosophist* e puder induzir alguém mais, como o sr. Myers, por exemplo – estará fazendo um favor pessoal a mim. Você erra ao não confiar nos escritos de Subba Row. Ele não escreve *de bom grado,* certamente, mas ele jamais fará uma afirmativa falsa. Veja seu último texto no número de novembro. Sua afirmativa com relação aos erros do general Cunningham deveria ser considerada uma autêntica revelação que pode levar a uma revolução na arqueologia indiana. Dez contra um que este artigo nunca receberá a atenção que merece. *Por quê?* Simplesmente porque as afirmativas dele contêm *fatos,* sobriamente, e o que os seus europeus preferem, em geral, é *ficção,* com a condição de que ela se encaixe e corresponda às teorias preconcebidas.

K.H.

Quanto mais eu penso, mais o seu plano de fazer uma Sociedade dentro *da* Sociedade de Londres me parece razoável. Tente, porque algo *pode* resultar disso.

Carta nº 118 (ML-96) Recebida em janeiro de 1884

Agora, subitamente, temos uma carta do Mahatma M. para Sinnett, e a razão disso é interessante. Igualmente interessante é a aparência da carta. Estava anexada a uma carta de H. P. B. A primeira parte da carta nº 118 está em uma folha dobrada de papel de anotações liso, medindo cerca de 12 cm por 17 cm. O texto nos informa que é um papel de anotações timbrado de Sam Ward.

William Eglinton havia continuado suas atividades mediúnicas depois do retorno a Londres, e esta carta 118 se refere a uma sessão espírita que ele realizou nas instalações de Sam Ward.

Recebida em 1883 ou 1884?

Meus humildes pranams, Sahib. Sua memória não está boa. Você esqueceu o acordo estabelecido em Prayag e a senha que deve preceder toda comunicação autêntica que venha de nós, através de um भूत डाक *Bhoot-dak* ou médium? Como foi verossímil a *sessão* de 15 de dezembro – cartão de nobreza, a minha carta e tudo! Muito similar, como diria

um *pandit*[1] europeu. Sim, primeiro uma fraterna saudação da velha senhora para *Lonie,* escrito erradamente no cartão como Louis, e então para C. C. Massey, cujo nome ela agora nunca pronuncia, e a saudação ocorreu depois do jantar, quando C. C. M. já havia saído. E então a minha mensagem com uma letra simulada, quando eu já estou mortalmente insatisfeito com a minha própria; e também a suposta mensagem aparece datada por mim em Ladakh, dia 16 de dezembro, quando eu juro que estava em Ch-in-ki (Lhasa), fumando o seu cachimbo. O melhor de tudo foi o meu pedido a você para que "se prepare para a nossa vinda, tão logo tenhamos conquistado o Sahib sr. Eglinton!!!" Um sábado, e tendo lorde Dunraven falhado, por que não *tentar* outra vez? Uma noite solene, aquele sábado, em Piccadilly, no andar de cima do velho Sotheran, o livreiro mofado. Eu conhecia bem o local, e me diverti observando, com sua permissão. Por que se sentir tão contrariado? Os fantasmas trabalharam notavelmente bem, nem um pouco embaraçados pela minha presença, da qual nem W. E. nem o seu guardião tinham a menor ideia. Minha atenção foi atraída pelo ato de eles forjarem a letra de H. P. B. Então coloquei meu cachimbo à parte e observei. Demasiada luz para as criaturas que vinham da rua Piccadilly, embora as emanações de Sotheram ajudassem bastante. Eu gostaria de chamar a atenção do seu amigo, o sr. Myers, para o fato psíquico das emanações podres. Produzem uma boa lavoura de *Bhoot.*[2] Sim; a sala com janelas para Piccadilly é um bom lugar para desenvolvimento psíquico. Pobre do miserável em transe.

"Queremos declarar, para prevenir qualquer mal entendido futuro, que quaisquer fenômenos que ocorram diante de você esta noite não são de modo algum de nossa responsabilidade, e não participamos da sua produção." Isto é pura abnegação pessoal – a palavra modéstia é incapaz de descrevê-la. Ele caminhava pela sala e eu o acompanhava a certa distância. Ele foi até a escrivaninha do sr. Ward e pegou uma folha do seu papel timbrado – e eu mesmo tomei uma, apenas para demonstrar a você que eu observava. Quanto a todos vocês, não observaram com muita atenção enquanto ele foi orientado a colocar papel e envelope entre as folhas de um livro e quando ele o colocou sobre a mesa; caso contrário teriam visto algo muito interessante para a ciência. O relógio toca dez e quinze, e a forma de K. H. cavalgando na descida de um morro (ele agora está nas distantes florestas do Camboja) presumi-

[1] Erudito. (N. ed. bras.)

[2] Bhoot – médiuns. (N. ed. Bras.)

velmente cruza no horizonte de visão do "Tio Sam" – e perturba a atividade dos Pisachas.[3] A perturbação astral impede o lento avanço deles. As campainhas deles são ótimas – muito.

Agora, Sahib, você não deve ser duro demais com o pobre jovem. Ele foi completamente *irresponsável* naquela noite. Naturalmente a afiliação dele à L. L. da S. T. é um completo absurdo, porque um médium pago e suspeito não é boa companhia para cavalheiros ingleses. No entanto, ele é honesto à sua maneira, e por mais que K. H. tenha se divertido às custas dele em seu cartão dirigido aos Gordon – ele é realmente honesto a seu modo e merece compaixão. Ele é um pobre epiléptico *sujeito a ataques especialmente nos dias em que se espera que ele vá jantar com você.* Pretendo pedir a K. H. que solicite um favor ao sr. Ward; salvar o pobre miserável dos dois elementários que se grudaram nele como dois percevejos. É fácil para o bom "Tio Sam" obter para ele uma nomeação em algum lugar e salvá-lo assim de uma vida infame que o destrói; deste modo ele fará um ato meritório e de solidariedade teosófica. O sr. Ward está errado. W. E. não é culpado de nenhum truque *consciente* e deliberado naquela noite. Ele tinha um intenso desejo de ingressar na L. L., e como o desejo é pai dos atos, seus carrapatos astrais fabricaram aquela carta *minha* por seus próprios meios. Se ele mesmo a tivesse feito, teria lembrado que aquela não é minha letra, que ele conhece bem através dos Gordon. Ai dos espíritas! O carma deles está carregado com a ruína de homens e mulheres que eles atraem para a mediunidade, e depois abandonam para morrerem de fome como cachorros desdentados. De qualquer modo, peça a ele o cartão da *Upasika* com a suposta letra dela. É recomendável guardá-lo e mostrá-lo ocasionalmente aos Massey da L. L., que acreditam em completas mentiras e suspeitam de fraude onde não há. Você tem toda liberdade de considerar-me um "negro" e um selvagem, Sahib. Mas embora eu seja o primeiro a aconselhar a reeleição da sra. K. – ainda preferiria confiar na clarividência de W. E. do que na da sra. K., ou mais precisamente do que no *relato* que ela faz das suas visões. Mas isto logo terminará. Subba Row está defendendo você. – Escrevendo uma resposta ao convertido australiano.[4]

M.

---

3 Pisachas – vampiros astrais, cascas, elementários, restos de seres humanos que vivem da energia alheia. (N. ed. bras.)

4 William H. Terry, um espírita australiano, fundador e editor da revista *Harbinger of Light (Arauto da Luz)*, publicada em Melbourne. A correspondência com ele foi responsável, em parte, pela série de artigos intitulada *Fragments of Occult Truth.* (Ed. C.)

Carta nº 119 (ML-86) Recebida em janeiro de 1884

A sra. Kingsford estava na presidência da Loja de Londres havia cerca de um ano. Isto se devia na realidade aos esforços de C. C. Massey, que sentia que ela era a única pessoa capaz de evitar a destruição daquele grupo. Mas Sinnett já estava de volta à Inglaterra havia oproximadamente nove meses, e desejava intensamente assumir aquele posto no grupo de Londres. Como resultado disso, havia uma considerável divisão na loja.

Recebida em janeiro de 1884.

Bom amigo, quero lembrá-lo das suas palavras. Em uma das suas cartas recentes à "V.S.", você afirma que está disposto a seguir meu conselho em quase tudo o que eu possa lhe pedir. Bem – chegou o momento de demonstrar sua disposição. E já que, neste caso específico, estou apenas seguindo a vontade do meu Chohan, espero que você não tenha muita dificuldade para compartir meu destino e – fazer o que eu faço. A "fascinante" sra. K. tem de permanecer presidente – *jusq' au nouvel ordre*[1]. Tampouco posso dizer, de sã consciência – depois de ler a carta dela com um pedido de desculpas a H. P. B. – que não a apoio em muito do que ela alega em suas explicações. Naturalmente grande parte do que ela diz só lhe ocorreu depois; ainda assim, a própria disposição dela de reter o seu posto inspira esperança no futuro da Loja de Londres, especialmente se você me ajudar colocando em prática o *espírito* das minhas instruções. Assim, a Soc. Teos. de Londres já não será "uma *cauda* para ela abanar" segundo seu próprio desejo e sua fantasia, mas ela própria se tornará parte inseparável daquela "cauda" – e quanto mais ela ajudar a abaná-la, tanto melhor será esta atividade para a sua Sociedade. Explicações detalhadas seriam uma tarefa demasiado longa e tediosa. É suficiente que você saiba que a luta dela contra a vivissecção e a sua dieta estritamente vegetariana atraíram inteiramente para o lado dela o nosso severo Mestre. Ele dá ainda menos importância que nós a qualquer sentimento ou expressão externa – ou mesmo interna – de desrespeito para com os "Mahatmas". Que ela cumpra seu dever na Sociedade, que seja fiel aos seus princípios, e tudo o mais virá em seu devido tempo. Ela é muito jovem, e a sua vaidade pessoal e outras falhas femininas devem ser atribuídas ao sr. Maitland e ao coro grego dos seus admiradores.

---

1 "Até segunda ordem", em francês. (Ed. C.)

O papel anexo[2] deve ser entregue por você *fechado* a um dos conselheiros ou vice-presidentes da sua Sociedade – o sr. C. C. Massey, penso, seria a pessoa mais adequada para a tarefa, já que ele é amigo sincero dos dois grupos. No entanto, a escolha fica a seu próprio critério e julgamento. A única coisa em que se pede que você insista é que o papel seja lido em um encontro geral que reúna tantos teosofistas quanto for possível, na primeira oportunidade disponível. O papel contém e carrega dentro das suas dobras e letras *uma certa influência oculta* que deve chegar a tantos teosofistas quanto for possível. Você poderá, talvez, perceber qual é a influência observando a partir de agora os seus efeitos diretos e indiretos. Enquanto isso, leia-o e feche-o; e não deixe ninguém formular uma pergunta indiscreta sobre se você anotou seu conteúdo, porque você terá de manter seu conteúdo secreto. Caso a situação lhe pareça perigosa – porque poderia ser necessário negar o fato – será melhor não ler. Não tema, estarei atento para cuidar dos seus interesses. De qualquer modo, o programa é o seguinte: o memorando escrito por seu humilde correspondente deve ser lido aos teosofistas reunidos em um encontro solene, e preservado nos arquivos da Sociedade. Ele contém uma declaração dos nossos pontos de vista em relação às questões levantadas sobre a administração e o trabalho da Sociedade. Nossa simpatia para com ela dependerá da realização do programa contido nele, que foi colocado no papel depois de calma ponderação.

Vejamos agora algumas das suas questões filosóficas – (como estou em viagem, não posso respondê-las todas). É difícil saber que relações você deseja perceber entre os diferentes estágios de subjetividade no Devachan e os vários estados da matéria. Se a suposição é de que no Devachan o Ego passa por todos estes estados da matéria, a resposta é que a existência no sétimo estado da matéria é o Nirvana, e não as condições *devachânicas*. A humanidade, embora se distribua por diferentes estágios de desenvolvimento, pertence à condição tridimensional da matéria. E não há motivo para que o Ego no Devachan altere suas "dimensões".

Moléculas que ocupam um lugar no infinito são uma proposição inconcebível. A confusão surge da tendência ocidental de colocar estrutura objetiva no que é puramente subjetivo. O livro de *Kiu-te*[3] nos ensina que o espaço é a própria infinitude. Ele é sem forma, imutável e absoluto. Como a mente humana, que é um gerador inesgotável de ideias,

---

[2] Isto é, a Carta 120 (ML-85). (Ed. C.)

[3] Os livros de Kiu-te são considerados a fonte das Estâncias de Dzyan, traduzidas e comentadas na obra *A Doutrina Secreta,* de H. P. B. (N. ed. bras.)

a Mente Universal ou Espaço tem sua ideação, que é projetada na objetividade no tempo certo, mas o espaço, em si, não é afetado por ela. Mesmo o Hamilton de vocês[4] demonstrou que o infinito nunca poderia ser concebido através de qualquer série de adições. Sempre que você fala de um *lugar* no infinito, você destrona o infinito e degrada o seu caráter absoluto, incondicionado.

O que o número de encarnações tem a ver com a perspicácia, inteligência ou estupidez de um indivíduo? Uma forte ânsia por vida física pode conduzir uma entidade durante um grande número de encarnações sem que estas desenvolvam as suas capacidades mais elevadas. A Lei da Afinidade atua através do impulso *cármico* inerente do Ego, e governa a sua futura existência. Compreendendo-se a Lei da Hereditariedade de Darwin para o corpo, não é difícil perceber como o Ego que busca nascer deve ser atraído, na época do renascimento, para um corpo que nasça em uma família com as mesmas tendências que a entidade reencarnante.

Você não deve lamentar que a minha *restrição* inclua o sr. C. C. Massey. Cada ponto corrigido e explicado levaria apenas a outros pontos ainda mais escuros, que sempre surgiriam na mente dele, inquieta e cheia de suspeitas. Ele tem algo de misantropo, o seu amigo. A mente dele está encoberta por negras dúvidas, e o seu estado psicológico é lamentável. Todas as intenções mais elevadas estão sendo suprimidas, sua evolução búdica (não budista) está interrompida. Esteja atento pelo bem dele, para que ele não — a si mesmo! Prisioneiro de ilusões criadas por ele mesmo, ele está escorregando para um nível mais profundo de miséria espiritual, e é *possível* que venha a pedir asilo do mundo e de si mesmo no território de uma teologia que ele um dia desprezou apaixonadamente. Todos os esforços corretos foram feitos para salvá-lo, especialmente por parte de Olcott, cujo intenso afeto fraternal o levou a fazer um forte apelo ao seu coração – como você sabe. Pobre, pobre, homem iludido! Minhas cartas são escritas por H. P. B., e ele não tem dúvida de que eu consegui as ideias "roubadas do sr. Kiddle" na cabeça dela! Mas deixemos que ele seja como é.

Nosso amigo, Samuel Ward, lamenta o contratempo do seu amigo Ellis; *eu* é que deveria ficar preocupado, e devo ver, suponho, quando voltar, se um par de chifres – os "ambicionados chifres", não podem ser recolhidos por uma caravana, onde tenham sido abandonadas naturalmente pelo animal. A não ser desta maneira, o "Tio Sam" não poderia

---

[4] Provavelmente sir William Hamilton (1788-1856), filósofo escocês, autor do texto *Philosophy of the Unconditioned* (1829). (N. ed. bras.)

de fato esperar que eu o ajudasse; porque eu não levantaria um rifle ao ombro, deixando o "Budismo Esotérico" para trás, aos pés dos rochedos das camurças![5]

Lamento que você tenha tido o trabalho de escrever-me sobre Bradlaugh. Conheço-o bem, e à sua colega. Há mais de um traço em seu caráter que eu estimo e respeito. Ele *não* é imoral; e nada do que pudesse ser dito contra ou a favor dele pela sra. K., ou mesmo por você, iria mudar ou mesmo influenciar minha opinião tanto dele como da sra. Besant. No entanto, o livro publicado por eles – *"The Fruits of Philosophy"*[6] *é infame* e *altamente pernicioso* em seus efeitos, embora – e por mais que – os objetivos que os levaram à publicação da obra sejam benévolos e filantrópicos. Lamento – muito profundamente, meu caro amigo, ser obrigado a ter pontos de vista amplamente diferentes dos seus, no assunto mencionado. Prefiro evitar a desagradável discussão. Como é usual, H. P. B. transmitiu de modo muito descuidado o que lhe foi dito que falasse à sra. K., mas em seu conjunto ela cumpriu a tarefa corretamente. Eu *não* li a obra – nem jamais lerei; mas tenho diante de mim seu espírito impuro, sua aura brutal, e repito que do meu ponto de vista os conselhos dados na obra são abomináveis; eles são bem mais os frutos de Sodoma e Gomorra do que da Filosofia, cujo nome ela degrada. Quando mais cedo deixarmos de lado o assunto – melhor.

E agora tenho de ir-me A viagem que me aguarda é longa e tediosa, e a missão quase impossível. No entanto, *algum* bem será feito.

Sempre atenciosamente,

K. H.

Carta nº 120 (ML-85) Recebida em janeiro de 1884

A seguir, o anexo mencionado pelo Mahatma em sua última carta. É uma das cartas mais importantes do livro, das que se referem à Sociedade Teosófica – especialmente no ocidente.

O Mahatma acabara de determinar que fossem enviados dois telegramas, um para a sra. Kingsford e um para o sr. Sinnett, dizendo a ambos que a sra. Kingsford devia continuar como presidente da Loja de Londres. O telegrama para Sinnett é curto e conciso: "Kingsford deve continuar presidente."

---

[5] Camurças: um tipo de cabra montanhesa, de corpo forte e pesado, com os chifres voltados para trás. (N. ed. bras.)

[6] *Os Frutos da Filosofia.* (N. ed. bras.)

Nesta carta, o Mahatma sugere que a Loja de Londres seja administrada por pelo menos catorze conselheiros – "metade deles abertamente simpáticos ao cristianismo esotérico como apresentado pela sra. K., e a outra metade de seguidores do esoterismo budista tal como apresentado pelo sr. S.; todas as questões importantes devem ser decididas por maioria de votos".

Embora aparentemente este fosse um acordo frágil, o plano poderia ter funcionado se não fosse por uma complicação adicional. No começo de dezembro de 1883, a sra. Kingsford e o vice-presidente da loja de Londres, Edward Maitland, haviam distribuído uma circular que expressava severas críticas aos ensinamentos contidos no novo livro de Sinnett, O Budismo Esotérico. *Compreensivelmente, isto não levara a uma maior harmonia na situação. No final de janeiro de 1884, Subba Row, em colaboração com "outro erudito ainda maior", que parece ser o Mahatma M.*[1]*, produziu na forma de um livreto uma "Resposta" a esta carta circular. Subba Row mandou o texto a H. P. B., com uma carta pedindo a ela que o enviasse à loja de Londres. Ela o fez em 25 de janeiro de 1884. O texto completo está em* Esoteric Writings of T. Subba Row, *TPH, Adyar, 1980, pp. 391-447.*

A um dos Vice-Presidentes ou Conselheiros da "Loja de Londres", Sociedade Teosófica, de K. H.

Aos Membros da "Loja de Londres", Sociedade Teosófica – Amigos e Oponentes.

Acabo de determinar que sejam mandados dois telegramas, para a sra. A. Kingsford e o sr. A. P. Sinnett, para comunicar a ambos que a primeira deve continuar a ser presidente da "loja de Londres" da Sociedade Teos.

Este não é o desejo de um ou outro de nós dois, conhecidos pelo sr. Sinnett, nem de nós dois em conjunto, mas o desejo expresso do próprio *Chohan.* A escolha da sra. Kingsford não é uma questão de sentimentos pessoais entre nós e esta senhora, mas se baseia inteiramente no fato de que é aconselhável ter à frente da Sociedade, em um lugar como Londres, uma pessoa bastante adequada ao padrão e às aspirações de um público (até agora) ignorante (das verdades esotéricas) e portanto hostil. Tampouco tem qualquer importância saber se a talentosa presidente da "loja de Londres" da Soc. Teos. alimenta sentimentos de reverência ou de desrespeito em relação aos humildes e desconhecidos indivíduos que estão à frente da Boa Lei Tibetana – ou o autor da presente carta, ou qualquer um dos seus Irmãos – mas sim saber se a senhora em questão

[1] Veja o segundo pós-escrito da Carta nº 122. (N. ed. bras.)

é a pessoa adequada para o propósito que todos nós temos em nosso coração, isto é, a disseminação da VERDADE através das doutrinas Esotéricas, transmitidas através de qualquer canal religioso, e a eliminação do materialismo grosseiro, dos preconceitos cegos e do ceticismo. Como a senhora afirmou corretamente, o público ocidental deve entender a Sociedade Teosófica como "uma escola filosófica constituída sobre as bases herméticas antigas" – já que tal público nunca ouviu falar do sistema tibetano, e tem ideias muito falsas do sistema do budismo esotérico. Portanto, e por enquanto, nós concordamos com as observações feitas na carta da sra. K. para a sra. B., tendo sido solicitado a esta última "que as apresentasse a K. H."; e nós queremos lembrar os nossos membros da "L. L.", a este respeito, que a filosofia *hermética* é universal e não-sectária, enquanto que a Escola Tibetana sempre será vista, por aqueles que sabem pouco ou nada sobre ela, como mais ou menos manchada por sectarismo. Como a filosofia hermética não reconhece nem casta nem cor ou credo, nenhum amigo da sabedoria esotérica pode ter objeção alguma ao nome, algo que poderia sentir se a Sociedade a que ele pertence fosse divulgada com a denominação específica de uma determinada religião. A filosofia hermética é adequada para todos os credos e todas as filosofias e não se choca com nenhum deles. Ela é o oceano ilimitado da Verdade, o ponto central de onde fluem e onde se encontram todos os rios e todas as correntes, quer seja sua fonte do leste, do oeste, do norte ou do sul. Assim como o curso do rio depende da natureza da sua bacia, o canal da comunicação do conhecimento deve se adequar às circunstâncias que o rodeiam. O hierofante egípcio, o *mago*[2] caldeu, o Arhat e o Rishi empreenderam na antiguidade a mesma viagem de descoberta e no final chegaram à mesma meta, embora por trilhas diferentes. Há, mesmo no momento atual, três centros da Fraternidade Oculta, amplamente separados do ponto de vista geográfico, e também do ponto de vista *exotérico.* As verdadeiras doutrinas esotéricas são idênticas em substância, embora se diferenciem nas palavras; todas buscam o mesmo grande objetivo, mas não há duas delas que concordem, *aparentemente,* nos detalhes de procedimento. É um fato do dia-a-dia encontrar estudantes que pertencem a diferentes escolas de pensamento sentados lado a lado aos pés do mesmo Guru. *Upasika* (a senhora B.) e Subba Row, embora discípulos do mesmo Mestre, não seguem a mesma filosofia – ela é budista e ele é advaita. Muitos preferem chamar-se budistas não porque a palavra se refira ao sistema eclesiático construído sobre as ideias básicas da filosofia do nosso Senhor Gautama

---

[2] No original, *mage,* termo do inglês arcaico. (N. ed. bras.)

Buddha, mas pela palavra sânscrita "buddhi" – sabedoria, iluminação; e como um protesto silencioso contra os vãos rituais e cerimônias vazias que, em um número excessivo de casos, têm produzido as maiores calamidades. Esta é também a origem do termo caldeu *mago.*

Assim, fica claro que os métodos do Ocultismo, embora basicamente imutáveis, têm de se adaptar a diferentes épocas e circunstâncias. O estado geral da Sociedade na Inglaterra – muito ao contrário da situação na Índia, onde a nossa existência é um tema de crença comum e, digamos, de uma crença inerente à população, e em grande número de casos há a este respeito um conhecimento definido – requer uma linha de ação bastante diferente na apresentação das Ciências Ocultas. O único objetivo a ser buscado é a melhoria da condição do HOMEM pela disseminação da verdade adequada aos vários estágios do seu desenvolvimento e do país que ele habita e a que ele pertence. A VERDADE não tem rótulos e não é prejudicada pelo nome sob o qual é promulgada – se o objetivo em questão for alcançado. Os estatutos da "Loja de L..., Sociedade Teos." abrem espaço para a esperança de que o método correto seja colocado em prática sem muita demora. É bem sabido que um ímã deixaria de ser um ímã se os seus pólos deixassem de ser antagônicos. O calor de um lado deve encontrar o frio do outro lado, e a temperatura resultante será saudável para todos. A sra. Kingsford e o sr. Sinnett são úteis, os dois são necessários e são apreciados por nosso venerado Chohan e Mestre – exatamente porque eles são os dois pólos adequados para manter todo o corpo em harmonia magnética, já que o sábio aproveitamento de ambos criará um campo intermediário excelente, que não poderia ser obtido por outros meios; um corrigirá e equilibrará o outro. A orientação e os bons serviços de ambos são necessários para o firme progresso da Sociedade Teosófica na Inglaterra. Mas os dois não podem ser presidentes. Como os pontos de vista da sra. Kingsford são idênticos, no fundo (*exceto* nos detalhes), aos do sr. Sinnett, nas questões referentes à filosofia Oculta; e como, devido à sua associação com os nomes e símbolos familiares aos olhos e ouvidos cristãos, estão mais adequados do que os pontos de vista do sr. Sinnett à tendência atual da mentalidade nacional inglesa e seu espírito conservador, a sra. K. está deste modo mais adaptada para liderar o movimento com êxito na Inglaterra. Portanto, se o nosso conselho e o nosso desejo têm qualquer importância para os membros da "loja de Londres" – ela terá de ocupar a cadeira presidencial durante o próximo ano, pelo menos. Que os membros, sob a liderança dela, tentem resolutamente eliminar a impopularidade que todo ensinamento esotérico e toda mudança certamente atraem no início, e eles *irão* vencer. A Sociedade será uma grande ajuda para o mundo, e uma poderosa força nele, assim como um canal seguro para que flua a filantropia da sua presidente. A luta dela, constante e não completamente destituída de êxito, pela causa da anti-vivissecção e sua firme defesa do vegetarianismo são suficientes para atrair para ela a consideração dos nossos Chohans, assim como a de todos os budistas e advaitas – e por isso a preferência do nosso Maha-Chohan nesta direção. Mas, como os serviços prestados pelo sr. Sinnett à boa causa são de fato grandes – muito maiores, até o momento, que os de qualquer teosofista ocidental –, é aconselhável um novo acordo.

Para um estudo adequado e uma compreensão correta da nossa filosofia, e para benefício daqueles cuja inclinação os leva a buscar conhecimentos esotéricos na fonte do Budismo do Norte, e para que este ensinamento não seja nem virtualmente imposto ou oferecido àqueles teosofistas que podem ter pontos de vista diferentes dos nossos, parece necessário que um grupo exclusivo, composto daqueles membros que desejam seguir absolutamente o ensinamento da Escola a que nós, da Fraternidade Tibetana, pertencemos, seja formado sob a direção do sr. Sinnett e *dentro* da "Loja de Londres da S. T." Este é, de fato, o desejo do Maha-Chohan. Nossa experiência do ano que passou mostra amplamente o perigo de submeter de modo tão descuidado nossas doutrinas sagradas ao mundo despreparado. Nós esperamos, portanto, e estamos decididos a exigir, se necessário, mais cautela que nunca dos nossos seguidores, na exposição dos nossos ensinamentos secretos. Consequentemente, muitos destes ensinamentos, que o sr. Sinnett e seus companheiros de estudo podem receber de nós de tempos em tempos, terão de ser mantidos inteiramente *em segredo* em relação ao mundo – se eles quiserem receber nossa ajuda naquela direção.

É desnecessário destacar que o acordo proposto visa levar a um progresso harmonioso da "L. L. da S. T." É um fato universalmente aceito que o sucesso maravilhoso da Sociedade Teosófica na Índia se deve inteiramente ao princípio recíproco de tolerância sábia e respeitosa das opiniões e crenças de uns e de outros. Nem mesmo o presidente-fundador tem direito, nem direta nem indiretamente, de interferir na liberdade de pensamento do membro mais humilde, e muito menos de tentar influenciar a sua opinião pessoal. É somente na ausência desta generosa consideração, que até a mais pálida sombra de diferença arma os buscadores da mesma verdade – em outros aspectos dedicados e sinceros – com o chicote do ódio contra os seus irmãos igualmente sinceros e dedicados. Vítimas iludidas da verdade distorcida, eles esquecem, ou nunca souberam, que a discórdia é a harmonia do universo. Assim, na Sociedade Teos., cada parte, como nas *fugas* gloriosas do imortal Mozart, persegue incessantemente a outra em harmoniosa discordância pelos caminhos do progresso Eterno, para encontrarem-se e finalmente fundirem-se no limiar da meta buscada, formando um todo harmonioso, a

nota-chave na natureza सत्. A *Justiça Absoluta* não vê diferença entre os muitos e os poucos. Portanto, ao mesmo tempo que agradecemos à maioria dos teosofistas da "L.L." pela sua "lealdade" a nós, seus instrutores invisíveis, devemos lembrá-los de que a presidente deles, sra. Kingsford, também é *leal* e *verdadeira* – em relação àquilo que *ela* crê ser a Verdade. E, na medida em que ela é assim leal e verdadeira *para com suas convicções,* por pequena que seja a minoria que esteja do lado dela atualmente, a maioria liderada pelo sr. Sinnett, nosso representante em Londres, não pode atribuir-lhe culpa com justiça, culpa que só existe aos olhos daqueles que preferem ser demasiado severos – já que ela desmentiu enfaticamente toda intenção de infringir a letra ou o espírito do Artigo VI das *Regras* da Sociedade Teos. Matriz (vejam-na e leiam-na, por favor)[3]. Todo teosofista ocidental deveria saber e lembrar – especialmente aqueles que quiserem ser nossos seguidores – que em nossa Fraternidade todas as personalidades submergem em uma ideia – o direito abstrato e a justiça prática absoluta para todos. E que, embora nós não digamos, com os cristãos, "retribua com o bem a quem lhe faz o mal", nós repetimos as palavras de Confúcio, "retribua com o bem a quem lhe faz o bem; a quem faz o mal – JUSTIÇA". Assim, os teosofistas que têm o mesmo modo de pensar da sra. K. – ainda que eles se oponham até o fim pessoalmente a alguns de nós – merecem tanto respeito e consideração (enquanto forem sinceros) de nós e dos seus colegas de pontos de vista opostos, quanto aqueles que estão dispostos, com o sr. Sinnett, a seguir absolutamente apenas o nosso ensinamento especial. Um obediente respeito por estas regras na vida sempre promoverá os melhores interesses de todos os envolvidos. É necessário, para o progresso paralelo dos grupos da sra. K. e do sr. S., que nenhum deles interfira nas crenças e nos direitos do outro. E espera-se seriamente que os dois grupos sejam impulsionados por um desejo intenso e incessante de respeitar a independência filosófica um do outro, enquanto preser-

[3] Texto do artigo VI dos Estatutos da S.T., aprovados em dezembro de 1879 em Bombaim: "Não é lícito, para qualquer dirigente da Sociedade Matriz, expressar por palavra ou ato qualquer hostilidade ou preferência em relação a qualquer Seção, seja no plano religioso ou filosófico, em relação às outras. Todas devem ser vistas e tratadas como igualmente merecedoras da solicitude e dos esforços da Sociedade. Todas têm igual direito de colocar as características essenciais da sua crença religiosa diante do tribunal imparcial do mundo. E nenhum dirigente da Sociedade, na sua condição de dirigente, tem direito de pregar seus próprios pontos de vista e crenças aos membros reunidos, exceto quando o encontro reunir seus correligionários. Depois das devidas advertências, a violação desta regra será punida pela suspensão ou expulsão, segundo o critério do presidente e do Conselho Geral." Os Estatutos, aprovados em 1879, foram publicados em *The Theosophist,* abril de 1880. (N. ed. bras.)

vam ao mesmo tempo a unidade que lhes é comum – isto é, os objetivos da Sociedade Teos. Matriz em sua totalidade – e os da Loja de Londres, em sua pequena modificação. Desejamos que a Sociedade de Londres preserve a sua harmonia na divisão, como as Lojas indianas, onde os representantes de todas as diferentes escolas do hinduísmo buscam estudar as ciências esotéricas e a Sabedoria antiga, sem necessariamente renunciar por ela às suas respectivas crenças. As lojas, e frequentemente membros da mesma loja – em alguns casos, cristãos –, estudam cada uma a filosofia esotérica à sua própria maneira, e no entanto sempre unindo fraternalmente seus esforços pelos objetivos comuns da Sociedade. Para executar este programa, é desejável que a "Loja de Londres" seja administrada por pelo menos *catorze* conselheiros – a metade deles inclinando-se abertamente em favor do esoterismo cristão como é representado pela sra. K., e a outra metade seguindo o esoterismo budista tal como é representado pelo sr. S.; todas as questões importantes devem ser decididas por maioria de votos. Nós estamos bem conscientes e completamente atentos para as dificuldades de um tal acordo. No entanto, ele parece absolutamente necessário para restabelecer a harmonia perdida. Os estatutos da "Loja de Londres" devem ser alterados e podem ser alterados, bastando para isso que os membros queiram tentar: e assim se produzirá mais força com esta divisão amistosa do que através de uma unidade forçada.

A menos, portanto, que tanto a sra. Kingsford como o sr. Sinnett concordem *em discordar* nos detalhes e trabalhem em estrita unidade pelos objetivos principais tais como foram estabelecidos nas *Regras* da Sociedade Matriz, nós não poderemos participar no desenvolvimento e progresso futuros da *Loja de Londres*.

K.H.
7 de dezembro de 1883,
Mysore.

Carta nº 121 (ML-84) Recebida em 7 fevereiro de 1884

Os assuntos da Loja de Londres estavam ainda um pouco tumultuados. Na verdade, o Maha-Chohan havia aconselhado a postergação das eleições. As duas tendências, lideradas pela sra. Kingsford e pelo sr. Sinnett, estavam mais ou menos em conflito. Os acontecimentos não haviam levado à "harmonia magnética" mencionada pelo Mahatma em sua carta anterior à Loja. (Carta 120, ML-85)

Reservado

Meu caro amigo —

O anexo[1] deve ser transmitido à L.L.S.T. através de você na sua condição de vice-presidente da Sociedade Matriz, e portanto representante do presidente-fundador, *não como membro da loja em Londres.*

Os acontecimentos recentes, nos quais você cumpriu um papel não completamente agradável, podem ter sido angustiantes para alguns e cansativos para outros, no entanto foi melhor isto do que a continuação da antiga calma paralítica. O surgimento de febre no corpo humano é a prova natural de que ele está tentando expelir as sementes da doença, e talvez da morte, que haviam sido absorvidas antes. Na situação anterior, a loja de Londres estava apenas vegetando, e as vastas possibilidades da evolução psíquica na Grã-Bretanha estavam completamente esquecidas. O carma evidentemente exigia que o repouso fosse quebrado pela ação do maior responsável por ele – C.C. Massey, e assim foi ele que colocou a sra. K. em sua situação atual. *Ela não alcançou seu objetivo, mas o Carma alcançou o seu próprio:* de agora em diante, o grupo de Londres, desperto, estimulado e alertado, terá um campo aberto para exercer suas atividades. Seu próprio carma, meu amigo, o destina a cumprir um papel ainda mais destacado nos assuntos teosóficos europeus do que até agora. A próxima visita de Olcott terá desdobramentos importantes, de cuja evolução você participará. Meu desejo é que você vá reunindo todas as reservas de forças do seu ser, de modo que possa erguer-se à dignidade e importância da crise. Por pouco que você pareça alcançar – psiquicamente – nesta vida, lembre-se de que o seu crescimento interior prossegue a cada instante, e que, próximo ao final da sua vida, como em seu próximo nascimento, o seu mérito acumulado trará a você tudo a que aspira.

Não é politicamente adequado que H.S. Olcott seja hóspede exclusivamente seu durante toda a estadia dele na Grã-Bretanha; o tempo dele deveria ser dividido entre você e outros de várias opiniões – se eles desejarem convidá-lo durante um tempo breve. Ele estará acompanhado de Mohini, a quem eu escolhi como discípulo e com quem às vezes me comunico diretamente. Trate amavelmente o garoto, esquecendo que ele é de Bengala, e lembrando apenas que *agora ele é meu chela*. Faça o que puder para dar dignidade ao trabalho de Olcott, porque ele representa toda a Sociedade, e devido à sua posição oficial, se não por outra razão, ele está, com Upasika, em uma posição mais próxima a nós na corrente do trabalho teosófico. *Asirvadam.*[2]

K.H.

---

[1] Isto é, a Carta nº 122 (ML-87). (Ed. C.)

[2] Bênçãos. (Nota da 1ª edição)

Carta nº 122[1] (ML-87) Recebida em 7 de fevereiro de 1884

Esta é a carta anexada à Carta nº 121 (ML-84). Está assinada, em escrita devanagari, por Bhola Deva Sarma, em lugar do Mahatma K.H., de quem ele era discípulo. Foi escrita sob orientação do Mahatma.

O telegrama original do Mahatma, dizendo que a sra. Kingsford deveria permanecer como presidente, parecia haver complicado as coisas. Assim, em 16 de janeiro (quando esta carta foi escrita), o Mahatma mandou um segundo telegrama a Londres, cujo texto era, "Postergue eleição, segue carta". Este telegrama também foi enviado por ordem do Maha-Chohan.

Acatando a sugestão do Mahatma, a loja de Londres esperou pela chegada do coronel Olcott, e a eleição ocorreu em 7 de abril de 1884, sob a presidência de Olcott. Um candidato de conciliação, G.B. Finch, foi eleito presidente; Sinnett, vice-presidente e secretário; e a srta. Francesca Arundale, tesoureira. Só cinco conselheiros foram eleitos, e um deles era o cientista William Crookes, que descobriu a matéria radiante, e a quem o Mahatma havia elogiado em uma das suas cartas anteriores.

O coronel Olcott descreve toda a situação e os acontecimentos em Old Diary Leaves, *vol. 3, pp. 90-98.*

Antes de partir de Nice para Londres, ele havia enviado uma carta circular a todos os membros da loja de Londres, pedindo que lhe mandassem separadamente, a Paris, e em caráter confidencial, as suas respectivas opiniões sobre a situação. Ele levou as cartas consigo para lê-las no trem para Londres. Ele havia chegado exatamente a uma certa passagem na carta de Bertram Keightley (um dos membros muito leais da loja, e que prestou ajuda inestimável a H.P.B. mais tarde, quando ela estava escrevendo A Doutrina Secreta*). Nesta passagem, Bertram afirmava sua total confiança em que os Mestres iriam organizar bem todas as coisas. Neste momento, do teto do vagão do trem, sobre a cabeça de Mohini, uma carta caiu esvoaçando. Estava endereçada a Olcott e dava os conselhos necessários para fazer face à dificuldade.*

O coronel comentou: "Parecia uma resposta intencional ao pensamento leal do autor da carta que eu estava lendo naquele momento. Eu gostaria que todos na Sociedade pudessem compreender quão certo é o fato de que os grandes Irmãos que inspiram nosso trabalho observam a todos nós

[1] As palavras "De Bhola Deva Sarma" estão escritas no envelope desta carta, que foi postada em Adyar em 16 de janeiro de 1884, e recebida em Londres em 7 de fevereiro de 1884. Só o pós-escrito está com a letra de K.H. (N. da 1ª ed.)

que, com um coração puro e uma mente altruísta, colocamos nossas energias no serviço. O que poderia ser mais confortante do que saber que nossos esforços não são em vão e nossas aspirações não são ignoradas?"

O coronel havia recebido antes, fenomenicamente, uma carta do Mahatma enquanto ainda estava a bordo de um navio, a caminho da Inglaterra, vindo da Índia. "Se eu tivesse qualquer dúvida sobre isso antes, ela teria sido eliminada (por esta carta)", que dizia:

"Controle seus sentimentos, de forma que possa fazer a coisa certa neste imbróglio ocidental. Observe suas primeiras impressões. Os erros que comete surgem do fato de não fazer isto. Não deixe que suas predileções pessoais, afetos, suspeitas ou antipatias afetem sua ação. Cresceram os mal-entendidos entre os membros, em Paris como em Londres, o que põe em risco os interesses do movimento... tente remover as más interpretações que você encontrará, através da persuasão amável e do apelo aos sentimentos de lealdade à Causa da verdade, se não a nós. Faça com que todos estes homens percebam que não temos favoritos, nem afeições pessoais, o que nos interessa são apenas suas boas ações e a humanidade como um todo".

Esta carta também continha a afirmação de que "um dos mais valiosos efeitos da missão de Upasika (H.P.B.) é que ela conduz os homens ao auto-estudo e destrói neles o servilismo cego a pessoas[2]*".*

Josephine Ransom comenta que "o grupo de Kingsford-Maitland estava contrariado com o rumo da eleição, porque a dra. Kingsford – mulher de grande força de caráter – havia desejado ser presidente, mas eles permaneciam quietos. O sr. Sinnett estava falando, quando, subitamente, no meio da reunião um tanto tensa, surpreendentemente apareceu H.P.B., que todos pensavam estar em Paris. Houve muita agitação. Ela foi levada à plataforma e apresentada a todos os presentes".

O grupo de Kingsford solicitou um diploma de loja para formar uma loja separada. O presidente concordou e foi criada a Sociedade Teosófica Hermética. Mas o problema não foi resolvido, já que os membros da loja

---

[2] Esta carta recebida por Olcott é, na verdade, a Carta nº 19, primeira série, no Volume *Cartas dos Mestres de Sabedoria,* editado por C. Jinarajadasa. Ali, Jinarajadasa afirma que esta carta é de 1888, e não da época da crise da loja de Londres. Embora registrando que Olcott atribui em *Old Diary Leaves* esta carta ao final de 1883, Jinarajadasa chama atenção para um fato decisivo: nesta mesma Carta 19, o Mahatma afirma que "desde 1885" não se comunicava com ninguém na Europa exceto com ajuda de H.P.B. Outras evidências históricas e circunstanciais apontam para 1888 como a data desta carta, segundo C. Jinarajadasa. De qualquer modo, a Carta 19 mostra o que o Mahatma esperava de Olcott, como presidente. Esta expectativa já era válida em 1884. (N. ed. bras.)

Hermética queriam pertencer também à loja de Londres para beneficiar-se das instruções que eram dadas lá. Isso foi desautorizado pelo coronel Olcott, que fez uma regra provisória proibindo a filiação múltipla – isto é, a filiação simultânea a mais de uma loja. Esta decisão frustrou os planos de uma loja Hermética. O coronel sugeriu que a sra. Kingsford devolvesse o diploma da loja e que seus amigos formassem uma Sociedade independente, o que tornaria possível pertencer às duas entidades. Isso foi feito.[3]

À Loja de Londres, Sociedade Teosófica – Saudações.

Já que os telegramas à sra. Kingsford e ao sr. Sinnett e minha carta de Mysore não foram completamente compreendidos, recebi ordem do Maha-Chohan de que aconselhasse a postergação da eleição anual, de modo a evitar qualquer precipitação e ganhar tempo para o exame desta carta. Depois da fria acolhida dada pelos membros da L.L.S.T. em 16 de dezembro à proposta contida na página 29 da circular impressa e confidencial da sra. Kingsford e do sr. Maitland (no item *Comentários e Propostas* desta última), isto é, a necessidade de formar uma organização ou grupo distinto dentro do grupo geral da L.L.S.T. – proposta esta que, se não é idêntica no método prático que sugere, é idêntica, em substância, à proposta formulada por mim em minha carta de 7 de dezembro –, de um lado, e depois de certas concepções errôneas, falsas esperanças e descontentamento, de outro lado – a postergação *foi considerada absolutamente necessária.*

Como estava implícito em minha carta anterior, no dia da comunicação mencionada acima a questão crucial não era sobre o caráter literal ou alegórico da última obra do sr. Sinnett, mas a lealdade ou deslealdade da sua presidente e do colaborador dela a nós, a quem muitos de vocês têm julgado adequados para sermos escolhidos como seus Instrutores esotéricos. Deste ponto de vista, e como nenhuma outra reclamação fora formulada até aquele momento (21 de outubro), surgiu uma necessidade imperiosa de manter, nas sábias palavras da sra. Kingsford – palavras que são apenas um eco da própria voz do Tathagatha –, a política de dissociar "a autoridade de nomes, seja do passado ou do presente, dos princípios abstratos" (Discurso de posse da presidente, 21 de outubro de 1883). Como a questão a ser resolvida era de Justiça, a ignorância da sra. Kingsford a respeito do nosso real caráter, de nossas dou-

[3] Veja mais informações sobre a crise da loja de Londres da S.T. nos capítulos 10 e 11 da Parte 5 do livro *Helena Blavatsky,* de Sylvia Cranston, Ed. Teosófica, Brasília, 1997. (N. ed. bras.)

trinas e nossa posição (que está no fundo de todos os comentários descorteses dela em relação a quem escreve esta carta e seus colegas) não tinha sequer o peso de um floco de algodão, no problema da reeleição dela. Isso, combinado com o valor intrínseco e individual dela, e sua solidariedade para com os pobres animais, assim como o fato de ela pedir à senhora H.P. Blavatsky que "apresentasse a carta minha (dela) a Koothoomi" – fez com que o rumo anterior fosse adequado.

E agora, a evolução dos acontecimentos desde o envio dos telegramas mencionados terá, talvez, sugerido a alguns de vocês as reais razões para uma ação tão inusual, para não dizer arbitrária, como a interferência nos direitos privativos de eleição de uma loja. O tempo frequentemente neutraliza os maiores males acelerando uma crise. Além disso, e mais uma vez nos termos do discurso dela – (quando a sua presidente se referia a uma carta pessoal minha ao sr. Ward, que ela havia lido, e que eu escrevi, na opinião dela) "com base em uma evidente ignorância dos fatos, e isso não é maravilhoso" – pode-se supor que nós tenhamos ignorado de igual modo, a "Carta privada e confidencial", impressa, distribuída entre os membros da L.L.S.T. em 16 de dezembro. Assim, dificilmente ela ficará surpresa ao ver que esta "Carta" alterou grandemente a situação. Sempre com base no princípio da justiça imparcial, que está envolvido, nós nos vemos obrigados a não ratificar literalmente nossa decisão quanto à reeleição dela, mas a acrescentar algumas cláusulas e tornar impossível, a partir de agora, que a presidente e os membros entendam mal a nossa situação mútua. Esperamos que fique sempre longe do nosso pensamento criar uma nova hierarquia para a futura opressão de um mundo dominado por sacerdotes. Assim como era nosso desejo naquele momento assinalar-lhes que é possível ser um membro ativo e útil da Sociedade sem registrar-se como nosso seguidor ou correligionário, assim também continua sendo *agora.* É apenas porque o princípio deve funcionar em ambos os sentidos que (apesar do nosso desejo pessoal pela reeleição dela) nós sentimos, e queremos que isso seja sabido, que não temos o direito de influir no livre-arbítrio dos membros, nesta questão ou em qualquer outra. Tal interferência estaria em flagrante contradição com a lei básica do esoterismo, segundo a qual o crescimento psíquico pessoal acompanha *pari passu*[4] o desenvolvimento do esforço individual, e é a prova do mérito pessoal adquirido. Além disso, é possível observar uma grande discrepância nos informes feitos a nós *em relação aos efeitos* produzidos pelo "incidente

[4] *Pari passu* – passo a passo, em latim. (N. ed. bras.)

Kingsford-Sinnett" sobre os membros. Diante disso, considero impossível ceder aos vários desejos expressados pela sra. Kingsford em sua carta à senhora Blavatsky. Se o sr. Massey e o sr. Ward dão à senhora sua "inteira aprovação e simpatia", uma grande maioria dos membros parece fazer o mesmo em relação ao sr. Sinnett. Portanto, se eu fosse agir de acordo com a sugestão do sr. Massey, segundo o relato da sra. Kingsford em sua carta de 20 de dezembro, em que ela dá como opinião dele que "uma palavra do Mahatma K.H. seria suficiente para reconciliar o sr. Sinnett com a minha (da senhora) visão da questão e para estabelecer entre ele e a loja a mais perfeita cordialidade e compreensão" – eu estaria na realidade me comportando como o quase-Papa que ela critica, e um papa injusto e arbitrário, além do mais. Neste caso eu verdadeiramente colocaria a mim mesmo e ao sr. Sinnett em uma posição aberta a críticas ainda mais severas que as formuladas no discurso de posse dela, nas várias expressões notáveis em que ela fala da sua "desconfiança de todos os apelos à autoridade". Alguém que acaba de dizer: "Vejo com pesar e preocupação a crescente tendência da Sociedade Teosófica de introduzir entre seus métodos... a veneração exagerada de pessoas e de autoridade pessoal ... cujo verdadeiro resultado é uma *mera adoração servil de heróis* ... Há demasiada conversa entre nós sobre os Adeptos que são nossos 'MESTRES' e coisas semelhantes ... É feita demasiada capitalização do que eles dizem e fazem, etc..." – não deveria ter-me pedido para interferir, mesmo estando segura de que meu fiel amigo, o sr. Sinnett, não iria ressentir-se. Se eu tivesse cedido ao desejo da senhora de nomeá-la como "o apóstolo do esoterismo do oriente e do ocidente", tentando impor a sua eleição sobre *um* só membro que não a quisesse, e se, aproveitando-me da cálida e infalível consideração do sr. Sinnett por mim, influenciasse a futura atitude dele em relação a ela e ao movimento, eu então de fato mereceria ser insultado como "o oráculo dos Teosofistas" e classificado junto com "Jo Smith dos Santos dos Últimos Dias e com Thomas Lake Harris", o miscigenista transcendental de dois mundos. Não posso acreditar que alguém que até poucos dias atrás defendia a ideia de que "a nossa trajetória sábia e verdadeiramente teosófica é não estabelecer novos Papas nem proclamar novos Senhores e Mestres", agora busque, no seu próprio caso, a proteção, e evoque a ajuda de uma "autoridade" que só poderia afirmar-se sobre a hipótese de uma cega renúncia ao critério próprio. E, como prefiro atribuir o desejo da sra. Kingsford ao seu desconhecimento dos reais sentimentos de alguns dos seus colegas, cuja natureza está talvez disfarçada, agora, pelas elegantes insinceridades da vida civilizada ocidental – eu reco-

mendaria a ela e a outros interessados na atual disputa que apelassem à decisão das cédulas eleitorais, pelas quais todos podem expressar os seus desejos sem expor-se conflitivamente à acusação de falta de cortesia. Isto seria apenas fazer uso do privilégio dado a eles ao final do artigo 3 dos seus *Estatutos.*

E agora uma outra consideração. Por menos que nos interesse uma subserviência pessoal a nós, líderes aceitos dos fundadores da Sociedade Teosófica Matriz, não podemos aprovar nem tolerar deslealdade, por parte de qualquer membro, de qualquer loja, *em relação aos princípios fundamentais representados pela Organização Matriz.* As regras da organização-mãe devem ser respeitadas pelos que compõem suas lojas; uma vez, é claro, que não se saia dos limites dos três objetivos declarados da organização. A experiência da Sociedade Matriz prova que a utilidade de uma loja depende muito, se não totalmente, da lealdade, prudência e dedicação do seu presidente e do seu secretário; por mais que os seus colegas os ajudem, a eficiência da atividade do grupo se desenvolve proporcionalmente à eficiência destes dois dirigentes.

Para concluir, devo repetir que foi para evitar uma decisão em relação à reeleição da sra. Kingsford antes da eliminação de qualquer compreensão equivocada produzida por minhas mensagens anteriores, que aconselhei que a eleição anual dos dirigentes da sua loja fosse postergada até a chegada da presente carta. Além disso, como o nosso presidente-fundador – que conhece nossa opinião e tem nossa confiança – é esperado na Inglaterra dentro de muito pouco tempo, não vemos a necessidade de dar nenhum passo apressado nesta questão. Foi dada a ele uma visão geral da situação, o que o capacita a lidar imparcialmente com este caso e outros a partir da sua chegada, como representante, simultaneamente, do Mestre dele e dos melhores interesses da Sociedade.

(Por ordem do meu muito venerado

Guru Deva Mahatma K. △)

मोलरेव शर्मा

Seria sábio ler esta carta aos membros – inclusive a sra. Kingsford – antes do novo dia da eleição. Eu gostaria que você evitasse, se possível, outro "golpe de teatro". Por mais naturais que possam ser tais surpresas sensacionais em política, quando os partidos são compostos de seguidores cujas almas exultam em intrigas políticas, é muito penoso testemunhá-las em uma associação de pessoas que professam dedicar-se às

questões mais solenes que dizem respeito ao interesse humano. Que as naturezas medíocres briguem, se quiserem; os sábios acertam suas diferenças em um espírito de tolerância mútua.

K.H.

As Notas e Observações Sobre o Budismo Esotérico, do sr. Maitland, foram completamente respondidas por Subba Row e outro erudito ainda maior. As respostas serão mandadas na próxima semana em forma de panfleto, e será pedido ao sr. Sinnett que as distribua especialmente entre os membros que podem ser afetados pelas críticas.

Carta nº 123 (ML-68) Sem data

É provável que Sinnett tenha ficado um pouco desencorajado com os acontecimentos na Loja de Londres, e pode ter escrito ao Mahatma sobre isso. A carta nº 123 é uma nota pessoal de encorajamento e solidariedade. É impossível dizer precisamente quando ela foi escrita ou recebida, portanto, pode estar colocada erradamente do ponto de vista cronológico. Este aspecto talvez não tenha grande importância, já que nenhum evento é mencionado.

Acabo de pegar seu bilhete de onde ela o havia colocado, já que, embora eu pudesse ter tomado conhecimento do seu conteúdo de outro modo, você preferia que este papel, em si, chegasse às minhas mãos. Parece pouco a você que o ano anterior tenha sido empregado apenas em seus "deveres familiares"? Não; que melhor causa para recompensa, que melhor disciplina que o cumprimento do dever a cada hora e a cada dia? Creia-me, meu "aluno", o homem ou a mulher que é colocado pelo Carma no meio de deveres, sacrifícios e amabilidades pequenos e definidos irá, através do fiel cumprimento deles, erguer-se à dimensão maior do Dever, do Sacrifício e da Caridade para com toda a humanidade. Que melhor caminho, para a iluminação buscada por você, que a vitória diária sobre o Eu, a perseverança apesar da ausência de progresso psíquico visível, o suportar da má-sorte com aquela serena resistência que

a transforma em vantagem espiritual – já que o bem e o mal não podem ser medidos por acontecimentos do plano inferior ou físico? Não fique desencorajado porque a sua prática cai abaixo das suas expectativas; no entanto, não se satisfaça apenas *admitindo* isso, já que você claramente reconhece que sua tendência é com demasiada frequência em direção à indolência mental e moral, inclinando-se mais a avançar à deriva com as correntes da vida que a definir seu próprio rumo direto. Seu progresso espiritual é muito maior do que você sabe ou pode compreender, e você faz bem em acreditar que este desenvolvimento é *em si mesmo* mais importante que a compreensão dele pela sua consciência do plano físico. Não entrarei agora em outros assuntos, já que estas são algumas linhas de aprovação e reconhecimento dos seus esforços, e de forte estímulo para que você mantenha um estado de espírito calmo e corajoso diante dos acontecimentos externos no presente, e para que tenha esperança no futuro em *todos* os planos.

Atenciosamente,

K.H.

Carta nº 124 (ML-94) Recebida em abril de 1884

Na longa carta do Mahatma com explicações sobre o Incidente Kiddle (Carta nº 117, ML-93), ele disse a Sinnett que poderia usá-la como quisesse, exceto publicando-a ou mostrando-a a outros.

O número de dezembro de 1883 de The Theosophist *trazia artigos sobre o assunto, do general Morgan, de Dharani Dhar e de Subba Row, que, como o Mahatma diz na carta, foram publicados com sua permissão.*

Na quarta edição inglesa (1884) de O Mundo Oculto[1]*, Sinnett, ao explicar o Incidente Kiddle, menciona estes artigos e acrescenta: "Um ou dois meses depois da aparição destas indicações fragmentárias, recebi uma nota do Mahatma liberando-me de todas as restrições anteriores sobre a carta que ele me havia enviado com a explicação completa". Esta é a carta que elimina as restrições.*

---

[1] Veja *O Mundo Oculto,* Editora Teosófica, Brasília, pp. 201-202.

Meu caro amigo – Entre os vários e árduos trabalhos que o venerável Chohan decidiu confiar a mim, eu havia esquecido inteiramente o "Incidente Kiddle". Você tem minha explicação. Ao pedir-lhe que guardasse segredo, eu só pretendia a preservação de certos detalhes que, ao ignorar o processo científico, os seus e os meus oponentes questionariam, fazendo disso pretexto para rir-se das ciências ocultas e para finalmente me acusar de mentiras grosseiras e acusar você de credulidade, ou de "idolatria", como diz a ninfa de cabelos dourados do vicariato. Mas se você estiver preparado para enfrentar o fogo da contestação furiosa e da crítica negativa, faça o melhor uso que puder da minha carta e das explicações. As várias cartas e os artigos nos últimos números do *Theosophist,* publicados com minha autorização e escritos pelo general Morgan, por Subba Row e Dharani Dhar[2], podem abrir caminho para você. Eu não gostaria de ver "a propagação da Teosofia" interrompida por minha causa e para salvar meu nome de alguns golpes a mais.

Atenciosa e apressadamente,

K.H.

Carta nº 125 (ML-61) Recebida em 15 de abril de 1884

Por esta época, a eleição dos dirigentes da Loja de Londres já tinha ocorrido; H.P.B. havia ido lá e viajado novamente. O coronel Olcott e Mohini estavam hospedados na casa dos Sinnett. O Mahatma M. decidiu dizer a Sinnett o que deveria ser feito em relação a Mohini.

O Sahib Sinnett – com minhas respeitosas saudações, é informado de que o seu "guardião" está tão ocupado com negócios oficiais que não pode dar nenhum momento de atenção à L.L. ou a seus membros; nem pode escrever-lhe individualmente, seja manualmente ou por precipitação – que é o método mais difícil dos dois, para não dizer de custo mais alto – pelo menos para nossa reputação no Ocidente.

---

[2] Um discípulo do Mahatma K.H. (Ed. C.)

Mohini não pode ficar em Londres indefinidamente, nem por mais tempo, pois tem deveres a cumprir em outra parte – deveres familiares e outros com a Sociedade Teosófica. Além de ser um chela e não um homem livre – na acepção convencional da palavra – ele tem numerosas bocas por alimentar em Calcutá, e ainda tem de ganhar dinheiro suficiente para pagar o amigo que lhe adiantou 125 libras para as despesas da atual missão, seja o que for que K.H. possa ou não fazer por ele, algo com o que ele está proibido de contar, como qualquer outro chela. Ao mesmo tempo, você deve saber que ele precisa de uma mudança temporária de clima. Ele sofreu muito com o frio naquele quarto no andar de cima, onde não há lareira, em sua casa, e K.H. teve de rodeá-lo com uma defesa dupla contra a morte por frio que o ameaçava. Lembre-se de que os hindus são plantas exóticas no seu país[1] inclemente e frio, e aqueles que os necessitam devem cuidar deles. (Se quando ao importunar Olcott no domingo passado para que desse esta informação a você, eu não fiz com que ele a transmitisse, e acrescento isto agora, é porque quis poupar Olcott junto a você, que já tinha preconceito contra ele e se inclinava a pensar que ele falava coisas da sua própria cabeça.)

Também, se você necessita a ajuda de Mohini em Londres, os teosofistas de Paris precisam ainda mais dela, já que a educação oculta deles é inferior à sua. O planejado é que ele deve dividir seu tempo igualmente entre todos os "centros de atividade espiritual" europeus, e se ele é agora requerido em Paris no dia 11 próximo, ele também deve ter permissão de voltar a Londres quando o movimento Continental for propriamente inaugurado. De qualquer modo, você terá Olcott durante a melhor parcela de tempo. Mas não tema: se Henry tiver permissão de prolongar sua permanência em Londres, ele não irá "aborrecer" nenhum de vocês usando as suas roupas de estar em casa asiáticas e extravagantes, porque ele não ficará com você mas com as senhoras Arundale – como determinado anteriormente, tendo sido a ordem reiterada por mim quando a senhora Sahib observou que seria melhor que ele ficasse onde estava depois que Upasika se fosse. Olcott não é pior que muitos outros, e embora algumas pessoas possam não concordar com isto, há brigões piores que ele. Não posso terminar sem dizer-lhe que na disputa com Kingsford a justiça não está mais do seu lado. Embora não queira admitir, você demonstra ter *despeito,* despeito pessoal. Você a derrotou e agora gostaria de humilhá-la e puni-la. Isto *não* é correto. Você deve aprender a dissociar sua consciência do seu eu externo mais do que você

---

[1] No original, a palavra poderia ser *"days"*, dias, ou *"pays",* país, em francês. (N. da 3ª edição).

faz, *se não quiser perder* K.H. Porque ele está muito contrariado com o que está ocorrendo. Desculpe minhas observações, mas elas são para seu próprio benefício. Portanto, pedindo perdão,

M.

Carta nº 126 (ML-62) Recebida em 18 de julho de 1884

Recebida em 18-07-1884

Meu pobre e cego amigo – você é inteiramente inadequado para o ocultismo prático! As suas leis são imutáveis; e ninguém pode voltar atrás depois de dar uma ordem. Ela não pode encaminhar cartas para mim, e *a* carta deveria ter sido dada a Mohini. No entanto, eu a li; e estou decidido a fazer mais um esforço – (o último que me é permitido) – para abrir sua intuição interna. Se minha voz, a voz de alguém que foi sempre amigo seu, no princípio humano do seu ser – não puder chegar a você, como tem ocorrido frequentemente, então nossa separação no presente e em todos os tempos futuros – se tornará inevitável. Sofro por você, cujo coração eu leio tão bem – apesar de todas as objeções e dúvidas da sua natureza puramente intelectual e da sua fria razão ocidental. Mas meu primeiro dever é para com o *meu* Mestre. E o dever, deixe-me dizer-lhe, é para nós mais forte do que qualquer amizade ou mesmo amor; já que sem este princípio permanente, o cimento indestrutível que tem unido durante tantos milênios os guardiães esparsos dos grandes segredos da natureza – nossa Fraternidade, e mais, a nossa própria doutrina – teriam se desmanchado há muito em átomos irreconhecíveis. Infelizmente, por maior que seja o seu intelecto puramente *humano*, as suas intuições espirituais são obscuras e vagas, e nunca foram desenvolvidas. Assim, sempre que você se vê diante de uma aparente contradição, por uma dificuldade, uma espécie de *incoerência* de natureza oculta, causada por nossas leis e doutrinas tão confirmadas pelo tempo – (fato do qual você nada sabe, já que o seu tempo ainda não chegou) – imediatamente as suas dúvidas emergem, suas suspeitas brotam, e descobre-se que elas zombam da sua melhor natureza, que é finalmente esmagada por todas estas aparências enganosas das coisas externas! Você não tem a fé necessária para permitir que a sua Vontade se erga, desafiando e desprezando o seu intelecto puramente mundano, e dando a você uma compreensão melhor das coisas ocultas e das leis desconhecidas. Vejo que você é incapaz de forçar as suas melhores aspirações –

alimentadas pela corrente de uma real devoção pela Maya que você próprio fez de mim – (um sentimento que sempre me tocou profundamente) – a erguer a cabeça contra a razão fria e *espiritualmente cega;* a permitir ao seu coração que proclame e diga alto algo que até agora ele só tem tido autorização para murmurar: "Paciência, paciência. Um grande plano nunca foi apreendido de imediato." Já foi dito a você, no entanto, que o caminho para as Ciências Ocultas tem de ser trilhado laboriosamente e percorrido com perigo de vida; que cada novo passo nele, que leva à meta final, é rodeado por armadilhas e espinhos cruéis; que o peregrino que se aventura por ele é obrigado primeiro a confrontar e *vencer* as mil e uma fúrias[1] que guardam seus portões e sua entrada adamantinos[2] – fúrias chamadas Dúvida, Ceticismo, Desprezo, Ridículo, Inveja e finalmente Tentação – especialmente a última; e que aquele que quiser ver *mais além* tem primeiro de destruir este muro vivo; deve ter um coração e uma alma vestidos de aço e uma determinação de ferro, que nunca falha, e no entanto deve ser amável e gentil, humilde, e deve ter expulsado do seu coração toda paixão humana, que leva ao mal. Você é tudo isto? Alguma vez começou um treinamento que levaria a isto? Não; você sabe disto tanto quanto eu. Você não nasceu para isto, e tampouco está em condições – um homem de família, com esposa e filho para sustentar, com trabalho por fazer – adequadas de modo algum para levar a vida de um asceta, e nem mesmo de um – Mohini. Então por que você deveria reclamar que não lhe são dados poderes, e que até mesmo *provas dos nossos próprios poderes* começam a faltar a você, etc.? É verdade que você se ofereceu várias vezes para deixar de comer carne e de beber, e que eu recusei. Já que você não pode se tornar um *chela* propriamente dito, por que fazer isto? Pensei que você havia compreendido tudo isto há muito tempo; que você se havia resignado, aceitando esperar pacientemente por futuros desdobramentos e pela minha liberdade pessoal. Você sabe que eu fui o único a tentar e perseverar na minha ideia de, pelo menos, uma pequena reforma, de uma flexibilização, mesmo insignificante, da extrema rigidez das nossas regulamentações, se quiséssemos ver os teosofistas europeus aumentarem em número e trabalharem pela iluminação e pelo bem da humanidade. Não tive êxito em minha tentativa, como você sabe. Tudo o que pude obter foi permissão para comunicar-me com alguns – principalmente você, já que eu o havia escolhido como expositor da nossa doutrina, que nós ha-

---

[1] Fúrias – na mitologia clássica, divindades femininas que puniam crimes, instigadas pelas vítimas, e vingavam os deuses. (N. ed. bras.)

[2] Adamantinos – isto é, feito de diamante. (N. ed. bras.)

víamos decidido transmitir ao mundo – pelo menos em alguma medida. Incapaz, por razões de trabalho, de prosseguir com meu ensinamento de modo regular, decidi retomá-lo depois que meu trabalho estivesse feito, quando eu teria algumas horas de lazer à minha disposição. Eu estava com pés e mãos amarrados quando fiz aquela tentativa de dar-lhe condições para que tivesse um jornal próprio. Não me foi permitido usar quaisquer poderes psíquicos naquela questão. Você sabe os resultados. No entanto, eu teria vencido mesmo com os pequenos instrumentos de ação que tinha à minha disposição, se não fosse pela agitação em torno do projeto Ilbert[3]. Você já pensou por algum momento, ou suspeitou alguma vez da verdadeira razão da minha derrota? Não; porque você nada sabe das idas e vindas do trabalho do carma – dos "golpes de lado" desta Lei terrível. Mas você *sabe*, sim, que houve um tempo em que você sentia um profundo desprezo por nós todos, das raças escuras; e via os hindus como uma raça *inferior.* Não direi mais que isso. Se você tiver alguma intuição, perceberá *causa* e *efeito* e talvez compreenda *de onde* vem a derrota. Além disso, você tinha contra si a ordem do nosso Chefe Supremo – não interferir no crescimento *natural* da L.L. e no desenvolvimento, psíquico e espiritual, dos seus membros – especialmente *no seu*. Você sabe que, depois do fracasso do *Phoenix*, até mesmo escrever-lhe ocasionalmente tem sido autorizado apenas como um favor especial. Quanto à demonstração de quaisquer poderes ocultos ou psíquicos – isto estava, e ainda está, completamente fora de questão. Você ficou surpreso com a *interferência* na disputa entre a L.L. e Kingsford? Você não consegue, ainda, compreender *por que* nós fizemos isto e aquilo? Creia-me, você entenderá algum dia, quando souber mais – *que isto tudo foi provocado por você mesmo.*

Você também se ressente com o aparente absurdo de confiar a H.S.O. uma missão para a qual *você* o considera despreparado, em Londres, pelo menos – do ponto de vista social e intelectual. Bem – algum dia, talvez, você poderá descobrir que estava igualmente errado nesta questão, como em muitas outras. Os resultados futuros podem ensinar-lhe uma lição amarga.

E agora, quanto aos últimos acontecimentos, a prova de que você não foi "tratado injustamente" – como você reclama em sua carta – embora você tenha tratado tanto H.S.O. quanto H.P.B. de um modo muito *cruel.* Sua maior mágoa é causada por sua perplexidade. Você diz que é *doloroso* ser sempre deixado à margem, etc. Você se sente profundamente ferido pelo que prefere chamar de uma clara e crescente "hostili-

---

[3] Veja a Carta nº 113, e especialmente o comentário introdutório a ela. (N. ed. bras.)

dade, uma mudança de tom", e assim por diante. *Você está errado do início ao fim.* Não houve nem "hostilidade" nem qualquer mudança de sentimento. Você simplesmente não compreendeu o jeito naturalmente *brusco* de M., sempre que ele fala ou escreve seriamente.

Quanto às minhas curtas observações sobre você para H.P.B., que apelou a mim e *tinha direito de fazê-lo* – você jamais pensou na real e verdadeira razão; eu não tinha tempo; eu dificilmente poderia pensar mesmo por um momento em você ou na L.L. Como foi dito corretamente por ela, "ninguém jamais pensou em acusá-lo de qualquer erro *intencional"*, seja em relação a nós ou aos chelas. Quanto a um erro *sem intenção* – felizmente evitado a tempo por mim – houve, certamente; *negligência.* Você não pensou nem por um momento na diferença de constituição entre um bengalês e um inglês, na força da resistência de um, e na resistência do outro. Mohini foi deixado durante dias em um quarto muito frio e sem lareira. Ele não disse uma palavra de reclamação, e eu tive de protegê-lo de uma séria doença, de dar a ele meu tempo e atenção, a ele que eu tanto necessitava para produzir certos resultados, a ele que havia sacrificado tudo por mim... Daí o *tom* de M., do qual você reclama. Agora você tem a *explicação,* de que você não foi "tratado injustamente", mas simplesmente teve de aceitar uma observação que lhe era impossível evitar, já que o erro poderia ter ocorrido outra vez. Em seguida você *nega* que alguma vez tenha sentido *despeito* contra K.[4] Muito bem; dê-lhe outro nome se quiser; no entanto, *era* um sentimento que impedia uma estrita justiça, e fez O. cometer um erro ainda pior do que ele já havia cometido – *mas que foi deixado seguir seu curso* porque servia ao nosso propósito, e não trazia grande prejuízo exceto para ele mesmo, que foi criticado por causa do erro de modo tão pouco generoso. Você o acusa de haver causado *prejuízo* à sua Sociedade e talvez "irreparável"? Onde está o mal que foi causado? ... De novo, você está enganado. Foram os seus *nervos* que fizeram você escrever palavras para H.P.B. que eu jamais teria expressado – para seu próprio bem. Deseja que eu prove a você – pelo menos em *um* caso – como você foi completamente *injusto* ao suspeitar que qualquer um deles tivesse *reclamado,* ou contado falsidades a nós sobre você? Confio, no entanto, em que você nunca repetirá o que lhe direi: isto é, *quem foi* (ou poderia ter sido mas *não foi,* porque ela chegou demasiado tarde) – minha inocente *informante* sobre Mohini. Você terá liberdade de verificá-lo algum dia, mas eu não gostaria de ver aquela excelente senhora sentir-se desconfortável ou infeliz por minha causa. *Foi a sra. Gebhard,* a quem eu havia prome-

[4] Isto é; Anna Kingsford. Veja as últimas linhas da Carta 125. (N. ed. bras.)

tido visitar subjetivamente. Eu a vi uma manhã descendo a escada, enquanto eu estava ocupado tornando Mohini *impermeável.* Ela havia ouvido os dentes dele batendo, já que ele também estava descendo do andar de cima. Ela sabia que ele ainda estava em seu pequeno quarto sem lareira, dias depois que Olcott se havia ido, apesar de que teria podido ser facilmente colocado no quarto que fica ao lado. Ela parou para esperar por ele, e quando olhei *para ela* ouvi as palavras ditas mentalmente: "Ora, ora, ... se o Mestre dele soubesse disso! ..." e então, parando entre os dois lances da escada, ela lhe perguntou se ele não desejaria alguma roupa quente adicional, e disse algumas outras palavras amáveis. "O mestre dele *sabia*" – e já remediara o mal; e sabendo também que *não era intencional,* não sentia "hostilidade" porque ele conhece demasiado bem os europeus para esperar deles mais do que podem oferecer. Tampouco foi esta a única crítica, *muda,* que vi endereçada a você no coração da sra. Gebhard, assim como nas mentes de vários outros amigos seus: – e é perfeitamente correto que você saiba disso, já que, como você, eles julgam quase tudo *pela aparência.*

Não direi mais nada. Mas, se você desejar ter outra visão do *Carma,* pondere sobre o que foi dito acima, e lembre-se de que ele opera sempre dos modos mais inesperados. E agora se coloque a questão de até que ponto você tinha razão de suspeitar de Olcott, que nada sabia das circunstâncias, e de H. P. B., que estava em Paris e sabia ainda menos. No entanto, a mera suspeita degenerou em *convicção* (!) e materializou-se em críticas escritas e expressões muito pouco generosas que eram, além de tudo, *imerecidas* do início ao fim. Apesar disso, você reclamou amargamente ontem para a Srta. A.[5] da resposta da sra. B. para você – que foi, considerando as circunstâncias peculiares e o temperamento dela, surpreendentemente *suave* se comparada à carta *de você* para ela. Tampouco posso aprovar sua atitude para com Olcott – se *meu* conselho e *minha* opinião são bem-vindos. Se você tivesse estado no lugar dele e fosse *culpado,* você dificilmente lhe teria permitido acusá-lo usando termos tais como *falsificação, maledicência, mentiras, falsidades* e a mais idiota incompetência no seu trabalho. E Olcott é inteiramente inocente de qualquer um destes pecados! Quanto ao trabalho dele – deve-se reconhecer, realmente, que nós o conhecemos melhor. O que nós queremos são *bons resultados* e você descobrirá que nós os temos.

---

[5] *Srta. A.* – Isto é, Francesca Arundale, a nova tesoureira da loja de Londres. (N. ed. bras.)

De fato, "a suspeita derruba o que a confiança constrói"! E se, de um lado, você tem algumas razões para citar Bacon contra nós, e dizer que "não há nada pior que a falta de conhecimento para fazer um homem suspeitar muito", de outro lado você também deveria lembrar que o nosso *Conhecimento* e a nossa *Ciência* não podem ser alcançados pelos métodos baconianos. Não temos autorização – aconteça o que acontecer – para oferecê-los como um remédio contra a suspeita, ou para curar as pessoas dela. As pessoas têm de obtê-los por si mesmas, e quem não encontrar nossas verdades em sua alma e dentro de si mesmo tem poucas chances de êxito em Ocultismo. Certamente não é a suspeita que consertará a situação, porque ela é

"... uma armadura pesada, e
com o seu peso paralisa mais do que protege."

Com esta última observação nós podemos, penso, deixar de lado para sempre esta questão. Você atraiu sofrimento para si mesmo, para sua esposa e muitos outros – o que foi completamente inútil e poderia ter sido evitado, bastando para isso que você se abstivesse de criar pessoalmente a maior parte das suas causas. Tudo o que a srta. Arundale disse a você está certo e foi bem colocado. Você mesmo está arruinando aquilo que construiu tão laboriosamente; mas então, a estranha ideia de que nós somos completamente incapazes de ver por nós próprios, que os nossos únicos dados são aqueles que encontramos nas mentes dos chelas, e portanto – que nós não somos "os seres poderosos" que você descreveu, parece assombrá-lo um pouco mais a cada dia. Hume começou do mesmo modo. Eu teria prazer em ajudá-lo e protegê-lo deste destino, mas a menos que você mesmo expulse a influência terrível que está sobre você, posso fazer muito pouco.

Você me pergunta se pode contar à srta. Arundale o que eu disse a você através da sra. H[6]. Você tem toda a liberdade de explicar a ela a situação, e portanto de justificar aos olhos dela a sua *aparente* deslealdade e rebeldia contra nós, segundo ela pensa. Você pode fazer isso – tanto mais que eu nunca comprometi você a nada através da sra. H. ; nunca me comuniquei com você nem com qualquer outra pessoa através

---

6 Uma viúva e clarividente norte-americana que foi à Inglaterra e trabalhou durante algum tempo com Sinnett e Mohini. Mais tarde, ela tornou-se discípula do Mahatma K.H. Veja a Carta nº 131 (ML-66). (Ed. C.) Trata-se de Laura C. Holloway, que recebeu várias cartas do Mahatma K.H., publicadas no livro *Cartas dos Mestres de Sabedoria* (Ed. Teosófica). (N. ed. bras.)

dela, e isso tampouco foi feito por nenhum dos chelas, meus ou de M., que eu saiba, exceto na América do Norte, uma vez em Paris e uma outra vez na casa da sra. A. Ela é uma clarividente excelente, mas ainda não se desenvolveu. Se ninguém se houvesse intrometido imprudentemente nos assuntos dela, e você tivesse seguido o conselho da velha senhora e de Mohini, de fato, a esta altura eu poderia ter falado com você através dela – e esta *era* nossa intenção. O erro é outra vez seu, meu amigo. Você reivindicou orgulhosamente o privilégio de exercer o seu próprio e incontrolado julgamento sobre questões ocultas das quais nada podia saber – e as leis ocultas que você acredita poder desafiar, e com as quais pensa que pode brincar impunemente se voltaram contra você e feriram-no de modo sério. Tudo é como deveria ser. Se, deixando de lado toda ideia preconcebida, você pudesse TENTAR e imprimir em você mesmo a profunda verdade de que o intelecto não é, em si, todo-poderoso, que para ser capaz de "mover montanhas" o intelecto tem primeiro de receber vida e luz do seu princípio mais elevado – o Espírito, e se então você fixasse seus olhos sobre tudo o que é oculto, tentando espiritualmente desenvolver a faculdade de acordo com as regras, então em pouco tempo você entenderia o mistério da maneira certa. Você não deve dizer à sra. H. que ela nunca viu corretamente, porque não é verdade. Muitas vezes ela viu corretamente – quando deixada sozinha consigo mesma, nunca deixou uma só afirmação distorcida.

E agora terminei. Você tem dois caminhos abertos diante de si; um que leva através de uma trilha muito cansativa até o conhecimento e a verdade – o outro ... mas eu não devo influenciar sua mente. Se você não está disposto a romper totalmente conosco, eu lhe pediria não só para estar presente na reunião mas também para falar, já que de outro modo se produzirá uma impressão muito desfavorável. Peço que faça isso *por mim,* e também pelo seu próprio bem.

Mas, faça o que fizer, eu lhe aconselho apenas *não parar na metade do caminho:* o resultado poderia ser desastroso para você.

Até agora a minha amizade por você permanece a mesma de sempre – nunca fomos ingratos, até este momento, em relação a serviços prestados.

K.H.

Carta nº 127 (ML-133) Escrita em julho de 1884

Esta carta é de H. P. B. e foi escrita logo depois de 18 de julho de 1884. Ela voltava a Londres por algum tempo. Aparentemente, Sinnett havia escrito a ela – ou havia protestado a ela pessoalmente – após receber a carta acima (nº 126, ML-62), na qual o Mahatma K. H. diz que nunca se dirigira a Sinnett ou qualquer outra pessoa através da sra. Holloway. Sinnett sentia que a carta não podia ser autêntica, porque ele acreditava implicitamente que o Mahatma K. H. havia falado através da sra. Holloway e até ocupado o corpo dela em uma reunião no dia seis de julho.

As cartas também falam do comportamento de Olcott. A questão provavelmente se refere às roupas pouco convencionais que ele usava quando os convidados estavam presentes, e que embaraçavam a todos. Sinnett tendia a desejar que só a "elite" se afiliasse à Sociedade Teosófica; tanto os homens como as mulheres se vestiam formalmente para as reuniões da Loja de Londres. A referência pode, no entanto, estar relacionada a afirmações feitas por Olcott a representantes da Sociedade para Pesquisa Psíquica (S. P. P.), já que H. P. B. menciona esta organização. Em Old Diary Leaves, *vol. 3, pp. 99-101, Olcott conta como ocorreu um encontro com estas pessoas. Ele e H. P. B. haviam sido bastante amigáveis com membros da S. P. P., e se encontravam com eles socialmente e de modo inteiramente cordial em numerosas ocasiões. Finalmente, Olcott concordou em ser examinado por uma comissão da S. P. P. – F. W. H. Myers e o sr. Herbert Stack. Havia uma considerável curiosidade em relação aos Mahatmas e os muitos fenômenos realizados. No entanto, é mencionado que Olcott fez algumas afirmações que os seus entrevistadores consideraram não-científicas. Em consequência disso e de um erro posterior de Olcott, a S. P. P. decidiu mandar um investigador a Adyar.*

Meu caro sr. Sinnett,

É muito estranho que você esteja disposto *a enganar a si mesmo* com tão boa vontade. Vi na noite passada a quem eu tinha de ver, e tendo obtido a explicação que desejava, estou agora segura em relação a questões sobre as quais não só tinha dúvidas, mas também sentia aversão à ideia de aceitar. E as palavras da primeira linha são palavras que devo repetir a você como uma advertência, e porque o considero, afinal de contas, como um dos meus melhores amigos *pessoais*. Bem, você *enganou* e *está enganando* a si mesmo, em linguagem vulgar, se *enrolando,* em relação à carta que eu recebi ontem do Mahatma. A *carta é Dele,* tenha sido escrita através de um chela ou não; e – embora possa parecer a você surpreendente, contraditório e "absurdo", ela é a completa expressão dos sentimentos dele, e *ele sustenta* o que disse nela. Para mim é extraordinariamente estranho que você aceite como vindo Dele só aquilo que se encaixa em seus próprios sentimentos, e rejeite tudo aquilo que contradiz suas próprias noções sobre o que é adequado. Olcott agiu como um asno, completamente destituído de tato; ele confessa isso, e está disposto a confessá-lo e a dizer *mea culpa* diante de todos os teosofistas – e isto é mais do que qualquer inglês estaria disposto a fazer. Talvez seja por isso que, com toda sua falta de tato, e seus frequentes caprichos que justificadamente chocam as suas susceptibilidades, e as minhas também, deus sabe! ao ir, como ele vai, contra todas as *convenções* – ainda assim, ele é visto com tanta afeição pelos Mestres, que não dão importância às flores da civilização europeia. Se eu tivesse sabido na noite passada o que soube desde então – isto é, que você imagina, ou melhor, que você se força a imaginar que a carta do Mahatma não é completamente ortodoxa e foi escrita por um chela para agradar-me, ou algo parecido, eu não teria ido até você apressadamente como a única tábua de salvação. As coisas *estão* ficando escuras e nebulosas. Na noite passada consegui que a Sociedade para Pesquisa Psíquica ficasse livre do seu pesadelo, Olcott; posso conseguir que a Inglaterra se veja livre do seu bicho-papão – a Teosofia. Se você – o mais devotado, o melhor de todos os teosofistas – está disposto a ser vítima dos seus preconceitos e a acreditar em novos deuses criados por sua própria fantasia, que derrubarão os antigos, então, apesar de todos e de tudo, a Teosofia veio demasiado cedo a este país. Que a sua L. L. da S. T. continue como está – eu não posso evitá-lo, direi o que quero dizer com isso quando me encontrar com você. Mas não terei nada a ver com o novo esquema e me afastarei totalmente dele a menos que nós concordemos em não discordar mais.

Atenciosamente,

H. P. B.

Carta nº 128 (ML-63) Recebida no verão[1] de 1884

Aparentemente, Sinnett havia perguntado ao Mahatma K. H. sobre a possibilidade de publicar as cartas recebidas dele e do Mahatma M. Das proibições a respeito da ideia encontradas neste livro, esta é a mais específica.

Recebida Londres, Verão, 1884.

Bom amigo –

Quando começou a nossa primeira correspondência, não havia nenhuma ideia sobre quaisquer publicações que fossem baseadas nas respostas que você recebesse. Você continuou colocando perguntas ao azar, e as respostas – que foram sendo dadas em ocasiões diferentes para perguntas desconjuntadas, e, digamos, sob um semiprotesto – eram necessariamente imperfeitas, muitas vezes em vários aspectos. Quando foi permitida a publicação de algumas delas em *O Mundo Oculto,* esperava-se que alguns dos seus leitores fossem capazes, como você, de montar todas as peças e desenvolver a partir delas o esqueleto, ou uma sombra do nosso esquema, o qual, embora não fosse exatamente o original – isto seria uma impossibilidade – constituiria uma abordagem tão próxima dele quanto possível para um não-iniciado. Mas os resultados foram quase desastrosos! Nós havíamos feito uma experiência e fracassado lamentavelmente! Agora vemos que ninguém, exceto aqueles que passaram pelo menos pela sua terceira iniciação, é capaz de escrever de modo compreensível sobre estes assuntos. Herbert Spencer teria feito uma confusão nas circunstâncias em que você atuou. Mohini certamente não está de todo correto, em alguns detalhes ele está claramente errado, mas você também está, meu velho amigo, embora o leitor externo não seja o mais capacitado a perceber, e ninguém, até agora, tenha reparado nos erros realmente vitais em *O Budismo Esotérico* e em *Man*[2], e provavelmente ninguém o fará. Não podemos dar mais informações sobre o assunto já abordado por você, e temos de deixar que os

---

[1] Os meses de verão no hemisfério norte correspondem ao inverno do hemisfério sul. Assim, esta carta pode ter sido recebida entre junho e agosto de 1884. Mas um outro estudo cronológico, de Margareth Conger, indica o mês de outubro de 1884. A hipótese de outubro é reforçada pela última frase da carta, que menciona a proximidade do ano novo. (N. ed. bras.)

[2] Menção a *Man: Fragments of Forgotten History (Homem: Fragmentos de Uma História Esquecida),* livro escrito por Mohini Chatterjee e Laura Holloway. (N. ed. bras.)

fatos já comunicados sejam tecidos em uma filosofia coerente e sistemática pelos chelas na Sede Geral. *A Doutrina Secreta* explicará muitas coisas, e esclarecerá mais de um estudante perplexo.

Portanto, colocar diante do mundo todo o material bruto e complicado que está em seu poder na forma de cartas velhas, no qual, confesso, muita coisa foi colocada propositalmente de modo obscuro, só aumentaria a confusão. Ao invés de causar qualquer bem, deste modo, a você mesmo e a outros, isto só colocaria você em uma situação ainda mais difícil, atrairia críticas sobre as cabeças dos "Mestres", e assim teria um efeito de retardar o progresso humano e da S. T. Por isso eu *protesto* do modo mais enfático contra a sua nova ideia. Deixe para *A Doutrina Secreta* a tarefa de vingá-lo. Minhas cartas *não devem* ser publicadas, da maneira como você sugere, mas, ao contrário, se você quiser evitar problemas para Djual K., devem ser mandadas cópias de algumas cartas para o Comitê Literário em Adyar – assunto sobre o qual Damodar já escreveu a você – de modo que, com a ajuda de S. T. K. Charya, Djual K., Subba Row e o comitê Secreto (do qual H. P. B. foi propositalmente excluída por nós para evitar novas suspeitas e calúnias), eles possam ser capazes de utilizar a informação para alcançar o objetivo em função do qual o Comitê foi instalado, conforme explicado por Damodar na carta que ele escreveu cumprindo ordens. O que quero evitar não são nem "novos fatos semelhantes ao incidente Kiddle", nem críticas dirigidas à minha personalidade, que, na realidade, dificilmente pode ser atingida; mas, mais precisamente quero preservar você mesmo e a Sociedade de novos problemas que, esta vez, seriam sérios. Em resumo, as cartas não foram escritas para publicação ou para serem comentadas publicamente, mas para uso reservado, e nem M. nem eu jamais daremos nosso consentimento para que elas sejam tratadas desta forma.[3]

Quanto à primeira carta sua, Dj. K. foi instruído a atender o assunto. Em questões tão delicadas eu sou ainda menos capacitado para dar conselhos do que para satisfazer "chelas" aspirantes do tipo de "L. C. H.". Receio que a "Pobre, querida sra. Holloway" esteja mostrando seus dentes e dificilmente seja considerada, agora, "uma companhia encantadora". Sob instruções, Olcott escreveu uma carta a Finch – que

[3] A maior parte da preocupação do Mahatma, em 1884, era com os ataques que a Sociedade Teosófica sofreria em seguida. Mais de cem anos depois, estas cartas constituem, sem dúvida, documentos históricos e ensinamentos de valor incalculável. (N. ed. bras.)

dá a chave do pequeno problema. Trata-se, de novo, de Fern, Moorad Ali, Bishen Lal e outros fracassados. Por que tais "supostos" *chelas,* com personalidades tão intensamente egoístas, forçam sua entrada no círculo encantado e perigoso da provação? Perdoe minha carta breve, estou muito ocupado neste momento com a aproximação do novo ano.

K. H.

Carta nº 129 (ML-60) Recebida em setembro de 1884

Não há selo nem marca de Correios no envelope original desta carta. Ele tem apenas o endereçamento, "Sr. A. P. Sinnett", escrito com lápis azul na letra de K. H. O Mahatma parece estar tentando raciocinar com Sinnett, e talvez inclusive confortá-lo um pouco.

Ultimamente Sinnett havia estado combatendo dúvidas, causadas em parte por sua convicção de que o Mahatma havia, de fato, ocupado o corpo de Laura Holloway e falado através dela, enquanto o Mahatma negava que isso tivesse ocorrido em qualquer momento.

A carta também fala do retrato feito pelo sr. Schmiechen. O coronel Olcott tinha consigo um retrato de perfil do Mahatma M., feito para ele em alguma ocasião anterior por alguém que, disse ele, não era um ocultista, e embora a semelhança fosse inquestionável, o retrato não mostrava o que o coronel chamava "o esplendor de alma que ilumina o rosto de um adepto". Ele desejava muito obter um retrato melhor. Ele tentou com vários artistas de Londres, e embora ele caracterizasse os resultados como "instrutivos", nenhum dos retratos foi, afinal, melhor do que aquele que ele já possuía. Para sua grande satisfação, o sr. Schmiechen concordou em fazer uma experiência inspiracional com ele. Escreve Olcott:

"A fotografia foi entregue a ele sem nenhuma sugestão sobre como a questão deveria ser tratada. Ele começou a trabalhar em 19 de junho e terminou em 9 de julho. Neste período eu visitei seu estúdio quatro vezes sozinho e uma vez com H. P. B., ficando encantado com o desenvolvimento gradual da imagem mental que havia sido intensamente impressa em seu cérebro, e que resultava em um retrato tão perfeito do meu Guru quanto poderia ter feito em sua presença. Ao contrário dos outros, que copiaram todos a ideia do perfil, Schmiechen pintou o rosto em visão frontal direta, e colocou nos olhos tamanho fluxo de vida e um sentido de presença de alma que im-

pactava fortemente o observador. Era um trabalho de gênio e uma comprovação tão grande quanto eu poderia imaginar do fato da transferência de pensamento". (Old Diary Leaves, *vol. III, p. 156).*

O sr. Schmiechen também pintou um retrato do Mahatma K. H. e dois de H. P. B. Com certeza, Sinnett havia recebido uma das cópias do retrato do Mahatma K. H.

Meu bom amigo – Shakespeare disse corretamente que "nossas dúvidas são traidoras". Por que você tem de duvidar, ou criar em sua mente monstros cada vez maiores? Um pouco mais de conhecimento das leis ocultas teria deixado sua mente em paz há muito tempo, teria evitado mais de uma lágrima de sua gentil esposa, e dores para você mesmo. Saiba, pois, que inclusive os chelas do mesmo guru são frequentemente separados e mantidos à parte durante longos meses, enquanto ocorre o processo de desenvolvimento – simplesmente devido aos dois magnetismos contrários que, atraindo um ao outro, evitam o desenvolvimento mútuo e INDIVIDUALIZADO em determinada direção. Não há intenção de ofender, nem isto seria possível. A ignorância disso causou ultimamente imenso sofrimento em todos os lados. Quando é que você confiará *implicitamente,* em meu coração, se não em minha sabedoria, para a qual eu não reivindico reconhecimento da sua parte? É extremamente penoso ver você perambulando por um escuro labirinto criado por suas próprias dúvidas, do qual cada saída você fecha, além disso, com suas próprias mãos. Acredito que agora você esteja satisfeito com o meu retrato feito por Herr Schmiechen e igualmente insatisfeito com o que você tem? No entanto, todos são bons à sua maneira. Só que, enquanto os outros foram feitos por chelas, este último foi pintado com a mão de M. na cabeça do artista, e frequentemente em seu braço.

K. H.

Peço-lhe que permaneça para a reunião de quarta-feira – se você *sente que não irá deixar o* CÍRCULO INTERNO. De outro modo – vá, lembrando que minha amizade ADVERTIU-O. Evite, apenas, se puder, ferir os sentimentos daqueles que pecam por *excesso*, não por *falta* de devoção.

Carta nº 130[1] (ML-55) Recebida em outubro de 1884

O original desta carta é um tanto curioso. Ela foi escrita em quatro pequenas folhas dobradas do papel de anotações de L. C. Holloway. O envelope está endereçado ao sr. A. P. Sinnett, a/c de L. C. H. Isto não está explicado, na verdade, mas pode-se pensar, talvez, que o Mahatma havia decidido testar a sra. Holloway como intermediária.

Os Sinnett estavam viajando pela Europa na ocasião (a "fuga de Londres" mencionada pelo Mahatma). Quando estavam na Suíça, eles receberam um telegrama da sra. Gebhard convidando-os a virem a Elberfeld[2], onde H.P. B. e outros haviam estado em visita. A sra. Holloway fazia parte deste grupo. Isto pode explicar o uso do papel de anotações dela, já que parece provável que Sinnett tenha recebido a carta depois de chegar lá.

Esta carta se refere à renúncia de H. P. B. ao cargo de Secretária Correspondente da Sociedade Teosófica, de modo a se dissociar da Sociedade. A renúncia era resultado direto da conspiração dos Coulomb.

E agora, amigo, você completou um dos seus ciclos pequenos, sofreu, lutou, triunfou. Ao ser tentado, você não falhou; fraco, você ganhou força, e a natureza dura, o destino e a provação de todo aspirante ao conhecimento oculto agora são melhor compreendidos por você, sem dúvida. Sua fuga de Londres e de si mesmo era necessária; assim como a sua escolha das localidades onde você poderia eliminar melhor as más influências da sua temporada "social" e da sua própria casa. Não teria sido melhor que você houvesse vindo antes a Elberfeld; o melhor foi ter vindo agora. Porque você é mais capaz, agora, de suportar a tensão da situação atual. O ar está cheio da pestilência da traição; uma ignomínia não merecida cai sobre a Sociedade, e foram usadas falsidade e falsificação para derrubá-la. A Inglaterra eclesiástica e a Anglo-Índia governamental juntaram as mãos para ter as suas piores suspeitas *confirmadas* se possível, e ao primeiro pretexto plausível, esmagar o movimento. Qualquer estratagema infame será empregado no futuro, como vem ocorrendo agora, para desacreditar-nos, na condição de seus patrocinadores, e a vocês, como seus defensores. Porque a oposição representa

[1] O envelope está endereçado, com a letra de K.H., "Ao sr. A. P. Sinnett, a/c de L.C.H." (Nota da 1ª ed.)

[2] Elberfeld – antiga cidade alemã, mais tarde incorporada a Wuppertal. (N. ed. bras.)

enormes interesses encobertos, e eles têm a ajuda entusiasmada dos Dugpas – do Butão e do Vaticano!

Entre "os alvos brilhantes" que os conspiradores visam alcançar está você. Serão feitos esforços dez vezes maiores do que até aqui para cobri-lo de ridículo por sua *credulidade,* por sua crença em mim, especialmente, e para refutar os seus argumentos em defesa do ensinamento esotérico. Eles podem tentar abalar ainda mais do que já fizeram a sua confiança com pretensas cartas alegadamente feitas por H. P. B., e por outros, ou com documentos forjados que mostram e confessam fraude e planejam repeti-la. Tem sido sempre assim. Aqueles que vêm zelando pela humanidade através dos séculos, neste ciclo, têm visto os detalhes desta luta mortal entre a Verdade e o Erro repetirem-se constantemente. Alguns de vocês, teosofistas, são atingidos apenas em sua "honra" ou em seus bolsos, mas os que erguiam a fonte de luz nas gerações anteriores pagavam com suas vidas pelo seu conhecimento.

Coragem, pois, todos vocês, que querem ser guerreiros da Verdade una e divina; prossigam com valentia e confiança; alimentem sua força moral, não a desperdicem com futilidades, mas usem-na em grandes ocasiões como a atual. Eu adverti a todos vocês através de Olcott em abril passado sobre o que estava prestes a explodir em Adyar, e disse a ele que não ficasse surpreso quando as minas fossem detonadas. Tudo ficará bem em seu devido tempo – mas vocês, os grandes e destacados líderes do movimento, permaneçam firmes, cautelosos e unidos. Atingimos nosso objetivo em relação a L. C. H. Ela avançou muito, e toda sua vida a partir de agora será beneficiada pelo treinamento que está recebendo. Para ela, permanecer com você teria sido uma perda psíquica irreparável. Isto foi mostrado a ela, antes que eu realmente consentisse em interferir entre vocês, diante da prece apaixonada dela; ela estava pronta para fugir para a América do Norte, e teria feito isso se não fosse minha interferência. Pior ainda; a mente dela estava sendo rapidamente enfraquecida e inutilizada como instrumento oculto. Falsos instrutores estavam tomando-a em seu poder e falsas revelações a desorientavam, assim como àqueles que a consultavam. A casa de você, meu amigo, tem uma colônia de elementários aquartelados nela, e esta atmosfera é tão perigosa para uma pessoa sensitiva como ela quanto um cemitério febrilmente movimentado para uma pessoa sujeita a influências físicas mórbidas. Você devia ter um cuidado maior que o comum, quando voltar, para não encorajar sensitividade em sua casa, nem admitir, mais que o estritamente inevitável, visitas de sensitivos mediúnicos conhecidos. Também seria bom queimar madeiras de lenha nos quartos de vez

em quando, e levar pela casa vasilhas (braseiros?) com madeiras em brasa. Você também poderia pedir a Damodar que mandasse a você alguns pacotes de varinhas de incenso para seu uso com este objetivo. Estas são ajudas, mas o melhor de todos os meios para afastar hóspedes indesejados deste tipo é ter uma vida pura em ações e pensamentos. Os talismãs que lhe foram dados também irão ajudá-lo poderosamente *se você mantiver íntegra sua confiança neles e em nós (?).*

Você soube do passo que H. P. B. foi autorizada a dar[3]. Uma temível responsabilidade foi lançada sobre o sr. Olcott; e outra ainda maior – devido ao *M.O.*[4] e ao *Budismo Esot.* – sobre você. Porque este passo dela tem relação *direta* e é resultado direto da aparição destas duas obras. É *seu* Carma, bom amigo, desta vez. Espero que você entenda corretamente o que quero dizer. Mas se você permanecer leal à S. T. e a apoiar fielmente, poderá contar com nossa ajuda, assim como todos os outros, em toda a medida em que eles merecerem. A política original da S. T. deve ser defendida, se vocês não quiserem vê-la cair em ruínas e sepultar na queda as suas reputações. Eu disse isto a você há muito tempo. Durante os próximos anos, a Soc. será incapaz de manter-se baseada apenas nos "Irmãos Tibetanos" e em fenômenos. Tudo isto deveria ter sido limitado a um círculo *interno* e muito SECRETO. Há uma tendência à adoração de heróis aparecendo claramente, e você mesmo, meu amigo, não está completamente livre disso. Estou bem consciente da mudança que ultimamente houve em você, mas isto não muda a questão principal. Se quiser continuar com seus estudos ocultos e trabalho literário – aprenda a ser leal à Ideia, mais do que ao meu pobre eu. Quando algo deve ser feito, nunca se pergunte se eu o desejo, antes de agir; eu desejo *tudo* o que pode, em grau maior ou menor, levar para adiante esta inquietação. Mas estou longe de ser perfeito, e portanto de ser infalível em tudo o que faço; embora isso não seja exatamente como você imagina que descobriu agora. Porque você sabe, ou pensa que sabe, de *um* K. H. – e só pode conhecer um, enquanto que há dois personagens distintos respondendo por este nome *naquele* que você conhece. O enigma é só aparente e seria fácil de resolver, se você soubesse o que é um verdadeiro Mahatma. Você viu pelo incidente Kiddle – que talvez tenha sido deixado ir até o seu desagradável final de propósito – que

---

[3] Para Virgínia Hanson, em *Reader's Guide to the Mahatma Letters,* este passo de H.P.B. é a renúncia ao cargo de Secretária Correspondente da S.T. (N. ed. bras.)

[4] M.O. – *O Mundo Oculto.* (N. da 3ª ed.)

mesmo um "adepto", quando está agindo em seu corpo, não está livre de erros causados por descuido humano. Agora você entende que o "adepto" também pode parecer absurdo aos olhos de quem não tem uma visão correta dos fenômenos da transferência de pensamento e das precipitações astrais – e tudo isto apenas devido a uma simples falta de cautela. Há sempre este perigo quando se deixa de verificar se as palavras e frases que fluem à mente vêm todas *de dentro* ou se algumas podem ter sido impressas *de fora.* Lamento haver colocado você em uma posição tão delicada, diante de seus muitos inimigos e mesmo dos seus amigos. Esta foi *uma* das razões por que eu hesitei em dar minha autorização para que minhas cartas particulares fossem publicadas, e excluí da proibição especificamente algumas da série. Não tinha tempo de verificar seus conteúdos – e tampouco o tenho agora. Tenho o hábito de fazer citações frequentemente, *sem* colocar aspas, a partir da massa confusa do que pego nos incontáveis livros de registros das nossas bibliotecas akáshicas – de olhos fechados, digamos assim. Algumas vezes posso expressar ideias que virão à luz anos mais tarde; outras vezes o que um orador, como Cícero, pode haver dito em eras passadas, e em outras ocasiões algo que não só foi pronunciado por lábios modernos mas que já foi escrito ou publicado – como no caso Kiddle. Faço tudo isso (já que não sou um redator treinado da imprensa) sem a menor preocupação em relação à origem das frases e correntes de palavras, bastando que elas sirvam para expressar e sejam adequadas a meus próprios pensamentos. Aprendi uma lição, agora, no plano europeu, sobre o perigo de corresponder-se com literatos ocidentais! Mas o meu "inspirador", sr. Kiddle, é apesar de tudo ingrato, já que ele deve exclusivamente a mim a notável honra de ter seu nome conhecido, e de ter suas afirmativas repetidas até pelos graves lábios dos "catedráticos" de Cambridge. Se a fama é agradável para ele, por que ele não fica consolado pela ideia de que o caso das "passagens *paralelas* Kiddle-K.H." agora se tornou um caso tão célebre no departamento do "quem é quem" e "quem plagiou a quem" quanto o mistério Bacon-Shakespeare; e de que, em termos de intensidade de pesquisa científica, se não de *valor,* este caso está no nível do caso dos nossos dois grandes predecessores?

Mas a situação – por mais que seja divertida, de certo modo – é mais séria para a Sociedade; e as "passagens paralelas" devem perder o primeiro lugar para a conspiração "Coulomb-missão-cristã". Dedique,

assim, a esta última todos os seus pensamentos, bom amigo – *se* continua amigo apesar de tudo. Você está muito errado pensando em ausentar-se de Londres no próximo inverno. Mas não o pressionarei, se não se sentir à altura da situação. De qualquer modo, se você realmente sair do "Circulo Interno", terá de ser feito algum outro acerto: está fora de questão para mim corresponder-me e ensinar a ambos. Ou você será meu porta-voz e secretário no *Círculo,* ou terei de usar outra pessoa como meu representante, e assim claramente *não terei tempo* para corresponder-me com você. Eles fizeram um compromisso solene comigo (a maior parte deles), *na vida e na morte* – a cópia do compromisso está com o Maha-Chohan – e estou ligado a eles.

Agora só posso mandar minhas ocasionais instruções e cartas, com alguma segurança, através de Damodar. Mas antes que eu possa fazer até mesmo isso, a Soc., especialmente a Sede Geral, terá de passar pela crise que se aproxima. Se você ainda dá importância para a renovação dos ensinamentos ocultos, preserve primeiro os nossos serviços postais. H. P. B. – digo de novo, não será mais abordada sem a completa aprovação dela. Ela conquistou isso, e deve ser deixada de lado. Ela tem autorização para retirar-se por três razões: (1) para desvincular a S. T. dos fenômenos *dela,* que agora se tenta qualificar todos como fraudulentos; (2) para ajudar a S. T. afastando a principal causa de ódio contra ela; (3) para restaurar a saúde do seu corpo, de modo que possa ser usado durante mais alguns anos. E agora, quanto aos detalhes, decidam todos vocês juntos: foi para isso que pedi a eles que chamassem você. O céu está preto agora, mas não esqueça o lema esperançoso *"Post nubila Phoebus!"*[5] Bênçãos para você e para sua sempre leal esposa.

K. H.

Carta nº 131 (ML-66) **Recebida em 10 de outubro de 1884**

Sinnett retornou a Londres, de Elberfeld, e H.P.B. o acompanhou na viagem. O Coronel Olcott havia deixado a Inglaterra, voltando para a Índia.

O envelope nos arquivos do Museu Britânico tem uma marca do correio datada de 9 de outubro de 1884, em Bromley, Kent, Inglaterra. A letra não é familiar. É diferente da letra do Mahatma K. H.

---

[5] *"Post nubila Phoebus!"* – Em latim, "depois das nuvens, o Sol!". (N. ed. bras.)

Carta nº 131

Recebida em Londres, 10 outubro 1884.

Por razões perfeitamente válidas, embora não seja necessário entrar em detalhes, eu não pude nem responder a sua carta em Elberfeld, nem transmiti-la a você por L. C. H.[1] Já que tornou-se impossível utilizar o principal canal – H. P. B. – pelo qual me comuniquei com você até agora, devido às suas relações pessoais e mútuas, empreguei o correio comum. Mesmo isso tornou necessário um gasto de energia maior do que você pode imaginar, por parte de um amigo.

Não seria próprio de um amigo omitir a verdade quando expressá-la pode fazer bem, portanto devo dizer que você deveria exercer forte vigilância sobre si mesmo, se não quiser colocar um fim para sempre nas minhas cartas. Sem perceber, você está encorajando uma tendência ao dogmatismo e a uma visão errada e injusta das pessoas e de suas motivações. Estou bem consciente das suas ideias sobre o que você chama de absurdo do "sentimentalismo"; sinto-me também dolorosamente consciente de que, como no seu mundo a ninguém é permitido chamar a atenção do outro, e como você muito provavelmente se ressentirá, estas palavras serão escritas muito possivelmente em vão. Mas também conheço seu sincero desejo de que a nossa correspondência não se interrompa; e sabendo disso, assinalo para você aquilo que certamente terá este resultado.

Tenha cuidado, portanto, com um estado de espírito falho de caridade, porque ele se levantará como um lobo faminto em seu caminho e devorará as melhores qualidades da sua natureza, que estão brotando para a vida. Amplie as suas simpatias, em vez de limitá-las; tente identificar-se com seus companheiros, em vez de diminuir seu círculo de afinidades. Sejam quais forem as causas – erros em Adyar ou Allahabad, negligência minha ou impulsividade de H. P. B. – há uma crise, e é hora de fazer a maior expansão possível da sua força moral. Não é momento para críticas ou recriminações vingativas, mas para uma luta unificada. Seja quem for que plantou as sementes da atual tempestade, o redemoinho é forte, toda a Sociedade colhe seu resultado, e o redemoinho é mais fortalecido que debilitado desde Shigatsé. Você ri das *provações* – a palavra parece ridícula se aplicada a você? Está esquecendo que quem se aproxima dos nossos recintos, mesmo em pensamento, é atraído para o redemoinho da provação. De qualquer modo, o seu templo treme, e a menos que você ponha seus ombros fortes contra seu muro, você pode ter o mesmo destino de Sansão. Orgulho e um "desprezo com dignida-

[1] L.C.H. – Laura C. Holloway. (Ed. C.)

de" não o ajudarão em suas atuais dificuldades. Há uma coisa como tesouros guardados por fiéis gnomos e espíritos malignos – quando isto é entendido metaforicamente. O tesouro é nosso conhecimento oculto – que muitos de vocês buscam, principalmente você; e pode não ter sido H. P. B. ou Olcott ou qualquer outro individualmente quem despertou os guardiões do tesouro, mas você mesmo, mais do que a Sociedade coletivamente. Livros como O *Mundo Oculto* e *O Budismo Esotérico* não passam desapercebidos diante dos olhos daqueles fiéis guardiões, e é absolutamente necessário que aqueles que pretendam ter este conhecimento sejam *inteiramente* testados e examinados. Deduza disto o que quiser; mas lembre-se de que meu Irmão e eu somos os únicos na Fraternidade que têm no coração a ideia da disseminação (até certo limite) das nossas doutrinas, e H. P. B. foi até agora nosso único instrumento, nosso agente mais dócil. Mesmo aceitando que ela seja em tudo como você a descreve, – e eu já disse a você que o seu corpo frágil e velho se torna às vezes nitidamente perigoso – isso não justifica da sua parte a menor diminuição no esforço para vencer a situação e impulsar o trabalho (e especialmente proteger nossa correspondência) do modo mais rápido possível. Considere – o que é verdade – uma clara vantagem para o resto de vocês que ela tenha sido como é, já que este fato deu-lhes mais estímulo para vencer apesar das dificuldades que vocês acreditam que ela criou. Eu não digo que nós a teríamos preferido se um agente mais tratável estivesse disponível; mas ainda assim, no que se refere a vocês, isso tem sido uma vantagem, porém vocês a afastaram, por um longo tempo, se não para sempre, e portanto colocaram enormes dificuldades para mim. Lembre-se do que eu lhe disse dois anos atrás, "se H. P. B. morresse antes de nós acharmos um substituto", as forças através das quais nós trabalhamos em nossas comunicações com o mundo externo poderiam permitir a transmissão de mais duas ou três cartas, e se extinguiriam, e você não teria mais cartas minhas. Bem, ela está virtualmente morta; e é você mesmo – perdoe-me mais esta verdade – que matou a agente rude mas fiel, uma agente, além disso, que era realmente devotada a você do ponto de vista pessoal. Vamos abandonar o assunto se ele é desagradável para você. Fiz o máximo possível para deter o mal, mas não tenho jurisdição nem controle sobre ela, e tampouco terei melhores possibilidades com a sra. H. Ela é uma magnífica pessoa, naturalmente, mas tem tão pouca confiança em si mesma e nos outros, é tão inclinada a encarar o real como alucinação e vice-versa, que será necessário um longo tempo antes que ela se torne completamente controlável até mesmo para ela própria. Ela está longe, longe, de estar pronta; além disso, ela não entende nem a si mesma nem a nós. Realmente a *nossa* maneira de atuar não é a maneira *de vocês,* portanto restam poucas esperanças para nós no Ocidente.

Não atribua o que foi dito acima, por favor, a nenhuma influência de H. P. B. Sem dúvida ela tem reclamado amargamente ao Mestre dela e o diz abertamente, mas isso não altera a opinião dele nem afeta em nada minha atitude em relação a você. Não só nós dois, mas mesmo ela sabe como são importantes os seus serviços para o bem da Sociedade, e nenhuma queixa pessoal dela pode criar um obstáculo para que você receba o que é estritamente justo; nem pode impedir que sejamos justos com ela, tampouco. O Mestre dela e eu determinamos que ela fizesse e dissesse *tudo o que ela fez* em relação à sra. H. Qualquer desconforto resultante deve-se ao fato de que ela cumpriu as ordens que recebeu. Nós descobrimos a sra. H. na América do Norte, transmitimos a ela a ideia de se preparar para escrever o livro que ela produziu com a ajuda de Mohini. Se ela tivesse aceitado ficar mais alguns dias em Paris, como foi solicitado, e ir à Inglaterra com H.P. B., a última complicação poderia ter sido evitada. O efeito da ida dela à sua casa foi descrito por ela a você antes; e ao ressentir-se contra o que Mohini e H. P. B. estavam dizendo a você e à sra. H., você se ressentiu simplesmente contra nossos desejos *pessoais.* Você tampouco gostará das minhas palavras agora, que lhe digo que você tem estado contra mim – inconscientemente, concordo – em relação ao desenvolvimento dela. No entanto, você teria sido o primeiro a ganhar com isso. Mas, sem entender nosso modo de atuar e os métodos ocultos, você insistia em saber a causa e a razão de tudo que era feito – especialmente das coisas que não o agradavam. Você exigiu até uma completa explicação de por que lhe foi solicitado que fosse a Elberfeld. Isso não é razoável – do ponto de vista oculto, meu bom amigo. Ou você confia em mim, ou não confia. E devo dizer-lhe francamente que meu sentimento amistoso sofreu um choque ao saber do seu "ultimátum", que pode ser resumido assim: "Ou a sra. H. passa uma semana, mais ou menos, em nossa casa, ou eu (você) deixarei que a L. L. resolva a situação como puder". O significado era quase o seguinte: "Ainda que os 'Mestres' ou não Mestres estejam contra, mostrarei aos membros da L. L. que tudo o que eles ouviram sobre este assunto é falso, e que os 'Mestres' jamais aceitariam qualquer ação que ferisse o meu orgulho: ele deve ser protegido em qualquer caso." Meu amigo, isto é pisar sobre terreno perigoso. Em nossas montanhas, aqui, os Dugpas colocam, em lugares perigosos dos caminhos frequentados por nossos Chelas, pedaços de trapos velhos e outros objetos bem adequados para atrair a atenção do descuidado, e que foram impregnados com o mau magnetismo deles. Se alguém pisa neles, um tremendo choque psíquico é

transmitido ao caminhante, de modo que ele pode perder seu equilíbrio e cair no precipício antes de recuperar-se. Amigo, tenha cuidado com o Orgulho e o Egoísmo, duas das piores armadilhas para quem aspira a subir pelos altos caminhos do Conhecimento e da Espiritualidade. Você abriu uma articulação da sua armadura para os Dugpas – não reclame se eles a descobriram e o feriram lá. A sra. H. não queria realmente ir à sua casa, porque, como ela disse honestamente a você, eu havia recomendado a ela que não fosse, por razões que você próprio deve saber a esta altura; você também deveria ter sabido que se nós tivéssemos qualquer valor em nossa individualidade, e não fôssemos meros marionetes destituídos de força, não seriamos influenciados por H. P. B., nem levados por ameaças a fazer qualquer coisa contrária à nossa percepção e às necessidades do Carma. Lamento que você não tenha lembrado destes fatos antes de falar, porque isso torna minha posição ainda mais embaraçosa diante de meu chefe, que, naturalmente, colocou o "ultimátum" nos registros. Você afirma que nunca solicitou aceitação como chela: Ah!, meu amigo, com tais sentimentos ardendo ocultos em seu coração, você não poderia nem mesmo ser um "chela leigo". Mas, digo outra vez, vamos deixar este assunto de lado. Palavras não anularão atos, e o que foi feito está feito. Meu irmão M., que tem mais autoridade que eu, acaba de escrever a carta prometida ao "Círculo Interno".[2] A sua "honra", bom amigo, está salva – para saber a que preço, leia e verá.

Você não considera algumas cartas e notas escritas recentemente por mim, inclusive a que foi para a tesoureira da L. L.[3] – "filosóficas" e dentro do meu estilo habitual. Não poderia ser de outro modo: escrevi apenas sobre as questões do momento – como estou fazendo agora – e não tive tempo para filosofia. Com a L. L e a maior parte das outras lojas ocidentais da S. T. em estado deplorável, a filosofia pode ser invocada para diminuir a nossa impaciência, mas a coisa mais necessária no momento atual é um esquema prático para enfrentar a situação. Alguns, de modo muito injusto, tentam apresentar H.S.O. e H.P.B. como os únicos responsáveis pelo estado de coisas. Aqueles dois estão, digamos, longe de serem perfeitos, e em alguns aspectos são bem o oposto. Mas eles têm em si (desculpe a eterna repetição, mas isso está sendo constantemente ignorado) algo que nós temos encontrado apenas muito raramente em outros – ALTRUÍSMO, e uma forte disposição para o

---

[2] Veja a Carta nº 3, primeira série (e também a Carta nº 5, primeira série) em *Cartas dos Mestres de Sabedoria.* (N. ed. bras.)

[3] Veja, por exemplo, a Carta nº 4, primeira série, em *Cartas dos Mestres de Sabedoria.* (N. ed. bras.)

auto-sacrifício pelo bem dos demais; e que "multidão de pecados" isto não supera! É apenas um truísmo, no entanto eu o digo; só na adversidade é que podemos conhecer o homem real. É um ato verdadeiramente digno de um homem aceitar com coragem sua parte do Carma coletivo do grupo com o qual trabalha, e não se permitir ficar com rancor e ver os outros com cores mais escuras que as da realidade, nem atirar toda a culpa em alguma "ovelha negra", uma vítima especialmente selecionada. Um homem assim verdadeiro sempre será protegido por nós e, apesar dos seus defeitos, será ajudado a desenvolver o bem que tem em si. Um homem assim tem um *altruísmo* sublime; ele mergulha sua personalidade na sua causa e não dá atenção a desconfortos ou injúrias lançadas sobre ele.

Terminei, meu amigo, e nada mais tenho a dizer. Você é demasiado inteligente para não ver com clareza, como diriam os norte-americanos, a *dificuldade* em que estou, e que, pessoalmente, posso fazer muito pouco. A situação atual, como você verá pela carta de M., foi criada gradualmente por todos vocês, tanto quanto pelos pobres "Fundadores". No entanto, sem pelo menos um deles nós dificilmente podemos seguir, durante vários anos ainda. Vocês trataram o velho corpo de modo muito cruel e isto agora chegou ao seu limite. Você nunca concordará completamente neste ponto comigo – mas, no entanto, é um *fato.* Farei tudo o que puder por você, pessoalmente, a menos que você torne a situação ainda pior não mudando sua atitude. Alguém que pretenda obter instrução mais elevada deve ser um *verdadeiro* teosofista, na alma e no coração, e não apenas nas aparências.

Enquanto isso, receba minhas pobres bênçãos.

K.H.

Carta nº 132 (ML-135) Recebida em outubro de 1884

Nesta curta carta, H.P.B. tenta orientar Sinnett com relação à doutrina de cadeias e rondas. Não temos a carta de Sinnett, a que esta responde, mas felizmente outra carta de H.P.B., em Letters of H.P. Blavatsky to A.P. Sinnett (LBS)*, pp. 91-92, lança alguma luz sobre o problema.*[1]

[1] Na Carta citada, XXXIX de LBS, HPB diz aproximadamente a mesma coisa que nesta Carta 132, e acrescenta que não há "grinaldas" de planetas colocados em círculo. Ela afirma que esta imagem (não a existência dos planetas) é uma alegoria. Os nossos sete planetas "estão espalhados", escreve ela, não estão em círculo. (N. ed. bras.)

Meu caro sr. Sinnett,

Por receio de que você atribua a mim uma nova deslealdade, permita-me dizer que nunca falei a Hubbe Schleiden e Frank Gebhard[2] que a existência dos nossos sete planetas objetivos era uma alegoria. O que disse é que a objetividade e a realidade da cadeia setenária nada tinha a ver com a compreensão *correta* das sete rondas. Que, além dos *iniciados,* ninguém conhecia a *mot final*[3] deste mistério. Que você não poderia compreender a questão completamente, nem explicá-la, porque o Mahatma K.H. lhe disse uma centena de vezes que você não poderia ter acesso a toda a doutrina; que você sabia que Hume havia feito perguntas e interpelações a Ele até o cabelo dele ficar grisalho. Que havia uma centena de *aparentes* incoerências, apenas porque você não tinha a chave para o x777x, e não podia recebê-la[4]. Em resumo, que você escreveu a verdade, mas de modo algum toda a verdade, especialmente sobre rondas e anéis, cuja descrição era na melhor das hipóteses *alegórica.*

Atenciosamente,

H.P.B.

Carta nº 133 (ML-137) Recebida em novembro de 1884

Na verdade, H.P.B. datou esta carta de "domingo, 8", mas, naquele mês, o domingo caiu no dia 9. A carta foi escrita em Argel, enquanto H.P.B. estava em viagem da Inglaterra para a Índia. Ela voltava através do Egito. Foi no Cairo que H.P.B. soube dos fatos bastante graves sobre os Coulomb.

---

2 Hubbe Schleiden era presidente da Sociedade Teosófica "Germania", e Frank Gebhard era membro da família Gebhard, de Elberfeld. (Ed. C.)

3 *Mot final* – palavra final, em francês. (N. ed. bras.)

4 Veja a carta nº 66, sobre rondas e cadeias. (ML-14). (Ed. C.)

Carta nº 133

Clan Drummond: Argel
domingo, 8

Meu caro sr. Sinnett,

Você vê que eu cumpro minha palavra. Na noite passada, enquanto éramos lançados desesperadamente para lá e para cá em nossa banheira, o Clan, Djual K. lançou sua aparência e perguntou em nome do Mestre dele se eu mandaria um bilhete a você. Eu disse que sim. Ele disse-me então para preparar um papel – que eu não tinha. Disse então que qualquer papel seria suficiente. Fui pedir papel a algum passageiro, já que não tinha a sra. Holloway por perto para fornecer-me. Veja só! Gostaria que aqueles passageiros que brigam conosco todos os dias em torno da possibilidade de fenômenos pudessem ver o que estava acontecendo em minha cabine, no pé do meu leito! O modo como a mão de D.K., tão real como a vida, estava imprimindo a carta sob ditado do seu Mestre. A carta vinha *em relevo* entre as paredes e minhas pernas. Ele me disse que lesse a carta, mas não fiquei mais sábia por isso. Compreendo muito bem que tudo era provação e que era para o bem, mas é diabolicamente difícil para mim compreender por que tudo tinha que ser feito em cima das minhas costas há tanto tempo tão doloridas. Ela[1] está em correspondência com Myers[2], e os Gebhard e muitos outros. Você verá que o que será esparramado *me* atingirá como efeito das causas que foram produzidas por aquela questão de provação. Eu gostaria de nunca ter visto a mulher. Jamais pensei que fosse possível tamanha traição, tamanha falsidade. Eu também era chela e fui responsável por mais de uma tolice; mas eu teria pensado tanto em assassinar um homem fisicamente quanto em assassinar moralmente meus amigos como ela fez. Se o Mestre não tivesse apresentado a explicação, eu teria ido embora deixando uma lembrança agradável de mim no coração da sra. Sinnett e no seu. Nós temos a bordo a sra. (major) Burton, de Simla. Ela saiu de lá um dia antes de mim, e desde então tem estado sempre ansiosa por encontrar-me. Ela quer unir-se a nós e é uma pequena mulher encantadora. Temos vários anglo-indianos e todos com uma atitude amável. O vapor é uma banheira oscilante, e a tripulação uma *infâmia*. Estamos todos passando fome, e sobrevivemos

---

1 Provavelmente a sra. Coulomb, que estava desfechando um ataque contra H.P.B. e acusando-a de fraude. (N. ed. bras.)

2 O inglês Frederick W.H. Myers (1843-1901) foi um pesquisador pioneiro sobre temas como telepatia e consciência após a morte. Foi co-fundador da Sociedade para Pesquisa Psíquica, S.P.P. Ingressou na S.T. em 1883, mas, após o Relatório Hodgson da S.P.P., que acusou H.P.B. de fraudes, afastou-se do movimento teosófico. Só um século mais tarde, em 1986, a própria S.P.P. reconheceu que as acusações eram na verdade falsas, e H.P.B., inocente. (N. ed. bras.)

com os nossos próprios chás e biscoitos. Escreva para Port Said, posta restante. Ficaremos no Egito talvez durante uma quinzena. Tudo depende das cartas e notícias de Adyar, de Olcott. Não posso escrever por causa do balanço do navio. Lembranças a todos.

Sempre atenciosamente,

H.P. Blavatsky

Carta nº 134 (ML-64) Recebida em novembro de 1884

Outra vez, uma carta a que se atribui data errada. Sinnett anotou que esta carta foi recebida no "verão de 1884", mas não poderia ter sido tão cedo, devido ao seu conteúdo, e também porque é a carta ditada para e escrita por Djual Khul na cabine de H.P.B. enquanto ela viajava para o Egito, a caminho da Índia. Ela foi escrita provavelmente em 8 de novembro. F.A. é Francesca Arundale, integrante destacada da Sociedade na Inglaterra, na época. Era tesoureira da loja de Londres, e uma das poucas pessoas que recebiam cartas do Mahatma K.H.

A carta nº 134 (ML-64) se refere principalmente à sra. Holloway e aborda a "provação" da qual H.P.B. se queixa na carta anexa – Carta nº 133 (ML-137). Sinnett havia mandado ao Mahatma uma carta escrita pela sra. Holloway e entregue por ela a Mohini. Ela devia estar carregada de presunção ("Attavada").

Recebida em Londres, verão de 1884.

Inteiramente reservada, com exceção de Mohini e F.A.

Bom amigo –

Esta não é uma resposta à sua última. A carta para meu endereço, mandada por você através de Mohini, não foi escrita por você mesmo. Realmente ela foi feita por alguém que, no momento, estava inteiramente sob a influência de uma criatura de Attavada –

"O pecado do Eu, que no Universo
Como em um espelho, vê refletido seu rosto amado"

– e *só o seu;* e ele confiava então, implicitamente, em cada uma das suas palavras; talvez (isto é, até certo ponto, uma justificação) porque não houve uma interferência, parcialmente esperada, e nenhuma

palavra de advertência da nossa parte. Assim – nenhuma resposta a isto, porque é preferível abrir uma página nova.

Ah, por quanto tempo irão os mistérios do chelado vencer e desviar do caminho da verdade tanto os sábios e perspicazes quanto os tolos e crédulos! Como são poucos, entre os muitos peregrinos que têm de começar viagem sem mapa nem bússola pelo Oceano sem praias do Ocultismo, aqueles que alcançam a terra desejada! Acredite-me, fiel amigo, *nada,* exceto uma completa confiança em nós, em nossas boas intenções se não em nossa sabedoria, em nossa antevisão, se não onisciência – algo que não é possível encontrar nesta terra – pode ajudar alguém a avançar desde a sua terra de sonhos e ficção até a nossa terra da Verdade, a região da rigorosa realidade e dos fatos. De outro modo, o oceano comprovará de fato não ter praias; as suas ondas levarão a pessoa não mais por águas de esperança, mas transformarão cada pequena onda em dúvida e suspeita; e elas serão amargas para quem começa a viajar por aquele mar sombrio e agitado do Desconhecido tendo uma mente preconceituosa!

No entanto, não se sinta demasiado perplexo. A hora da provação está em parte terminada, é melhor que você tente compreender os "porquês e para quês" da situação, estudar mais seriamente as leis que governam o nosso "Mundo Oculto". Admito que estas leis, *de fato,* parecem muito frequentemente injustas, às vezes até cruéis. Mas isto se deve ao fato de que elas nunca pretenderam corrigir de imediato os erros, nem ajudar diretamente aqueles que oferecem, ao azar, sua lealdade aos legisladores. E ainda assim, os males aparentemente reais, evanescentes e passageiros que as leis produzem são tão necessários ao crescimento, ao progresso e ao estabelecimento final da sua pequena Sociedade Teos. quanto os cataclismos da natureza, que frequentemente dizimam populações inteiras, são necessários para a humanidade. Como todos sabem, um terremoto pode ser uma bênção, e a forte onda produzida por um maremoto ou furacão pode ser a salvação dos muitos, à custa dos poucos. Viu-se que os "mais aptos" sobrevivem à destruição de cada raça antiga, e imergem na nova raça, e são assimilados por ela, porque a natureza é mais velha que Darwin. Então, é melhor que você diga a si mesmo, "seja o que for que aconteceu, não pode haver motivo para lamentação"; porque não se trata tanto de que novos fatos deveriam ser revelados para o "grupo interno", mas sim de que os velhos enigmas e mistérios deveriam ter sido explicados e esclarecidos para os seus poucos membros inteiramente confiáveis. Até mesmo um par de aspas inocentes saídas do meu lápis, e ao qual você fez objeção, teria tido um

imenso significado para alguém menos bloqueado que você ao escrever sua última carta – baseada inteiramente nas hábeis insinuações da sua suposta profetisa. Era absolutamente necessário que, dentro da experiência pessoal daqueles poucos membros de confiança (você inclusive), o trabalho secreto do Carma ocorresse; e que o seu significado mais profundo fosse ilustrado praticamente (como também os seus efeitos) – sobre aqueles voluntários e aqueles candidatos ao chelado que são teimosos e que se inclinam a atirar-se na escura sombra das suas rodas.

Diante disto, alguns dirão – como fica, então, a grande clarividência dela, o seu chelado, a sua seleção entre muitos por parte dos Mestres?

A clarividência dela é um fato, a sua seleção e seu chelado é outro. Por mais que esteja bem adequado psíquica e fisiologicamente para tal *seleção*, a menos que possua altruísmo espiritual, tanto quanto altruísmo físico, o chela, selecionado ou não, será destruído, como chela, a longo prazo. Personalidade egoísta, vaidade e presunção instalados nos princípios *mais elevados* são extremamente mais perigosos que os mesmos defeitos quando presentes apenas na natureza física e inferior do homem. São ondas de arrebentação contra as quais a causa do chelado, no seu estágio probatório, é certamente despedaçada, a menos que o candidato a discípulo leve consigo o escudo branco da perfeita confiança naqueles que ele está disposto a buscar, em quaisquer circunstâncias, para que o guiem com segurança em direção à luz do Conhecimento. O mundo se movimenta e vive sob a sombra da mortal árvore Upas[1] do Mal; no entanto, o líquido que ela destila só é perigoso para – e só pode atingir – aqueles cujas naturezas elevadas e intermediárias são tão suscetíveis a infecções como suas naturezas inferiores. A sua semente venenosa pode germinar apenas em um solo disposto e bem preparado. Traga à sua memória os casos de Fern, Moorad Ali e Bishen Lal,[2] bom amigo, e lembre-se do que já aprendeu. A massa de pecados e fragilidades humanos se distribui ao longo de toda a vida de um homem que se contenta com seguir sendo um mortal médio. Ela é reunida e concentrada,

---

[1] *Árvore Upas* – Virginia Hanson informa que esta árvore é da família da amoreira e cresce em Java, principal ilha da Indonésia. Sua casca destila uma substância venenosa. H.P.B. afirma em *A Doutrina Secreta*, que a sua obra é um esforço para derrubar as árvores Upas da superstição, do preconceito e da ignorância presunçosa, que são mortais. Veja o penúltimo parágrafo do volume IV de *A Doutrina Secreta,* Ed. Pensamento. (N. ed. bras.)

[2] *Bishen Lal.* Foi presidente da loja teosófica Rohitcund, em Bareilly, estado de Uttar Pradesh, norte da Índia. Aceito como discípulo, falhou. (N. ed. bras.)

digamos assim, dentro de um período da vida de um chela – o período de provação. Aquilo que está em geral acumulando-se para encontrar a sua expressão legítima apenas no próximo renascimento de um homem comum é acelerado e estimulado para que surja no chela – especialmente no candidato presunçoso e egoísta que avança apressado sem ter calculado suas forças.

"Ela que cavou tantas e tão profundas armadilhas para os seus amigos, caiu nelas, ela própria" – disse M. para H.P.B. na noite das revelações mútuas. Eu tentei, mas não consegui salvá-la. Ela havia entrado, ou melhor, eu deveria dizer – ela havia *forçado a porta* para o caminho perigoso, com um objetivo duplo em mente:

(1) Derrubar ou desorganizar toda estrutura da qual *ela* não participasse, e assim obstruir o caminho de todos os outros, se ela considerasse que o sistema e a Sociedade não estavam à altura das expectativas *dela;* e

(2) Permanecer fiel e trabalhar pelo seu chelado e seus dons naturais, que são de fato consideráveis, apenas se aquelas expectativas fossem *todas* atendidas. Foi a intensidade desta decisão que atraiu minha atenção em primeiro lugar. Se levada adiante gradual e suavemente na direção correta, a aquisição de uma individualidade como esta teria tido enorme valor. Mas há pessoas que, sem mostrar qualquer sinal externo de egoísmo, são intensamente egoístas em suas aspirações espirituais internas. Estas pessoas seguirão o caminho que escolheram com os olhos fechados para os interesses de todos, exceto para os seus próprios, e nada verão que esteja fora do estreito caminho preenchido por sua própria personalidade. Elas estão tão intensamente absorvidas na contemplação da sua própria suposta "honradez", que nada pode jamais parecer correto a elas se estiver fora do foco da sua própria visão, distorcida pela contemplação autocomplacente, e fora do seu julgamento do que é certo e errado. Lamentavelmente, nossa nova amiga mútua, L.C.H., é uma destas pessoas. "O correto em ti é mesquinho, o errado, uma maldição", disse nosso Senhor Buddha sobre os que são como ela; porque a noção de *certo* e *errado* "engana aqueles que amam a si mesmos" e amam os outros apenas na proporção dos benefícios recebidos – ainda que estes benefícios sejam exclusivamente espirituais. Tendo despertado em si, cerca de 18 meses atrás, uma curiosidade histérica, espasmódica, devido ao exame do seu *O Mundo Oculto*, e mais tarde uma inveja entusiástica pela leitura de *O Budismo Esotérico*, ela decidiu "descobrir a verdade", segundo expressou. Ou ela se tornaria chela – em primeiro lugar e sobretudo *para escrever livros,* eclipsando assim o seu rival "lei-

go", ou ela destruiria toda a impostura com a qual ela nada tinha a ver. Decidiu ir à Europa e procurar você. A sua imaginação superexcitada, que colocava uma máscara sobre cada fantasma sem rumo, criou o "Estudante" e o fez cumprir seu propósito e seu desejo. Neste momento, prevendo o novo perigo, eu interferi. Dharb: Nath foi enviado e orientado a transmitir-lhe ideias em meu nome por três vezes. Os pensamentos dela foram guiados durante um certo período, sua clarividência foi colocada a serviço de um propósito. Se as suas sinceras aspirações tivessem vencido a intensa personalidade do seu eu inferior, eu teria dado à S.T. uma ajuda e uma colaboradora excelentes. A pobre mulher é naturalmente boa, e moral; mas sua própria pureza é de um tipo tão estreito, de um caráter tão *presbiteriano*, se eu puder usar esta expressão, que a torna incapaz de ver tal pureza refletida em qualquer outro, exceto o seu próprio *Eu*. Só ela é boa e pura. Todos os outros devem ser e serão objeto de suspeita. Uma grande bênção foi oferecida a ela – seu espírito indócil não lhe permite aceitar bênção alguma que não tenha sido expressada de acordo com o modelo próprio dela.

E agora ela receberá uma carta minha que conterá meu *ultimátum* e condições. Ela não as aceitará, mas reclamará amargamente para vários entre vocês, fazendo novas sugestões e insinuações contra alguém que ela declarava adorar. Prepare-se. Uma tábua de salvação é oferecida a ela, mas há muito pouca esperança de que ela a aceitará. No entanto, tentarei uma vez mais; mas não tenho o direito de influenciá-la deste ou daquele modo. Se você aceitar meu conselho, abstenha-se de qualquer correspondência séria com ela até que algo novo ocorra. Tente salvar "Man" examinando-o com Mohini, e eliminando do texto as passagens supostamente inspiradas e ditadas por "Estudante". Como eu também tinha "um objetivo e um propósito" em vista, tive de deixar que ela ficasse sob a auto-ilusão de que este novo livro foi escrito em função de "corrigir os erros" de *O Budismo Esotérico (de destruir o livro,* era seu pensamento na verdade); e foi somente um dia antes de viajar que Upasika recebeu ordens de providenciar para que Mohini retirasse cuidadosamente do texto todas as passagens sujeitas a objeção. Durante a permanência dela na Inglaterra, a sra. H. nunca teria permitido a você ver o livro dela antes da publicação final. Mas eu vou preservar o trabalho de cinco meses de Mohini e não permitirei que ele não seja publicado.

Embora ainda haja muito por explicar, o pouco que você possa ter compreendido a partir desta carta será útil. Ela colocará seus pensa-

mentos em uma nova direção, e revelará outro aspecto do domínio da *Ísis* psicológica.

Se quiser aprender e adquirir Conhecimento Oculto, você tem, meu amigo, de lembrar que este ensinamento abre na corrente do chelado muitos canais imprevistos, diante de cuja força mesmo um chela "leigo" deve necessariamente ceder, ou encalhará nos bancos de areia; e sabendo disso, você deve abster-se para sempre de julgar apenas pelas aparências. O gelo foi quebrado mais uma vez. Tire proveito disso, se puder.

K.H.

Carta nº 135 (ML-138) Recebida em 17 março de 1885

Esta é uma longa carta de H.P.B. para Sinnett, escrita pouco antes de ela deixar a Índia devido à sua saúde, em 31 de março de 1885. O sr. Hodgson, da Sociedade Para Pesquisa Psíquica, havia completado a sua investigação.

Adyar, 17 de março.

Meu caro sr. Sinnett,

Lamento muito que o Mahatma haja escolhido a mim para travar esta nova batalha. Mas já que deve haver sabedoria oculta até mesmo no ato de escolher uma pessoa meio-morta que se ergue agora de oito semanas em que esteve deitada, doente, e que mal pode reunir suas ideias dispersas para dizer algo que seria melhor calar – eu obedeço.

Você não pode ter esquecido o que eu lhe disse repetidamente em Simla e o que o Mestre K.H. escreveu ele próprio a você, isto é, que a S.T. é acima de tudo uma Fraternidade universal, e não uma Sociedade de fenômenos e ocultismo. Estes últimos devem ser mantidos secretos, etc. Sei que devido à minha grande dedicação à causa e às suas afirmações de que a Sociedade *nunca prosperaria* a menos que o elemento oculto fosse introduzido nela e que os Mestres fossem proclamados, eu tenho mais culpa que qualquer outro por haver dado ouvidos a isto. Mesmo assim, todos vocês têm, agora, que sofrer o carma. Bem, os fenômenos são agora todos considerados, com base nas provas dos padres e outros inimigos, como *fraudes* (pelo sr. Hodgson), desde o fenômeno do "broche" em diante; e os Mestres são colocados diante do público, e os seus nomes desrespeitados por qualquer velhaco europeu.

Os padres gastaram muito dinheiro com testemunhos falsos e outros, e não me foi permitido ir à justiça, onde, pelo menos, eu poderia apresentar minhas provas: e agora Hodgson, que até este momento parecia extremamente amigo e vinha até nós quase todos os dias, muda de lado. Ele foi a Bombaim e viu Wimbridge e todos os meus inimigos. Na volta, ele assegurou a Hume (que está aqui, e também vem diariamente) que em sua opinião as provas dos nossos garotos no escritório e outras testemunhas são tão contraditórias que, depois de Bombaim, ele chegou à conclusão de que todos os nossos fenômenos são fraudes. *Amém.*

E agora, qual a utilidade de escrever para tirar do erro a mente do sr. Arthur Gebhard? Logo que a S.P.P. tiver proclamado que sou uma grande "impostora" e todos vocês são apenas crédulos (como o sr. Hume diz aqui, rindo e com grande despreocupação) – a sua Sociedade L.L. certamente entrará em colapso. Poderá, mesmo *você,* o honesto e fiel, resistir a esta tempestade? Feliz Damodar! Ele foi para a terra da Bem-aventurança, o Tibete, e agora deve estar muito longe, nas regiões dos nossos Mestres. Ninguém mais o verá, penso eu.

Bem, até aqui nos trouxeram os malditos fenômenos. Olcott está voltando da Birmânia[1] dentro de três dias e verá coisas agradáveis. No início, Hume era totalmente amigo. Então vieram as revelações. Hodgson havia *localizado o rastro* do broche!!! Foi-lhe dito que eu havia dado a Servai um broche *idêntico* para consertar, antes de ir a Simla, e era *aquele* broche. A sra. Sinnett lembra que eu disse naquela época que possuíra um broche de pérolas muito semelhante àquele, que mandei, junto com outro comprado por mim em Simla, para as crianças da minha irmã? Falei desta semelhança até para o sr. Hume. Pedi ao sr. H. para fazer com que esta joia fosse mandada ao joalheiro (conhecido apenas por Servai, sócio de Wimbridge e meu inimigo mortal) que a identificará ou não. Muito provavelmente *ele o fará.* Por que ele não o faria, por uma centena de rúpias ou algo semelhante?

O sr. Hume quer *salvar* a Sociedade e encontrou um meio de fazê-lo. Ele convocou ontem uma reunião do Conselho composta por Ragunath Row, Subba Row, Sreenavas Row, o digníssimo Subramanya Iyer e Rama Iyer. Todos líderes hindus. Então, tendo escolhido Ragunath Row como presidente da sessão e com a assistência dos dois Oakley, de Hartmann e dos chelas – ele lhe deu um papel. Ali ele propunha, para salvar a Sociedade (ele imagina e insiste que ela está caindo em pedaços depois das "revelações",

[1] A antiga Birmânia hoje se chama Mianmar. (N. ed. bras.)

embora até agora *nenhum* membro tenha renunciado), forçar o coronel Olcott, seu presidente vitalício, a sra. Blavatsky (idem), Damodar (ausente), Bowaji, Bhavani Row, Ananda, Rama Swami, etc., no total 16 pessoas, *a renunciarem,* já que todos eles eram *impostores e cúmplices,* porque muitos deles afirmaram que *conheciam* os Mestres independentemente de mim, e os Mestres não existem. A Sede Geral deve ser vendida, e uma nova sociedade Teosófica Científico-Filosófico-Humanitária deve ser organizada. Eu não estava presente na reunião, estou confinada a meu quarto. Mas os conselheiros vieram até mim, em grupo, após o encontro. Ao invés de aceitar a proposta, e de proclamar os fenômenos como fraudes, como o sr. Hume disse que todos eles haviam sido, segundo ele sabia – Ragunath Row rejeitou o papel, lançando-o de lado com repugnância. Todos eles acreditavam nos Mahatmas – disse ele, e nos fenômenos que eles haviam testemunhado *pessoalmente,* mas não queriam que os seus nomes continuassem sendo profanados. Os fenômenos, a partir de agora, devem ser proibidos, e se eles ocorrerem de modo independente, *não devem ser comentados* sob pena de expulsão. Eles se recusaram a pedir aos Fundadores que renunciem. Não viram razão para isso. O sr. Hume é um estranho "Salvador"!

Portanto, não mais fenômenos, pelo menos aqui na Índia. Enquanto Maskelyne e Cook produzem os seus fenômenos bem melhor e são pagos por isso, nós chegamos em segundo lugar e somos atacados por eles.

O sr. Hume é mais liberal que os padres. Estes últimos chamam Olcott de "tolo crédulo, mas inegavelmente um homem honesto"; e *ele* declara que, como Olcott jura haver visto os Mestres, deve ser um homem desonesto; e já que ele pegou o seu broche de pérolas no encarregado de penhores em Bombaim, ele deve ser (como consequência) também um ladrão, embora o sr. Hume negue isso.

Esta é, em resumo, a situação. Começou em Simla com o primeiro ato, e agora vem o *Prólogo*[2], que em seguida terminará com minha morte. Porque, embora eu tenha subitamente melhorado, apesar dos médicos (que anunciaram uma agonia de quatro dias para mim e a impossibilidade de recuperação), e graças à mão protetora do Mestre, eu tenho duas doenças mortais que não estão curadas – coração e rins. A qualquer momento o primeiro pode ter uma ruptura, e o segundo pode levar-me em alguns dias. Não verei outro ano. Tudo isto se deve a cinco anos de angústias, preocupações e emoções constantemente reprimidas. Um Gladstone pode ser chamado de "impostor" e rir disto. Eu – não, diga você o que disser, sr. Sinnett.

---

[2] Possível erro de H.P.B. ou da transcrição da Carta. Deveria ser *"epílogo"* ao invés de "prólogo". A edição espanhola das *Cartas* preferiu "epílogo". A edição francesa optou por "prólogo", mantendo a tradução literal. (N. ed. bras.)

E agora a sua questão. Antes de começar o serviço para você e o sr. Hume, eu nunca havia transmitido cartas para os Mestres e recebido cartas deles exceto para mim mesma. Se você tivesse alguma ideia das dificuldades, ou do *modus operandi,* não teria aceitado, estando em meu lugar. E no entanto eu nunca recusei. O santuário foi pensado para facilitar a transmissão, porque agora dúzias e centenas de pessoas vêm pedir e implorar que ponham suas cartas dentro dele. Como você sabe, e está comprovado para todos exceto para o sr. Hodgson, que vê *contradições*, todos receberam respostas sem que eu saísse da sala e frequentemente em línguas diferentes. É isso que o sr. Hume, incapaz de explicar, chama de grande fraude coletiva, porque, como os Mestres em sua opinião não existem, e portanto *jamais escreveram uma só das cartas recebidas* – a conclusão lógica é que toda a equipe – todos na Sede Geral –, Damodar, Bowaji, Subba Row, todos, todos me ajudaram a escrever as cartas e as passaram através do *buraco.* Até Hodgson considera esta ideia absurda.

E agora, sobre o "engano" praticado contra o sr. Arthur Gebhard, do qual fui informada pelo Mahatma e pela própria carta de A.G. para mim. Esta "fraude", somada às revelações e insinuações feitas pela ronronante sra. Holloway, deve ter transmitido para a pobre e querida sra. Gebhard uma imagem de H.P.B. de uma honra e uma honestidade notáveis!!

Bem, pessoas que estão na véspera da sua morte geralmente não contam histórias falsas nem dizem mentiras. Espero que você acredite que digo a verdade. Ar. G. não é o único que suspeita de mim e que me acusa de fraude. Diga, pois, aos "amigos" que possam ter recebido cartas do Mestre através de mim que eu nunca fui impostora; que nunca fiz truques contra eles. Frequentemente possibilitei fenômenos de transmissão de cartas por meios mais fáceis, mas ainda assim meios ocultos. O que ocorre apenas é que, como nenhum dos teosofistas, exceto ocultistas, sabe qualquer coisa sobre meios fáceis ou difíceis de transmissão oculta, e como tampouco estão familiarizados com as leis ocultas, tudo é suspeito para eles. Veja, como ilustração, este exemplo: a transmissão por transferência *mecânica* de pensamento (em contraste com a transferência consciente). A primeira é produzida chamando inicialmente a atenção de um chela ou do Mahatma. A carta deve ser aberta e cada linha dela deve ser passada pela testa, suspendendo a respiração e nunca afastando a parte da carta da testa até o toque de uma sineta avisar que foi lida e anotada. O outro modo consiste em imprimir cada frase da carta (conscientemente, é claro), ainda mecanicamente, no cérebro, e então mandá-la frase por frase para a pessoa que está na outra ponta da linha. Isto, é claro, se o remetente permite que você a leia, e acredita em sua honestidade e que você a lê mecanicamente, apenas reproduzindo a *forma* das palavras e das linhas em seu cérebro – e não o seu significado. Mas em ambos os casos a carta deve ser aberta e depois queimada com o que nós chamamos de *fogo virgem* (não acendido por fósforos, nem com enxofre, nem com preparação alguma, mas friccionando uma pequena pedra resinosa e transparente, uma bola que não deve ser tocada por mãos nuas). Isto é feito por causa das cinzas, que, enquanto o papel queima, se tornam imediatamente invisíveis, o que não ocorreria, se o fogo fosse acendido de outra forma; porque elas permaneceriam por seu peso e densidade na atmosfera circundante, ao invés de serem transferidas instantemente para o destinatário. Este processo duplo é feito por dupla segurança: porque as palavras transmitidas de um cérebro para outro, ou para o *akasha* próximo ao Mahatma ou chela podem, algumas delas, ser omitidas, palavras inteiras podem escapar, etc., e as cinzas podem não ser perfeitamente transmitidas; e deste modo um método corrige o outro. Eu não posso fazer isto, e portanto falo disso só como um exemplo de como o engano pode ser facilmente suspeitado. Imagine A. entregando uma carta dirigida ao Mahatma a B. A pessoa B. vai para a sala ao lado e, abrindo a carta – da qual não lembrará nenhuma palavra, se é um verdadeiro chela e uma pessoa honesta –, transmite-a para o seu cérebro por um dos dois métodos, mandando uma frase depois da outra na corrente[3], e então passa ao procedimento de queimar a carta; talvez a pessoa tenha esquecido a "pedra virgem" em seu quarto. Deixando inadvertidamente a carta aberta sobre a mesa, B. se ausenta por alguns minutos. Durante este tempo, A., impaciente e provavelmente suspeitando de algo, entra na sala. Ele vê sua carta aberta sobre a mesa. Ou ele a pegará e fará com ela um ESCÂNDALO (!!), ou a deixará e perguntará a B., depois de queimada a carta, se a enviou. Naturalmente B. responderá que sim. Então virá o *escândalo* com as consequências que você pode imaginar, ou A. ficará de boca fechada e fará como muitos fazem; considerará B., para sempre, um impostor. Este é um exemplo entre muitos, e um exemplo real, dado a mim como advertência pelo Mestre.

Há uma coisa interessante na carta do sr. A.G., muito interessante e sugestiva. Por exemplo, ao narrar como ele me deu a carta e seis horas mais tarde eu disse a ele que "ela havia ido", ele acrescenta: "quatro dias depois o coronel escreveu a H.P.B. dizendo que o Mestre dele aparecera e que K.H. havia dito:" (veja o original mandado de volta para você). Mas, então, o bom "coronel deve ser, também, um impostor", um aliado meu, um cúmplice? Ou será meu Mestre que engana o sr. A.G., Arthur Gebhard, ou o quê? E então, novamente, "H.P.B. é uma impostora embora eu nunca vá negar as suas

---

[3] Corrente astral. (N. ed. bras.)

excelentes qualidades". As "excelentes qualidades" de uma impostora são algo surpreendente e original, no mínimo.

Assim que, por favor, diga ao sr. A.R. Gebhard que nós somos *dois* "impostores" – se um de nós é, e também o seguinte: o Mahatma K.H. recebeu *mas nunca leu a carta dele,* pela simples razão de que estava impedido disso pela promessa que havia feito ao Chohan de não ler nenhuma carta de teosofista algum até voltar da sua missão na China, onde estava, então. Ele concordou em dizer-me isto agora para ajudar minha justificação, segundo ele diz. Ele me havia proibido de modo estritamente rigoroso de mandar-lhe quaisquer outras cartas até segunda ordem. Já que o Mestre[4], diante da prece urgente de Arthur G., assumiu Ele mesmo o encargo por razões que ele próprio conhece melhor, eu nada tinha a fazer exceto obedecer. Peguei a carta e a coloquei em uma gaveta cheia de papéis. Quando a procurei, verifiquei que já havia ido, ou pelo menos não a vi, e disse isto a ele. Mas antes de ir para a cama, ao pegar um envelope vi que a carta ainda estava lá, embora pela manhã ela realmente tivesse ido. Se minha memória está correta, mostrei à sra. Gebhard a carta de Olcott em que ele fala do que o Mestre disse. *Eu não havia lido a carta de Gebhard* e posso ter pensado que as palavras eram uma resposta a esta carta. Na verdade, agora não tenho a menor lembrança do conjunto da mensagem. Uma coisa que sei, e a sra. Geb. confirmará: ela falou das brigas terríveis entre Arth G. e seu pai, a mim, em Londres, antes de ir a Paris, e a Olcott repetidamente. Ela havia expressado a esperança de que o Mahatma iria intervir a favor dela, e estas palavras podem estar relacionadas a isto e talvez nada tenham a ver com a carta. Como posso lembrar? Olcott pode ter ouvido imperfeitamente, ou eu posso ter confundido a coisa. Centenas de alternativas podem ter ocorrido. A única *fraude,* então, está em eu haver dito uma inverdade inconsciente sobre a carta ter ido seis horas depois, quando ela foi levada só pela manhã. Disto eu admito ser "culpada".

Mas, como no caso do "broche de pérolas" de Hume, há algo mais, implícito, além da mera fraude na produção dos fenômenos. Se eu logrei nisto a sra. G. e ele, então eu me transformo imediatamente em uma trapaceira, uma CALOTEIRA. Recebi hospitalidade na casa deles durante meses; eles cuidaram de mim ao longo de toda minha doença e sequer deixaram que eu pagasse o médico, cobriram-me de ricos presentes, honras e amabilidade, e a tudo isto eu retribuo com – LOGRO. Oh, poderes do céu, Verdade e Justiça! que o Carma do sr. Arthur Gebhard possa ser leve para ele. Perdô-o pelo bem da sua mãe e do seu pai, por quem terei afeto e respeito até meu

---

[4] Isto é, o Mahatma M. (N. ed. bras.)

último momento. Por favor, transmita estas palavras de despedida à sra. Gebhard; não tenho nada mais a dizer.

É inútil, sr. Sinnett. A Sociedade Teosófica viverá aqui, na Índia, para sempre – ela parece condenada na Europa, *porque eu estou condenada.* Ela depende do seu *Budismo Esotérico* e de *O Mundo Oculto.* E se os Mahatmas são mitos, se eu sou a autora de todas aquelas cartas, se sou proclamada uma IMPOSTORA e coisas piores pela S.P.P., como poderá viver a Loja de Londres? Eu disse a você – porque senti, como sempre sinto – que essa investigação do sr. Hodgson seria fatal. Ele é o jovem mais honesto, excelente, hábil que existe. Mas como pode ele diferenciar a verdade da mentira quando há uma grossa rede de conspiração ao redor dele? No início, quando ele visitou a Sede Geral, e os padres não podiam controlá-lo, ele parecia bem. Os seus informes eram favoráveis. E então ele foi pego. Nós temos nossos informantes que seguiram de perto os missionários. Você, na Inglaterra, pode rir – nós não rimos.

Nós sabemos que a conspiração não é algo risível. Os 30.000 padres da Índia estão todos unidos contra nós. Estão jogando sua última cartada – são *eles* ou *nós.* Em uma semana foram coletadas 72.000 rúpias em Bombaim. – "para promover a investigação contra os chamados Fundadores da S.T." Todos os juízes do lugar (pense em sir C. Turner!) estão contra nós. Os céticos e os cristãos nominais, livres-pensadores e esnobes do C.S.[5] – meu nome cheira mal em suas narinas. E agora entra em cena novamente a bela adormecida. Eu sou, além de tudo, UMA ESPIÃ RUSSA. Na noite passada os Oakley jantaram com Hume na casa dos Garstin e lhes foi dito muito seriamente que o Governo irá me *observar* outra vez; que eles tinham informação (os Coulomb?), de que eu "tinha de ser observada". Inutilmente Hume riu e os Oakley protestaram. Era algo "muito sério" em função de os russos cruzarem Cabul, Afganistão, ou alguma coisa parecida.

Uma mulher velha e *à beira da morte*, confinada a seu quarto; proibida de subir alguns passos para evitar que seu coração estoure; que nunca lê um jornal, por medo de encontrar nele o mais vil ataque pessoal; que recebe cartas da Rússia mandadas apenas por seus parentes – uma espiã, uma personagem perigosa! Oh, ingleses da Índia, onde está sua coragem?

Apesar de Hume, do amigo deles Hodgson e de todas as provas, os Oakley *não* me consideram uma impostora. Eles têm completa confiança nos Mestres; nada, dizem eles, os fará duvidarem da existência deles, e, à parte de algum pequeno aborrecimento por fofocas sobre assuntos privados,

---

[5] C.S. – possivelmente "Civil Service", serviço público, isto é, os funcionários públicos. (N. ed. bras.)

são teosofistas fiéis e, como eles dizem, meus melhores amigos. Bem, isto é bom. Eu acredito, oh, Senhor, ajude-me a vencer minha descrença. Como posso acreditar que alguém seja meu amigo em um momento destes? Só aquele que sabe que os nossos Mahatmas existem e que os fenômenos são reais do mesmo modo que sabe que vive e respira pode simpatizar comigo, e olhar-me como uma mártir. Panfletos escritos por Reverendos, livros e artigos *desmascarando-me* do início ao fim aparecem todos os dias. "A Teosofia Sem Véu" – "A Senhora Blavatsky Desmascarada" – "A Fraude Teosófica Exposta ao Mundo" – "Cristo Contra os Mahatmas", etc., etc.; você que conheceu bem a Índia, sr. Sinnett, considera difícil conseguir falsas testemunhas aqui? Eles têm todas as vantagens sobre nós. Eles (os inimigos) trabalham noite e dia, inundando o país com literatura contra nós, e nós sentamos imóveis e apenas brigamos dentro da Sede Geral Teosófica. Olcott é afinal considerado um tolo, detestado pelos Oakley (por certos erros que ele realmente não pôde evitar) e adorado pelos hindus. E agora, depois da chegada de Hume, estou pronta para a parte que me toca. Embora meus amigos, os Oakley, me aconselhem a renunciar, os hindus dizem que todos eles se afastarão se eu me afastar. *Eu* devo renunciar, porque, sendo considerada uma "espiã russa", coloco a Sociedade em perigo. Assim é *minha* vida durante a convalescença, quando qualquer emoção, segundo o médico, *pode ser fatal.* Tanto melhor. Neste caso, renunciarei *de facto.* Mas eles esquecem que até agora eu sou o único elo entre os europeus e os Mahatmas. Os hindus não se importam. Dúzias deles são chelas, centenas Os *conhecem,* mas, como no caso de Subba Row, preferem morrer a falar dos seus Mestres. Hume não pôde tirar *nada* de Subba Row, embora todos saibam o que ele é. Outra noite ele recebeu uma longa carta do meu Mestre, na sala de reuniões, quando Hume colocou em votação minha renúncia. Eles haviam acabado de votar que não deveria haver mais fenômenos e nunca se deveria falar sobre Mahatmas; a carta estava em telugu, dizem eles. Embora eles me apoiem e pretendam apoiar-me até o fim, eles me acusam de haver profanado a Verdade e os Mestres, por haver sido o instrumento de *O Mundo Oculto* e de *O Budismo Esotérico.* Não contem com os hindus, vocês da L.L. Comigo morta, a Sociedade pode dizer adeus aos Mestres. Digam adeus agora mesmo – todos com talvez uma exceção – porque dei minha palavra de honra aos meus Irmãos Hindus, os ocultistas, no sentido de que nunca mencionarei Seus nomes exceto entre nós próprios, e a manterei.

Esta será provavelmente minha última carta a você, meu caro sr. Sinnett. Demorei mais ou menos uma semana para escrevê-la – estou muito fraca; e além disso não penso que terei outra oportunidade. Não posso dizer-lhe por quê: muito provavelmente você não lamentará. Você não pode permanecer fiel muito tempo, vivendo, como vive, no mundo. Myers e a S.P.P. irão rir de você e desprezá-lo. Hume, que vai a Londres em abril, vai lançar todos contra os Mahatmas e contra mim. É necessário um tipo de homens e mulheres diferentes dos que há na L.L., com a exceção da srta. Arundale e outros dois ou três – para resistir a uma perseguição e uma tempestade como estas. E tudo isto porque nós profanamos a Verdade ao divulgá-la indiscriminadamente – e esquecemos o lema do verdadeiro Ocultista: "Saber, Ousar, e PERMANECER EM SILÊNCIO.

Adeus, pois, caros sr. e sra. Sinnett. Quer eu morra dentro de alguns meses ou permaneça mais dois ou três anos em solidão, é como se eu já estivesse morta. Esqueçam-me, e tentem merecer comunicação *pessoal* com o Mestre. Então serão capazes de pregar sobre a existência dele, e se tiverem êxito, como eu tive êxito, vocês serão agredidos e insultados como eu fui, e verão se podem suportá-lo. Os Oakley querem que eu escreva à minha tia e à minha irmã e peça a elas que mandem o desenho do broche de pérolas que lhes mandei em 1880. Recuso-me. Para que fazer isto? Se o fenômeno do broche for comprovado, então algum outro fenômeno será demonstrado como fraudulento por testemunhas falsas. Estou cansada, cansada, cansada e tão decepcionada que a própria Morte, com as suas primeiras horas de horror, é preferível a isto. Que o mundo inteiro, com a exceção de alguns poucos amigos e de meus Ocultistas Hindus, me considere uma impostora. Não o desmentirei – nem mesmo frente a frente com eles. Diga isto ao sr. Myers e outros.

Adeus, novamente. Que a sua vida possa ser feliz e próspera e que na velhice a sra. S. possa ter mais saúde que na juventude. Perdoe-me os aborrecimentos que eu possa ter causado a você e – esqueça.

Atenciosamente até o fim,

H.P. Blavatsky

Carta nº 136 (ML-65) Recebida na primavera de 1885

Esta carta do Mahatma K.H. está anexa a uma carta de H.P.B. que faz parte de Letters of Blavatsky to A.P. Sinnett, *pp. 75-77. No pós-escrito de sua carta, H.P.B. escreve: "Neste preciso instante recebo uma carta para você. Eu a anexo – perdoe-me, mas espero que seja a última, porque não tenho mais força para sofrer".*

Recebida em Londres, verão, 1885.[1]

Meu amigo:

Você me pede para "esclarecer" o "novo fato lamentável" que surge da fantasiosa acusação do sr. A. Gebhard? Quanto a isto, dezenas de fatos de caráter muito mais lamentável, cada um deles visando destruir a infeliz mulher escolhida como vítima, estão preparados e prontos para eclodir sobre a cabeça dela, ferindo a Sociedade de modo igualmente grave. Novamente, eu não deveria ter imaginado que, depois da minha notável incapacidade de satisfazer os seus rigorosos especialistas em lógica em relação aos incidentes "Billing-Massey" e "Kiddle-Light", minha opinião pessoal e minhas explicações seriam consideradas de pouco valor no Ocidente? No entanto, você parece pensar como Whewell[2] que "cada fracasso é um passo em direção ao êxito", e sua confiança em mim deve abalar seriamente os seus amigos.

Com sua licença, deixei a explicação do "lamentável incidente" a cargo da própria sra. B. Como ela escreveu a você, no entanto, apenas a simples verdade, há escassas possibilidades de que se acredite nela, exceto, talvez, no caso dos poucos amigos próximos dela – se ela ainda tiver algum amigo, no momento em que esta chegar até você.

A esta altura, meu amigo, você deve ter compreendido que a tentativa feita a cada século por nós para abrir os olhos do mundo cego – quase fracassou: na Índia, parcialmente; na Europa – com algumas exceções – absolutamente. Há apenas uma chance de salvação *para aqueles* que ainda acreditam: unirem-se e enfrentarem corajosamente a tempestade. Que os olhos dos mais intelectualizados, entre o público, sejam abertos para a existência da sórdida conspiração contra a teosofia que está ocorrendo em círculos missionários, e no prazo de um ano vocês terão recuperado terreno. Na Índia é: "ou Cristo ou os *Fundadores* (!!) Vamos apedrejá-los até à morte!" Eles quase terminaram de matar um dos fundadores – agora estão atacando a outra vítima, Olcott. Os padres estão tão ocupados como abelhas. A S. P. P. deu-lhes uma excelente oportunidade para fazer uso do seu embaixador. O sr. Hodgson caiu com muita facilidade como vítima diante de falsas provas; com a

---

[1] A cronologia desta Carta, segundo V. Hanson, é diferente desta data anotada por A. Sinnett, cuja memória equivocou-se em mais de um caso. (N. ed. bras.)

[2] William Whewell (1794-1866), filósofo inglês que teve grande interesse nas ciências físicas. Aos 26 anos já era membro da *Royal Society*. Foi professor de temas diversos, como mineralogia e filosofia moral, e acadêmico destacado da Universidade de Cambridge. (N. ed. bras.)

ajuda da impossibilidade científica *a priori* de tais fenômenos, a realidade dos fenômenos que ele foi mandado para investigar, produzindo um informe a respeito deles, está absoluta e totalmente desacreditada. Ele pode alegar como desculpa a decepção pessoal que sentiu e que o fez voltar-se com fúria contra os supostos autores da "trapaça gigantesca"; mas não há dúvida de que, se a Sociedade entrar em colapso, será devido a ele. Podemos acrescentar os elogiáveis esforços do nosso amigo comum de Simla (A.O. Hume), que, no entanto, não renunciou – e os esforços do sr. Lane-Fox. Que Sociedade poderia resistir integralmente aos efeitos de duas línguas como as dos srs. H. e L.F.? O primeiro deles assegura em caráter confidencial, a cada teosofista de destaque, que desde o começo da Sociedade *nenhuma das cartas* vindas supostamente dos *Mestres* era *autêntica.* Enquanto isso, o sr. L. Fox circula pregando que está apenas realizando o desejo do Mestre (M.) ao informar os teosofistas de todos os defeitos da S.T. e dos erros dos seus Fundadores, cujo Carma é *trair* a confiança sagrada que haviam recebido dos seus Gurus.

Depois disso talvez você critique menos os nossos chelas por detestarem os europeus na Sede Geral e por dizerem que foram *eles* que arruinaram a Sociedade.

Deste modo, meu amigo, surge um final obrigatório para as instruções ocultas projetadas. Tudo estava estabelecido e preparado. O Comitê secreto, nomeado para receber nossas cartas e ensinamentos e para transmiti-los ao grupo Oriental, estava pronto, quando alguns europeus – por razões que prefiro não mencionar – assumiram como sua a autoridade para reverter a decisão de todo o Conselho. Eles se recusaram (embora a razão alegada fosse outra) a receber nossas instruções através de Subba Row e Damodar, o último dos quais é odiado pelos srs. L. Fox e Hartmann. Subba R. renunciou e Damodar foi para o Tibete. Os nossos hindus podem ser criticados por isto?

E agora Hume e Hodgson aguilhoaram Subba Row até enfurecê-lo ao dizer-lhe que, como amigo e colega de ocultismo da sra. B., ele estava sob a suspeita do Governo de ser, também, um *espião.* É a mesma história do "Conde de Saint Germain" e de Cagliostro, de novo. Mas posso dizer a você, que tem sido sempre fiel e verdadeiro *comigo,* que não será permitido que os frutos da sua devoção degenerem e caiam da árvore da ação na poeira. E agora, posso dizer algumas palavras que talvez resultem úteis?

É um velho truísmo afirmar que nenhum de vocês teve jamais uma ideia exata nem dos "Mestres" nem das leis do Ocultismo pelas

quais eles se orientam. Por exemplo, eu, pelo fato de haver recebido um pouco de educação ocidental – devo necessariamente ser imaginado como aquela espécie de "cavalheiro" que adapta suas ações estritamente às leis da *etiqueta,* e regula seu contato com os europeus de acordo com as regras do mundo e da Sociedade *europeus!* Nada poderia ser mais equivocado: não é necessário destacar o absurdo da imagem de um asceta indo-tibetano fazendo o papel de sir C. Grandison. No entanto, havendo deixado de corresponder à descrição mencionada, fui enforcado simbolicamente, e publicamente desonrado e degradado, como diria a sra. B. Que paródia pobre! Quando vocês compreenderão que não sou nada disso? Que se, até certo ponto, posso estar familiarizado com as noções (para mim) peculiares de vocês sobre o caráter apropriado desta ou daquela coisa, e com as obrigações de um cavalheiro *ocidental,* vocês também, até certo ponto, conhecem os usos e costumes da China e do Tibete. Por tudo isto, assim como vocês se recusariam a se adaptar aos nossos hábitos e viver de acordo com nossos costumes – eu também prefiro o nosso estilo de vida ao de vocês, e as nossas ideias às do Ocidente. Sou acusado de *"plágio"*. Nós, do Tibete e da China, não sabemos o que vocês querem dizer com esta palavra. Eu sei, mas isto talvez não seja razão para que eu tenha de aceitar as *suas* leis literárias. Qualquer autor tem o privilégio de tirar frases inteiras do dicionário de *Pai-Wouen-Yen-Fu,* o maior do mundo, repleto de citações de cada escritor conhecido, e que contém todas as frases alguma vez usadas – e de estruturá-las para expressar seu pensamento. Isto não se aplica ao incidente Kiddle, que ocorreu exatamente como eu disse a você. Mas talvez você possa encontrar, ao longo das minhas cartas vinte frases destacadas que tenham sido usadas, já, em livros ou manuscritos. Quando você escreve sobre algum assunto, você se rodeia de livros de referência, etc.: quando nós escrevemos sobre algo, desconhecendo a opinião ocidental a respeito do tema, nos rodeamos de centenas de parágrafos sobre este tema particular, presentes em dúzias de obras diferentes – e que estão impressas no Akasha. O que há de surpreendente, então, em que não só um chela a quem foi confiado o trabalho e que é inocente de qualquer conhecimento sobre o significado da palavra plágio, mas também eu mesmo, usemos ocasionalmente uma frase inteira já existente, empregando-a apenas em função de outra ideia, nossa própria? Eu disse isso a você antes, e não é culpa minha se os seus amigos e inimigos não ficam satisfeitos com a explicação. Quando decidir escrever um ensaio para ganhar um prêmio, talvez eu seja mais cuidadoso. Porque a questão *Kiddle* ocorreu por um erro seu próprio. Por que você imprimiu *O Mundo Oculto* antes de mandá-lo a mim para revisão? Eu jamais teria deixado que aquele tre-

cho passasse; nem o "Lal Sing", tolamente inventado em parte como *pseudônimo literário* por Djual K. e que descuidadamente deixei que se tornasse costumeiro, sem pensar nas consequências. *Nós não somos, em todas as horas do dia, "Mahatmas" infalíveis, capazes de prever tudo,* bom amigo: nenhum de vocês sequer aprendeu a lembrar disso. E agora, a respeito de Ocultismo.

Espera-se de nós que deixemos as forças Ocultas serem tratadas do mesmo modo que a sua casca externa – as forças físicas na natureza. Somos criticados por não dar a qualquer estudioso que tenha ingressado na S.T. os frutos das pesquisas de gerações de ocultistas que dedicaram, todos, suas vidas a isto, e que com igual frequência as perderam na grande luta por arrancar do coração da Natureza os seus segredos. A menos que façamos isso, o Ocultismo não poderá ser reconhecido: terá de permanecer dentro do limbo da mágica e da superstição, como espiritismo – para alguns – ou *fraude,* na opinião de outros. Quem pensou, por um instante, que uma lei oculta, uma vez revelada, deixa de ser oculta para ser propriedade pública, a menos que seja dada a *um Ocultista que morra antes de trair o segredo?*

Que resmungos, que críticas sobre o *Devachan* e assuntos semelhantes, por seu caráter incompleto e suas muitas aparentes contradições! Oh, tolos cegos! Eles esquecem – ou nunca souberam – que aquele que possui as chaves dos segredos da *Morte* é possuidor das chaves da *Vida.* Que se todos pudessem tornar-se um *Deus criativo* nesta raça, adquirindo conhecimento tão facilmente, não haveria necessidade de uma 6ª e uma 7ª raça. E que nós, nós teríamos pervertido o programa do SER, adulterado os registros no Livro da Vida, anulado, em uma palavra, a VONTADE ETERNA!

Meu amigo, tenho pouco ou nada mais a dizer. Lamento profundamente minha incapacidade de satisfazer as aspirações honestas, sinceras, de alguns poucos eleitos entre o seu grupo – pelo menos de momento. A crise atual que está abalando os alicerces da S.T. é uma questão de perdição ou salvação para milhares; uma questão de progresso ou retrocesso da raça humana; da sua glória ou desonra, e para a maior parte desta raça, *de ser ou não ser,* de aniquilação, realmente – e se a sua L.L. pudesse ao menos entender, ou mesmo suspeitar disso, talvez muitos de vocês olhassem para a própria raiz do mal, e em vez de seguirem aparências e decisões científicas falsas, vocês se poriam a trabalhar e salvariam a situação revelando os atos desonrosos do seu mundo missionário.

Enquanto isso, aceite meus melhores votos.

K.H.

Creio que é melhor contar a você outra vez o que eu gostaria que lembrasse sempre. Ficaria contente se todas as perguntas pudessem ser respondidas tão facilmente quanto a sua questão sobre "o fato lamentável". Por que é que dúvidas e suspeitas sórdidas parecem atacar cada aspirante ao chelado? Meu amigo, nas Lojas Maçônicas dos tempos antigos, o neófito era submetido a uma série de testes espantosos, em que estavam em jogo a sua constância, sua coragem e sua presença de espírito. Através de impressões psicológicas provocadas por máquinas e substâncias químicas, ele era levado a acreditar que estava caindo em precipícios, que seria esmagado por rochas, que caminhava através de pontes de teia de aranha no meio do ar, que atravessava fogo, que se afogava na água e era atacado por animais selvagens. Esta era uma reminiscência e um programa tomado por empréstimo dos Mistérios Egípcios. Como o Ocidente havia perdido os segredos do Oriente, ele tinha, digamos, que fazer uso de um artifício. Mas nos dias atuais a vulgarização da ciência tornou obsoletos estes testes triviais. O aspirante é agora atacado inteiramente no lado psicológico da sua natureza. O processo de testes – na Europa e na Índia – é o da Raja Ioga, e o seu resultado é, como tem sido explicado frequentemente, o desenvolvimento de todos os germes, bons e maus, que há nele e em seu temperamento. A regra é inflexível, e ninguém escapa, quer ele apenas escreva uma carta para nós, ou formule, na privacidade do seu próprio coração, um forte desejo de comunicação e conhecimento ocultos. Assim como a chuva não pode fazer frutificar a rocha, tampouco o ensinamento oculto surte efeito sobre a mente que não é receptiva; e assim como a água aumenta o calor da cal cáustica, também o ensinamento coloca em impetuosa ação todas as insuspeitadas potencialidades latentes no aspirante. Poucos europeus resistiram a *este teste.* Suspeitas, seguidas de uma convicção autoconstruída de fraude, parecem ter se transformado na ordem do dia. Eu digo a você que, *com muito poucas exceções,* nós fracassamos na Europa. De agora em diante, a política de absoluta neutralidade da S.T. em relação a ensinamentos ocultos e fenômenos será aplicada rigidamente: qualquer coisa transmitida o será de indivíduos para indivíduos. Por exemplo: se a sra. B. reunir as forças necessárias para viver (e isto depende inteiramente da *vontade* dela e dos poderes práticos desta vontade) e estiver disposta a servir de amanuense para você (Sinnett, não para o grupo) sob orientação do guru dela, ou mesmo sob minha orientação, ela poderá, se quiser, mandar a você instruções semanais ou mensais. Mohini poderia fazer o mesmo – mas sob o compromisso solene de que nem os nossos nomes, nem o do remetente serão jamais divulgados publicamente; e que tampouco a S.T. será considerada responsável por

estes ensinamentos. Se o grupo oriental sobreviver, algo ainda poderá ser feito por ele. Mas a partir de agora nunca se permitirá que a Sociedade na Índia seja novamente comprometida por fenômenos que são denunciados em conjunto como fraudes. O bom navio está afundando, amigo, porque a sua carga preciosa foi oferecida ao público em geral; porque parte do seu conteúdo foi profanada por manipulações mundanas, e o seu ouro foi recebido como se fosse latão. A partir de agora, eu digo, nenhum olhar profano verá seus tesouros, e o seu convés externo e seus mastros devem ser limpos da impureza e da escória acumulados pela indiscrição dos seus próprios membros. Tente remediar o mal que foi feito. Cada passo dado por alguém em nossa direção nos forçará a dar outro passo em direção a ele. Mas não é indo a Ladakh[3] que alguém nos encontrará, ao contrário do que o sr. Lane-Fox imagina.

Uma vez mais, aceite minha bênção e minha saudação de despedida, *caso* elas tenham de ser as últimas.

K.H.

Carta nº 137 (ML-97) Recebida no outono de 1885

Não houve cartas durante algum tempo, e a última recebida do Mahatma K.H. não fora muito encorajadora. Quando esta carta foi recebida, H.P.B. havia deixado Adyar pela última vez em março, indo para a Alemanha, onde estava trabalhando em A Doutrina Secreta. *Um chela indiano, Babaji ou Bawajee, viera com ela da Índia, e aparentemente Mohini tinha viajado para encontrá-los.*

Havia sido publicada recentemente uma novela oculta de Sinnett, intitulada Karma, *tendo H.P.B. como figura central.*

A pergunta "você não é um homem suficientemente mundano para tolerar os pequenos defeitos de discípulos jovens?", nesta carta, diz respeito ao comportamento de Babaji e Mohini. Babaji, como ficou claro, era epilético e sujeito a períodos de comportamento imprevisível e um tanto irracional, o que incluía amargas críticas contra sua benfeitora, H.P.B. Ligado pelo vínculo da nacionalidade ao chela mais jovem, Mohini tinha a tendência a tomar a mesma posição que ele em várias controvérsias que surgiam. Além disso, Mohini era objeto de muita adulação por parte de alguns membros europeus da S.T., algo que começava a subir à sua cabeça. Ele estava demonstrando falta de discernimento em suas relações com vários membros.

[3] Pequena cidade na fronteira da Índia com o Tibete, que fazia parte do trajeto de viagens regulares do Mahatma K.H. (N. ed. bras.)

"Pessoas comuns" são as massas, em contraste com os que se distinguem. Os métodos de vocês não foram abandonados, só se tentou mostrar uma tendência de mudança cíclica que sem dúvida é ajudada por vocês, também. Você não é um homem suficientemente mundano para tolerar os pequenos defeitos de discípulos jovens? À sua maneira, eles também ajudam – e muito. Também há oculto em você o poder de ajudar da sua parte, porque a pobre Sociedade ainda vai necessitar toda ajuda possível. É bom que você tenha visto o trabalho de uma mulher nobre, que abandonou tudo pela causa. Surgirão outras maneiras e ocasiões para você ajudar, porque você é a única testemunha e conhece bem os fatos que serão questionados pelos traidores.

Não podemos alterar o Carma, meu "bom amigo", de outro modo nós dissiparíamos a nuvem atual que há sobre seu caminho. Mas fazemos tudo o que é possível nestas questões materiais. Nenhuma escuridão pode durar para sempre. Tenha esperança e fé e poderemos eliminá-la. Não há mais muitos fiéis ao "programa original"! E você recebeu muitos ensinamentos e possui muita coisa que é, e será, útil.

M.

Carta nº 138 (ML-145) Recebida no outono[1] de 1885

Esta é a última carta recebida diretamente do Mahatma.

Coragem, paciência e *esperança,* meu irmão.

K.H.

Carta nº 139 (ML-140) Datada de 6 de janeiro de 1886

Foi "transmitida" a H.P.B. a ideia de que ela desse certas informações a Sinnett. Ela estava em Wursburg, Alemanha, trabalhando em A Doutrina Secreta. *Em dezembro a condessa suíça Constance Wachtmeister, integrante da Sociedade Teosófica e clarividente natural, havia se reunido a ela e passado a ajudar H.P.B., de quem era amiga leal. Pouco depois da morte de H.P.B., a condessa escreveu o livro intitulado* Reminiscências de H.P. Blavatsky e de A Doutrina Secreta[2]. *É uma obra fascinante, e deve ser recomendada a todos os que se interessam por esta fase da vida de H.P.B.*

---

[1] Outono no hemisfério norte; primavera, no hemisfério sul. (N. ed. bras.)

[2] Publicado no Brasil pela Editora Pensamento, SP. (N. ed. bras.)

Carta nº 139

O Relatório da S.P.P. sobre a investigação de Richard Hodgson havia sido distribuído em dezembro de 1885. A falsidade dele abateu H.P.B. A condessa recebeu uma carta do dr. Hubbe Schleiden, presidente da Sociedade Teosófica alemã. Ele acabara de ler o relatório e escrevera para dizer que a menos que H.P.B. pudesse explicar como fora encontrada e comprovada tamanha semelhança entre a linguagem em inglês usada por H.P.B. e pelo Mahatma K.H., ela seria acusada para sempre de fraude e falsificação.

H.P.B. descreve o que a condessa fez nesta situação e o que aconteceu a ela própria depois de ler o Relatório.

6 Jan. 1886, Wursburg.

Meu caro sr. Sinnett,

Me é transmitida a ideia de lhe informar o seguinte: primeiro, deixeme dizer-lhe que a querida condessa foi a Munique a toda pressa para tentar salvar Hubbe da fraqueza dele e a Sociedade da destruição. Ela passou toda a noite em transe, saindo do seu corpo e voltando a ele. Ela viu o Mestre e o sentiu a noite toda. Ela *é* uma grande clarividente. Bem, depois de ler algumas páginas do *Relatório* fiquei tão aborrecida com as mentiras gratuitas de Hume e as inferências absurdas de Hodgson que quase desisti de tudo em desespero. *O que eu poderia* fazer ou dizer contra a evidência do plano natural mundano? Tudo estava contra mim, e eu só tinha que morrer. Fui para a cama e tive a mais extraordinária das visões. Eu havia chamado pelos Mestres sem resultado – que não vieram enquanto eu estava acordada, mas agora, dormindo, eu vi os dois. Eu estava novamente (uma cena de anos atrás) na casa do Mah. K.H. Estava sentada em um canto sobre uma esteira e ele caminhava pela sala em sua roupa de cavalgar, e o Mestre[3] falava com alguém atrás da porta. *"Eu lembrar não posso"*, disse eu, em resposta a uma pergunta Dele sobre uma tia morta. Ele sorriu e disse, "Inglês interessante, o que você usa". Então me senti envergonhada, *ferida em minha vaidade,* e comecei a pensar (veja você, em meu *sonho* ou *visão* que era a *exata* reprodução do que havia ocorrido, palavra por palavra, 16 anos antes), "agora que estou aqui e falando *apenas inglês* em linguagem fonética verbal, talvez eu possa aprender a falar melhor com Ele." (Esclareço que com o Mestre eu também usava inglês, o qual, bom ou mau, era a mesma coisa para Ele, já que ele não fala inglês, mas entende cada palavra que formulo em minha cabeça; e eu sou levada a compreendê-Lo – eu nunca poderia dizer ou expli-

3 Isto é, o Mestre de H.P.B., Mahatma M. Para ela, ele era simplesmente "o Mestre". (N. ed. bras.)

car *como*, mesmo que fosse morta por isso, *mas o compreendo.* Com D.K. eu também falava inglês, e ele falava esta língua ainda melhor que K.H.) Então, ainda em meu sonho, *três meses depois,* enquanto eu era levada a ter esta visão – eu estava de pé diante do Mah. K.H., perto do velho prédio em escombros que ele olhava, e como o Mestre não estava em casa, levei a ele algumas frases que estava estudando em senzar[4] na sala da sua irmã, pedi a ele que me dissesse se eu as havia traduzido corretamente, e lhe dei um pedaço de papel com as frases em inglês. Ele pegou o papel, leu-as e, corrigindo a interpretação, releu-as e disse, "agora o seu inglês está melhorando – *tente tirar da minha cabeça o pouco que sei desta língua".* E colocou sua mão na minha testa, na região da memória, e apertou seus dedos ali (e eu senti exatamente a mesma pequena dor naquela região, como na época, e o arrepio de frio que eu havia tido) e desde aquele dia ele fez a mesma coisa com minha cabeça todos os dias, durante cerca de dois meses. Novamente, a cena muda e estou saindo com o Mestre, que está me mandando de volta para a Europa. Estou dizendo adeus à sua irmã, à criança dela e a todos os chelas. Escuto o que os Mestres me dizem. E então vêm as palavras de despedida do Mah. K.H., rindo de mim como Ele sempre fazia e dizendo, "Bem, se você não aprendeu muito sobre as Ciências Sagradas e o Ocultismo prático – e *quem poderia esperar que uma* MULHER aprendesse? – pelo menos você aprendeu um pouco de inglês. Você agora fala inglês *só um pouco pior* do que eu!" – e ele riu.

Outra vez muda a cena. Estou na rua 47 em Nova Iorque, escrevendo *Ísis,* e a Sua voz está ditando para mim. Naquele sonho ou visão *retrospectiva,* eu *reescrevi* toda *Ísis* e agora podia assinalar todas as páginas e frases que o Mah. K.H. havia ditado – assim como as que o Mestre ditara – em meu inglês pobre, enquanto Olcott arrancava seus cabelos aos punhados tentando descobrir o significado pretendido. De novo me vi noite após noite na cama, escrevendo *Ísis* em meus sonhos, em Nova Iorque, nitidamente *escrevendo-a durante meu sono,* e sentia frases do Mah. K.H. sendo impressas na minha memória. Então, enquanto eu estava acordando daquela visão (agora em Wursburg) escutei a voz do Mah. K.H. – "e agora some dois mais dois, pobre mulher cega. O mau inglês e a construção de frases que você faz agora, mesmo isso você aprendeu *de mim* ... tire fora a mancha colocada

---

[4] *Senzar*– Linguagem secreta, o "idioma dos mistérios" usado pelos Adeptos no mundo todo. Além de ter alfabeto próprio, esta linguagem pode ser expressa através de vários sistemas de escrita cifrada, mais semelhantes aos ideogramas do que às letras propriamente ditas. Veja o prefácio de H.P.B. para a sua obra *A Voz do Silêncio.* (N. ed. bras.)

sobre você por aquele homem desorientado e presunçoso (Hodgson); explique a verdade aos poucos amigos que acreditam em você – porque o público nunca acreditará, até o dia em que a Doutrina Secreta sair". Acordei, e foi como a luz de um relâmpago; mas ainda não sabia a que isso se referia. Uma hora mais tarde, aparece a carta de Hubbe Schleiden para a condessa, em que ele diz que a menos que eu explique como é identificada e comprovada, por Hodgson, uma semelhança entre meu inglês limitado e certas expressões do Mah. K.H., na construção de frases e em galicismos peculiares – serei acusada para sempre de fraude e falsidade (!!) e não sei quantas coisas mais. É claro, eu aprendi inglês com Ele! Até Olcott entenderá isto. Você sabe, e eu disse isso a muitos amigos e inimigos – aprendi um inglês terrível de Yorkshire com minha ama-seca, chamada *Governanta.* Desde a época em que meu pai me levou à Inglaterra quando eu tinha 14 anos, pensando que eu falava um bonito inglês, e as pessoas perguntavam a ele se eu havia sido educada em Yorkshire ou Irlanda, rindo do meu sotaque e da maneira de falar – eu desisti completamente do inglês, evitando falar esta língua sempre que possível. Desde os 14 anos até depois dos quarenta, eu nunca falava em inglês, muito menos escrevia, e esqueci completamente a língua. Sabia ler em inglês – o que fazia muito pouco –; não sabia falar. Lembro como era difícil para mim entender um livro bem escrito em inglês, quando estava em Veneza em 1867. O que eu sabia quando fui para a América do Norte em 1873 era falar um pouco, e isto Olcott, Judge e todos os que me conheciam podem testemunhar. Gostaria que as pessoas vissem um artigo que uma vez tentei escrever para *Banner of Light,* no qual, ao invés de sanguíneo, escrevi sanguinário, etc. Aprendi a escrever em inglês através de *Ísis*, certamente, e o prof. A. Wilder, que vinha semanalmente ajudar Olcott a arranjar os capítulos e escrever o *Índex*, pode testemunhar isto. Quando terminei o livro (e a *Ísis* atual é *só a terça parte* do que escrevi e destruí), eu já podia escrever tão bem quanto faço agora, nem pior nem melhor. Minha memória e suas funções parecem ter desaparecido desde então.

Qual a surpresa, então, no fato de que o *meu* inglês e o do Mahatma têm semelhança? O inglês de Olcott e o meu também são semelhantes, pelos americanismos que assimilei dele nestes dez anos. Traduzindo tudo mentalmente do francês, eu não teria escrito *sceptic*[5] com *k,* embora o Mah. K.H. escrevesse, e quando escrevi a palavra com *c*, Olcott, Wilder e o corretor de provas corrigiram. Bem, o Mah. K.H. manteve o hábito inalterado, e eu nun-

[5] *Sceptic, skeptic* – as duas formas são usadas hoje. A palavra significa *cético,* ou *cética,* em inglês. (N. ed. bras.)

ca mais escrevi assim desde que fui para a Índia. Eu nunca teria colocado *carbolic* em vez de *"carbonic"*[6] – e fui a primeira pessoa a assinalar o erro na carta do Mahatma para Hume, em Simla, na qual ele ocorre. É *mesquinho* e idiota da parte dele publicar isto, porque, se ele diz que isto se referia a uma frase encontrada em alguma revista, então a palavra escrita corretamente estava lá diante dos *meus* olhos, ou diante dos olhos de qualquer chela que tenha precipitado a carta, e evidentemente seria um *lapsus calami*[7], se houvesse algum *calami* na precipitação. "Diferença na letra" – oh, que grande surpresa! Será que o Mestre K.H. escreveu pessoalmente todas as *Suas* cartas? Só o céu sabe quantos chelas têm estado precipitando-as e escrevendo-as. Bem, se há uma diferença tão nítida entre cartas escritas pela mesma e idêntica pessoa *mecanicamente* (como é o meu caso, por exemplo, porque nunca tive uma letra *firme),* a diferença será muito maior com a *precipitação,* que é a reprodução *fotográfica* a partir da cabeça de alguém, e aposto qualquer coisa como nenhum chela (se é que os *Mestres* podem) é capaz de *precipitar* sua própria letra duas vezes exatamente da mesma maneira; uma diferença, e nítida, sempre haverá, assim como nenhum pintor pode pintar duas vezes o mesmo retrato (veja o caso de Schmiechen com seus retratos do Mestre). Tudo isso será facilmente entendido por teosofistas (não todos) e por aqueles que pensarem profundamente e conhecerem algo da filosofia. Quem acreditará em tudo o que digo nesta carta, além dos poucos? Ninguém. E no entanto é *exigida* de mim uma explicação e quando ela vier (*se você* a escrever a partir de fatos que posso dar-lhe) ninguém acreditará. No entanto você tem de mostrar pelo menos uma coisa: procedimentos ocultos, cartas, caligrafia, etc. não podem ser julgados pelos padrões cotidianos, nem por especialistas, ou por isso e por aquilo. Não há *três* soluções, mas *duas:* ou eu inventei os Mestres, a filosofia deles, escrevi as suas cartas, etc., ou *não fiz isso*. Se eu o fiz, e os Mestres não existem, então as caligrafias deles *não podem existir,* tampouco; eu as *inventei*, também; e se o fiz, como posso ser acusada de tê-las "falsificado"? Elas são *minhas* caligrafias e tenho direito de usá-las, se sou tão hábil. Quanto à filosofia e à doutrina inventadas, a D. S. mostrará. Agora estou aqui sozinha, com a condessa como testemunha. Não tenho livros e não tenho ninguém para me ajudar. E digo a você que a

---

[6] Respectivamente *carbólico* (um ácido), e *carbônico*, em inglês. (N. ed. bras.)

[7] *Lapsus calami* ou *lapsus calamus* – "lapso da pena", em latim. Um erro involuntário ao escrever. Nas palavras a seguir, H.P.B. sugere que uma pena não é sempre necessária para a produção e precipitação de uma carta. (N. ed. bras.)

Doutrina Secreta será 20 vezes mais erudita, filosófica e melhor que *Ísis*, que será *liquidada* por ela. Agora há centenas de coisas que me é permitido dizer e *explicar*. Irei mostrar o que uma *espiã* russa é capaz de fazer, ou uma suposta *plagiadora, falsária,* etc. A Doutrina inteira é mostrada como a *pedra-mãe*, o alicerce de todas as religiões, inclusive o cristianismo, e com base nos livros *exotéricos* hindus publicados, cujos símbolos serão explicados *esotericamente*. A extrema lucidez de *O Budismo Esotérico* também será demonstrada, e suas doutrinas serão comprovadas dos pontos de vista matemático, geométrico, lógico e científico. Hodgson é muito hábil, mas não é tão hábil que possa vencer a *verdade, e a verdade triunfará, e* depois disso eu poderei morrer em paz.

Babula escreveu as cartas do meu Mestre, de fato! Hume descobriu cinco anos mais tarde que o envelope da municipalidade havia sido "adulterado" por mim e trazido por Babula. Que boa memória deve ter o carregador maometano dele, para lembrar que era *precisamente aquele envelope!* E a carta de Garstin levada a ele por Mohini duas horas e meia depois que a carta dele fora colocada dentro do santuário e desaparecera dali. A carta dele *selada e colada* com todo cuidado na noite da entrega, sem nenhuma das marcas agora descritas; e agora, dois anos depois, após haver passado por 1000 mãos, ser manipulada por Garstin e outros especialistas, que tentavam ver *como* ela poderia ter sido aberta – agora tudo isto se volta *contra* mim E Hume *mente*. Ele soube que o papel do Nepal ou do Tibete poderia ser obtido em Darjeeling. Os Mestres *nunca* escreveram, disse ele, em *tais* papéis antes de eu ir a Darjeeling. Realmente. Agora eu anexo um pedaço daquele papel para seu exame, que você, com sua memória, *certamente reconhecerá.* É um pedaço original do papel das primeiras lições dadas pelo Mestre a você e Hume no *Museu* dele em Simla. Você o viu muitas vezes. Por favor, uma vez reconhecido, mande-o de volta para mim. É *reservado e confidencial* e lhe peço, por sua honra, que não o deixe sair das suas mãos, nem o dê a ninguém. Nenhum especialista ou orientalista veria ou compreenderia qualquer coisa nele exceto letras, que têm *significado para mim,* para mais ninguém. Mas o que quero que você veja e lembre é que eu fui a Darjeeling um ano depois que Hume havia brigado com K. H., e eu tinha este papel em Simla quando começaram as primeiras lições. E ao longo de todo o *Relatório* as mesmas *mentiras,* falsos testemunhos, etc.

Atenciosamente – *não mais destruída,*

H. P. Blavatsky.

Carta nº 140[1] (ML-141) Datada de 17 de março de 1886

A sra. Coulomb havia divulgado a história de que, além de ser uma espiã russa, H. P. B. era bígama; ela havia casado com um homem chamado Agardi Metrovitch, um revolucionário russo ou húngaro a quem ela salvou da morte na Turquia e com quem mais tarde teve relações amistosas no Egito. A história era completamente falsa, é claro, mas causou grande aborrecimento a H. P. B.

Sinnett nesta época estava escrevendo, ou se propunha a escrever, o livro Incidents in the Life of Madame Blavatsky (Incidentes na Vida da Senhora Blavatsky). *Ele queria incluir a verdade sobre a situação envolvendo Metrovitch, que a sra. Coulomb havia distorcido o suficiente para pintar H. P. B. como uma criminosa. Ele pensava que podia neutralizar os efeitos das mentiras dos Coulomb e do Relatório da S. P. P. Ela prometeu ajudá-lo, tentando lembrar tudo o que pudesse do passado.*

17 de março de 1886.

Meu caro sr. Sinnett,

Faça o que quiser. Estou em suas mãos. Eu apenas não sei que mal poderia haver em dizer aos advogados que é uma mentira que eu seja a sra. Metrovitch, ou qualquer outra senhora, exceto eu mesma. Eu impediria que eles me endereçassem cartas com este nome e isto terminaria; porque certamente eles não são tão idiotas a ponto de não saber que este ataque frontal é contra a lei. É porque a Bibiche os iludiu, fazendo-os acreditar que eu era realmente bígama e *trígama,* que eles fizeram isto. Bem, em muito breve posso receber uma carta endereçada a mim em nome de sra. Leadbeater ou sra. Damodar, ou talvez ser acusada de ter um filho de Mohini ou de Bowajee. Quem pode prever, a menos que *algo* SEJA desmentido?

Mas tudo isto são ninharias. Há algo indescritivelmente desagradável e nauseante para mim na ideia de qualquer ocultamento de nomes. Detesto pessoas sem nome e trocas de nome. Por que eu deveria dar mais aborrecimento a você do que já tem comigo? Por que você iria perder tempo e dinheiro para vir aqui e encontrar-me? Não faça isso. Mandarei as coisas antecipadamente e sairei com Louise calmamente na segunda classe, passando a noite em Bonn ou em Achen (Aix la Chapelle) ou em algum lugar no cami-

[1] Veja a nota de rodapé nº 1 da Carta 141 (ML-139). (N. da 3ª ed.)

nho. Alojamentos são caros em Ostende[2] em junho, não antes. Além disso, eu posso ir a algum lugar ali perto. Não sei quando sairei daqui. Pode ser dia 1º, pode ser dia 15. Paguei até esta data.

Por que a sra. Sinnett não vem com Dennie? Qual é o problema, e por que ela não fica comigo se eu encontrar um bom alojamento? Eu não poderia ficar contente a menos que ela ficasse comigo, porque, qual é a vantagem de ela alojar-se em outro lugar? É só desconforto para ela e um desgosto para mim.

Escrevi à minha tia e minha irmã dando-lhes o endereço de Redway. As cartas serão todas endereçadas a você aos cuidados dele, dizendo apenas "para sra. B." abaixo do nome de você. No entanto, realmente dou pouca importância a cartas ou não cartas. Há um longo artigo elogiando-me e glorificando-me nos jornais russos, no qual sou chamada de "a *mártir* da Inglaterra". Isto é reconfortante, e me faz sentir como se eu fosse de fato "uma *grande Espiã* Russa!" Deixe-me dizer, você sabe – você não vai acreditar – bem, não acredite, mas algum dia você será forçado a isso, Gladstone[3] *converteu-se secretamente ao catolicismo romano.* Está confirmado. Faça o que quiser, você não pode mudar FATOS. Ah, pobre Inglaterra; e tolos, cegos são aqueles que querem a destruição da S. T. !

Bem, devo dizer algumas palavras a respeito disso. Você diz, "nós estamos quase além do ponto de fazer orações por ... paralisados e desamparados. As seções francesa e alemã da S. T. estão quase mortas. O movimento em Londres só poderá ser revivificado em algum período futuro, etc." É feita a você a seguinte pergunta: "Como é isso? *Você* não está morto. A condessa vive. Dois ou três colegas ao redor de você estão respirando, por enquanto. A Sociedade na Índia está florescendo e não pode NUNCA morrer. Na América do Norte, está tornando-se um grande movimento. O dr. Buck, o Prof. Coues, Arthur Gebhard, e alguns outros *são ajudados* porque agem, e mostram um supremo desprezo por tudo o que é dito, escrito e gritado nas ruas. Oh. tente ser intuitivo – por piedade, não feche seus olhos e, porque não pode ver *objetivamente,* não paralise a ajuda *subjetiva* que está lá viva, respirando, evidente. Todas as coisas ao redor de você mostram a indestrutibilidade da Sociedade, se vemos como as ondas furiosas criadas pelo mundo dos Dugpas têm estado erguendo-se, avançando e batendo ferozmente contra a Sociedade para quebrar, o quê? Só as madeiras *podres* da "Arca do Dilúvio". Eles tiraram do movimento alguém que realmente valesse a pena? Ninguém. Você suspeita que os "Mestres" querem colocar um fim no movimento? Eles vêem que você não compreende o que estão fazendo e *lamen-*

[2] Ostende – cidade e porto de mar na região noroeste da Bélgica. (N. ed. bras.)

[3] William Gladstone – o primeiro-ministro inglês na época. (N. ed. bras.)

tam isto. *Eles* devem ser culpados pelo que ocorreu, ou *nós* mesmos? Se o fundador da Sociedade e os fundadores ou presidentes das lojas tivessem tido sempre em vista o fato de que não é tanto quantidade, mas qualidade, que necessitamos para fazer da Sociedade um sucesso, metade dos desastres teria sido evitada. Havia dois caminhos diante da L. L., e diante de qualquer outra loja, quando você reuniu os seus fragmentos destroçados e os transformou na organização crescentemente exitosa que era: um que levava à formação de uma Sociedade secreta, arcana, para o estudo de ocultistas *práticos;* o outro, a uma organização aberta e moderna. Você sempre preferiu o segundo. Foi dada uma chance a todos vocês com a formação de um grupo interno: você *não quis* afirmar sua autoridade e a deixou com o presidente *nominal* – cujas pernas tremiam diante de qualquer brisa suave, interna ou externa, e que atacou o grupo e depois o deixou. Todas as tentativas deste tipo foram repelidas ou, quando realizadas, tinham uma quantidade tão grande de falsidade que fracassavam. Foi considerado *impossível* ajudar, e *foi abandonado à sua sorte.* Há um provérbio asiático que diz: "Você pode cortar a serpente da sabedoria em uma centena de pedaços; enquanto seu coração, que está na cabeça dela, não for atingido, a serpente poderá juntar seus pedaços e viver novamente." Mas quando a cabeça e o coração parecem estar em todas as partes e não estão em lugar algum, o que pode ser feito? A L. L., ao assumir seu lugar entre as organizações públicas, tinha de ser julgada pelas aparências. Não é suficiente louvar a organização e suas lojas como escolas de moralidade, sabedoria e benevolência, porque elas sempre serão julgadas pelo mundo externo pelos seus *frutos,* e não pelas suas pretensões – não pelo que elas *dizem,* mas pelo que *fazem.* A loja sempre esteve necessitada de trabalhadores eficientes; e, como em todas as organizações, o trabalho dependia de alguns poucos. Destes poucos, apenas *um* tinha um objetivo definido em mente, e buscava-o firme e constantemente – VOCÊ. No entanto, a sua natural reserva e o forte componente de Sociedade *mundana* dentro do organismo Oculto, o sentido inglês de individualidade e do que é adequado, por parte de cada membro, impediram você, de um lado, de afirmar seus próprios direitos como deveria ter feito, e fizeram com que os outros se separassem muito de você, cada um decidindo agir como ele ou ela pensava ser melhor para assegurar sua própria salvação e satisfazer suas aspirações, "trabalhando carmicamente em um plano mais elevado" segundo a tola frase que agora circula entre eles. Você está *certo* ao dizer que "os golpes desferidos contra o movimento" têm "surgido todos das consequências das representações da Índia"; você está *errado* ao pensar, (1) que estas consequências teriam sido igualmente desastrosas se o elemento hindu não tivesse se misturado com o europeu nem tivesse sido fortemente ajudado e pressionado na direção do erro pelo elemento feminino da L. L.; e (2) que "poderes mais altos desejam suspender o crescimento da Sociedade". Mohini foi mandado, e no início conquistou os corações e transmitiu nova vida à L. L. Ele foi arruinado pela adulação de homens e mulheres, por elogios incessantes e por sua própria fraqueza – a reserva e o orgulho de você fizeram com que você ficasse passivo quando deveria ter sido ativo. A primeira bomba vinda do mundo Dug-pa chegou da América[4]; você lhe deu as boas-vindas e a acalentou em seu coração; levou quem escreve esta carta mais de uma vez à beira do desespero, pois a sua íntegra e sincera dedicação e sua devoção à verdade e aos "Mestres" foram momentaneamente anuladas, no sentido de discernir *a real* verdade, de perceber o que havia sido deixado sem dizer *porque não podia ser dito,* abrindo, assim, ampla margem para suspeitas. Estas últimas não eram destituídas de fundamento. O elemento dugpa triunfou completamente em determinado momento – por quê? Porque você acreditou em alguém que foi mandado por forças opositoras para a destruição da Sociedade, e a quem os "poderes mais altos", como você os chama, permitiram agir, porque o dever deles era não interferir na grande provação, exceto no último momento. Até hoje você é incapaz de saber o que era verdadeiro e o que era falso – porque não há um núcleo colocado à parte, separado da Sociedade e consagrado ao elemento puro nela, amor e devoção à verdade, seja abstrato ou concretizado nos "Mestres" – um núcleo em que não entre nenhum elemento de individualidade ou egoísmo – estou-me referindo a um verdadeiro grupo *interno.* O grupo oriental demonstrou ser uma *farsa.* A senhorita – dá mais importância aos chelas (?) que aos Mestres; ela está cega para o fato de que aqueles que foram (e no entanto ainda pensam que são) mais devotados à Causa, aos Mestres, à Teosofia, use a palavra que quiser, *são os mais testados;* de que ela agora está sendo testada; que este é o seu *último teste,* e de que ela não passa por ele como vencedora, segundo parece. "Na ausência de quaisquer meios de comunicação direta com eles, só posso julgar por sinais" – você diz. Os sinais são evidentes. É o grande teste supremo para todos. Aquele que permanecer *passivo* nada perderá, mas *nada ganhará,* quando tudo terminar. Ele poderá até fazer com que seu Carma o leve um pouco para trás no caminho pelo qual ele já vinha subindo. O que você necessita extremamente é a abençoada autoconfiança de Olcott e – perdoe-me – a *cara preparada,* vulgar mas poderosa que ele tem. Não é necessário renunciar ao tato e à cultura para tê-la. É um Proteu de muitas faces, que pode voltar qualquer uma das suas muitas faces ou *caras* para o inimigo e *forçá-lo* a retirar-se. Se a L. L. é composta por apenas seis mem-

[4] Para Virgina Hanson, em *Reader's Guide to the Mahatma Letters*, esta é uma menção a Laura C. Holloway. (N. ed. bras.)

bros, sendo o presidente o sétimo; e se esta ousada "velha guarda" enfrentar o inimigo com frieza, sem deixar que ele saiba quantos são, e se impressioná-lo com os sinais externos de uma multidão, pelo número de panfletos, convocações e outras provas claras, materiais, de que a Sociedade não foi abalada, de que ela *não sentiu os golpes,* de que ela estala seus dedos no rosto do inimigo, vocês em breve vencerão a batalha; vocês terão exaurido o inimigo antes que ele esvaziasse a Sociedade até seu último membro. Tudo isso pode ser facilmente obtido e nenhum "desastre esmagador" afetaria a Sociedade se os seus membros tivessem intuição suficiente para ver o que "os poderes mais altos" realmente desejam, e o que eles podem e não podem evitar. O que mais se necessita é discernimento espiritual. "Não se trata tanto de salvar o que resta da Sociedade – trata-se, mais, de recomeçar o movimento *em algum momento futuro."* Uma política fatal. Siga-a, e você verá quebrados naquele momento (futuro) todos os elos invisíveis, no entanto poderosamente vitais, que ligam a L. L. aos *ashrams* de além das grandes montanhas. NADA PODE DESTRUIR A L. L. *exceto esta única coisa – passividade.* Saiba disso, você que confessa "não ter ânimo no momento para dar palestras e conferências". "TRABALHE SECRETAMENTE", é o melhor que você pode fazer – mas *não em silêncio,* se não quiser matar com suas próprias mãos a Sociedade e as suas próprias aspirações pessoais. Nem todos são oradores na L. L., e isso é muito bom, ou ela seria uma Babel. Nem todos são sábios, mas os que são deveriam compartilhar com os demais. Combinem-se para tornar as coisas completas. Faça com que a sua atividade seja proporcional às suas oportunidades e não volte seu rosto para longe destas últimas, nem das oportunidades que são criadas para você. "Separe as brasas que queimam, e elas rapidamente se apagarão; reúna-as e elas brilharão, irromperão em chamas, e se erguerão em direção ao céu com um brilho vermelho". Assim, a L. L. brilhará se o desânimo for mantido à distância, se não for permitido que suas luzes queimem e se apaguem como pontos de luz isolados e intermediários, mas se forem reunidas e focalizadas até ficarem plenamente vermelhas nas mãos do seu presidente, e se não for permitido que estas mãos abandonem a bandeira confiada a elas. A sujeira humana nunca adere à chama contra a qual é lançada, nem pode contaminá-la. Ela só adere firmemente ao mármore, ao coração frio que perdeu a última faísca da chama divina. Sim, de fato, os Mestres e os "Poderes existentes" gostariam de chamar muitos e muitos que estão tristes, solitários e cansados e guiá-los até este belo território da *teosofia* oculta, psíquica, para que se reunissem com eles em torno dos seus altares. Dois já estão fisicamente lá, dois que venceram suas batalhas e encontram os supostamente "invisíveis" – cada um deles por seu próprio caminho. Porque os ensinamentos da "Ordem" são como pedras preciosas – seja qual for o ponto de vista de que são observados, a luz, a verdade e a beleza brilham, e *guiam* o peregrino cansado que as busca; basta que ele não interrompa sua caminhada para seguir os fogos fátuos do mundo ilusório, mas permaneça surdo para o rumor público.

Agora, tente – por piedade, despertar de uma vez por todas sua intuição, se puder. Sofro por você e faria qualquer coisa para ajudá-lo. Mas você me *impede.* Perdoe isto e tente distinguir as palavras que são minhas e as que não são minhas.

H. P. B.

Carta nº 141[1] (ML-139) Datada de "quarta-feira"

Sinnett respondeu à carta anterior (nº 140), e o texto a seguir é uma resposta de H.P.B. à carta dele.

Quarta-feira.

Meu caro sr. Sinnett,

Pedi (eu mesma) a você, em minha carta, "por favor, *tente* ter intuição". Você teve êxito mas só em parte. Você *sentiu* que uma página, aproximadamente, da carta, havia sido ditada a mim, e não por um *falso* K. H. Mas novamente você não conseguiu perceber com que sentido de pura amabilidade, simpatia e consideração por você Ele ditou aquelas poucas frases. Você entendeu mal e as viu como *crítica.* Agora, escute-me. Exceto uma vaga lembrança de que estive escrevendo sob o ditado Dele, eu não poderia, é claro, lembrar corretamente uma linha do que escrevi, embora eu tenha lido atentamente o trecho antes de terminar a carta. Mas o que posso jurar é que *não* havia *uma sombra de crítica* contra você, pessoalmente, no texto ou no pensamento do Mahatma ao passar as frases para mim. Eu estava escrevendo *minha* carta para você, e havia escrito três ou quatro páginas, quando a condessa entrou e leu para mim, da sua carta, aquelas passagens desanimadas em que você dizia que estava inclinado a suspeitar que os "poderes mais altos" não querem que a Sociedade viva por mais tempo e que é inútil você tentar, ou algo assim. Eu não tinha tido tempo de abrir a boca para dar

[1] Parece que esta é a resposta a uma carta de Sinnett que respondeu à Carta 140 (ML-141). No final da Carta 140, é pedido ao sr. Sinnett que desperte sua intuição. No começo da carta a seguir, H. P. B. se refere a isto. (N. da 3ª edição)

uma resposta ou protestar quando vi o reflexo Dele sobre a escrivaninha e escutei as palavras, "Agora escreva, por favor". Escutei apenas mecanicamente as palavras ditadas, mas sei com que atenção e intenso interesse eu via as "luzes do pensamento e do sentimento", e a aura, se você entende o que quero dizer. O Mahatma queria que eu visse, suponho; caso contrário seus pensamentos e seu trabalho interno teriam permanecido impenetráveis. E eu digo que NUNCA, desde que conheço Ele, nunca houve tanta gentileza, um sentimento tão autêntico e uma total ausência de "crítica" ou repreensão em relação a você, quanto nesta ocasião. Não seja ingrato; não entenda mal. Abra *internamente* seu coração e seus sentimentos, sem reservas, e não julgue pelos óculos da razão fria do seu mundo. Pergunte à condessa, a quem a carta foi lida, e a quem eu contei o que digo a você agora, e que ficou contente por você ao escutá-lo, porque ela simpatiza com você e com a sua posição, e aprecia, tanto quanto eu, tudo o que você fez. Tudo o que você diz é perfeitamente verdadeiro, e exatamente o que pensei que havia percebido na aura do Mahatma. As listas amarelo-cinza eram todas direcionadas para Olcott (período de Londres, não *agora*), Mohini, Finch (mais avermelhadas); e para outros que não mencionarei pelo nome. O seu retrato em tamanho natural, ou *scin-lecca,* recebeu uma plena torrente de luz azul, clara, prateada – o incidente de Kingsford no *Prince's Hall*[2] e mesmo o incidente com Holloway estavam todos distantes, muito distantes de você, em uma névoa – *prova* inegável de que você foi envolvido nele não por um erro *pessoal* seu, mas foi levado irresistivelmente a ele pelo Carma geral. Onde está, então, a "crítica" ou a repreensão? Ninguém pode fazer mais neste mundo do que os seus recursos lhe permitem. Você não podia *evitar* a reunião do Prince's Hall, porque a Sociedade havia escolhido um caminho no qual aquilo tinha de acontecer. Mas todos, você em primeiro lugar, se tivessem se preparado com muita antecedência como deveria ter sido feito, teriam salvado a situação caso cada um tivesse feito um discurso – mesmo lendo, teria sido melhor – que atingisse o público, em vez do que ocorreu. O seu discurso foi o único contra o qual nada podia ser alegado, mas, devido à sua má-vontade, porque você havia sido arrastado a isso – ele estava tão frio, tão destituído de entusiasmo ou mesmo de interesse que se tornou como uma nota-chave para os outros. O de Olcott foi uma bobagem norte-americana típica, um dos piores. O do "anjo Mohini" foi notavelmente idiota, com a retórica florida no estilo de Babu, etc. Mas estas são coisas do passado. Na-

---

[2] Referência à recepção social em homenagem aos fundadores, antes da sua partida da Inglaterra. (Ed. C.)

turalmente *foi* um fracasso, mas *poderia ter sido um sucesso* apesar de todas as adversidades, se tivesse sido preparado com antecedência. A reação do público *esteve* de acordo com o *caminho escolhido* e tinha de ocorrer, porque teria sido pior ainda, se não tivesse sido expressado. Holloway *foi* enviada, e estava no programa de testes e destruição. Ela fez dez vezes mais mal a *você* que à Sociedade, mas isto por um erro inteiramente seu, e agora ela está fazendo a dança da guerra ao redor de Olcott, que está sendo amigo tão íntimo dela quanto você foi, ou mais. É uma *correspondência semanal,* incessante e agradável, encantadora, quando se observa; ela é a *querida* agente dele no Brooklyn para as coisas ocultas, etc. Que seja. Em relação a "chelas" – a questão é mais séria.[3] Nenhum deles é tolo. Eles *sentem,* se ainda não sabem, que o abismo entre eles e os Mestres está aumentando a cada dia. Eles *sentem* que estão no lado *esquerdo* e errado, e ao senti-lo eles se voltam para aquilo que chama a atenção de todos "fracassados" deste tipo. Se os Mestres lhes dessem *ordem* de voltar à Índia, não creio que o fizessem, *agora*, sob a *inspiração* de Bowajee. Mohini *foi* arruinado por ele, não há dúvida sobre isso. E a srta. A. está indo ao desastre com eles. Você tem que agir independentemente deles; não deve romper visivelmente, mas fazer o seu próprio trabalho como se eles não existissem. Veja bem, quero que você escreva a Arthur Gebhard uma carta séria e diga a ele tudo o que sabe sobre Bowajee. Ele está em intensa correspondência com os norte-americanos, e está envolvendo-os do mesmo modo como envolveu os Gebhard. Eu escrevi a ele e a condessa também o fez. Mas ele não acreditará em nós a menos que nossa posição seja corroborada por você. Certamente, a esta altura, já foi dito a ele que a condessa está por completo *sob minha influência psicológica.* Franz, pobre homem, está certo disso. A menos que você faça um alerta a ele, os dois, ou um dos "chelas", irão certamente para a América do Norte. Se você pudesse levar Leonard a pedir em voz alta por sua ida à Índia, como uma *decisão,* ele não teria desculpas para desistir. Mas *como* fazer isso! Se eu pudesse pelo menos ver, e aproximar-me da moça terrível, eu estaria disposta a sacrificar-me, a fazer qualquer coisa para afastar da Sociedade toda esta vegetação venenosa. Mas você *pode trabalhar* independentemente de todos eles – isto é certo.

---

[3] Referência a Mohini e Babaji, que mais tarde voltaram à Índia. Mohini renunciou à Sociedade Teosófica em 1887 e voltou a morar em Calcutá, onde retomou seu trabalho como advogado. Sobre Babaji, o Mahatma escreveu: "O homenzinho fracassou". (Ed. C.)

Antes de 15 de abril estaremos perto de você, do outro lado da água. A condessa vem comigo e aceita o risco até meados de maio. *Tenho* de estar perto de você para o caso de acontecer algo, porque além dela mesma não tenho um amigo, um amigo *verdadeiro,* neste vasto mundo além de você e da sra. Sinnett. O sr. Hyde (dr. Jekyll) da Teosofia – a "aparição" – fez o melhor que ele pôde. Eu poderia terminar com isso em uma hora se pudesse chegar até eles *inesperadamente.* Isso eu posso jurar. Mas como fazê-lo? Se eu pudesse chegar e ficar em Londres durante dois dias incógnita, isso seria feito. Eu iria até eles às oito da manhã. Mas primeiro devo ver você e pensar com calma a respeito. Se pelo menos eu tivesse *saúde*! Os "dois anos de vida e não mais" do médico de Londres trazido pelo sr. Gebhard, e do meu médico em Adyar – estão chegando perto do fim. A menos que o Mestre interfira mais uma vez – adeus.

Você não disse nada dos pequenos truques de Gladstone. Não acredita nisso? Interessante. É dito a mim que você recebeu uma carta sobre este assunto tempos atrás, durante a confusão do projeto Ilbert[4]. Bem, posso dizer-lhe coisas muito agradáveis sobre os jesuítas e o que eles fazem. Mas, naturalmente, é inútil. Porém, realmente, realmente, *é* sério.

Bem, adeus, escreva.

Fielmente, como sempre

H.P. B.

Recomendações afetuosas à sra. Sinnett.

Carta A (ML-33) Sem data

Estas cartas (A, B, C e D) são designadas assim porque não só elas não têm qualquer data, mas tampouco há em seu conteúdo qualquer indicação sobre qual pode ser seu lugar na sequência. Elas não influenciam de fato a história dos eventos relatados em qualquer outra carta.

A carta A foi provavelmente recebida em Londres algum tempo depois da chegada de Mohini, no começo de 1884. A menção a Annie Besant parece indicar que o Mahatma K. H. tinha conhecimento prévio do papel que ela cumpriria no trabalho teosófico.

Carta de K. H., recebida através de M., mostrada a A. B.

Tenho o sincero temor de que você possa estar perplexo diante da aparente contradição entre os bilhetes recebidos por você do meu Irmão

[4] O projeto Ilbert é discutido na Carta nº 113, de agosto de 1883. (N. ed. bras.)

M. – e de mim. Saiba, meu amigo, que em nosso mundo, embora possamos diferir em métodos, nunca há oposição entre nós em questões de *princípios de ação,* e a mais ampla e mais prática aplicação da ideia da Fraternidade da Humanidade não é incompatível com o seu sonho de organizar um núcleo de pesquisas científicas honestas e de boa reputação, o que daria peso à organização da S. T. aos olhos da multidão, e serviria como um escudo contra o ataque feroz e estúpido dos céticos e materialistas.

Há – mesmo entre os cientistas ingleses – aqueles que já estão preparados para perceber que os nossos ensinamentos se harmonizam com os resultados e o progresso das suas próprias pesquisas e que não são indiferentes à aplicação destes ensinamentos às necessidades espirituais da humanidade em geral. Pode ser sua tarefa lançar entre eles as sementes da Verdade e apontar o caminho. No entanto, como meu irmão mencionou para você, nenhum daqueles que apenas têm tentado ajudar no trabalho da Sociedade, embora seus métodos e meios tenham sido imperfeitos e errôneos, terá feito isto em vão. A situação será explicada mais amplamente a você pouco a pouco.

Enquanto isso, faça todo esforço para desenvolver relações com A. Besant de modo que os seus trabalhos possam correr em linhas paralelas e em plena simpatia; um pedido mais fácil que outros pedidos meus que você sempre atendeu lealmente. Se considerar adequado, você pode mostrar este bilhete para ela – *exclusivamente.* Ao trilhar o seu próprio e espinhoso caminho, eu digo novamente, *coragem e esperança.*[1] Isto *não* é uma resposta à sua carta.

Atenciosa e sinceramente,

K. H.

Carta B (ML-75) Sem data

Esta carta pode referir-se a H. P. B., mas talvez também possa referir-se à sra. Kingsford, com quem Sinnett tinha muitas diferenças e discordâncias.

A razão está do lado *dela.* As suas acusações são extremamente injustas, e vindas de *você* – são mais dolorosas para mim. Se depois desta

[1] "Novamente *coragem e esperança"*. Esta parece ser uma menção à Carta nº 138, do outono de 1885, e pode constituir uma indicação de data desta Carta A. (N. ed. bras.)

clara afirmação você ainda mantiver a mesma atitude, terei de lamentar profundamente esta nova falha nossa, e desejar-lhe, de todo coração, melhores resultados com instrutores mais adequados. A ela certamente falta caridade, mas na realidade a você está faltando – discernimento.

Lamentando atenciosamente

K. H.

Carta C (ML-124) Sem data

Esta é uma carta muito curiosa, escrita provavelmente na época de uma das viagens de Sinnett à Europa[1].

Você poderia encontrar um modo de recolher para mim três seixos? Eles devem vir das praias do Adriático[2] **– preferivelmente de Veneza; tão próximo do Palácio Dogal quanto eles puderem ser encontrados (sob a Ponte dos Suspiros seria o ponto mais desejável, exceto pela lama dos séculos). Os seixos devem ter três cores diferentes; um vermelho, outro preto, o terceiro branco (ou acinzentado). Se conseguir pegá-los, por favor, mantenha-os separados de qualquer influência e contato exceto os seus, e receba minha atenciosa gratidão.**

K. H.

Carta D (ML-123) Sem data

Provavelmente apenas um bilhete para acalmar a impaciência de Sinnett – uma característica que ele, aparentemente, nunca venceu por completo.

Não seja impaciente – bom amigo, responderei amanhã. Quando você souber algum dia das dificuldades que enfrento, verá o quanto você está errado, às vezes, na sua percepção dos meus movimentos.

K. H.

---

[1] Esta Carta talvez esteja relacionada à Carta 19, de julho de 1881, em que o Mahatma pode estar agradecendo pelas pedras logo após a volta de Sinnett à Índia, depois de uma visita à Europa. (N. ed. bras.)

[2] O mar Adriático é um braço do Mar Mediterrâneo e fica entre a Itália e a Iugoslávia. (N. ed. bras.)

Na primavera[1] *de 1888, Sinnett ficou convencido de que a comunicação entre o Mahatma K. H. e ele havia sido restabelecida através de uma médium cujo nome ele nunca revelou, mas que chamou de "Mary"*[2] *. Em sua* Autobiografia,[3] *ele afirmou que "recolheu uma grande quantidade de informação oculta variada" através deste contato; e também que esta atividade foi mantida em "profundo segredo, em relação aos nossos amigos teosofistas em geral – em obediência ao desejo do Mestre". Estes fatos inspiraram considerável ceticismo entre estudantes de Teosofia.*

A. P. Sinnett morreu em 27 de junho de 1921, com a idade de 81 anos.

---

1 Primavera do hemisfério norte, isto é, entre final de março e começo de junho de 1888, alguns meses antes da criação por H. P. B. da Seção Esotérica da S. T. (N. ed. bras.)

2 Na revista "*Theosophical History*", edição de outubro de 1986, um artigo de Daniel H. Caldwell e Michelle G. Graye comprova com evidências inquestionáveis que "Mary" era, na verdade, Maude Travers. Maude casou-se em outubro de 1893 com William Scott-Elliot. Scott-Elliott foi autor de livros como *Atlântida e Lemúria* (Ed. Pensamento, SP), possivelmente escrito com base nas investigações ocultas de sua esposa "Mary". Em 1986, a revista *Theosophical History* era editada em Londres por Leslie Price. (N. ed. bras.)

3 A importante *Autobiography* de Alfred P. Sinnett foi publicada na íntegra em 1986 pelo *Theosophical History Centre,* de Londres, numa edição de 99 pp. (N. ed. bras.)

ANEXOS[1]

Outras Cartas e Mensagens Endereçadas a A.P. Sinnett ou A.O. Hume

I. Primeira Carta de K.H. Para A.O. Hume

II. Cartas ou Mensagens encontradas em *The Letters of H.P. Blavatsky to A.P. Sinnett (Cartas de H.P. Blavatsky Para A.P. Sinnett)*

---

1 Excluímos desta edição brasileira das *Cartas dos Mahatmas* o Anexo II da edição em língua inglesa, porque ele é composto de duas cartas já publicadas no volume *Cartas dos Mestres de Sabedoria* (Ed. Teosófica, Brasília, 1996). São, respectivamente, as cartas nº 1, da primeira série, e nº 30, da primeira série daquele volume. Assim, o conteúdo do Anexo III da edição cronológica em inglês constitui o Anexo II da edição brasileira. Há algo, no entanto, que vale a pena destacar em relação à Carta 1, primeira série. Segundo a transcrição deste documento no livro *Cartas dos Mestres de Sabedoria*, quando o Mahatma K.H. relata a posição do Maha-Chohan em relação à S.T., ele escreve (no quarto parágrafo): "A Sociedade Teosófica foi escolhida como a pedra fundamental, o alicerce das religiões futuras da humanidade." O texto disponível para C. Jinarajadasa, que editou *Cartas dos Mestres,* era uma cópia do texto em poder de Sinnett na época, e que está depositado no Museu Britânico atualmente. A transcrição direta e corrigida do texto em poder de Sinnett, incluída como Anexo na edição cronológica em inglês de *Cartas dos Mahatmas,* apresenta uma diferença sutil, mas importante: menciona que a S.T. "foi escolhida como a pedra fundamental, o alicerce da futura religião da humanidade", e não *das religiões.* A ideia sugere que no futuro, novamente, como um dia no passado, a doutrina universal da verdade será aceita em todo o mundo, com variações apenas externas: "a religião da humanidade." Joy Mills está entre os estudiosos que consideram esta diferença significativa. Cabe registrar, por outro lado, que o Mahatma K.H. volta a expressar esta ideia na famosa carta de 1900 (46 da primeira série), no livro *Cartas dos Mestres de Sabedoria.* Ali, a transcrição editada por C. Jinarajadasa diz: "A S.T. foi concebida para ser a pedra angular *das futuras religiões* da humanidade" (itálico nosso).
Esta é a única diferença significativa entre as duas transcrições existentes desta Carta. O documento é, também, muitas vezes mencionado como "Carta do Maha-Chohan". Na verdade se trata de um relato do Mahatma K.H. sobre uma exposição feita a ele pelo Maha-Chohan. (N. ed. bras.)

ANEXO I

Texto Reproduzido de *Combined Chronology*[1]

**Primeira Carta de K.H.
Para A.O. Hume**[2] **Datada de 1º de novembro de 1880**

Amritsur, 1º nov. [1880]

Caro Senhor,

Valendo-me do primeiro momento de lazer para responder sua carta do dia 17 último, passo agora ao resultado de minha conferência com nossos chefes sobre a proposta ali contida, tentando ao mesmo tempo responder todas as suas perguntas.

Em primeiro lugar devo agradecer-lhe, em nome de todo o setor da nossa fraternidade que está interessado no bem-estar da Índia, por uma oferta de ajuda cuja importância e sinceridade não podem ser postas em dúvida. Tendo a nossa linhagem passado pelas vicissitudes da civilização indiana desde um tempo muito distante, nós sentimos por nossa pátria um amor tão profundo e apaixonado que ele sobreviveu até mesmo ao efeito da ampliação e cosmopolitanização (perdoe-me se não se trata de palavra inglesa) de nossos estudos das leis da Natureza. Desse modo eu e cada patriota indiano sentimos a maior gratidão por qualquer palavra ou ato amável em nosso favor.

Saiba portanto – já que estamos todos convencidos de que a degradação da Índia se deve em grande parte à asfixia da sua espiritualidade antiga, e de que tudo quanto ajude a restaurar esse padrão mais elevado de pensamento e de moralidade deve ser uma força nacional regeneradora – que cada um de nós estaria naturalmente e mesmo sem estímulos externos disposto a apoiar uma sociedade cuja

---

1 *Combined Chronology of 'The Mahatma Letters to A.P. Sinnett' & 'The Letters of H.P. Blavatsky to A.P. Sinnett',* de Margareth Conger, Theosophical University Press, Pasadena, Califórnia, EUA, pp. 28 a 38. Não se sabe por que esta Carta não foi incluída por A. Trevor Barker na primeira edição das *Cartas.* (N. ed. bras.)

2 Esta carta foi incluída por Alfred Sinnett, com alguns poucos cortes e pequenas alterações, no seu livro *O Mundo Oculto,* pp. 125 e seguintes (Editora Teosófica, 2000). (N. ed. bras.)

formação foi proposta e está em debate, ainda mais se realmente pretende tornar-se uma sociedade sem a mancha de motivações egoístas e cujo objetivo é o renascimento da ciência antiga, tendendo a recuperar o bom conceito mundial do nosso país. Fique certo disso, sem necessidade de mais declarações. Mas, como qualquer homem que já leu história, você sabe que os patriotas podem sacrificar-se em vão se as circunstâncias forem contra eles. Algumas vezes aconteceu que nenhum poder humano, nem mesmo a fúria e a força do patriotismo mais elevado, foi capaz de dobrar um destino feito de ferro, retirando-o do seu curso prefixado; e nações têm caído – como tochas enfiadas na água – na escuridão absorvente da ruína. Desse modo nós, que sentimos a decadência do nosso país, embora não tenhamos o poder de reerguê-lo de imediato, não podemos agir como gostaríamos nas questões deste caso particular. E com vontade, mas sem o direito de ir ao encontro das suas propostas mais do que metade do caminho, somos obrigados a dizer que a ideia alimentada pelo sr. Sinnett e por você próprio é em parte impraticável. É, em uma palavra, impossível a mim ou a qualquer Irmão, ou mesmo a um neófito avançado, assumir a tarefa especial de colocar-se como espírito-guia ou chefe da sua loja anglo-indiana. Sabemos que seria bom que você e alguns dos seus colegas fossem regularmente instruídos, sendo-lhes mostrados os fenômenos e sua explicação. Pois embora ninguém ficasse convencido exceto vocês poucos, ainda assim seria um ganho positivo ter mesmo *alguns poucos* ingleses, muito capacitados, como estudantes da psicologia asiática. Temos consciência de tudo isso e muito mais; por isso não nos recusamos a nos corresponder com vocês e a ajudá-los de diversos modos. Mas nos recusamos a assumir qualquer outra responsabilidade além desta correspondência e assistência periódica com nossos conselhos e, em ocasiões favoráveis, fornecer provas tangíveis e possivelmente visíveis que lhes demonstrem nossa presença e nosso interesse. Não aceitamos "orientar" vocês. Por muito que nós possamos fazer, só podemos prometer dar-lhes exatamente o que merecem. Mereçam muito e nós nos mostraremos devedores honestos; mereçam pouco, e só poderão contar com um retorno justo. Isto não é um mero texto extraído de um livro de escola de 1º grau, embora o pareça; é apenas uma afirmação canhestra da lei de nossa ordem, que não podemos transgredir. Inteiramente desconhecedores dos modos de pensamento e ação ocidentais e especialmente dos ingleses, se fôssemos nos intrometer em organização de tal tipo, vocês veriam que todos os seus hábitos e tradições estabelecidos incessante-

mente se chocariam, se não com as novas metas em si mesmas, pelo menos com os modos de alcançá-las que nós sugerimos. Vocês não conseguiriam obter acordo unânime para ir nem mesmo até o ponto a que você, pessoalmente, pode. Eu pedi ao sr. Sinnett para redigir um plano incorporando as ideias de ambos a fim de apresentá-las a nossos chefes, porque este parecia ser o caminho mais curto para um acordo mútuo. Sob nossa "orientação" sua filial não poderia viver, já que vocês não são homens que devam ser guiados, em absoluto, nesse sentido. A sociedade teria um nascimento prematuro e seria um fracasso, parecendo tão incongruente quanto uma carruagem parisiense puxada por uma junta de iaques ou camelos indianos. Vocês nos pedem para lhes ensinar a ciência verdadeira – o aspecto oculto do lado conhecido da Natureza – e julgam que isso pode ser feito com a mesma facilidade com que foi pedido. Não parecem compreender as dificuldades tremendas que existem para transmitir até mesmo os rudimentos de *nossa* ciência àqueles que foram treinados nos métodos conhecidos por *vocês*. Não vêem que quanto mais conhecimento tiverem de uma, menos capazes serão de compreender intuitivamente a outra, pois um homem só pode pensar sobre suas trilhas batidas e a menos que tenha coragem de eliminá-las e formar novas trilhas para si próprio, terá de prosseguir pelas linhas antigas. Permita-me apresentar alguns exemplos.

De acordo com a ciência exata, você reconhece apenas uma energia cósmica e não vê diferença entre a energia gasta pelo viajante que empurra para o lado um arbusto que obstrui o seu caminho e o experimentador científico que gasta quantidade igual de energia pondo um pêndulo em movimento. Nós vemos, pois sabemos que existe uma imensa diferença entre os dois. Um dissipa e espalha inutilmente a força, o outro a concentra e a armazena. E aqui, por favor, compreenda que não me refiro à utilidade relativa dos dois, como poderia alguém imaginar, mas apenas ao fato de que em um caso existe apenas a força bruta empregada sem qualquer transmutação dessa energia bruta na forma potencial mais elevada de dinâmica espiritual, e no outro acontece exatamente isto. Por favor, não me considere vagamente metafísico. A ideia que quero transmitir é que o resultado da percepção intelectual mais elevada, no cérebro cientificamente ocupado, é a evolução de uma forma sublimada de energia espiritual que na ação cósmica produz resultados ilimitados, enquanto o cérebro que age automaticamente segura ou guarda em si apenas um certo quantum de força bruta que é inútil para o indivíduo ou a humanidade. O cérebro humano é um gerador inesgotável, e da melhor qualidade, que produz força cósmica a partir da energia baixa e bruta da Natureza; e o adepto completo tornou-se um centro do qual se irradiam potencialidades que geram correlações e mais correlações durante épocas sem fim do tempo que virá. Esta é a chave do mistério pelo qual ele é capaz de projetar no mundo e materializar nele as formas que sua imaginação construiu a partir da matéria cósmica no mundo invisível. O adepto não cria qualquer coisa nova, apenas utiliza e manipula materiais que a Natureza apresenta ao redor dele, material que durante todas as eternidades passou por todas as formas. Ele tem apenas que escolher aquela que deseja e dar-lhe existência objetiva. Isso não pareceria, a um de seus biólogos "eruditos", o sonho de um louco?

Você diz que existem poucas áreas da ciência das quais não possui conhecimento maior ou menor, e que acredita estar fazendo certa quantidade de bem, tendo adquirido as condições de fazê-lo através de longos anos de estudo. Não há dúvidas sobre isso. Mas você me permite esboçar-lhe com mais clareza a diferença entre os métodos das ciências físicas – muitas vezes chamadas exatas como elogio – e as metafísicas? Estas últimas, como sabe, sendo incapazes de comprovação diante de plateias misturadas, são classificadas pelo sr. Tyndall como ficções poéticas. A ciência realista dos fatos, por outro lado, é inteiramente prosaica. Pois bem, para nós, pobres filantropos desconhecidos, nenhum fato de quaisquer dessas ciências é interessante a não ser na medida da possibilidade de produzir resultados *morais*, e na proporção de sua utilidade para a humanidade. E, em seu isolamento orgulhoso, nada pode ser mais completamente indiferente a todos e a todas as coisas, ou mais inclinado a coisa alguma fora dos requisitos egoístas de seu avanço, do que essa ciência materialista dos fatos. Posso perguntar então, sem ser acusado de "ostentação vã de conhecimento científico", o que as leis de Faraday, Tyndall ou outras têm a ver com a filantropia nas relações abstratas que elas têm com a humanidade encarada como um todo integral? Que preocupação têm elas com o HOMEM como átomo isolado deste grande e harmonioso conjunto, embora às vezes possam ser de uso prático para ele? A energia cósmica é algo eterno e incessante; a matéria é indestrutível: e aqui temos os *fatos* científicos. Duvide deles e você será um ignorante; negue-os e será um lunático perigoso, um fanático; alegue que quer melhorar as teorias e será um charlatão impertinente. E no entanto mesmo esses fatos científicos jamais foram considerados como prova alguma, para o mundo dos experimentadores, de que a Natureza conscientemente prefere que a matéria seja mais indestrutível sob formas orgânicas do que sob formas inorgânicas; e de que a Natureza trabalha lenta mas incessantemente para a realização desse objetivo – a evolução da vida consciente a partir do material inerte. Daí a ignorância deles quanto à dispersão e materialização da energia cósmica em seus aspectos metafísicos; sua divisão em relação às teorias de Darwin, sua incerteza quanto ao grau de vida consciente em elementos separados e, inevitavelmente, sua rejeição desdenhosa de todos os fenômenos exceto nas condições que eles determinam, e da própria ideia de mundos de forças semi-inteligentes, se não intelectuais, em funcionamento em cantos ocultos da Natureza. Para lhe dar outro exemplo prático. Notamos uma vasta diferença entre as duas quantidades iguais de energia gastas por dois homens dos quais um, vamos supor, está a caminho do seu calmo trabalho diário, e o outro a caminho de denunciar um semelhante seu na delegacia de polícia, enquanto os homens da ciência não vêem diferença. E nós – não eles – vemos uma diferença nítida entre a energia no movimento do vento e no de uma roda que gira. Por quê? Porque cada pensamento do homem, ao ser produzido, passa ao mundo interno e se torna uma entidade ativa associando-se – amalgamando-se, poderíamos dizer – com um elemental, isto é, com uma das forças semi-inteligentes dos reinos. Ele sobrevive como inteligência ativa – uma criatura gerada pela mente – por um período mais curto ou mais longo, proporcionalmente à intensidade da ação cerebral que o gerou. Desse modo um bom pensamento é perpetuado como força ativa e benéfica, um mau pensamento como demônio maléfico. Assim, o homem está constantemente ocupando sua corrente no espaço com seu próprio mundo, um mundo povoado com a prole de suas fantasias, desejos, impulsos e paixões; uma corrente que reage sobre qualquer organização sensível ou nervosa que entre em contato com ela na proporção da sua intensidade dinâmica. A isto os budistas chamam "Skandha". Os hindus lhe dão o nome de "Carma". O adepto produz essas formas conscientemente; os outros homens as atiram fora inconscientemente.

Para ser bem-sucedido e conservar seu poder, o adepto deve morar em solidão e mais ou menos dentro de sua própria alma. A ciência exata percebe ainda menos que enquanto a formiga trabalhadora, a abelha ocupada e o pássaro que faz seu ninho acumulam, cada um deles, a seu modo humilde, tanta energia cósmica potencial quanto um Haydn, um Platão ou um lavrador que trabalha sua terra, dos seus modos; o caçador que mata por prazer ou por lucro, o positivista que usa

seu intelecto para provar que + x + = –[3], estão desperdiçando e espalhando energia não menos do que o tigre que salta sobre sua presa. Todos eles roubam a Natureza em vez de enriquecê-la, e todos eles, na medida da sua inteligência, verificarão que terão de pagar por isso.

A ciência experimental exata nada tem a ver com a moralidade, a virtude, a filantropia – por isso não pode reivindicar qualquer ajuda nossa até que ela se una à metafísica. Sendo apenas uma classificação fria de fatos externos ao homem, e existentes antes e depois dele, seu campo de utilidade cessa para nós nas fronteiras externas desses fatos; e sejam quais forem as inferências e os resultados para a humanidade a partir dos materiais adquiridos por seu método, ela pouco se importa com isso. Desse modo, como nossa esfera se situa inteiramente fora dela – tão distante quanto a trajetória de Urano está da trajetória da Terra – nós claramente nos recusamos a ser destruídos por qualquer engrenagem construída por ela. O calor é apenas uma forma de movimento para ela, e o movimento cria calor, mas o motivo pelo qual o movimento mecânico da roda que gira deve ser, metafisicamente, de valor mais alto do que o calor no qual gradualmente se transforma, ainda está por ser descoberto. A noção filosófica mas transcendental (e por isso absurda?) dos teosofistas medievais, de que o progresso final do trabalho humano, auxiliado pelas descobertas incessantes do homem, deve um dia culminar em um processo que, com a imitação da energia do Sol – em sua função de motor direto –, resultará na produção de alimento nutritivo a partir da matéria inorgânica, é impensável para os homens da ciência. Se o Sol, o grande pai nutriente de nosso sistema planetário, chocasse pintinhos de granito a partir de uma pedra "em condições verificáveis" amanhã, eles (os cientistas) aceitariam isto como fato científico sem lamentar uma só vez que os pintinhos não tivessem vida para nutrir os famintos e subnutridos. Mas se um Shaberon[4] cruzar os Himalaias em uma época de fome e multiplicar sacos de arroz para as multidões moribundas – algo que ele pode fazer – os seus magistrados e fiscais provavelmente o colocarão na prisão para fazê-lo confessar de que depósito os roubou. Assim são a ciência exata e seu mundo realista. E apesar de você estar, como diz, impressionado pela vasta extensão da ignorância do mundo sobre todos os assuntos, que você corretamente descreve como "alguns poucos fatos palpáveis reunidos e grosseiramente generali-

---

[3] Em matemática, + x + = +; assim, o positivista não está dizendo a verdade. (N. ed. bras.)

[4] *Shaberon* – Adepto muito elevado. O termo é tibetano. (N. ed. bras.)

zados, com um jargão técnico criado para esconder a ignorância humana sobre tudo que está além destes fatos", e embora você fale de sua fé nas possibilidades infinitas da Natureza, ainda assim você se satisfaz dedicando sua vida a um trabalho que contribui apenas para as mesmas ciências exatas. Você causa um desperdício de energia cósmica da ordem de toneladas, para acumular no máximo algumas dezenas de gramas em seus livros – falando figuradamente. E apesar das suas percepções intuitivas do alcance ilimitado da natureza, você assume a posição de que, a menos que um proficiente no conhecimento arcano desperdice sobre a sua Sociedade embrionária uma energia que ele pode distribuir de modo útil entre milhões sem mover-se do seu lugar, você, com seus grandes poderes naturais, se recusará a dar uma ajuda solidária à humanidade começando o trabalho sozinho, confiando ao tempo e à Grande Lei a tarefa de recompensar o seu esforço[5].

Das suas várias perguntas, com sua licença, nós discutiremos inicialmente a relativa à suposta incapacidade da "Fraternidade" de "deixar qualquer marca na história do mundo". Os membros da Fraternidade deveriam, você pensa, ter sido capazes, graças às suas vantagens extraordinárias, de "reunir em suas escolas uma parte considerável das mentes mais esclarecidas de cada raça". Como você sabe que eles não deixaram tal marca impressa? Você conhece bem os seus esforços, êxitos e fracassos? Você tem qualquer base a partir da qual acusá-los? Como poderia o seu mundo reunir provas sobre as ações de homens que mantiveram laboriosamente fechada toda porta pela qual o curioso pudesse espioná-los? A primeira condição para o êxito deles era que não fossem jamais supervisados ou obstruídos. Eles sabem o que eles têm feito; os que estão do lado de fora do seu círculo só podem observar resultados, cujas causas foram afastadas do campo de visão. Para explicar estes resultados, em diferentes épocas os homens têm criado diferentes teorias sobre a interferência de deuses, providências especiais, destinos, e a influência benigna ou hostil das estrelas. Nunca houve uma época, antes ou durante o chamado período histórico, em que os nossos predecessores não estivessem moldando os acontecimentos e "fazendo história", cujos fatos foram a seguir sempre distorcidos pelos historiadores para que se adaptassem aos preconceitos da época. Você tem completa

---

[5] As duas últimas frases deste parágrafo foram omitidas de *O Mundo Oculto,* segundo destaca Grace Knocke em *Combined Chronology,* obra de M. Conger que ela editou. (N. ed. bras.)

certeza de que as figuras heroicas visíveis, nos seus dramas sucessivos, não foram frequentemente apenas suas marionetes? Nunca tivemos a pretensão de levar o conjunto das nações a este ou àquele momento decisivo, contrariando o rumo geral das relações cósmicas do mundo. Os ciclos devem percorrer suas rondas. Períodos de luz e escuridão – no plano mental como no plano moral – devem suceder-se uns aos outros assim como o dia e a noite. Os yugas maiores e menores devem ser concretizados de acordo com a ordem estabelecida das coisas. E nós, carregados pela poderosa maré, só podemos modificar e direcionar algumas das suas correntes menores. Se tivéssemos o poder do Deus Pessoal imaginário, e as leis universais e imutáveis fossem apenas brinquedos em nossas mãos, realmente nós poderíamos haver criado condições que teriam transformado esta terra em uma arcádia[6] de almas elevadas. Mas tendo que lidar com uma lei imutável, e sendo nós próprios filhos desta lei, temos feito o que podemos, e somos gratos. Houve ocasiões em que "uma parte considerável de mentes esclarecidas" recebeu instrução em nossas escolas. Houve épocas assim na Índia, na Pérsia, no Egito, na Grécia e em Roma. Mas, como destaquei em uma carta para o sr. Sinnett, o adepto é a floração da sua época, e relativamente poucos adeptos aparecem durante o período de apenas um século. A terra é um campo de batalha tanto de forças morais quanto de forças físicas, e a turbulência das paixões animais, sob o estímulo das energias rudes do grupo inferior de agentes etéricos, sempre tende a sufocar a espiritualidade.

O que mais se poderia esperar de homens que estão em uma relação tão íntima com o reino inferior do qual surgiram? Também é verdade que agora nossos números estão diminuindo, mas isso é porque, como já disse, nós pertencemos à raça humana, estamos sujeitos ao seu impulso cíclico e não temos o poder de revertê-lo. Você poderia fazer o Gunga ou o Brahmaputra[7] voltarem às suas nascentes? Você poderia, ao menos, conter suas águas sem que as margens ficassem inundadas? Não; mas você pode atrair parte da corrente para canais e usar o seu poder hidráulico para o bem da humanidade. Assim também nós, que não podemos impedir o mundo de ir na direção que lhe é destinada, podemos no entanto deslocar parte da sua energia para canais úteis. Pense em nós como semideuses, e minha explicação não o satisfará; ve-

---

[6] Arcádia – região da Grécia antiga associada à poesia, ao campo e à vida natural. (N. ed. bras.)

[7] Gunga (Ganges) e Brahmaputra – grandes rios indianos. (N. ed. bras.)

ja-nos como simples homens – talvez um pouco mais sábios devido a estudos especiais – e isto deve poder responder à sua objeção.

"Qual é o bem", você pergunta, "a ser alcançado por meus semelhantes e por mim mesmo (as duas coisas são inseparáveis) através destas ciências ocultas?" Quando os nativos perceberem que os ingleses, e mesmo alguns altos funcionários britânicos na Índia, têm interesse em sua ciência e suas filosofias ancestrais, eles próprios se dedicarão abertamente ao seu estudo. E quando compreenderem que os velhos fenômenos "divinos" não eram *milagres,* mas efeitos científicos, a *superstição* diminuirá. Assim, o maior mal que oprime e retarda agora o renascimento da civilização indiana desaparecerá a seu devido tempo. A tendência atual da educação é formar pessoas materialistas e eliminar a espiritualidade. Com uma compreensão adequada do que os seus ancestrais queriam dizer com seus escritos e ensinamentos, a educação se tornará uma bênção, enquanto que agora ela é frequentemente uma maldição. Atualmente tanto os nativos cultos como os incultos vêem os ingleses como demasiado preconceituosos, por causa da sua religião cristã e da ciência moderna, para buscarem compreendê-los ou entender suas tradições. Eles têm ódio e desconfiança recíprocos. Esta nova atitude em relação à filosofia mais antiga influenciaria os príncipes nativos e os homens ricos no sentido de doarem recursos para escolas que garantam a educação dos pandits;[8] e velhos manuscritos, até aqui mantidos longe do alcance dos europeus, novamente viriam à luz, e com eles a chave para grande parte daquilo que foi negado durante eras à compreensão popular, e que não desperta atenção dos seus sanscritistas céticos, enquanto os seus missionários religiosos não *ousam* compreendê-lo. A ciência teria muito – e a humanidade teria tudo a ganhar. Sob o estímulo da Sociedade Teosófica anglo-indiana, com o devido tempo, nós poderíamos ver o surgimento de outra era dourada da literatura sânscrita. Um tal movimento poderia receber a completa aprovação do Governo Local, já que atuaria como um preventivo de descontentamento e poderia ter a simpatia dos sanscritistas europeus que, nas suas divergências de opinião, necessitam da ajuda dos eruditos locais, agora além do seu alcance devido ao estado atual de desentendimento recíproco. Eles estão, agora mesmo, fazendo apelos por tal ajuda. Neste momento, dois hindus cultos de Bombaim estão ajudando Max Muller; e um jovem pandit de Guzerat, membro da S.T., está ajudando o prof.

---

[8] Pandit – erudito indiano. (N. ed. bras.)

Monier Williams em Oxford, e vivendo em sua casa. Os dois primeiros são materialistas e causam prejuízo; o último, sozinho, pode fazer pouco, porque o homem a quem ele ajuda é um cristão preconceituoso.[9]

No Ceilão, vemos os mais eruditos sacerdotes unindo-se, sob a liderança da Sociedade Teosófica, em uma nova exegese da filosofia budista, e em Galle[10], dia 15 de setembro, uma Escola Teosófica, leiga, dedicada ao ensino de crianças ceilandesas, foi inaugurada com a presença de mais de 300 pessoas, um exemplo que deve ser seguido em três outros pontos daquela ilha. Se a Sociedade Teosófica, "tal como constituída atualmente" não tem de fato "real vitalidade", e no entanto, da sua maneira modesta, tem feito tamanho bem prático, que resultados, muito maiores, não podem ser previstos a partir de uma organização formada com base em um plano melhor, como você pode sugerir?

Os mesmos fatores que estão materializando a mente hindu afetam igualmente todo o pensamento ocidental. A educação entroniza o ceticismo, mas aprisiona a espiritualidade. Você pode fazer um bem imenso ajudando a dar às nações ocidentais uma base segura sobre a qual reconstruir sua fé agora em desintegração. E o que elas precisam é das provas que só a psicologia asiática pode dar. Dê-lhes isso, e você terá transmitido felicidade mental a milhares de pessoas. A era da crença cega terminou; está aqui a era da investigação. A investigação que só desmascara o erro, sem descobrir nada sobre o qual a alma possa construir, só produzirá iconoclastas. A iconoclastia, por causa da sua própria destrutividade, não pode dar nada; só pode destruir. O homem não pode ficar satisfeito com a mera negação. O agnosticismo é apenas uma pausa temporária.

Este é o momento de guiar o impulso recorrente que logo deve vir, e que levará a era atual em direção ao ateísmo extremo, ou a levará de volta para o sacerdotalismo extremo, se ela não for conduzida até a filosofia primitiva dos arianos, que satisfaz a alma. Quem observa o que está ocorrendo hoje, de um lado entre os católicos, que estão criando milagres com a mesma rapidez com que as formigas criam seus filhotes, e de outro lado entre os livre-pensadores, que estão se transformando em massa em agnósticos – vê o rumo das coisas. A época atual está perdendo-se em um excesso de fenômenos. Os mesmos fatos maravilhosos que os espíritas mencionam em oposição aos dogmas da eterna perdição

---

[9] As últimas quatro frases deste parágrafo foram omitidas em *O Mundo Oculto,* como destaca Grace Knocke em *Combined Chronology.* (N. ed. bras.)

[10] *Galle* – porto de mar na região sudoeste do antigo Ceilão, atual Sri Lanka. (N. ed. bras.)

e da salvação vicária, os católicos se aglomeram para testemunhar como poderosas provas da sua fé em milagres. Os céticos riem de ambos. Todos estão cegos e não há ninguém para guiá-los! Você e seus colegas podem ajudar a fornecer os materiais para a filosofia religiosa universal necessária; uma filosofia que não pode ser derrotada por ataques científicos, porque ela própria é a meta da ciência absoluta; e uma religião realmente digna de seu nome, já que inclui as relações entre o homem físico e o homem psíquico, e destes dois com tudo o que está acima e abaixo deles. Isso não merece um pequeno sacrifício? E se, depois de refletir, você decidir adotar este novo rumo, que fique claro que a sua sociedade não é um clube de milagres ou de banquetes, nem é especialmente inclinada ao estudo do fenomenalismo. Sua principal meta é extirpar as atuais superstições e o ceticismo, e retirar, de fontes antigas e há muito tempo fechadas, as provas de que o homem pode criar seu próprio destino futuro, e saber com segurança que ele pode viver mais além, bastando que ele queira, e que todos os "fenômenos" são apenas manifestações da lei natural, e que tentar compreender esta lei é dever de todo ser inteligente.[11] Você devotou pessoalmente muitos anos a um trabalho concebido de modo benévolo e realizado com seriedade. Dê a seus semelhantes metade da atenção que você dedicou a seus "passarinhos", e completará uma vida útil com um trabalho grandioso e nobre.

Atenciosamente, seu amigo,[12]

---

[11] Em *O Mundo Oculto,* a transcrição da carta termina aqui. (Ed. C.)

[12] A transcrição da Carta não inclui assinatura. (N. ed. bras.)

ANEXO II[1]

Cartas ou mensagens encontradas em *The Letters of H. P. Blavatsky to A. P. Sinnett (LBS)*

LBS-4

Setembro de 1881

Esta é uma carta de H. P. B. para Sinnett, com um bilhete de M.

Recebi ordem de Meu Chefe para dizer ao sr. Sinnett o seguinte:

1. Não perder a oportunidade, hoje à noite, de informar R. S. sobre *cada detalhe* da situação em que ele puder pensar, seja relativo à Sociedade ou sobre as suas ideias de projeto matrimonial.

2. Insistir em ter uma cópia fiel dos esboços escritos até aqui sobre Cosmogonia, com as palavras tibetanas, as notas de M., etc. H. P. B. recebe ordem também de ter uma cópia, já que ela tem de conhecer por completo o que o sr. Hume anotou e até que ponto ele elaborou as explicações. Caso contrário, quando a reação vier, e o sr. Hume começar a estudar outra vez – nem o sr. Sinnett nem H. P. B. estarão *au courant* [2] dos seus pensamentos; e ele vai começar outra vez a abusar – como o quarteto de músicos na fábula de Esopo – dos *instrumentos* nos quais não sabe tocar.

3. O sr. Sinnett é aconselhado, quando estiver em Allahabad, a anunciar a formação da Sociedade de Allahabad, chamando-a de "Sociedade (Teosófica) Anglo-indiana de Investigação" ou algum nome semelhante que não soe mal aos ouvidos da comunidade descrente. Que seja diferente do nome da outra loja em Allahabad, chamada "Sociedade Teosóf. Prayaga", embora os hindus

---

[1] Como vimos em nota de rodapé anterior, o Anexo II da edição cronológica em língua inglesa de *Cartas dos Mahatmas* contém duas cartas que não incluímos nesta edição brasileira, porque já estão publicadas no volume *Cartas dos Mestres de Sabedoria* (Ed. Teosófica, Brasília). A primeira delas é a carta do Mahatma K. H. em que ele descreve a visão do Chohan (Maha-Chohan) sobre a S. T. É a carta nº 1, da primeira série de *Cartas dos Mestres*. A outra, dirigida a A. O. Hume, datada de 1882, é a carta nº 30, da primeira série, no mesmo volume. Sem estas duas cartas aqui, o Anexo III da edição cronológica em inglês passa a ser Anexo II nesta edição cronológica em língua portuguesa das *Cartas dos Mahatmas*. (N. ed. bras.)

[2] *Au courant,* em francês, significa "ao corrente", isto é, sabendo, conhecendo. (N. ed. bras.)

desta última possam ser de grande utilidade para o sr. Sinnett, e ele vá encontrar ótimas oportunidades *mesméricas* nela, bastando procurar.

4. O sr. Sinnett é aconselhado por M. a fazer um esforço especial para impedir que seu pequeno filho coma carne – nem mesmo de aves, e a escrever à sra. Sinnett a respeito. Uma vez que a mãe colocou a criança sob a proteção de K. H., que ela cuide para que nada contamine a natureza do garoto. A criança pode tornar-se um poderoso mecanismo para o bem no futuro próximo. Que ele seja treinado como *sua própria natureza* sugere.

5. O sr. S. é lembrado de que deve telegrafar a O. para que ele não responda uma palavra ao sr. Hume antes de uma carta do sr. Sinnett.

6. O sr. S. é aconselhado, agora que estará sozinho, a colocar-se em comunicação, através de Adytyarum B., com alguns místicos hindus, não em função da filosofia, mas para descobrir que fenômenos mentais podem ser produzidos. No *Mela* há um certo número deles visitando a cidade.

7. Sempre que sentir vontade de escrever ou necessitar o conselho de M., o sr. S. é convidado a fazê-lo sem hesitação. M. sempre responderá, não só em nome de K. H., mas em seu próprio nome, porque o sr. S. provou que mesmo um anglo-indiano pode ter a verdadeira – CENTELHA em si, que nenhuma quantidade de conhaque e soda e outras substâncias pode extinguir, e que ocasionalmente brilha e com muita claridade.

***Foi* meu desejo que ela lesse a carta a Fern na noite passada. Você também pode mostrá-la e lê-la para R. S. se quiser. Tudo o que está acima está correto.**

Atenciosamente, M.

LBS-5 — Datada de 2 de novembro de 1880

Em 6 de novembro de 1880 a Bombay Gazette (Gazeta de Bombaim) *publicou um texto afirmando que H. P. B. era correspondente de um jornal russo, fato que H. P. B. reconhecia abertamente. H. P. B. escreveu uma resposta e mandou-a a Sinnett para publicação. A nota de K. H. segue a carta.*

Isso foi o que mandei a você pedindo-lhe ardorosamente que o publicasse, porque estava ansiosa por quebrar a cabeça de pelo menos um dos meus inimigos idiotas. A isto K.H. observou que seria muito melhor se eu deixasse você escrever algumas palavras em um comentário editorial sobre o tolo parágrafo (citado acima). Eu disse *não*. Eu sabia que você não gosta que lhe peçam para escrever, além disso seria melhor e mais adequado que eu escrevesse. Assim, mandei isto a você. Mas parece que *ele* necessita que isso seja feito a seu modo. Pois, de outro modo, como a minha carta poderia ter-se perdido? Foi o Mah. K. H. que usou algum dos seus truques, só porque ele é sábio, forte e saudável, e eu tola, e agora fraca e doente. Não considero isso amigável da parte dele. Se sou tão inútil e tola, por que eles não me aniquilam? O médico (Laurie) não me permite viajar amanhã. No entanto, ele me aconselha trocar de localidade. Forte doença nervosa, febre, etc., diz ele. Ah! já aguentei o suficiente esta velha carcaça!

Afeto a vocês ambos,

atenciosamente quand même[1]
H. P. Blavatsky

O espírito é forte mas a carne é fraca; tão fraca, às vezes, que até vence o espírito "que conhece toda verdade". E agora, tendo quase afastado o seu dono, este pobre corpo delira. Já que nem mesmo *eu* estou acima de suspeita para ela, você dificilmente poderia ser tolerante em excesso, ou usar cautela demasiada, até que esta perigosa crise nervosa esteja superada. Ela foi causada por uma série de insultos não merecidos (que, naturalmente, homens como você e o cel. Olcott nem teriam notado, mas mesmo assim puseram-na em grande aflição), e só pode ser curada com descanso e paz de espírito. Se você quiser aprender algo algum dia sobre a dualidade do homem e a possibilidade, através da ciência oculta, de acordar o seu invisível, mas verdadeiro *eu sou* do seu estado adormecido para uma existência independente, aproveite esta oportunidade. Observe e aprenda. São casos como este que intrigam o biólogo e o fisiólogo. Mas logo que se fica sabendo desta dualidade tudo se torna claro como o dia. Lamento dizer que agora só posso atuar através dela em ocasiões muito raras e com as maiores precauções. A carta do sr. Hume a ela, cheia de suspeitas e de insultos benevolentes, foi "a gota que derramou o copo". A febre de Punjab dela – uma vez que o sintoma tifoide tenha sido removido – não é pior, em si, do que muitos europeus já enfrentaram; posso dizer-lhe que agora a crise está superada – mas a vida e a razão dela estavam em perigo no sábado passado, à noite. Quanto a mim, você pode considerar-me sempre seu verdadeiro e sincero amigo.

KOOT HOOMI LAL SINGH.

---

[1] Quand même – "ainda quando", "ainda que", em francês. (N. ed. bras.)

LBS-20

11 de dezembro de 1881

Em uma carta para Sinnett, H.P. B. escreveu em um pós-escrito: "E no entanto o 'Chefe' sempre disse que Fragments *era um artigo magnificamente escrito." A seguir, o comentário de M.*

E o "Chefe" ainda diz isso. Mas o "Chefe" não pedirá mais ao sr. Hume para fazer coisa alguma pela Sociedade ou pela *humanidade*. O sr. Hume terá a partir de agora de cavalgar o seu próprio "jumento" e nós também ficaremos satisfeitos com nossas próprias pernas.

M.

LBS-29

17 de novembro de 1883

Esta é uma nota de K. H. em uma carta de H. P. B. para Sinnett. A primeira metade da carta se refere ao incidente Kiddle, e uma parte dela aparentemente foi apagada, com a nota seguinte precipitada na letra de K. H.

Verdadeira prova da discrição dela! Eu mesmo direi tudo a você tão logo tenha uma hora de tempo livre.

K. H.

LBS-30

Dezembro de 1883

O primeiro parágrafo da anotação seguinte, de M., se refere a uma parte de uma carta de H. P. B. a Sinnett, que diz: "Que o Carma disso caia sobre o Chefe – porque eu fui única e exclusivamente a arma, ou o agente irresponsável, em tudo isso. Suponho que o Mah. K. H. tocou o primeiro violino, e meu Chefe o segundo, como de costume. Eu só tenho de obedecer, como você diz." O segundo parágrafo aparece ao final da carta.

Exatamente, porque esta é a melhor linha de ação.

Sahib Sinnett – você não deve surpreender-se. Nós buscamos de coração o bem do conjunto do movimento e da Sociedade. Nem mesmo os desejos da maioria são suficientes para prevalecer – os sentimentos da minoria menos esclarecida também têm de ser consultados[1]. Terá de

[1] Esta passagem parece referir-se à crise da Loja de Londres. Os partidários de Sinnett e dos ensinamentos orientais eram maioria. (N. ed. bras.)

vir um dia em que *todos* saberão melhor. Enquanto isso a *akhu* tenta fascinar K. H. com sua imagem!

M.

LBS-34

Março de 1884

Em uma carta de H. P. B. para Sinnett, em relação à loja de Londres, a palavra "Correto." foi acrescentada por M. a um longo parágrafo que terminava do seguinte modo:

Creio que você não entendeu bem os telegramas e as cartas do Mahatma K. H. – Mohini me diz isso. Porque eles queriam que ela permanecesse presidente no que dependesse Deles, e desejavam mostrar que não davam a menor importância aos insultos implícitos e mesmo explícitos dela. O Mahatma K. H. *tinha* de fazer disso um *sine qua non* do seu ensino a você enquanto houvesse apenas uma L. L. e uma Sociedade. Mas já que o Chohan deseja que haja duas, com base no Art. 1 (Estatutos),[1] isto é, "compostas exclusivamente de correligionários", que ela presida a sua "Loja de Londres" e os *cristãos esotéricos,* enquanto você preside a "Loja Tibetana" e os *budistas esotéricos.* DIXIT.[2]

Correto. M.

---

[1] O art. 1º dos Estatutos da S. T., publicados na edição de abril de 1880 de *The Theosophist,* dizia: "A Sociedade Teosófica é formada sobre a base de uma Fraternidade Universal da Humanidade. Ela foi convencionalmente dividida, com objetivos administrativos, em lojas locais. Uma loja pode, se for considerado desejável, ser composta exclusivamente de correligionários, como, por exemplo, árias, budistas, hindus, zoroastristas (ou parsis), cristãos, muçulmanos, jainistas, etc., cada uma com seu próprio presidente, sua diretoria e conselho". (N. ed. bras.)

[2] DIXIT. Em latim, forma abreviada de *Magister dixit,* "o Mestre disse". (N. ed. bras.)

LBS-50

Enviada em 9 de outubro[1]

Comentário do Mahatma M. escrito sobre uma carta de H. P. B. para a sra. Sinnett. A carta aborda a administração do Theosophist *e informes de D. Nivaran.*

Cópia aproximadamente verdadeira de um oitavo de toda a verdade.

M.

LBS-155[2]

Setembro de 1882

Trechos de uma carta de A.O. Hume para K. H.

... "Eu não só nada tenho contra o seu exercício deste direito, mas estou ansioso por isto – e ficaria de fato contente se você expressasse sempre seus pensamentos com muito mais liberdade do que você faz. Tenho objeções contra grosseria – algumas pessoas são grosseiras[1] e isto, sem ofender-me,

[1] **Ele chama de *polidas* as cartas dele a M. e H. P. B.?**

fere os meus sentimentos de cavalheiro, assim como um mau cheiro fere os meus nervos olfativos".

... "Quanto ao ponto específico que você destaca, isto é, minha grande mutabilidade – eu realmente penso que você tem um espaço inicial para o ataque; mas a situação não é exatamente como você pensa. Eu não sou de fato tão mutável!! Eu não posso depender unicamente de você – você tem muito pouco tempo, e a única maneira como você parece ser capaz de ensinar-me, através de cartas, é tão lenta e tão insatisfatória que não seria correto que eu não olhasse para nenhum outro lugar." [2]

[2] **C. C. M. talvez chamasse *isso* de "sinceridade"?**

---

[1] A data desta carta é 9 de outubro de 1885, segundo Margareth Conger em *Combined Chronology of the "Mahatma Letters to A. P. Sinnett" & "The Letters of H. P. Blavatsky to A. P. Sinnett",* Theosophical University Press, Pasadena, Califórnia, EUA. (N. ed. bras.)

[2] As passagens em negrito são comentários de K. H., enquanto que as passagens sublinhadas foram assinaladas assim por K. H. (N. da 1ª ed.)

... “As circunstâncias impediram ... que você me colocasse em uma posição em que eu pudesse ter certeza de que você está correto no que ensina. Muito provavelmente você está – mas outros, do mais alto conhecimento, que aparentemente avançaram grande extensão do mesmo terreno que você, contrariam em grande parte seus pontos de vista. Em primeiro lugar eles parecem sustentar que vocês, Arhats, estão todos em um caminho errado – que vocês são apenas tantristas[3] altamente cultos esforçando-se pela Upasana de Shakti ou Kamarupa,[4] ao invés da Upasana de Pranava ou Brahman!!! ...”

“Eles também discordam do seu ponto de vista de que não existe Deus”.[3]

[3] **Advaitas vedantinos?**

... “Bem, eu não tenho a pretensão de dizer quais de vocês estão certos. Até onde posso avaliar, o conhecimento e os poderes ióguicos deles não são inferiores aos seus”.[4]

[4] **Já que o “bom e velho Swami” dele não tem *poder* algum, a lógica inferência seria que nós não temos nenhum poder?**

“Mas meu caro amigo ... supondo que você está certo – então eu receio grandemente que uma filosofia coroada pelo ateísmo nu e cru, em que você insiste em suas notas[5] (porque você não obteria minha enunciação velada dele), [5] não será aceita nem mesmo nesta era

[5] **Isso é sincero? E nós deveríamos aceitar esta linha de ação?**

tristemente materialista. A Europa não a aceitará, nem a Ásia ... Mas além disso, mesmo que nós pudéssemos difundi-la, iria ela ter bons efeitos na situação atual do mundo? ... Para você e para homens da sua pureza e elevação de caráter – até para homens situados na parte inferior da escala como eu mesmo – o ateísmo puro pode não fazer mal, mas para as classes incultas e espiritualmente de todo adormecidas, ele faria mal, eu receio.”[6]

[6] **E uma *ficção* supersticiosa, a crença em um puro mito, poderá em algum momento fazer bem? Ele nos chama jesuítas, e no entanto a linha de ação dele seria puramente – loyoliana.**

“......... mas o efeito da educação desde cedo, como você dirá, ou da intuição, como eu alego, não me permite aceitar a sua visão tal como de-

---

[3] *Tantristas* – isto é, estudiosos e praticantes de Tantra. (N. ed. bras.)

[4] *Upasana* é o serviço, a submissão; *Shakti* é a energia universal, as várias forças da natureza sintetizadas; *kamarupa é* a forma subjetiva criada pelos nossos desejos; *pranava* é *Aum,* a palavra sagrada, o som primordial cósmico. (N. ed. bras.)

[5] Veja a Carta nº 88, nesta edição cronológica. (N. ed. bras.)

monstrada .... Eu não posso dizer sinceramente que acredito que não há Deus. Acredito, antes, que existe um Deus.[7]

[7] **"Eu sou mais advaita que M. ou K. H.", escreveu ele poucos dias atrás.**

... Não penso que você esteja certo no ponto de vista que você tem sobre minha mutabilidade – eu tenho muitos aspectos, e à medida que sigo viagem eu me volto e você vê diferentes lados em tempos diferentes – mas você verá que minha órbita, com pequenas mutações, é bastante direta, e todos os aparentes retrocessos são ilusões óticas devidas ao ponto em que você está. De qualquer modo, esta é uma explicação extremamente *hábil*.

Sempre atenciosamente,

A. O. Hume.

Naturalmente, não há dúvida de que ele é muito *"hábil"*.

LBS-156[1] — 4 de janeiro de1881

Uma carta de Hume para H. P. B., com comentários de M.

SIMLA,
4 Jan. 1881.

MINHA PREZADA VELHA SENHORA,

E embora às vezes eu fique desesperadamente inclinado a acreditar que você é uma impostora, acredito que tenho mais afeto por você que qualquer um deles.

Acabo de terminar as últimas páginas de um livreto que estou preparando. Estas últimas páginas são um resumo da sua carta sobre a senhora* Thekla Lebendorff.** Mas a explicação dada por você neste caso não é compreensível – assim, depois de tentar perceber o que você queria dizer, reescrevi inteiramente o texto a partir da minha consciência interna – Buddha saberá se eu captei a nuance correta, eu não sei – mas você verá as provas para correção e você ou os Irmãos(?) devem corrigir quaisquer erros graves.

***Assim como há naturezas pervertidas que passam a amar deformidades físicas por contraste com a beleza, também há aqueles que**

[1] Comentários à margem, com a letra de M., estão impressos em negrito. Passagens sublinhadas foram assinaladas assim por M. Os números entre colchetes em negrito correspondem aos comentários de M. no final da carta. (N. da 1ª ed.)

encontram paz na depravação moral de pessoas corrompidas. Tais pessoas considerariam *embuste como prova de inteligência.*

****O sr. Sinnett tem de usar sua influência para impedir esta quebra de confiança. A carta dela para o sr. Hume era privada. O caso pode ser exposto inteiramente. A publicação de nomes – nomes de pessoas cujos parentes ainda vivem atualmente na Rússia, deve ser proibida pela sra. B.**

Este livreto consiste de, (1) uma longa carta denunciando a teosofia como uma fraude, e colocando todas as objeções a ela e aos Irmãos, levantadas pelos homens mais inteligentes que não desacreditam dos fatos do espiritismo.

Tais como o sr. Chatterjei – por exemplo?

(2) Uma carta muito mais longa, ai de mim, uma carta terrivelmente longa, que transforma a primeira em pedaços e a vira do avesso.

Fiz o melhor que pude nisto. Penso que ficou com uma redação bastante clara – o texto não é conclusivo (e isto você deve agradecer aos Irmãos) **(1)** mas apresenta a melhor versão possível de cada fato embaraçoso e dá a visão mais completa de todos os fatos favoráveis. Com os fatos existentes, desafio qualquer um a fazer melhor. Refiro-me a qualquer um exceto um irmão, e minha esperança é que se há irmãos, alguns deles possam, quando as provas estiverem diante de você, dar algumas indicações com as quais eu consiga fortalecer a tese. Aproveitei esta oportunidade para esclarecer em grande parte os princípios da Teosofia Esotérica e questões ligadas aos Irmãos e seus *modi operandi,* etc., etc. Há muita coisa nesta carta. **(2)**

Mas embora eu pense que produzi uma boa argumentação; embora eu possa convencer outros – quase perdi, eu próprio, a convicção **(3).** Eu nunca havia compreendido a extrema fragilidade da nossa posição, até defendê-la. *Você,* você, prezada velha pecadora (e você não teria sido perversa em condições normais?) é a pior de todas as brechas – sua total falta de controle do temperamento – sua maneira de falar totalmente não-budista e não-cristã em relação a todos os que a ofendem, as suas afirmativas descuidadas formam, em conjunto, uma acusação à qual é difícil responder – eu consegui, penso, evitá-la **(4).** Mas, embora eu possa calar as bocas dos outros, pessoalmente não estou convencido. Talvez você diga, "mas você é melhor?". Eu respondo de imediato, "certamente não – provavelmente, em outros aspectos, sou dez vezes pior". Mas ocorre que eu não sou o mensageiro escolhido para a corporificação de toda pureza e virtude – sou uma alma manchada de barro que, embora um gato possa olhar um rei, não é capaz de olhar nem mesmo para um Irmão. **(5)** Eu sei tudo sobre a suposta explicação dos Irmãos **(6),** de que você é psicologicamente mutilada, um dos seus sete princípios ficou como garantia no Tibete – neste caso, mais vergonha para eles, por ficarem com propriedade de outra pessoa causando grande perda para o proprietário.

Mas supondo que seja assim, então peça a meus amigos, os Irmãos, para "precisez"[2] como dizem os franceses – que princípio vocês têm, velhos camaradas?

Não é Hoola sariram, o corpo – isto é claro porque você poderia de fato dizer, com Hamlet, "Ah, se esta carne tão sólida se desfizesse!"

E não pode ser o linga shariram, porque ele não pode separar-se do corpo, e não é kama rupa, e se fosse, a sua perda não causaria os seus sintomas.

Nem é, seguramente, o Jivatma, *você* tem grande quantidade de vida em si. Tampouco é o quinto princípio ou mente, porque sem ele você estaria "quo ad" em relação ao mundo externo, seria uma idiota. Tampouco é o sexto princípio, porque sem ele você seria um demônio, intelecto sem consciência, enquanto que, em relação ao sétimo, ele é universal e não pode ser capturado por nenhum Irmão ou Buddha, mas existe para cada um precisamente no grau em que os olhos do sexto princípio estiverem abertos.

Portanto, para mim esta explicação não só é insatisfatória, mas o fato de ela ter sido apresentada lança suspeitas sobre a coisa toda.

Muito inteligente – mas suponha que não se trata de nenhum dos sete, especificamente, e sim todos? Cada um deles "mutilado" e impossibilitado de exercer plenamente os seus poderes? E suponha que esta é a sábia lei de um poder que prevê muito longe!

E assim, em muitos casos, quanto mais examinamos as coisas, mais elas parecem vazar água. Mais elas têm a aparência de mecanismos artificiais criados a cada momento para superar uma dificuldade imediata.

Se, como é muito possível, tudo pode ser explicado – então eu lamentaria a tolice dos seres superiores que mandam você para combater o mundo equipada apenas com uma parte das suas faculdades, e a rodeiam cuidadosamente de uma rede de fatos tão contraditórios e comprometedores que torna impossível para o seu amigo mais afetuoso e de modo algum o menos inteligente evitar, às vezes, graves dúvidas não só sobre a existência deles mas também sobre a sua boa fé. **(7)**

Na carta nº 2 eu respondi, sem dúvida, a todas as objeções – de certo modo – mas se eu fosse escrever uma carta nº 3, por outro lado, eu não poderia arrasar alguns, pelo menos, dos argumentos da nº 2. Talvez ninguém de fora possa.

---

[2] "Precisez" – A. O. Hume deve ter pensado no verbo "preciser", que significa "precisar", "especificar", "detalhar", em francês. Pode ter havido erro ortográfico dele ou erro na transcrição da carta. (N. ed. bras.)

Como foi dito antes – há uma boa razão para isso. Porque os argumentos dos dois lados são falhos e podem ser facilmente "arrasados".

Tudo o que posso dizer é que – se, como eu ainda acredito com base nas provas, os Irmãos de fato existem – solicite e rogue a eles para que fortaleçam-na para que você se transforme mais naquilo que um grande reformador moral deveria ser – e assim fortaleçam nossas mãos para defendê-la e fazer avançar a causa deles. **(8)**

Bem, nº 3 é a carta de Olcott desde o Ceilão – com um trecho deixado de fora e umas poucas palavras alteradas –; para mim, uma excelente carta; naturalmente eliminei a passagem que o mundo imediatamente assinalaria como indicando um flerte transcendental entre Morier e o seu "espécime excelente de perfeita feminilidade", a irmã de K. H., e também a passagem sobre a suposta saída dele do corpo em Nova Iorque, que é fraca e pode ser explicada como simples sonambulismo.[3]

O sr. Hume agiu sabiamente ao eliminar aquela passagem na carta de O., embora as três palavras escritas *não* sejam explicadas pela teoria do sonambulismo, já que os sonâmbulos não passam por paredes sólidas. Quanto à frase sobre a irmã de meu irmão, ninguém dotado de alguma delicadeza teria pensado em publicá-la. O público, descrito como tendo pensamentos tão brutalmente indecentes que mesmo um dos seus líderes mais hábeis não é capaz de entender a amizade fraterna e pura de uma mulher santa em relação a quem é irmão do seu irmão durante uma vida toda de pesquisa oculta, sem descer à ideia rastejante de uma relação sensual, deve ser apenas um rebanho de suínos. E ainda assim este mesmo líder se pergunta por que nós não vamos até o seu escritório para provar que não somos ficções de uma imaginação enlouquecida!

Nº 4 é a sua história sobre Thekla – reescrita – espero apenas que seja de fato verdadeira, e que quando chegar até a Rússia, como certamente chegará, as pessoas a *confirmem* e não a desmintam.

Há um prefácio em letra grande, o qual qualquer um que quiser poderá supor que foi escrito pelos Irmãos – ou por você ou pelo presidente, dizendo que estas cartas, embora não estejam de modo algum inteiramente livres de erros e compreensões equivocadas, são publicadas porque lançam alguma luz sobre dificuldades que têm sido sentidas por muitos interessados em Teosofia. As provas do texto chegarão até você para correção no seu devido

[3] Esta passagem foi assinalada com tinta vermelha no original por M. (N. da 1ª ed.)

tempo – reforce a defesa, se você ou eles puderem, não tente debilitar o ataque; a posição mais forte é sempre obtida colocando abertamente, *você mesma*, tudo o que poderia ser dito contra você.

A propósito, quantas cópias deveriam ser impressas da tradução bengali do *Regulamento das Damas*, etc.? Sinnett imprimiu apenas 100 em inglês, e parece não haver mais nenhum exemplar neste momento! É inútil imprimir mais cópias das regras bengalis do que as que serão provavelmente necessárias, mas penso que 100 são muito poucas. Diga-me, por favor, quantas – estou pagando a impressão disto, e S. K. Chatterjee, que está indo até Calcutá, e que teve muito trabalho com a tradução, cuidará da impressão, e tenho de escrever a ele, lá, para dizer quantas cópias; *assim, por favor, não esqueça de responder logo, quantas cópias.*

Chatterjee é um camarada muito inteligente, mas embora ele não desacredite do espiritismo, ou ciência espiritual, não consigo fazê-lo engolir a existência dos Irmãos de modo algum! Acabo de mandar para ele a carta de Olcott e o certificado de Ramaswamier com o pós-escrito de Morier – em relação a que todos vocês são *dzing dzing*. A maior parte das pessoas é *dzing dzing* na opinião do ilustre.

Se eles *não* existem, que romancista você não poderia ser! **(9[A])** Você certamente cria personagens coerentes. Quando é que o nosso bom e velho Cristo – falo de K. H. – reaparecerá em cena? – ele é o nosso ator favorito **(9[B])**. Bem, suponho que eles saibam bem o que estão fazendo, mas do ponto de vista humano eles cometem um erro ao mutilar minhas energias deixando-me sem certeza alguma da existência deles, e assim aborrecendo-me com dúvidas sobre se estarei pregando doutrinas que, embora puras em si mesmas, podem estar baseadas em uma fraude, e que se tiverem esta base nunca poderão fazer bem algum – dúvidas sobre se não estarei desperdiçando perigosamente meu tempo e meu cérebro com uma quimera, tempo e energias que eu poderia devotar a alguma causa mais humilde, mas possivelmente mais verdadeira e que produza mais bem. **(9[C])** No entanto eu me comprometi por um ano – e durante este prazo farei tudo o que puder, com justiça e honestidade – mas se dentro deste período eu não puder adquirir nenhuma certeza eu me retirarei da Sociedade sentindo que, verdadeira ou falsa, ela não é verdadeira para mim. Não renunciarei à maneira de viver, **(10)**, porque esta, embora eu talvez só tenha podido segui-la imperfeitamente, me parece inteiramente louvável – mas renunciarei à Sociedade. Se ela estiver baseada na verdade eu terei, pelo menos, feito algum bem a ela com tudo o que tenho escrito e feito. Caso contrário, não posso ter feito muito mal, e não fui, até onde sei, além daquilo em que eu acredito.

Você dirá que isso é amavelmente elogioso para você – mas entre você e eu não deve haver eufemismos, mesmo que tenhamos que estar, amanhã, no banco das testemunhas. Eu *poderia* jurar que, com base nas informações atuais, eu *creio* que você é uma mulher perfeitamente sincera – mas não poderia jurar que toda a história sobre os Irmãos não é uma ficção, embora eu possa jurar que, no conjunto, eu *acreditei* que a história fosse mais provavelmente verdadeira do que falsa.

Sinnett, no entanto – sujeito de sorte – não tem uma sombra de dúvida – e com a *convicção,* a posição e as habilidades dele, será uma torre de forças para você, e para a Teosofia, de modo que terei menos remorsos ao lavar minhas mãos em relação à questão do que teria se você fosse deixada sem um defensor nas mãos dos filisteus.

Vou pegar a carta de Terry, a seguir, e ver o que posso fazer com ela. Ainda não tive tempo de avaliá-la adequadamente.

Eu gostaria que você me colocasse em contato com o seu Pandit de Triplicane[4] e que o induzisse a favorecer-me com mais algumas cartas como a última. Se eu a tivesse, antes de escrever aqueles *Fragments!*

Saudações afetuosas a Olcott.

Atenciosamente como sempre,
A. O. Hume.

(1) Que se recusam a mandar as suas fotos-retratos para ilustrar a próxima edição, revisada e corrigida, dos "Ensaios sobre Milagres", de Hume.

(2) De fato há. Mas uma grande intelectualidade nem sempre anda acompanhada de um grande discernimento do certo e do errado.

(3) Exatamente. Há pessoas, também, tão influenciadas pela sua própria eloquência, tão completamente subjugadas pelos seus próprios e grandes poderes de oratória, que são as primeiras a cair sob o feitiço. O sr. Hume se iludirá *aceitando* ou *rejeitando* com igual facilidade qualquer crença, uma vez que ele possa determinar *pessoalmente* todos os pontos.

(4) Sim – mas a que preço!

(5) A *hipocrisia* nem sempre é "o fardo necessário da maldade" – mas frequentemente é resultado de uma vaidosa coqueteria consigo

[4] Referência a Subba Row. "Pandit" significa "Erudito". "Triplicane" era um local de Madras de onde Subba Row mandava suas Cartas. (N. ed. bras.)

mesmo. O Hume interno adotando atitudes diante do espelho do Hume externo.

(6) Ele está enganado – *ele não sabe.*

(7) Nunca ocorre com aqueles que a conhecem bem.

(8) Não deixaremos de fazê-lo quando a hora chegar.

(9^A) Sim; e que escultora e pintora ela deve ser, como ela destacou corretamente.

(9^B) O Homem blasfema! K. H. nunca será um *ator* para a gratificação de alguém. Que ele duvide disso, e não duvidará por muito tempo, mas em seguida descobrirá seu erro.

(9^c) Se ele tem a menor dúvida e mesmo assim faz isso, *não* é um homem honesto.

(10) Deixe-me chamar sua atenção para uma frase em minha carta a Scott, na qual me refiro a certas ameaças implícitas. A data da carta do sr. Hume é 4 de janeiro. Projetei minha imagem diante de Scott em 5 de janeiro e escrevi a ele que estava satisfeito de poder fazer isto sem que parecesse que cedia a ameaças implícitas. Quem quer que nos veja além dele, *nunca* será o sr. Hume. Ele pode renunciar, mas o sr. Sinnett não necessita romper com ele.

Finalmente, nós não aprovamos o livreto do sr. Hume em sua forma atual. Relativamente poucos, entre os membros da Sociedade, dedicam-se a estudos ocultos ou acreditam em nossa existência. O livreto dele compromete toda a Sociedade com os dois. Nisto ele erra tão redondamente quanto Wyld, de Londres; ao revelar seus pontos de vista pessoais e escrever seu prefácio sugerindo que nós somos seus autores, ele só pode comprometer ainda mais a Sociedade.

A sua proposta de compilar um manual para a instrução dos membros jovens tem aprovação de K. H. Converse com Moorad Ali e Olcott. K. H. deseja que eu diga que ele não tem objeções a que você produza uma segunda edição[5], uma vez que você inclua um anexo com as diferentes provas que foram acumuladas desde então. Ele deseja que você fique aqui tanto tempo *quanto você puder.* Ele escreverá através do Deserdado.[6]

M.

[5] Referência à 2ª edição de *O Mundo Oculto.* O material acrescentado na 2ª edição teve o título de *Conclusão.* (N. ed. bras.)

[6] Isto é, D. K. (N. ed. bras.)

LBS-192[1]

Outubro de 1883

Li e reli a sua carta e a cópia anexada a ela da epístola da sra. B., e não consigo encontrar, nesta última, qualquer base para o alarme que você expressa na primeira. Toda a questão é bastante simples; e nada poderia ser mais *inocente* que o papel que você cumpriu nela. Quanto à "confusão total" de que fala a sra. B., se há "confusão" *ela* é a melhor juíza da sua extensão e do seu caráter. Mas *você* certamente nada tem a criticar em si mesmo, podendo ficar certo de que Mestres do nível de Dyan Chohans (?) não são afetados por quaisquer atos como os que a sra. B. deplora; tampouco é possível que eles fiquem irritados, aborrecidos, ou contrariados com K. H. Adeptos e seres Celestiais estão igualmente acima e além de todos desentendimentos: e os Instrutores de K. H., sendo de um alto nível, devem conhecer perfeitamente as intenções que *você* tem e as dele. É impossível, portanto, que seja feita qualquer injustiça, seja a ele, seja a você. E disso você pode estar certo.

Do meu ponto de vista, o único fator lamentável no assunto é a oportunidade que ele provavelmente dará a quem zomba e a quem é estranho. Será afirmado – o que não deixa de ser natural – que a real fonte de problemas e ansiedade para a sra. B. está no fato de que é totalmente importante, para a linha de ação dela, que ninguém tente DESENTERRAR **(Como?)** os Irmãos, seja porque eles são o "Mito" que sempre pareceram para o "Mundo", ou porque eles não são os Seres exaltados e cultos que ela descreveu. Assim os ímpios, com sua costumeira descrença de todas as alegações ocultistas, afirmarão que a perturbação da sra. B. se deve ao medo de que o seu amigo possa, por acaso, espionar um santuário vazio; e assim arruinar para sempre os esquemas e as pretensões da S. T. indiana.

A sra. B. faria muito melhor, em minha opinião, se tentasse conseguir que K. H. não desaparecesse, mas que recebesse o amigo de você. Este último fato demonstraria de fato a existência de pelo menos um Adepto.

Dificilmente eu necessitaria acrescentar que, do meu ponto de vista, observo todos estes incidentes com a maior equanimidade, porque estou completamente convencida de que, *estando sob orientação Celestial,* nenhuma possibilidade de prejuízo para K. H. ou para você pode ser contemplada sequer por um momento. Imagine, por exemplo, o que Gautama Buddha

[1] Esta carta foi aparentemente escrita por Anna Kingsford. As passagens impressas em negrito são comentários com a letra de K. H.; as passagens sublinhadas foram assinaladas assim por K. H. (N. da 1ª ed.) Esta Carta LBS-192 não está dirigida nem a H.P.B., nem a Sinnett, nem a um Mahatma, como se percebe por seu conteúdo. (N. ed. bras.)

diria de todo o assunto, e se ele ou seus discípulos teriam causado uma confusão caso algum estranho, respeitosa e cortesmente, solicitasse uma entrevista!

E isto me leva a uma observação que eu tinha em mente fazer antes de receber sua carta, esta manhã. Talvez você tenha visto o artigo principal do *Standard* de quarta-feira, dia 8, de onde retiro o resumo anexo.[2] Isto confirma minha convicção de que Sinnett está adotando uma linha de ação equivocada em sua ação neste país. Meros Fenômenos – alegação de poderes de tipo incomum e assim por diante – são uma base falsa para construir, e infalivelmente atraem rejeição para o conjunto do movimento, no que diz respeito ao Ocidente. Naturalmente escrevi uma carta ao *Standard,* assinando como "presidente" da S. T. I. e corrigindo as afirmativas erradas do texto anexo. Isto *deveria* ser uma advertência para Sinnett, mas sei que não será, porque ele é um daqueles para quem os fenômenos têm total importância. Ele considera a posição minha e do sr. Maitland totalmente incompreensível, a saber: que supondo que seja comprovado amanhã que os Irmãos não existem, e que os escritos deles são todos forjados* nós não teríamos perdido de modo algum nada essencial à Teosofia, e tampouco a nossa Filosofia sofreria qualquer abalo ou prejuízo.

*** Parece que a *caridade* não está sempre a serviço da *vidência,* nem a *clarividência* é a sua característica mais marcante no Ocidente. K. H.**

O trabalho a ser feito pela Teosofia no Ocidente não está ligado necessariamente a quaisquer Mahatmas Orientais. As Inteligências envolvidas na "nova Dispensação" são independentes de todos os "Rishis" e todo o esquema delas foi desenvolvido no Ocidente, muito antes de qualquer menção à Fraternidade Tibetana.†

†CONCORRÊNCIA COMERCIAL?

Na situação atualmente perturbada da Atmosfera Psíquica, percebo e reconheço razão suficiente para o segredo imposto a mim desde o momento da minha iniciação (como você sabe, tenho em meu poder um livro cujo conteúdo é conhecido, hoje, por apenas duas pessoas). Os comentários de K. H. sobre o meio-conhecimento demonstrado em Perfect Way indicam para

---

[2] ***Cópia do Resumo*** – "Outra sensação será, sem dúvida, causada em breve, e mesmo neste momento há, acreditamos, em Londres, uma "Sociedade Teosófica" que deseja construir um credo religioso com base em supostos fatos de mágicos indianos. Isto é tão verdadeiro que, como diz o dr. Donkin, algumas pessoas que abandonaram suas crenças anteriores parecem estar tentando contentar-se com imagens vis e grotescas ao invés dos Deuses que não mais adoram sinceramente".

mim que ele pelo menos não sabe deste livro.‡ Caso contrário ele estaria consciente de que eu tenho tudo o que ele sugere – e MUITO MAIS – mas neste momento estou proibida de revelá-lo.

Quanto a Sinnett, ele completará sua missão e provavelmente voltará à Índia mais cedo ou mais tarde. Ele vê, e pode ver, apenas um lado da questão, e este, creia-me, não é de fato, de modo algum, o lado "esotérico". Eu posso esperar, e os Deuses que sabem todas as coisas, para quem um dia são mil anos, podem esperar muito mais. E você, meu caro tio e amigo, tenha paciência, e confiança neles, e tenha certeza de que se você não fizer erros conscientemente Eles não o culparão por nenhum. Amém.

‡ Não, claro que não: nem mesmo sobre a cadência sempre murmurante do *Puja* feito nele a um deus pessoal.

K. H.

LBS-193

Maio de 1882

Esta é uma carta de W. Eglinton para Sinnett. O comentário de M. aparece na carta que se segue a esta (LBS-193A).

32, FOPSTONE ROAD,
EARLS COURT,
28 de abril, 82

Sr. A. P. SINNETT.
PREZADO SENHOR,

Os cartões seguintes explicam-se a si mesmos. O papel sobre o qual escrevo foi trazido por "Ernest" para mim na noite passada. Não tenho dúvida de que é de você. Você já sabe da minha conversão à Teosofia e que eu vi os Irmãos. Tenho certeza de que se eu não estivesse na situação de um médium que ganha a vida com seus dons, os Irmãos teriam condições de manifestar-se com grande clareza e exatidão.

Não tenho certeza de poder voltar à Índia como pretendia, em junho, porque estou fazendo meus melhores esforços para conseguir um emprego na Inglaterra. Mande lembranças minhas à senhora Blavatsky quando escrever-lhe, e

Receba minhas
atenciosas saudações,
W. EGLINTON.

LBS-193A

Maio de 1882

Isto serve para provar que homens vivos podem aparecer – através de médiuns excelentes como este[1] – em Londres, mesmo estando em Tzi-gadze, Tibete.

K. H.

LBS-194

1882

Esta é uma nota acrescentada a uma carta escrita por um certo E. (Eglinton?) e endereçada a "Meu Pai".

Por favor, preserve isto. M.

LBS-195[2]

Março de 1882

..... tenho nenhuma objeção a que você fale de .... retratos que supostamente refletem meu pobre eu. No entanto .... porque eles são suficientemente *eu mesmo* para fazer ... sentir-me desconfortável se outras mãos além das suas os tocarem. Verei o que pode ser feito por — diretamente. Por favor, trate daquele comentário sobre o trabalho de Maitland. Tenho boas razões para desejar que seja feito de modo a atrair a atenção ... mundo dos espíritas.

K. H.

LBS-198[3]

Recebida em 1881

Recebida Allahabad 1881-82

NOTA DOS EDITORES[4] – O tom de dúvida na frase "Se o *Theosophist* fosse também evolucionista" nos força a ter a dolorosa consciência do fato de que o sr. G.

---

[1] Referência a Eglinton. Veja o parágrafo final dos comentários à Carta 55, no volume I. (N. ed. bras.)

[2] O original está danificado, de modo que várias palavras estão faltando ou são incompreensíveis. (N. da 1ª ed.)

[3] O original está danificado, de modo que várias palavras estão faltando ou são incompreensíveis. (N. da 1ª ed.)

[4] Original com a letra de A. O. Hume. (N. da 1ª ed.)

Massey não é leitor do *Theosophist* – se já o viu alguma vez. Caso contrário ele não poderia ignorar o fato de que dois terços dos membros da Sociedade Teosófica são "evolucionistas", e que a publicação deles é notavelmente evolucionista.

Você não captou o significado de modo algum. Peça ao sr. Sinnett que faça isto por você; ele perceberá o que o homem quer dizer – e responderá a ele. Noite passada ele se ofereceu para "algo mais difícil" – não só dois mais dois, segundo disse. Deixe então que ele, que desempenhou tão bem uma tarefa, faça esta da mesma forma, e assim receba a gratidão do "ilustre" amigo dele,

M.

D——, melhor.

LBS-199

24 de julho de 1882

Este bilhete, precipitado com a letra de K. H., foi acompanhado pelo seguinte comentário de H. P. B.: "E agora ele também tem que precipitar aqui! Fico muito grata a ele, no entanto, um problema a menos sobre meus ombros. Vi a precipitação ao abrir o envoltório externo. H. P. B."

Ao pé de uma carta de N. D. K. para o *Theosophist.* Recebida em 24 de julho.

Mande isso ao sr. Sinnett. Tendo agora recebido todas as explicações necessárias de mim, ele não me recusará o favor pessoal que agora peço. Que ele esclareça seus irmãos teosofistas, por sua vez, escrevendo uma resposta a isso para o próximo *Theosophist,* e que assine como – "Um Discípulo Leigo".

LBS-200

Fevereiro de 1882

A regra está interpretada corretamente.[1] Nenhum membro de uma Soc. tem direito de votar em outra. Os membros tampouco podem pertencer a duas ou várias lojas, a menos que o Conselho lhes solicite isso especificamente. Budistas, por exemplo, não poderiam ser forçados a tornarem-se membros de uma Sociedade brâmane.

M.

---

[1] Refere-se ao artigo nº 1 dos Estatutos de 1879 da Sociedade Teosófica, que estabelecia que as lojas podiam, se quisessem, ser compostas apenas de seguidores da mesma religião. (N. ed. bras.)

LBS-201[1]

Recebida em 22 de agosto de 1882

Receb. 22.8.82

Sr. A. P. Sinnett.
Simla

Fiz algumas alterações e fiz com que uma nota de pé de página fosse acrescentada às suas "Cartas". De qualquer modo, vejo que sempre há um perigo de ver nossas ideias substituídas por imagens concretas e falsas nas mentes dos seus leitores. Se você conseguir transmitir-lhes uma verdade apenas relativa, e não absoluta, terá feito um grande bem ao público.

LBS-202

Janeiro de 1883

É solicitado respeitosamente a meu honrado amigo A. P. Sinnett que examine cuidadosamente o conteúdo das duas cartas anexas e dê sua opinião franca e honesta sobre elas – *do ponto de vista inglês,* o que será um grande favor para

Seu amigo,
K. H.

LBS-203

7 de janeiro de 1882

DIGA a ele o que você acaba de escutar de Upasika. Eu estava com você. Os membros que demonstraram estar dispostos, depois de escolherem um presidente, terão de reorganizar-se inteiramente, e uma nova carta constitutiva, com base no novo princípio tal como delineado por você, deve ser mandada a eles. Escreva a Olcott e consulte-o. A nova organização é muito pobre em números, e nem mesmo 50 são bons para o trabalho atual! Escreva ao sr. Massey e agradeça a ele por mim. Ele saberá *por quê.*

O que posso dizer? A presença de você em Bombaim salvaria *tudo,* e no entanto, vendo como você se sente relutante, não insistirei. Hoje à noite espero ter mais tempo para responder.

K. H.

---

[1] Este bilhete está com a letra de K. H. (N. da 1ª ed.)

LBS-204

25 de novembro de 1880

Tenha paciência. Dentro de um ou dois dias poderei pegar suas cartas e respondê-las. Penso que o melhor plano é agir através da nossa amiga mútua. Ponha suas cartas no bolso dela ou sob o travesseiro dela à noite. Vejo que o nosso amigo mútuo ainda considera a base original de reclamações dele como *incontestável* – como dizem os funcionários públicos.

Apressadamente,
K. H.

LBS-205

24 de outubro de 1880

Privado.

OBRIGADO, meu amigo. O seu programa, composto e escrito, como sei bem, para meu conhecimento, foi registrado, e falaremos mais sobre isso um dia destes. Não me culpe pela demora, a situação passou a ser de grande perigo por extremas indiscrições, e o Khobilgan está profundamente contrariado; sejam quais forem os resultados, cumprirei minha palavra dada a você, mas a hora dos *nossos* novos esforços não chegou ainda. Faça o que puder para evitar novos erros.

Sempre fraternal e sinceramente,
K. H.

LBS-206

Sem data

Não alertei você, em minha carta, para o fato de que ele faria algum mau cumprimento e que isso seria o único agradecimento que você poderia esperar de um médium?

K. H.

LBS-207

Sem data

Tão bom quanto tudo o que ele escreve. Você tem alguma objeção a perguntar-lhe se ele aceita que isso seja publicado no *Theosophist*? Obrigado por escrever os dois artigos.

M.

Apêndice I de LBS[1]

Outubro de 1881

A MORTE

por Eliphas Levi (falecido)

I

A MORTE é a necessária dissolução das combinações imperfeitas **(1)**. É a reabsorção do esboço grosseiro da vida individual **(2)** no grande trabalho da vida universal; só o que é perfeito **(3)** é imortal.

Ela é um banho de esquecimento **(4)**. É a fonte da juventude, onde de um lado mergulha a velhice, e de onde, por outro lado, emerge a infância[2] .

A morte é a transfiguração do que vive; os cadáveres são apenas as folhas mortas da Árvore da Vida, que ainda tem todas as suas folhas na primavera **(5)**. A ressurreição **(6)** dos homens se assemelha eternamente a estas folhas.

(1) Dos 1º, 2º, 3º, 4º e 5º.

(2) A personalidade ou Eu pessoal.

(3) O 6º e 7º princípios.

(4) Até a hora da lembrança.

(5) Na linguagem do cabalista, "primavera" significa o começo daquele estado em que o Ego atinge sua onisciência.

(6) A "ressurreição em vida eterna" dos caldeus, adotada por empréstimo pelos cristãos, significa ressurreição no Nirvana.

---

[1] Artigo publicado em *The Theosophist* em outubro de 1881. A página tem comentários marginais com a letra de K. H., impressos aqui em negrito na coluna paralela ao texto do artigo, e aos quais se referem os números entre parênteses. As passagens sublinhadas foram assinaladas assim por K. H. (Nota da 1ª edição)

[2] Renascimento do Ego depois da morte. A doutrina oriental, e especialmente budista, do surgimento do novo Ego a partir do velho. (Editora do *Theosophist)*

As formas perecíveis são condicionadas por tipos imortais.

Todos que viveram sobre a terra vivem ali, ainda, em novos exemplares dos seus tipos, mas as almas que ultrapassaram o seu tipo recebem em outro lugar uma nova forma baseada em um tipo mais perfeito; à medida que eles sempre sobem pela escada dos mundos;[3] os maus exemplares são quebrados, e a matéria deles retorna à massa geral.[4]

[3] De um *lokka* para outro; de um mundo positivo de causas e atividade, para um mundo negativo de efeitos e passividade. Ed. do *Theosophist.*

[4] Para a matéria cósmica, quando eles perdem necessariamente sua autoconsciência ou *individualidade* **(7),** ou são aniquilados, como os cabalistas orientais dizem. Ed. do *Theosophist.*

(7) A sua mônada, 6º e 7º princípios

Nossas almas são como música, da qual nossos corpos são os instrumentos. A música existe sem os instrumentos, mas não pode ser ouvida sem um intermediário material **(8)**; o que é imaterial não pode nem ser concebido nem compreendido.

(8) Por isso um *espírito* não pode comunicar-se.

Na sua existência atual, o homem só retém certas predisposições das suas existências prévias **(9)**.

(9) Carma.

Evocações dos mortos são apenas condensações de memória, a coloração imaginária das sombras. Evocar aqueles que não existem mais é apenas fazer com que os seus tipos saiam de novo da imaginação da natureza.[5]

Para estar em comunicação direta com a imaginação da natureza, o indivíduo deve estar adormecido, ou intoxicado, em um êxtase, em estado cataléptico ou louco **(10)**.

(10) E para estar em comunicação direta com a *inteligência* da Natureza o indivíduo deve tornar-se um Adepto.

A memória eterna só preserva o que é imperecível; tudo o que passa no Tempo pertence, por direito, ao esquecimento.

A preservação de cadáveres é uma violação das leis da natureza; uma afronta contra a modéstia da morte, que oculta os trabalhos de destruição, assim como deveríamos ocultar os de reprodução. Preservar cadáveres é criar fantasmas na imaginação da terra **(11);**[6] os espectros do pesadelo, da alucinação e do medo são apenas as fotografias ambulantes de cadáveres preservados **(12)**. São estes cadáveres preservados ou imperfeitamente destruídos que espalham, entre

(11) Nós nunca enterramos nossos mortos. Eles são incinerados ou deixados sobre a terra.

(12) Seus reflexos na luz astral.

---

[5] Desejar ardentemente ver uma pessoa morta é *evocar* a imagem daquela pessoa e chamá-la da luz astral ou éter em que estão fotografadas as imagens do Passado. Isso é o que é feito, em parte, nas salas de sessões espíritas. Os espíritas fazem NECROMANCIA inconscientemente. Ed. do *Theosophist.*

[6] É intensificar estas imagens na luz astral ou sideral. Ed. do *Theosophist.*

os vivos, as pragas, a cólera, as doenças contagiosas, a tristeza, o ceticismo e a falta de gosto pela vida.[7] A morte é exalada pela morte. Os rios envenenam a atmosfera das cidades, e o miasma dos cadáveres faz mal até mesmo às crianças que estão no colo das suas mães.

Perto de Jerusalém, no Vale de Geena, um fogo perpétuo era mantido para a combustão da sujeira e dos esqueletos dos animais; e é a este fogo eterno que Jesus se referiu quando disse que os maus serão lançados no Geena, significando que as almas mortas serão tratadas como cadáveres.

O Talmude diz que as almas daqueles que não acreditam na imortalidade não serão imortais. É apenas a fé que confere imortalidade pessoal **(13)**;[8] a ciência e a razão só podem afirmar que existe a imortalidade geral.

(13) No Deva-Chan o Ego vê e sente apenas aquilo a que aspirava. Aquele que não busca uma continuação de uma vida pessoal sensível depois da morte física não a terá. Ele renascerá permanecendo inconsciente como na transição.

O pecado mortal é o suicídio da alma. Este suicídio ocorreria se o homem se devotasse ao mal com toda a força da sua mente, com perfeito conhecimento do bem e do mal, e inteira liberdade de ação, o que parece impossível na prática, mas que é possível em teoria, porque a essência de uma personalidade independente é uma liberdade incondicionada. A divindade nada impõe ao homem, nem mesmo a sua existência. O homem tem direito de retirar-se até mesmo da bondade divina, e o dogma do inferno eterno é apenas a afirmação do eterno livre-arbítrio.

Deus não lança ninguém no inferno. Os homens é que podem ir para lá livremente, definitivamente e por sua própria escolha.

Aqueles que estão no Inferno, isto é, em

---

[7] As pessoas começam intuitivamente a compreender esta grande verdade, e agora são fundadas, em muitos lugares da Europa, sociedades para a cremação de pessoas e *crematórios*. Ed. *Theosophist.*

[8] Fé e *força-de-vontade.* A imortalidade é condicional, como sempre temos afirmado. Ela é a recompensa dos bons e puros. O homem mau, o sensualista material, apenas sobrevive. Aquele que aprecia apenas prazeres materiais não viverá, e *não pode* viver depois como uma entidade autoconsciente. Ed do *Theosophist.*

meio à escuridão do mal[9] e aos sofrimentos do necessário castigo, sem que tenham querido isso absolutamente, são chamados a emergir dele. Este Inferno é para eles apenas um purgatório. O condenado completo, absoluto e sem trégua, é Satã, que não constitui uma existência racional, mas uma hipótese necessária.

N. I.[10] Satã é a última palavra da criação. Ele é o final infinitamente emancipado. Ele quis ser Deus, do qual é o oposto. Deus é a hipótese necessária para a razão, II[11], Satã é a hipótese necessária para a não-razão, que afirma a si mesma como livre-arbítrio. **(14)**

Para ser imortal **(15)** no bem, o indivíduo deve identificar-se com Deus; para ser imortal no mal, com Satã. Estes são os dois pólos do mundo das almas; entre estes dois pólos a parte inútil da humanidade vegeta e morre sem lembranças.

[Nota da Editora – Isto pode parecer incompreensível para o leitor comum, porque é um dos princípios mais abstrusos da doutrina Oculta **(16).** A natureza é dual; há nela um lado físico e material, e um lado espiritual e moral; e há bem e mal nela, sendo este último a necessária sombra da sua luz. Para abrir caminho na corrente da imortalidade, ou melhor, para garantir para si mesmo uma série sem fim

(14) O que marquei com lápis vermelho *parecem ser contradições,* mas não são.

(15) Em geral os hermetistas, quando usam a palavra "imortalidade", limitam a sua duração do início ao final do ciclo menor. As deficiências das suas respectivas línguas não podem ser atribuídas a eles. Não se pode falar propriamente de uma semi-imortalidade. Os antigos a chamavam de "eternidade paneônica", a partir das palavras παν – tudo, ou natureza, e αιων, um período de tempo que não tinha limite definido exceto para os iniciados. Veja nos dicionários como eon é o período de tempo durante o qual uma pessoa vive, o período durante o qual o universo dura, e também, *eternidade.* Esta era uma "palavra de mistério" e ficava propositalmente velada.

(16) Ocidental.

---

9 Isto é, eles renascem em um "mundo inferior" que não é nem "inferno" nem qualquer outro purgatório teológico, mas um mundo de *matéria* quase absoluta, e um mundo que precede o último no "círculo da necessidade", do qual "não há redenção, porque aí reina, *absoluta,* a escuridão espiritual" ("Livro de Kiu-te"). Ed. do *Theosophist.*

10 Veja a sinalização correspondente na parte II deste texto. (N. da 1ª ed.)

11 Veja a sinalização correspondente na parte II deste texto. (N. da 1ª ed.)

de renascimentos como individualidades conscientes – diz o "Livro de Khiu-te", volume XXXI **(17)**, o indivíduo deve tornar-se um colaborador da natureza, seja para o **bem** ou para o **mal,** seja no trabalho dela de criar e reproduzir, ou no de destruir **(18).** Ela só expele os parasitas inúteis, ejetando-os violentamente, fazendo-os morrer aos milhões **(19)** enquanto entidades autoconscientes **(20).** Assim, enquanto os bons e puros se esforçam por alcançar Nipang (Nirvana, ou aquele estado de existência absoluta e consciência absoluta que, no mundo das percepções finitas, é não-existência e não-consciência) – os maus buscam, ao contrário, uma série de vidas com existência e como seres conscientes e definidos, preferindo estar sempre sofrendo sob a lei da justiça retribuidora **(21)** a desistir das suas vidas como parcelas do todo integral e universal. Estando bem conscientes de que nunca poderão esperar obter o descanso final no puro espírito, ou *Nirvana,* eles preferem agarrar-se à vida sob qualquer forma **(22)**, ao invés de abandonar aquele "desejo de viver" ou *Tanha* que faz com que renasça uma nova agregação de *skandas* ou individualidade.* A natureza é uma mãe tão boa para a cruel ave de rapina quanto para a pomba inofensiva. A Mãe Natureza punirá seu filho, mas como ele se tornou colaborador dela para a destruição, ela não pode ejetá-lo. **(23)** Há homens totalmente maus ou depravados, e no entanto tão altamente intelectuais e agudamente espirituais, para o mal, como aqueles que são espirituais para o bem. **(24)**

Os Egos destes podem escapar da lei da destruição final ou aniquilação durante eras por vir **(25)**. Isto é o que Eliphas Levi chama de tornar-se "imortal no mal", através da identificação com Satã. "Oxalá fosses frio ou te!", diz a visão do Apocalipse a João (3:15-

(17) Capítulo III.

(18) Esta frase se refere aos dois tipos de iniciados – os adeptos e os feiticeiros.

(19) Um dos costumeiros exageros dela.

(20) Duas palavras inúteis.

(21) Carma.

(22) Através de médiuns que têm existido em todas as partes e em todas as épocas.

*** Veja nota nas páginas anexas.**

(23) Não durante o eon, bastando para isso que eles saibam como força-la. Mas é uma vida de torturas e eterno ódio. Se você acredita em nós, como pode descrer deles?

(24) São os Irmãos da sombra.

(25) A maior parte tem de sair fora deste planeta no oitavo, como ela diz. Mas os mais elevados viverão até o próprio limiar do Nirvana final.

16): "Assim, porque és *morno,* nem frio nem quente, estou para te vomitar da minha boca". O Apocalipse é um livro absolutamente Cabalístico. Calor e frio são os dois "pólos", isto é, o bem e o mal, espírito e matéria. A natureza vomita o "morno" ou "a porção inútil da humanidade" para fora da sua boca; isto é, a aniquila. Esta concepção de que uma parte considerável da humanidade, pode, afinal de contas, não ter almas imortais, não é nova nem mesmo para leitores europeus. O próprio Coleridge comparou o caso com a situação de um carvalho carregado de fato com milhões de bolotas,[12] das quais, em condições nominais **(26)**, nem sequer uma em mil jamais se transformará em uma árvore, e sugeriu que, assim como a maior parte das bolotas não se torna uma nova árvore viva, assim, também, possivelmente, a maior parte dos homens não poderá se transformar em uma nova entidade viva depois desta morte terrena.]

(26) Normais.

II
SATÃ

O SATÃ é apenas um tipo[13], e não um personagem real.

II. Ele é o tipo oposto ao tipo Divino, o necessário fracasso dele em nossa imaginação. É a sombra revoltosa que torna visível para nós a luz infinita do Divino.

Se Satã fosse uma personagem real, haveria dois Deuses, e o credo dos maniqueístas seria verdadeiro.

Satã é uma concepção imaginária do absoluto no mal; uma concepção necessária para

[12] Bolotas – acorns em inglês – são os frutos do carvalho. (N. ed. bras.)

[13] *Tipo:* hoje diríamos um *arquétipo.* (N. ed. bras.)

a completa afirmação da liberdade da vontade humana, que, com ajuda deste absoluto imaginário, parece capaz de contrabalançar até mesmo todo o poder de Deus. É o mais audaz, e talvez o mais sublime dos sonhos do orgulho humano.

"Vocês serão como Deuses ao saber do bem e do mal", diz a serpente alegórica da Bíblia. Realmente, fazer do mal uma ciência é criar um Deus do mal, e se algum espírito puder resistir eternamente a Deus, já não há mais um, mas dois Deuses.

Para resistir ao Infinito, é necessária uma força infinita, e duas forças infinitas opostas uma à outra[14] devem neutralizar-se mutuamente. Se a resistência da parte de Satã é possível, o poder de Deus não existe mais, Deus e o Demônio destroem-se mutuamente, e o homem permanece sozinho; ele fica sozinho com os fantasmas dos seus Deuses, a esfinge híbrida, o touro de asas, que equilibra em sua mão humana uma espada cujos relâmpagos oscilantes levam a imaginação humana de um erro para outro, e do despotismo da luz para o despotismo da escuridão.

A história da miséria do mundo é apenas o romance da guerra dos Deuses, uma guerra ainda não terminada, enquanto o mundo cristão ainda adora um Deus no Demônio, e um Demônio em Deus.

---

[14] E se o mal é infinito e eterno, porque é contemporâneo da matéria, a consequência lógica seria que não há nem Deus nem Demônio - como Entidades pessoais, apenas Um Princípio ou Lei, Não-Criado, Infinito, Imutável e Absoluto: MAL ou DEMÔNIO – quanto mais profundamente ele cai na matéria; o BEM ou DEUS, assim que ele é purificado desta última e se torna novamente puro e imaculado Espírito, ou o ABSOLUTO em sua Subjetividade eterna, imutável. **(27)** – Ed. do *Theos.*

(27) É verdade.

O antagonismo de poderes é anarquia no Dogma. **N. I.** Assim, à igreja que afirma que o Demônio existe, o mundo responde com uma lógica assustadora: então Deus não existe; e é inútil tentar escapar deste argumento inventando a supremacia de um Deus que permite a um Demônio produzir a condenação dos homens; tal permissão seria uma monstruosidade, e seria equivalente a uma cumplicidade, e o deus que pode ser cúmplice do demônio não pode ser Deus.

O Demônio dos Dogmas é uma personificação do Ateísmo. O Demônio da Filosofia é o ideal exagerado do livre-arbítrio humano. O Demônio real ou físico é o magnetismo do mal.

Evocar o Demônio é apenas compreender por um instante esta personalidade imaginária. Isto envolve o exagero, além dos limites, na própria pessoa, da perversidade e da loucura, através dos atos mais criminosos e destituídos de sentido.

O resultado desta operação é a morte da alma através da loucura, e frequentemente também a morte do corpo, como se fosse atingido por um raio, em uma congestão cerebral.

O Demônio sempre perturba, mas nunca dá nada em retribuição. São João o chama de "a Besta" (la Bête) porque sua essência é a loucura humana (la Bêtise humaine).

Apêndice II de LBS

Janeiro de 1882

As questões foram colocadas por A. P. S. ou A. O. H. a seus Instrutores, e as respostas estão em negrito.

Notas Cosmológicas do Livro Manuscrito de A. P. Sinnett.

(1) Quais são os diferentes tipos de conhecimento?

O real (Dgyu) e o irreal (Dgyu-mi).[1] Dgyu se torna Fohat quando em sua atividade – agente ativo da vontade – eletricidade – não outro nome.

(2) Qual é a diferença entre os dois tipos de conhecimento?

O conhecimento real lida com verdades eternas e causas primárias. O irreal apenas com efeitos ilusórios.

Dgyu permanece independente da crença ou descrença do homem. Dgyu-mi requer fé – depende da autoridade.

(3) Quem possui o conhecimento real?

Só o Lhas ou adepto possui o real, já que sua mente está *en rapport*[2] com a Mente Universal.

O Lhas fez a junção perfeita e completa da sua alma com a Mente Universal, o que faz dele nesta etapa um ser divino que existe na região da inteligência absoluta, do conhecimento das leis naturais ou Dgyu. O profano não pode tornar-se Dang-ma (alma purificada), porque não possui meios de perceber Chhag,[3] a gênese ou o começo das coisas.

(4) Há alguma diferença entre o que produz as causas primordiais e os seus efeitos últimos?

Nenhuma. Tudo no universo oculto, que abrange todas as causas primordiais, é baseado em dois princípios – a energia Cósmica (Fohat ou o alento da sabedoria) e a ideação Cósmica. Thyan Kam (= o conhe-

---

[1] *Dgyu* e *Dgyu-mi* ou *Dzyu* e *Dzyu-mi* são termos da linguagem dos mistérios, senzar. (N. ed. bras.)

[2] *En rapport* – "em relação, em sintonia", em francês. (N. ed. bras.)

[3] O termo Dang-ma é do senzar e do tibetano. A palavra Chhag é tibetana. (N. ed. bras.)

cimento da causação)[4] dá à energia Cósmica o impulso na direção correta.

Tudo o que existe em última instância na terra existe em primeira instância em Fohat.

(5) Qual é a única coisa eterna no universo, independente de todas as outras coisas?

O espaço.

(6) Que coisas são co-existentes com o espaço?

(I) A duração.

(II) A matéria.

(III) O movimento, porque este é a vida imperecível (consciente ou inconsciente, conforme o caso) da matéria, mesmo durante o pralaya, ou a noite da mente.

Quando Chyang, ou a onisciência, e Chyang-mi-shi-khon – a ignorância, ambas dormem, esta vida latente inconsciente ainda mantém a matéria que ela anima em movimento incessante e sem sono.

(IV) O Akasha (Bar-nang)[5] ou atmosfera Cósmica, ou luz astral, ou éter celestial. Ele, seja em sua condição latente ou em sua condição ativa, rodeia e interpenetra toda matéria em movimento, da qual é ao mesmo tempo um resultado e um instrumento pelo qual a energia Cósmica atua em sua fonte.

(V) O Purush ou 7º princípio do universo.

Ling Sharir[6] é composto dos elementos etéreos do organismo do seu (? corpo), ele nunca se afasta do corpo exceto na morte, e permanece perto.

(7) Devemos entender Purush como um outro nome para o espaço, ou como algo diferente, que ocupa todas as partes do espaço?

O mesmo. Swayambu ocupa todas as partes do espaço, o qual é em si mesmo eterno e sem limites, e portanto deve ser espaço em certo sentido. Swayambu se torna espaço quando entra em contato com matéria.

---

4 *Thyan Kam* é termo tibetano. (N. ed. bras.)

5 *Bar-nang* – termo tibetano. (N. ed. bras.)

6 A grafia mais comum é linga sharira. (N. ed. bras.)

(8) A mente universal é o agregado de todas as mentes dos Dhyan Chohans ou Planetários, o resultado da ação de Purush sobre a matéria, assim como a alma espiritual no homem é a ação do espírito sobre a matéria?

Sim.

(9) Devemos ver os sete princípios como toda matéria e todo espírito – uma só coisa, com o espírito em um pólo, e a matéria no outro?

Sim, exatamente.

(10) Neste caso, devemos vê-los como estados diferentes de matéria ou espírito, ou como?

Estados, condições, chame-os como quiser. Eu chamo de Kyen – causa; ela própria é resultado de alguma causa prévia ou primária.

(11) Toda matéria consiste de moléculas últimas. Como podemos conceber os diferentes estados de matéria?

Assim como as moléculas tornam-se cada vez mais rarefeitas, elas também se tornam proporcionalmente atenuadas, e quanto maior a distância entre nosso globo e elas – não me refiro aqui à região que está dentro do alcance da sua ciência – maior é a mudança na polaridade delas, com o pólo negativo adquirindo uma propriedade mais forte de repulsão, e o positivo perdendo gradualmente o seu poder de atração. (E agora é o momento de que os seus homens de Dgyu estabeleçam que sou um asno tibetano, e de que eu lhes devolva o cumprimento.)

(12)

O HOMEM

	Tibetano	Sânscrito	Português
1.	A-Ku	Rupa	Corpo
2.	Zer (raio vital)	Prana: Jivatma	Princípio Vital
3.	Chhu-lung (Um dos três objetivos)	Ling Sharir	Corpo Astral
4.	Nga-Zhi (essência da Ação)	Kama-Rupa	Forma-desejo
5.	Ngi (Ego Físico)	Linga Deha Bhut	Alma Animal
6.	Lana. Sem-Nyed (Alma Espiritual)	Atman Mayava-rupa	Alma Espiritual
7.	Hlun Dhub (Auto-existente)	Mahatma	Espírito

O UNIVERSO

1.	Sem-Chan (Universo Animado) S.Sa – a terra, como um elemento	Brahm. O Universo Prakrit = Matéria Iyam = Terra	Matéria Organizada
2.	Zhihna (Alma Vital)	Purush	Espírito Vivificador Universal
3.	Yor Wa (Ilusão)	(Maya) Akasha	Atmosfera Astral ou Cósmica
4.	Od. (luz, a Luz Astral brilhante e *ativa*)	Vach (o Kamakasha)	Vontade Cósmica
5.	Nam Kha (Éter Passivo)	Yajna (forma latente em Brahma = Purush determinado pela atividade do nº 4)	Viradji (?) Ilusão Universal
6.	Kon Chhog (Princípio Não-Criado)	Narayan – o Espírito que paira sobre as águas e que reflete em si mesmo o Universo	Mente Universal
7.	Nyng (Duração na eternidade ou Espaço)	Swayambuva no – espaço	Espírito Latente Ensoph[1]

[1] Ensoph – outra grafia para Ain Soph. (N. ed. bras.)

(13) *Sem chan,* universo animado: *S. Sa,* a terra como um elemento. Onde, então, fica classificada a matéria cósmica ou matéria não-organizada?

Zhi gyu (matéria cósmica), Thog (espaço), Nyng (duração) Khor wa (movimento), todos um.

O fogo, como tudo o mais, tem sete princípios. Od, um, mas não o mais material – o sexto.

(14) Toda matéria cósmica ou organizada tem movimento inerente. O que tem, então, Zhihna, alma vital ou princípio vivificador, a ver com ela?

Este é o ponto. Do mesmo modo, você pode perguntar o que o princípio vital faz para o corpo humano quando ele entra nele em conjunção com os outros cinco. Um corpo morto é composto de moléculas cheias de vida, não? No entanto, quando a alma vital abandonou o conjunto, não é nada além de um corpo morto. Abandone a sua *pansofia* e venha até o nosso Dgyu. Nós acreditamos na geração espontânea e você não. Dizemos que como Zhima[1] é positiva e Zhi-*gyu [gyu* é terra (material) neste sentido] negativa, é apenas quando as duas entram em contato porque a primeira foi levada a atuar sobre a segunda, que a matéria organizada, viva, ativa por si mesma, é produzida. Tudo que é invisível, imponderável (o espírito de uma coisa) é positivo, porque pertence ao mundo da realidade; assim como tudo o que é sólido, visível, é negativo. O primário e o último, o positivo e o negativo. Isto, em nosso mundo manifestado. À medida que as forças se movimentam avançando e a distância entre a matéria organizada e a matéria não-organizada se torna maior, uma tendência no sentido inverso começa a operar. As forças de atração e repulsão se tornam gradualmente mais fracas. Então ocorre uma mudança completa de propriedades, e durante algum tempo o equilíbrio é restaurado em uma ordem oposta. Em cada grau posterior, para adiante ou, ao contrário, na direção do estado caótico primário, não há mais mudança mútua de propriedades, mas um enfraquecimento gradual até que é atingido o mundo do não-ser, em que existe o movimento mecânico eterno, a causa não-criada de onde procedem, em uma espécie de rotação incessante para baixo e para cima, as fontes do ser a partir do não-ser, sendo este último a realidade, e o ser, maya; o temporário a partir do eterno, o efeito a partir da causa, com o efeito tornando-se por sua vez causa, *ad infinitum.* Durante o pralaya, este movimento para cima e para baixo cessa, permanecendo apenas a vida

[1] *Zhima.* É possível que se trate de uma outra grafia aceitável para a palavra Zhihna. *Zhima* aparece também na resposta 16. (N. ed. bras.)

inconsciente inerente – com todas as forças criativas paralisadas, e tudo descansando na noite da mente.

(15) Devemos considerar algum dos princípios como não-molecular?

Ocorre um momento em que a polaridade deixa de existir *ou de agir,* como tudo o mais. Na noite da mente, tudo está equilibrado no cosmo ilimitado, em um estado de não-ação ou não-ser.

(16) E a matéria cósmica é não-molecular?

A matéria cósmica não pode ser mais não-molecular que a matéria organizada. O 7º princípio é molecular, tanto quanto o primeiro, mas o 7º se diferencia do 1º não só porque as suas moléculas ficam mais distantes umas das outras e são mais atenuadas, mas também porque perdem a *sua polaridade.* Tente entender, compreenda esta ideia e o resto será fácil.

Tanto a concepção panspérmica como a concepção teospérmica,[2] tal como são ensinadas pelas escolas de vocês, serão obstáculos para nós. Você jamais poderá ver esta última como um absurdo, enquanto compreender apenas de modo imperfeito o trabalho incessante do que é chamado pela Ciência Oculta de *Ponto Central,* tanto em seu estado ativo como em seu estado passivo. Como eu disse, nós acreditamos na geração espontânea, na origem independente da matéria, seja ela viva ou morta, e nós o comprovamos, e isso é mais do que os seus Pasteur, Wyman e Huxley podem dizer. Se eles soubessem ao menos que Zhima não pode ser mantida fora, nem tirada para fora, de um reservatório de vidro, como o ar, e que, portanto, onde quer que haja purush[3] não pode haver limite térmico para a vida orgânica, eles teriam errado menos e teriam dito menos absurdos, ao mundo, do que disseram. Em resumo, movimento, matéria cósmica, duração, espaço, estão em toda parte, e para maior clareza, vamos colocar ou imaginar esta multiplicidade no ponto mais alto de um círculo ("infinito"). Eles são passivos, negativos, inconscientes, e entretanto são sempre impulsados por sua vida ou força inerente e latente. Durante o dia de atividade, esta força cíclica é ejetada do princípio causativo latente da matéria cósmica, assim como a roda de um moinho de água lança torrentes de água ao redor do seu círculo de

---

[2] *Panspérmico* é referente à *panspermia*, a teoria biológica segundo a qual os germes da vida estão em todas as partes do universo, e se desenvolvem nos ambientes adequados. A concepção *teospérmica* vê um agente divino na origem da vida. (N. ed. bras.)

[3] Purush – purusha, espírito. (N. ed. bras.)

rotação, e a põe em contato com os mesmos princípios, mas cuja situação, devido ao fato de que estão fora do estado primitivo de passividade da imutabilidade eterna, já está alterada. Assim, os mesmos princípios começam a adquirir, digamos, os germes da polaridade. Depois, chegando ao interior da mente Universal, Dyam Kam desenvolve estes germes, concebe, e dando um impulso transmite-os a Fohat, que, vibrando ao longo do Akasha, de Od (um estado da matéria cósmica, movimento, força, etc.) corre pelas linhas das manifestações cósmicas e estrutura tudo e todas as coisas; cegamente – concordamos; no entanto tão fielmente de acordo com os protótipos concebidos na mente eterna quanto um bom espelho reflete o rosto de você.

(17) Sobre a Hipotética Causa Final Absoluta e Infinita.

O absoluto e infinito é composto do condicionado e finito. As causas são condicionadas em seus modos de existência e atributos, e como agregados individuais; e são incondicionadas e eternas em seu conjunto ou como uma agregação coletiva.

(18) Se o Absoluto é uma lei cega, como ele pode dar origem à inteligência?

Porém a inteligência latente passiva, ou aquele princípio difundido por todo o universo que, em sua pura imaterialidade, é não-inteligente e não-consciente, mas que tão logo fica aprisionado na matéria adquire estas duas características – ele, pode.

(19) Se o Absoluto é inteligente, ele deve ser onipotente, onisciente e todo-bondade?

Por favor, dê seus motivos para isso.

No Oriente o Absoluto, em si mesmo não-consciente, é ligado à inteligência por emanações, supostamente condicionadas. "Até que ponto esta hipótese convence a mente da possibilidade de que a inteligência surja da não-inteligência", depende da mente em questão.

O que você sabe do desenvolvimento gradual do cérebro desde o período siluriano?[4]

(20) A dificuldade da Origem do Mal, abordada através da imagem da refinaria de açúcar.

---

[4] Período siluriano – período geológico ocorrido de 440 a 400 milhões de anos atrás, na era paleozoica, e que foi marcado pela aparição dos animais que respiram ao ar livre. (N. ed. bras.)

E quanto mais açúcar refinado, maior a fermentação produzida no estômago e mais vermes.

É inútil ...

Mostre-me o filósofo que provaria que é inútil!

... dizer que o mal é tão necessário para tornar claro o bem quanto a escuridão para fazer com que a luz seja conhecida. Para o condicionado pode ser assim – para o onipotente, nada é necessário.

Conheça-o primeiro.

Mas, claramente, um agente condicionado não é a causa final. Acima dele está a lei ou princípio que o condiciona...

Como é isto? Onde? Só se você criar algo do lado de fora do absoluto e do ilimitado.

Os problemas situados por trás do véu que separa a causa final não-manifesta do universo manifestado estão além do alcance das mentes condicionadas naquele universo.

Na verdade não estão!

... O infinito absoluto é impensável, e não podemos compreendê-lo nem explicar os seus procedimentos ao homem.

Então, por que perder tempo com ele? Quem encarregou você de fazê-lo?

O seu poder supremo e que tudo permeia existe, mas ele é exatamente matéria, cuja vida é movimento, vontade e força nervosa, eletricidade. Purush só pode pensar através de Prakriti.[5]

(21) O que você diria seria:

"Seja deste modo ou não (quanto à hipótese de um Absoluto além do condicionado) esta é e deve continuar sendo sempre uma pura hipótese. As maiores inteligências no universo nada sabem sobre isso – até onde elas podem explorar, o universo é ilimitado e infinito. Nossa filosofia admite apenas o que é conhecido – e conhecível. Isto é admitido como incognoscível até pelos Planetários, e é, por hipótese, não-existente – por que, então, pensar nisso?..."

"Mesmo que esta concepção estivesse correta, em que ela nos diz respeito? Durante milhares de anos os mais altos planetários têm explorado o universo; eles não têm encontrado limites nele, e nada encontraram que seja

[5] Prakriti – matéria, natureza, em sânscrito. (N. ed. bras.)

guiado ou governado por qualquer impulso externo; ao contrário, tudo procede de impulsos internos que eles entendem, e que são suficientes para explicar tudo aquilo de que eles já tiveram conhecimento algum dia. *A qui bon,*[6] então, introduzir esta concepção desnecessária de algo (que, sendo não-existente para nós, é um nada) situado fora e além do que para nós é ilimitado e eterno, quando a questão da existência ou não disso não cumpre nenhum papel detectável em algo que nos diga respeito?"

"O fato é que as suas concepções filosóficas ocidentais são monárquicas; as nossas, democráticas. Você só é capaz de imaginar o universo governado por um rei, enquanto nós sabemos que ele é uma república na qual governa a inteligência intrínseca agregada".

Nós poderíamos dizer mais – nunca poderíamos dizer melhor. Isto é exatamente o que nós diríamos.

(22) Quem são os artífices do mundo?

Os Dhyan Chohans – os Planetários.

(Anexado ao ensaio seguinte.)

***Gyu-tog* – Universo Fenomênico ou Universo Material (nome secreto) *Ajasakti. Viswam Zigten – jas* – cosmogonia, de *Zigten* = mundo vivo, e *jas* – fazer. *Chh* = *rab* – gênese.**

(23) O universo pode primariamente ser concebido como espaço permeado por uma acumulação infinita, eterna e homogênea de moléculas, à qual é inerente o movimento, a vida latente inconsciente das moléculas. (Nisto, o estado passivo e não-manifestado dele pode ser considerado como caos?)

Sim; se as pessoas fossem capazes de conceber o que é o caos real, mas elas não são.

Embora seja verdadeiramente uma unidade, o universo pode ser concebido em seus vários aspectos como (Thog) espaço, em relação à sua extensão ilimitada; que coexiste com (Nyng) a eternidade, em relação à sua duração ilimitada (Zhi-gyu); com a matéria cósmica, em relação às suas moléculas, e com Khoriva – força cósmica, em relação à sua movimentação que tudo permeia.

---

[6] *A qui bon:* em francês, a quem é útil, ou "para que serve". (N. ed. bras.)

Mas estas quatro concepções não devem ser tidas como indicadoras de quatro elementos que integram um composto, mas antes como quatro propriedades ou atributos de uma coisa única, assim como na terra uma coisa pode ser quente, luminosa, pesada e estar em movimento. Este universo único e indivisível em sua forma passiva e não-manifesta, este caos, para nós é não-existente –

Para você, mas por que falar pelos outros?

mas em toda parte, nele, estão espalhados centros de atividade ou evolução, e seja onde e quando for que a atividade prevaleça, partes do todo se diferenciam, e onde isto ocorre, a homogeneidade cessa. Assim, a diferenciação é devida

(1) A uma maior ou menor proximidade das moléculas.

(2) À atenuação maior ou menor delas.

(O que significa (2)? Como as moléculas primárias poderão tornar-se mais finas ou mais gordas – ex-nihil,[7] etc.?)

Eu não sabia que você considerava os átomos como algo *nihil.* As moléculas não são consideradas compostos de átomos pela ciência? A sua ciência conhece apenas as moléculas compostas, e o átomo primário é e será sempre uma abstração hipotética para ela.[8] A ciência não pode saber nada da natureza dos átomos fora da região dos efeitos no globo dela e mesmo sobre aquele átomo que ela chama de indivisível, o que nós não fazemos, porque sabemos da existência e das propriedades do solvente universal[9] – a essência do Panchamahabutam – os cinco elementos. Mesmo a existência dos átomos do meio invisível através do qual uma força magnetiza instantaneamente uma pequena haste de ferro colocada atravessada[10] no centro de um arco de duas jardas[11] de diâmetro, ao redor do qual está enrolado um fio espessamente coberto por borracha da Índia – mesmo a existência destes átomos de que falo permanece sendo uma questão aberta. E a ciência continua perplexa e con-

---

[7] *Ex-nihil* – do nada, em latim. (N. ed. bras.)

[8] O Mahatma se refere aqui à ciência materialista e mecanicista do século 19. (N. ed. bras.)

[9] Os Adeptos sempre souberam da divisibilidade do átomo e conheceram o que no século 20 passou a ser chamado de energia nuclear ou atômica. A ciência convencional só descobriu o elétron em 1897. (N. ed. bras.)

[10] Atravessada, isto é, em perpendicular. (N. ed. bras.)

[11] Jardas – cada jarda tem cerca de 91 centímetros. (N. ed. bras.)

fusa no momento de decidir se é ou não uma ação em um distante local externo, com algum meio misterioso, ou o quê.

(3) As mudanças na sua polaridade.

Esta diferenciação em atividade é manifestação, e todas as coisas assim diferenciadas passam a existir ou se tornam concebíveis para nós. Cada centro de atividade (e estes centros são inumeráveis) assinala um sistema solar, mas estes são ainda rari nantes in gurgite vasto,[12] suspensos no oceano, que tudo permeia, do universo imanifestado, a partir do qual estão surgindo perpetuamente novas manifestações, e a cujo esquecimento outras manifestações, cujo ciclo se completou, estão sempre retornando.[13]

As alternâncias de atividade e passividade constituem a lei cíclica do universo. Assim como o microcosmo homem tem seus dias e noites, suas horas de vigília e de sono, assim os tem também a terra, que, sendo um macrocosmo para ele, é um microcosmo para o sistema solar, e o mesmo ocorre com este último que, sendo macrocosmo para um globo, é ele próprio um microcosmo para o universo. Que o próprio universo tenha de modo semelhante seus dias e noites de atividade e passividade é provável por analogia, mas se é assim eles cobrem períodos impensáveis, e o fato permanece sendo incognoscível para as mais altas inteligências condicionadas no universo.

Isto é correto? Caso contrário, quando todo o universo entra no pralaya (qual é a sua palavra tibetana?) como pode alguém saber alguma coisa sobre isto?

Maha bar do – o período entre a morte e a regeneração do homem é chamado assim – também Chhe bar do.

Eles podem saber porque isto é apenas *nosso tema de estudo,* ou como vocês dizem, por analogia.

A noite do sistema solar, o pralaya dos hindus, o Maha bar do, ou grande noite da mente para os tibetanos, envolve a desintegração de todas as formas e a volta da parte do universo que é ocupada por aquele sistema à sua condição passiva, não-manifestada, com o espaço permeado de átomos em movimento. Todo o resto é afastado durante este tempo, mas a matéria que estes átomos últimos representam (embora seja às vezes objetiva, e às vezes potencial ou subjetiva, em um momento organizada, e em outro momento não-organizada) é eterna e indestrutível, e o movimento é a vida imperecível

---

12 "Rari nantes in gurgite vasto" – em latim, "raros nadadores no vasto sorvedouro", verso de Virgíllo, ao descrever um naufrágio, em *Eneida,* Livro I. (N. ed. bras.)

13 Esta frase antecipa conceitos como o de *buraco negro*, da astronomia do século 20 – entre outros. (N. ed. bras.)

(consciente ou inconsciente, conforme o caso) da matéria. Portanto, mesmo durante a noite da mente, quando todas as outras forças estão paralisadas, quando Chyang – onisciência – e Chyang mi shi kon, ignorância, ambas dormem, e tudo o mais descansa, esta vida latente inconsciente mantém incessantemente as moléculas às quais ela é inerente em uma movimentação entre si que é cega, sem resultados e sem propósito.

Por que esta deveria ser mais sem propósito e sem resultados do que a movimentação inconsciente e cega dos átomos em qualquer feto em preparação para nascer?

O sistema solar desapareceu até mesmo para as mais altas inteligências em outros sistemas solares.

Isto é correto? Podem, os planetários, conhecer de alguma maneira as porções passivas não-existentes do universo?

Eles podem.

Sei que os Adeptos podem criar formas por vontade própria a partir da matéria cósmica, mas provavelmente esta matéria cósmica está a vários graus da matéria tal como ela existe no universo passivo latente, e talvez devesse ser chamada matéria potencial, ao invés de cósmica.

Potencialidade é uma possibilidade, não um fato. Encontre uma palavra melhor.

Mas nada foi aniquilado, assim como nada jamais foi criado; apenas esta porção recentemente ativa, organizada, manifestada e existente do universo, tendo perdido toda diferenciação das suas partes, passou ao seu estado primordial, passivo, homogêneo, imanifestado, além de todas inteligências, não-existente ou inconcebível. Estabeleceu-se novamente no caos.

Se perguntarmos de onde surgem estas alterações de atividade e passividade, a resposta é que elas são a lei inerente ao universo.

(Aqui, como em uma nota de pé de página, viria o teor do argumento aprovado por você contra a criação desnecessária de uma inteligência situada fora do universo autogovernado.)

O seu argumento só será válido, e a nota de pé de página necessária, se você puder mostrar-me um ser ou objeto no universo que não se origine e não se desenvolva através e de acordo com a lei cega. A doutrina da evolução é um eterno protesto. Evolução significa desenvolvimento do que é explícito a partir do que é implícito, um processo de crescimento gradual. A única coisa que poderia ter sido talvez criada espontaneamente é a matéria cósmica, e o primórdio, para nós, significa

não só primogenitura mas eternalismo, porque a matéria é eterna e um dos *Hlun dhub,* não um *Kyen* – uma causa, que é, por sua vez, resultado de uma causa primária. Se fosse assim, ao final de cada Maha pralaya, quando todo o cosmo avança para a perfeição coletiva e cada átomo (que você chama de primordial, e nós de eterno) lança de si mesmo um átomo ainda mais fino – e cada átomo individual contém em si a potencialidade real de produzir bilhões de mundos cada vez mais perfeitos e mais etéreos – como pode ser que não haja sinal de tal inteligência fora do universo autogovernado? Você levanta uma última hipótese – a de que uma parte do seu deus esteja em cada átomo. Ele está dividido *ad infinitum,* permanece oculto *in abscondito,*[14] e a conclusão lógica a que chegamos é que a mente Infinita dos Dhyan Chohans sabe que os átomos emanados recentemente são incapazes de qualquer ação consciente ou inconsciente, a menos que recebam o resultado intelectual *vindo deles.* Portanto, o deus de você não é melhor que a matéria cega, sempre impulsada por uma força ou lei eterna e igualmente cega, que é aquela matéria, deus – talvez. Bem, bem, não percamos tempo com esta conversa.

O período de passividade termina, a noite da mente cessa, o sistema solar acorda e reemerge em manifestação e existência, e tudo ao longo dele é outra vez como era quando a noite surgiu. Embora tenha passado um período inconcebível para as mentes humanas, ele decorreu apenas como um sono saudável e sem sonhos. A lei da atividade entra novamente em operação, o centro da evolução retoma o seu trabalho, a fonte do ser começa a fluir outra vez.

Concluo que deve ser assim, ou, de outro modo, a matéria ejetada do vórtice ou ponto central[15] não encontraria nada em um estado diferenciado a partir do que pudesse adquirir seu próprio impulso ou diferenciação.

Quando chega a hora, os átomos cósmicos que já estão em estado diferenciado permanecem assim, tal como os globos e tudo o mais no processo de formação. Portanto você captou a ideia.

Na parte ainda passiva do Universo na qual, e permeado pela qual, fica o sistema solar outra vez manifestado; no não-ser em que subsiste o eterno movimento mecânico, a sua causa não-criada, forma-se um vórtice que,

---

[14] *In abscondito* – escondido, em latim (N. ed. bras.)

[15] Veja-se a semelhança desta ideia, "a matéria ejetada de um vórtice ou ponto central", com o conceito de Big Bang, formulado pela primeira vez em 1927. (N. ed. bras.)

em sua rotação incessante, lança perpetuamente no Universo polarizado, ativo, manifestado, consciente, o elemento Universal não-polarizado, passivo, não-manifestado, e inconsciente.

Isso pode ser chamado de movimento, matéria cósmica, duração ou espaço, porque é todos eles e no entanto é uno, este Universo manifestado e não-manifestado; e não há nada mais no Universo. Mas, no momento em que ele sai da passividade (ou não-existência) e entra em atividade (ou existência), ele começa a mudar o seu estado e a diferenciar-se a partir do contato com o que havia anteriormente mudado, e assim a roda eterna gira adiante, o efeito de hoje se torna a causa de amanhã, eternamente. Mas deve-se lembrar sempre que o não-ser, o passivo, é o eterno, o real; o ser é o ativo, o transitório e o irreal. Porque embora sua trajetória possa ser mais longa ou mais curta de acordo com os impulsos que receber, mais cedo ou mais tarde o manifestado se desintegra, e o ser se dissolve no não-ser.

Mas o que ocorre com os Planetários mais elevados? Eles certamente não voltam ao não-ser, mas passam adiante para sistemas solares mais elevados ou, de qualquer modo, diferentes.

O estado mais elevado de Nirvana é o estado mais elevado de não-ser. Surge um momento em que toda a infinitude dorme ou descansa, quando Tudo está imerso outra vez no conjunto único, eterno e não-criado de todas as coisas. A soma da potencialidade latente inconsciente.

Foi afirmado que uma diferenciação do elemento primordial é a base do Universo manifestado, e devemos agora considerar os sete diferentes princípios que constituem e governam este Universo, ou, em outras palavras, os sete diferentes estados ou condições em que este elemento existe nele.

Não há desígnio[16] finito ou primordial exceto em conjunção com a matéria organizada. Desígnio é Kyen, uma causa que surge de uma causa primária. O desígnio latente existe desde a eternidade no átomo ou ponto central único, não-nascido, eterno, que está em toda parte e em parte alguma,[17] chamado — (o nosso nome mais secreto e incomunicável, dado na iniciação dos mais elevados adeptos). Assim, posso dar a você os seis nomes dos princípios do nosso sistema solar, mas tenho que

---

[16] Desígnio – *design*, no original, também sugere os significados de plano, projeto, intento, intenção, esquema. (N. ed. bras.)

[17] O ponto do Big Bang no início de um novo período de manifestação. (N. ed. bras.)

manter silêncio sobre o resto e até mesmo sobre o nome do sétimo. Chame-o de desconhecido e explique por quê. Um Dam-ze (brâmane) não dará a você nem sequer o nome da coroa do Akasha, mas falará das seis forças primárias na natureza, representadas pela luz Astral. Eu darei a você os princípios mais tarde. Primeiro estude bem isto.

Apêndice III de LBS

Sem data

Esta nota aparece na margem de um recorte de jornal sobre os poderes curadores de H. S. Olcott.

Para A. P. Sinnett,

Isto tudo é feito através do poder de um cacho de cabelos mandado para H. S. O. pelo nosso amado Chohan mais jovem.[1]

Peço-lhe, amigo, que mostre isto[2] aos oponentes radicais da sua Sociedade.

K. H.

[1] O "Chohan mais jovem" é o Mahatma Serapis. (N. ed. bras.)

[2] Isto é, que mostre o recorte de jornal. A notícia foi publicada em março de 1883 pelo jornal *Indian Mirror*, de Calcutá, e reproduzida na íntegra em *Letters of H.P. Blavatsky to A.P. Sinnett.* O texto narra curas feitas por H. Olcott com imposição das mãos, beneficiando doentes que não haviam obtido êxito com nenhum dos tratamentos da medicina convencional. (N. ed. bras.)

Do Volume I de *Cartas dos Mahatmas Para A.P. Sinnett:*

"Um chela em provação tem permissão para pensar e fazer o que quiser. Ele é advertido e informado previamente: "Você será tentado e enganado pelas aparências; dois caminhos se abrirão diante de você, os dois levando à meta que você está tentando alcançar; um, fácil, e este o levará mais rapidamente ao cumprimento das ordens que você pode receber; o outro, mais árduo, mais longo; um caminho cheio de pedras e espinhos que o farão pisar em falso mais de uma vez; e no final do qual você pode, talvez, chegar a um fracasso, depois de tudo, e ser incapaz de executar as ordens dadas para um pequeno trabalho particular – mas, enquanto este caminho fará com que as dificuldades enfrentadas por você devido a ele sejam todas contabilizadas a seu favor a longo prazo, o outro, o caminho fácil, só pode oferecer a você uma gratificação momentânea, uma realização fácil da tarefa". O chela tem toda liberdade, *e frequentemente muitas razões, do ponto de vista das aparências,* para suspeitar que seu Guru é "um impostor", uma palavra elegante. [...] Ele é livre para usar, e não terá que responder pelo fato de empregar até mesmo as palavras e expressões mais abusivas em relação às ações e ordens do seu guru, uma vez que ele saia vitorioso da provação; uma vez que ele resista a todas e cada uma das tentações; que rejeite todas as seduções; e comprove que nada, nem mesmo a promessa daquilo que ele considera mais valioso que a vida, daquela *bênção* extremamente preciosa, seu futuro adeptado – é capaz de fazer com que ele se desvie do caminho da verdade e da honestidade [...]." (Carta nº 74)

A ALMA DAS COISAS

Da obra *FUNDAMENTOS DA FILOSOFIA ESOTÉRICA*, de Helena P. Blavatsky (Editora Teosófica, 1991):

"A Doutrina Secreta é a Sabedoria acumulada das Idades, e a sua cosmogonia por si só é o mais estupendo e elaborado de todos os sistemas; mesmo velado, como se encontra no exoterismo dos Puranas. Mas tal é o poder misterioso do simbolismo oculto que os fatos que ocuparam gerações inumeráveis de videntes e profetas iniciados, para serem ordenados, registrados e explicados através das desconcertantes séries do progresso evolutivo, se encontram todos registrados em umas poucas páginas de signos geométricos e hieróglifos. O olhar iluminado daqueles videntes penetrou o próprio cerne da matéria e registrou a alma das coisas, ali onde um simples profano, por sábio que fosse, somente perceberia o trabalho externo da forma. Mas a ciência moderna não crê na "alma das coisas" e, portanto, rejeitará todo o sistema da antiga cosmogonia. É inútil dizer que o sistema em questão não é fantasia de um ou de vários indivíduos isolados; que é um arquivo ininterrupto, cobrindo milhares de gerações de videntes cujas respectivas experiências eram levadas a efeito para comprovar e verificar as tradições [...]." (Ver pp. 37-38)

De *Cartas dos Mestres de Sabedoria*

(Transcritas e Compiladas por C. Jinarajadasa)

"Como pode você discernir o real do irreal, o verdadeiro do falso? Só através do autodesenvolvimento [...]. E isso você pode fazer dedicando-se em determinada hora ou horas fixas, a cada dia, totalmente só, à autocontemplação, a escrever, a ler, a purificar suas motivações, a estudar e corrigir seus erros, ao planejamento de seu trabalho na vida externa. Essas horas deveriam ser reservadas como algo sagrado para este propósito, e ninguém, nem mesmo o seu amigo ou seus amigos mais íntimos, deveria estar com você naquele momento. Pouco a pouco sua visão ficará clara, você descobrirá que as névoas se dissipam, que suas faculdades interiores se fortalecem [...]."

(Da Carta II para Laura C. Holloway, primeira série, em *Cartas dos Mestres de Sabedoria,* compiladas por C. Jinarajadasa, Ed. Teosófica, 1996, p. 146.)

RECORTE AQUI

PRT-085/99

UP – CT GEOPE

DR/BSB

CARTA-RESPOSTA

NÃO É NESCESSÁRIO SELAR

O SELO SERÁ PAGO PELA

EDITORA TEOSÓFICA

70324-999 – BRASÍLIA-DF

RECORTE AQUI

EDITORA TEOSÓFICA

Livros Para Viver Melhor

5 MANEIRAS FÁCEIS PARA ADQUIRIR NOSSOS LIVROS

1 – TELEFONE

Ligue grátis 0800 610020

Exclusivamente para pedidos de livros.

2 – FAX

(0xx61) 226-3703

3 – REEMBOLSO POSTAL

4 – CARTÃO DE CRÉDITO VISA

5 – INTERNET E-MAIL.

st@stb.org.br

Home page: http://www.stb.org.br/livrar.html

FAÇA SEU CADASTRO CONOSCO
E RECEBA O NOSSO CATÁLOGO
EM SUA CASA SEM NENHUM CUSTO